Our Moment of Choice

Visionen und Hoffnung für die Zukunft

Herausgegeben von Robert Atkinson, Kurt Johnson
und Deborah Moldow

Aus dem amerikanischen Englisch von Matthias D. Borgmann

SCORPIO

Titel der amerikanischen Originalausgabe: *Our Moment of Choice – Evolutionary Visions and Hope for the Future.* Die Übersetzungsrechte wurden durch den Originalherausgeber Atria Books/Beyond Words, ein Imprint von Simon & Schuster, Inc., New York, vermittelt.

MIX
Papier aus verantwortungsvollen Quellen
FSC® C014889

Umschlaggestaltung: Guter Punkt, München,
unter Verwendung des Originalcovers von Sara E. Blum,
© 2020 Simon & Schuster, Inc., New York
Lektorat: Desirée Schön
Layout & Satz: Danai Afrati
Druck & Bindung: Pustet, Regensburg
ISBN 978-3-95803-357-3

www.scorpio-verlag.de

In tiefer Dankbarkeit für all jene, die an vorderster Front der Evolution des menschlichen Bewusstseins stehen, und in liebender Wertschätzung für alle Lebewesen auf dem Planeten Erde

Inhalt

VORWORT

Evolutionäre Visionen am Beginn eines neuen Zeitalters

von Deborah Moldow und Diane Marie Williams

Unser Moment der Entscheidung ist gekommen. Noch nie gab es für die Menschheit einen so zwingenden Grund wie heute, sich zusammenzuschließen und sich auf die vor ihr liegende Aufgabe vorzubereiten, indem sie eine neue Art von »evolutionärer Führungsrolle« (vgl. die *Evolutionary Leaders*) übernimmt, die auf dem Prinzip der Synergie beruht.

Dieses Buch handelt von Hoffnung, von Taten, von Innovation – es geht um die synergetische Annäherung des weltweiten Netzwerks einer miteinander verbundenen Menschheit, welche die nächste Stufe menschlichen Bewusstseins einleitet.

Die Zukunft nähert sich uns mit großen Schritten. Doch trotz der Bilder von rapide schmelzenden Gletschern und verheerenden Naturkatastrophen auf unseren Bildschirmen und einer Politik der Spaltung, die an unserer kollektiven Seele zerrt, befinden wir uns inmitten des größten evolutionären Bewusstseinssprunges in der Menschheitsgeschichte.

Die *Source of Synergy Foundation* unterstützt die Freisetzung synergetischer Energien, die sich exponentiell ausbreiten und weltweite Wellenbewegungen planetarischen Bewusstseins erzeugen. Wenn einzelne Personen, Organisationen, Gemeinschaften und Nationen sich in einem gemeinsamen Gefühl der Verantwortung für das Allgemeinwohl zusammenschließen, haben ihre kollektiven Bemühungen eine wesentlich größere Wirkung auf das Ganze. Aus einer solchen synergetischen Dynamik ist der *Evolutionary Leaders Circle* entstanden.

Die *Source of Synergy Foundation* hat sich 2006 mit Deepak Chopra™ und der *Chopra Foundation* zusammengetan, um visionäre Autor*innen, Pädagog*innen und Aktivist*innen zu vereinen, die eine Bewegung der bewussten Evolution für eine globale Transformation aufbauen. Im Jahr 2008 trafen sich die *Source of Synergy Foundation* und die *Chopra Foundation* mit der Vereinigung für *Global New Thought* in Kalifornien, um 35 *Evolutionary Leaders* zu versammeln, die einen »Aufruf zu einer bewussten Evolution« vorbrachten unter der Fragestellung: *Was können wir gemeinsam tun, um die Bewusstseinsveränderung zu beschleunigen?* Dieser Aufruf, der bis heute von rund 50 000 Mitgliedern der evolutionären Community unterstützt wird, vereint nach wie vor all jene, die einer bewussten Entwicklung der Menschheit inspirierend, unterstützend und helfend zur Seite stehen. (Fühlen auch Sie sich herzlich eingeladen, den Aufruf zu unterschreiben unter *evolutionaryleaders.net/acalltoconsciousevolution.*)

Heute umfasst der *Evolutionary Leaders Circle* 186 Personen, welche die gemeinsame Verpflichtung eint, ihr kollektives Spektrum an Potenzialen strategisch einzubringen und mit der evolutionären Community rund um den Erdball synergetisch zusammenzuarbeiten, um den aktuellen Kurs, auf dem wir uns befinden, umzukehren und eine Veränderung hin zu unserer nächsten Stufe kollektiver Entwicklung zu unterstützen. Alle Mitwirkenden dieses Buches sind Mitglieder des *Evolutionary Leaders Circle,* sie haben ihre jeweiligen Kapitel gestiftet, um ein synergetisches Ganzes mitzugestalten, das größer ist als die Summe seiner Teile.

Unsere Absicht ist es, mit diesem ungewöhnlichen Buch *Our Moment of Choice – Visionen und Hoffnung für die Zukunft* Werkzeuge, Einsichten und Inspiration an die Hand zu geben, die uns behilflich sein können, während jede/-r von uns auf seine eigene Art und Weise auf die gewaltigen Erfordernisse unserer Zeit reagiert. Wir glauben, dass sich die Evolution des Bewusstseins in dem Moment ereignet, wo wir uns verpflichten, ein bewusstes Leben zu führen, und mit Vorsatz unser größtes Potenzial freisetzen. Es sind Moment-für-Moment-Entscheidungen, die wir treffen, um die Evolution zum Wohle des Ganzen voranzutreiben.

In den sieben Bereichen des Buches gehen wir der Frage nach, in welche Richtung wir uns bewegen, während wir uns zu einer Gesellschaft entwickeln, die sich für das Wohl aller engagiert. Jeder Abschnitt zeigt die Kraft der Synergie als den Schlüssel zur Erschaffung einer geschlossenen Einheit und zur Beschleunigung des evolutionären Bewusstseinssprunges.

Sie lesen dieses Buch, weil Sie Teil dieser evolutionären Community sind, die die Bewegung der bewussten Evolution für eine globale Transformation anführt. Sie sind ein integraler Bestandteil des kollektiven Feldes der Liebe und Heilung, das eine herzzentrierte Zukunft hervorbringen wird, die auf »Co-Kreation«, Fürsorge, Mitgefühl, Wertschätzung und Kooperation basiert.

Wir hoffen, dass dieses Buch dem evolutionären Prozess dienen wird, indem es Wellen der Dynamik in Gang setzt, die unser ganzes evolutionäres Potenzial beflügeln, um die heutigen Herausforderungen zu transformieren – und uns dabei helfen, vollständig in einer komplett neuen handelnden Frequenz zu leben, die uns den Weg vorwärts weist, damit es uns auf unserer großartigen Erde weiterhin gut geht.

Tauchen wir also ein in das neue Paradigma, indem wir die großartigste Vision dessen in uns aktivieren, wer wir werden und was wir gemeinsam erreichen können. Die Entscheidung liegt in unserer Hand.

* * *

Für weitere Informationen besuchen Sie bitte *sourceofsynergyfoundation.org, evolutionaryleaders.net* und *ourmomentofchoice.com* oder kontaktieren Sie *info@sourceofsynergyfoundation.org.*

EINFÜHRUNG

Die Geschichte des neuen Menschen – die Kraft, in unserer Zeit der Extreme zu neuen Ufern aufzubrechen

von Gregg Braden

Eine einzige, unausgesprochende Frage lauert im innersten Kern unserer Existenz: Sie liegt jeder Wahl, die wir jemals im Leben treffen, zugrunde, wohnt jeder Herausforderung inne, die uns auf die Probe stellen wird, und ist die Grundlage für jede Entscheidung, mit der wir konfrontiert sein werden. Diese Frage aller Fragen – unzählige Male von unzähligen Personen während unserer geschätzten 200 000 Jahre oder länger auf der Erde gestellt – lautet schlicht und ergreifend: *Wer sind wir?*

Unsere Geschichte ist von Bedeutung

Während die Frage an sich einfach und kurz ist, hat die Geschichte, die wir uns über uns selbst erzählen, Konsequenzen, denen wir uns einfach nicht entziehen können. Sie zielt schonungslos auf das Herzstück jedes Augenblicks unseres Lebens ab. Unsere Geschichte – das, woran wir im Hinblick auf unsere Vergangenheit, unsere Abstammung, unser Schicksal und unsere Möglichkeiten glauben – bestimmt die Art und Weise, wie wir uns selbst und andere Menschen sehen und welche Entscheidungen wir treffen. Sie legt fest, wen wir als Freunde, Liebespartner oder Lebensgefährten in unser Leben lassen, welchen Beruf wir wählen und auf welche Art wir unseren Körper heilen. Die Konsequenzen unserer Geschichte sind eng mit den Strukturen unserer Gesellschaft verflochten. Sie spiegeln sich in allem wider: von der Entscheidung, wie wir unsere Körper ernähren, bis zu der Art und Weise, wie wir für uns selbst, unsere Kinder und unsere alternden Eltern sorgen.

Die Konsequenzen unserer Geschichte reichen jedoch noch weiter. Sie prägen selbst das Denken bezüglich der Grundlagen unserer Zivilisation. Unsere Geschichte hat Einfluss darauf, wie wir unsere lebenswichtigen Ressourcen wie Essen, Wasser und Medikamente und die Grundbedürfnisse unseres Lebens miteinander teilen. Sie definiert sowohl, warum, wann und wie wir Kriege führen, als auch, in welchem Moment wir uns für Frieden entscheiden. Was wir uns über uns selbst erzählen, rechtfertigt sogar unsere Ansichten darüber, wann wir bereit sind, menschliches Leben zu retten – oder es zu beenden.

Was womöglich die größte Ironie unserer Existenz darstellt – zu Beginn des 21. Jahrhunderts und nach über 5000 Jahren Geschichtsschreibung –, ist, dass wir die so elementare Frage, wer wir sind, noch immer nicht klar beantwortet haben. Auch wenn es sich prinzipiell immer lohnt, die notwendigen Energien und Mittel aufzubringen, um die Wahrheit unserer eigenen Existenz zu entdecken, ist es jetzt gerade – angesichts der größten Lebens- und Überlebenskrise in der Geschichte unserer Spezies – von entscheidender Bedeutung.

Den Weg durch unsere Zeit der Extreme finden

Wir leben in einer Zeit der Extreme – *extreme* Veränderungen in der Welt und *extreme* Wandlungen in unser aller Leben. Verstehen Sie mich nicht falsch: Die Extreme, von denen ich hier spreche, sind nicht alle schlecht – die drastischen Veränderungen in der Technologie und im Internet beispielsweise bieten uns heutzutage den höchsten Grad an zwischenmenschlichen Kontaktmöglichkeiten und Informationsaustausch seit Beginn der Geschichtsschreibung. Es sind die Extreme eines nicht nachhaltigen Denkens und Lebens, die sich als problematisch erweisen. Die klügsten Köpfe unserer Zeit bestätigen, dass unser derzeitiger Kurs nicht nachhaltigen Verhaltens im Hinblick auf Faktoren wie Klima, Energie, Armut und Umwelt – sofern wir nichts dagegen unternehmen – uns auf mehrfachen Kollisionskurs bringen wird, der eine Bedrohung für die lokalen Kommunen, die globale Gesellschaft und letztlich unsere Zivilisation als Ganzes darstellt.

In *Our Moment of Choice* untersuchen wir die Gründe für diese Extreme und wie wir auf eine gesunde Art und Weise mit ihnen umgehen können. Das Auftauchen dieser Extreme bietet uns eine einmalige Gelegenheit, diese Chance zu ergreifen – *unseren Moment der Entscheidung!* Entscheiden wir uns dafür, die heutigen kaputten und gescheiterten Systeme durch nachhaltige Technologien und Praktiken der Heilung, des Friedens und der Kooperation zu ersetzen, wie sie uns längst zur Verfügung stehen? Oder werden wir dieses Zeitfenster ignorieren? Entscheiden wir uns dafür, uns an altbekannte Gewohnheiten wie Ego, Geld, Macht und Konkurrenzkampf zu klammern, die uns in dem Chaos gefangen halten, das unsere Welt heute polarisiert? Unser Erfolg hängt von uns ab und davon, wie wir mit zwei Schlüsselfaktoren umgehen – unserer Bereitschaft, (1) die Extreme anzuerkennen und (2) neue Wege des Denkens und Lebens zu akzeptieren, die die Einzigartigkeit unserer Zeit widerspiegeln.

Obgleich wir in unserem Moment der Entscheidung mit vielen unbekannten Faktoren konfrontiert sind, wissen wir eines ganz sicher: Unser Leben verändert sich in einer Weise, auf die uns niemand vorbereitet hat, und es geschieht mit einer Geschwindigkeit, wie wir sie bislang nicht kannten.

Die Erschaffung der Welt, von der wir wissen, dass sie möglich ist

Wir sind gefordert, neue Erkenntnisse zu akzeptieren, die uns zeigen, wer wir sind – die Geschichte des neuen Menschen – und mithilfe dieser neuen Geschichte unser überkommenes Denken in Bezug auf uns selbst und unsere Beziehung zur Welt radikal und sehr bald zu verändern.

Ich bin von Natur aus Optimist. Und ich sehe in unserem Leben wahren Anlass zu Optimismus. Gleichzeitig bin ich aber auch Realist. Ich mache mir hinsichtlich der Anstrengung – der Arbeit –, die für eine solche Veränderung erforderlich ist, nichts vor. In seinem Klassiker *Der Prophet* von 1923 beschrieb der Philosoph und Schriftsteller Khalil Gibran »Arbeit als sichtbar gewordene Liebe«. Diese Betrachtungsweise erinnert uns daran, dass der enorme Einsatz, den wir leisten müssen, um unsere Zeit der Extreme zur Blüte zu bringen und zu transzendieren, ein sichtbarer Ausdruck unserer Liebe für uns selbst, füreinander und für die Welt ist. Die Welt, die wir unseren Kindern und Kindeskindern hinterlassen, wird das Vermächtnis unserer sichtbar gewordenen Liebe sein.

Zu unserem Glück verfügen wir bereits über die Lösungen für die großen Probleme der Welt – zumindest die physikalischen. Die wissenschaftlichen Prinzipien sind längst verstanden, die Technologien längst verfügbar. Sie liegen direkt vor uns, in diesem Moment – wir könnten sie sofort um- und einsetzen. Das, was uns und die Welt, von der wir wissen, sie ist möglich, trennt – eine Welt, in der jedes Mitglied unserer globalen Familie auf saubere, ausreichend vorhandene und nachhaltige Energie zugreifen kann; in der vitales und gesundes Essen und sauberes Trinkwasser im Übermaß vorhanden und für jeden Mund auf diesem Planeten zugänglich sind; wo jeder Mensch in der Lage ist, die Grundbedürfnisse seines Lebens zu befriedigen, und darin unterstützt wird, ein gesundes und bedeutungsvolles Leben zu führen –, ist etwas, das sich nicht herstellen, anfassen oder messen lässt. Das nicht vorhandene Bindeglied, das in der Gleichung bislang fehlt, die diese Welt zum Leben erweckt, ist ein *Denken,* welches in unserer äußeren Welt Raum schafft für das, was in unserem Geist längst vorhanden ist.

Sind wir bereit, eine Vision willkommen zu heißen, die solche Möglichkeiten zur Priorität erklärt? Erlauben wir es, die Erkenntnisse, welche die tiefsten Wahrheiten unserer Beziehungen zu uns selbst, zueinander und zur Erde enthüllen, zum Reisepass in die neu entstehende Welt werden zu lassen? Akzeptieren wir die Arbeit, die erforderlich ist, um unser Denken zu erweitern – unsere sichtbar gewordene Liebe für uns selbst und unseren Planeten? Genau hier kommt *Our Moment of Choice – Visionen und Hoffnung für die Zukunft* ins Spiel.

Obwohl es gewiss keinen Mangel an Büchern gibt, die sich mit den außergewöhnlichen Bedingungen der Veränderung beschäftigen, der wir uns heute gegenübersehen, greifen sie typischerweise zu kurz in Bezug auf den Kern der Frage, wie wir mit diesen Bedingungen umgehen sollten. Woher sollen wir denn wissen, welche Technologie wir wählen, welche Regelungen wir erlassen, welche Gesetze wir beschließen sollen – oder wie wir eine nachhaltige Wirtschaft erschaffen, lebensrettende Technologien mit anderen teilen und Brücken bauen zwischen den Problemen, die die Strukturen unserer Beziehungen und unserer Gesellschaft niederreißen –, solange wir nicht jene grundlegendste Frage unserer Existenz beantwortet haben: *Wer sind wir?* In unserer Eigenschaft als Individuen, Familienmitglieder, Staatsbürger und als Zivilisation als Ganzes wird diese ganz elementare Erkenntnis zum Grundstein für die Prioritäten unserer Entscheidungen und Regelungen.

Ohne die Beantwortung dieser Frage ist das Fällen lebensverändernder Entscheidungen in etwa so, als versuchten wir, ein Haus zu betreten, ohne zu wissen, wo die Tür ist. Natürlich können wir durch ein Fenster einbrechen oder eine Wand einschlagen, aber dabei würden wir auch das Haus beschädigen. Vielleicht ist das eine perfekte Metapher für das Dilemma, in dem wir stecken. Denn unsere Menschheitsfamilie – die sich in etwas über einem Jahrhundert mehr als vervierfacht hat, von 1,6 Milliarden im Jahr 1900 auf etwa 7,7 Milliarden im Jahr 2019 – kann den Schlüssel der Erkenntnis, *wer wir sind,* benutzen, um durch die Tür der erfolgreichen Lösungen einzutreten. Wir können aber auch weiterhin auf Krisen mit reflexartigen Reaktionen und falschen Annahmen reagieren – basierend auf lückenhafter und veralteter Wissenschaft –, bis wir unser Zuhause, die Erde wie uns selbst, kaputt gemacht haben.

Dieses Buch bestimmt sieben Erkenntnisbereiche, welche in radikaler Weise die Art verändern werden, wie wir bisher über unsere Welt und uns selbst nachzudenken angehalten waren, indem wir neue Horizonte der Hoffnung und Möglichkeiten erschließen. Auf den Seiten, die nun folgen, entdecken Sie Schlüssel für:

» die Erschaffung einer globalen Gemeinschaft als Kultur des Friedens,
» die Neubetrachtung des Universums als einer lebendigen, bewussten und intelligenten Entität,
» die Erneuerung einer Ethik tiefer Ganzheitlichkeit in Form einer bewussten Geschäftswelt, bewusster Medien und bewussten Unternehmertums,
» die Heilung des Körpers in seiner Ganzheit als Lebensform statt lediglich als Reaktion auf Krankheit,
» die Erweckung der Kraft spirituell basierter Wissenschaft,
» das Verständnis neuer wissenschaftlicher Entdeckungen, die den Kosmos als tief verbundenes und vollständig holistisches System enthüllen, und
» die Kenntnis nachhaltigen Lebens und Wohlstands als Grundlage einer globalen Transformation.

Wir begeben uns auf unsere eigene Reise

Das Buch *Our Moment of Choice – Visionen und Hoffnung für die Zukunft* wurde mit einer Absicht im Hinterkopf geschrieben: Es will uns zu einem ehrlichen, wahrhaftigen und den Tatsachen entsprechenden Verständnis unserer Beziehung mit der Erde, miteinander – und, vielleicht am allerwichtigsten – mit uns selbst ermächtigen.

Während dieses Prozesses entwickeln wir neue Einsichten und entdecken neue Antworten auf die uralte und zeitlose Frage: *Wer sind wir?*

Der Schlüssel für unseren Moment der Entscheidung ist schlicht dieser: Je besser unsere Antworten auf diese Frage sind, desto besser kennen wir uns selbst und umso weniger Angst haben wir vor Veränderungen in der Welt. Und ohne Angst sind wir besser gerüstet, bewusste und sachkundige Entscheidungen zu treffen.

Ich lade Sie ein, die Erkenntnisse auf diesen Seiten aufzunehmen und zu erkunden, was diese für Sie bedeuten. Sprechen Sie mit den Menschen in Ihrem Leben darüber; entdecken Sie, ob und wie diese Erkenntnisse Ihre Geschichte und die gemeinsame Geschichte Ihrer Familie verändern. Neue Erkenntnisse bezüglich unserer Herkunft, unserer Vergangenheit und der am tiefsten verwurzelten Vorstellungen über unsere Existenz sind ein guter Anlass, die traditionellen Überzeugungen, die unser Leben definieren, neu zu überdenken. Tun wir dies, werden die Lösungen für die Herausforderungen unseres Lebens deutlich und unsere Wahlmöglichkeiten offensichtlich. Dieses Buch macht es sich zur Aufgabe, die Erkenntnisse aufzuzeigen, die bislang noch keinen Eingang in unsere Schulbücher und Klassenzimmer gefunden haben; sie enthalten den Schlüssel dafür, unsere Geschichte vom neuen Menschen zum Leben zu erwecken.

ERSTER KREIS

Brücken bauen

Gemeinsam können wir eine globale Gemeinschaft erschaffen und eine Kultur des Friedens kreieren.

1
Die große Karte des Friedens

von James O'Dea

Frieden mag in einer Welt voll entsetzlicher Gewalt, brutaler Konflikte und Ausbeutung als ein trügerisches Konzept erscheinen; allerdings gab es noch nie zuvor in der Geschichte der Menschheit eine so umfassende Karte des Friedens, wie sie sich in diesem Moment einzelnen Menschen, Gemeinschaften, Aktivisten, spirituell Praktizierenden, Pädagogen, Angestellten des Gesundheitswesens, Forschern und Akademikern gleichermaßen zeigt.

Was wir als Kultur des Friedens bezeichnen, stammt aus einer ganzheitlichen Anschauung, die alle Dinge als miteinander verbunden und sich gegenseitig beeinflussend begreift. Wir können komplette gesellschaftliche Veränderungen und die Transformation von alten Kreisläufen aus gewaltsamer Trennung und Konflikten hin zu nachgewiesenen Strategien der Konfliktlösung, gesellschaftlicher Heilung und Aussöhnung kartografieren. In wachsendem Maße sind wir uns unserer Verbundenheit und wechselseitigen Abhängigkeit bewusst und verhalten uns auch dementsprechend. Wir können als »bewusste Evolutionisten« einen visionären Aktivismus verkörpern, indem wir einst getrennte Wissensgebiete miteinander verknüpfen.

Rechenschaftspflicht und Gesetzgebung

Ein grundlegender Baustein für die Schaffung einer globalen Kultur des Friedens ist der Beitrag des Rechtsstaatsprinzips und dessen Schutzvorkehrungen. Als sich die Welt im Jahr 1945 von einem verheerenden Krieg zu erholen begann, entwarfen die Nürnberger Prozesse ein wichtiges neues Rahmenkonzept, das Verbrechen gegen die Menschlichkeit genau bestimmte: Es waren dies offenkundige Verstöße gegen elementare Menschenrechte durch völkermordende, ethnozentrische und totalitäre Regime. Im Jahr 1948 schlugen die frisch gegründeten Vereinten Nationen eine umfassende Vision für die Etablierung und den Schutz jedes Menschen auf dem Planeten Erde vor, die *Allgemeine Erklärung der Menschenrechte,* eine maßgebliche rechtliche Vereinbarung, die alle Regierungen der Welt unterzeichnen sollten. Viele glaubten und glauben auch heute noch, dass die Menschenrechtserklärung die Forderung nach einer neuen globalen Geschichte der Menschheit einläutete.

Tatsächlich wurde die Vereinbarung in dieser Form niemals verabschiedet, sondern spaltete sich aufgrund von ideologischen Differenzen in zwei Versionen auf. Die eine, der *Internationale Pakt über Bürgerliche und Politische Rechte,* wurde von den westlichen Regierungen unterzeichnet, wohingegen die andere – der *Internationale Pakt über Wirtschaftliche, Soziale und Kulturelle Rechte* – von der Sowjetunion, anderen sozialistischen Staaten und den Regierungen des globalen Südens unterzeichnet wurde. Diese Differenzen verhinderten, dass die meisten Regierungen die Visionen, die in beiden Vereinbarungen enthalten waren, erfüllten.[1]

Trotz dieses bedauernswerten Bruchs erlebten die letzten Jahrzehnte des 20. Jahrhunderts – mit ihren Gesetzgebungen, internationalen Abkommen und einem neuen Grad von Konsens bezüglich der Rechte von Flüchtlingen, Minderheiten, Frauen und Kindern – einen tief greifenden Beitrag zu einer globalen Kultur des Friedens. Ebenso waren Bürger- und politische Rechte – die einen organisierten und offen ausgetragenen politischen Dissens ermöglichen –,

Arbeitnehmerrechte, humanes Verhalten in Krisengebieten, Freiheit von Folter sowie Pressefreiheit Teil dieser Entwicklung internationalen Rechts. Dabei können wir einen evolutionären Trend zu immer mehr Inklusivität erkennen, der inzwischen auch Unterstützung im Bereich der sexuellen Orientierung, Gesundheit und Umweltschutz mit einschließt.

Wir sehen aber auch, dass Gesetze als Beschleuniger evolutionären Fortschritts und kultureller Transformation an ihre eigenen Grenzen stoßen. Bei den Nürnberger Prozessen etwa hatten wir es mit dem Problem einer selektiven Anwendung der Gesetzgebung zu tun – eine für die Siegermächte und eine andere für die Besiegten. (Gehören die Bombenangriffe der Alliierten auf Dresden, Hiroshima und Nagasaki nicht ebenfalls in die Kategorie »Kriegsverbrechen«?) Es lassen sich viele weitere Beispiele von Regierungen finden, die Menschenrechts- und Friedensabkommen selektiv anwenden, die sie zwar ratifiziert haben, zu deren Vollzug sie sich aber nicht vollständig verpflichten. Als Reaktion darauf machen Menschenrechtsbewegungen auf der ganzen Welt weiterhin mobil und drängen auf Rechenschaftspflicht und Transparenz bei entsprechenden Rechtsverletzungen.

»Restorative Justice« – eine auf Ausgleich bedachte Justiz

Das juristische Leitbild ist aber auch bedingt durch die Weltanschauung der sie begleitenden Bestrafung. Eine Rechtsverletzung erfordert, dass derjenige, der das Recht verletzt, seine gerechte Strafe erhält – im Falle von Regimen bedeutet das, dass sie sanktioniert werden. Die auf Strafen setzende Weltanschauung beinhaltet oft lange währenden Freiheitsentzug mit nur geringen Bemühungen, die Häftlinge zu resozialisieren, was wiederum zu einer hohen Rückfälligkeitsrate führt. Diese Weltsicht kümmert sich nicht um die zugrunde liegenden Narrative von Trauma und Verletzung, die sich oftmals in zyklischen Verhaltensmustern aus Gewalt und

Vergeltung entladen, sodass sie nie durchbrochen werden und sich selbst erhalten. Doch glücklicherweise steht uns nicht nur diese strafende Weltsicht zur Verfügung.

Durch ein wirkmächtiges Zusammenkommen verschiedener Elemente konnten Weltanschauungen erschlossen werden, die eher transformierenden und heilenden Charakter haben. Eines dieser Elemente war der Wandel in der Psychologie – von der Ausrichtung auf Krankheitsbilder hin zu positiven Strategien, die Veränderung bewirken. Als die *Positive Psychologie* Ende des 20. Jahrhunderts weltweit an Boden gewann, begannen die Menschen sich auch für demokratische Veränderungen zu engagieren. Mitbestimmung wurde zu einem zentralen Thema, und die Volksbewegungen blühten auf. Es kam zum Fall der Berliner Mauer, die Apartheid fand ein Ende, und viele Diktaturen wurden überwunden, als das Prinzip der *Positiven Psychologie* – also jene Veränderung zu kreieren, die wir in unserem eigenen Leben sehen wollen – zugleich auf der politischen Bühne ausgedrückt wurde: und zwar in Form der Idee, dass wir nicht nur das Recht, sondern auch die Verantwortung haben, die Kultur zu schaffen, in der wir gerne leben möchten.

Der bürgerliche Aktivismus erlebte eine Blütezeit in Bezug auf die Stärkung der Bürgerrechte, des Kampfes gegen Rassismus, die Entlarvung genderbasierter Vorurteile, die Förderung des fairen Handels und die Etablierung des Umweltschutzes. Eine richtungsweisende Vision für den Aufruf, Verantwortung für eine tief greifende kulturelle Transformation zu übernehmen, fand für viele NGOs (Nichtregierungsorganisationen) in der Deklaration der *Erd-Charta* ihren Ausdruck, welche in den späten 1990er-Jahren in einer weltweiten offenen Diskussion erarbeitet wurde.

Während Menschen auch weiterhin eingesperrt oder gefoltert werden und ihr Leben für soziale Gerechtigkeit opfern, hat in den 50 Jahren von den Nürnberger Prozessen bis zur *Truth and Reconciliation Commission (TRC)* – der Wahrheits- und Versöhnungskommission Südafrikas aus dem Jahr 1995 – ein grundlegender Wandel stattgefunden. Das Bedeutendste an dieser Veränderung war, dass die Apartheid nicht nur für illegal erklärt wurde und jene bestraft wurden, die für die Aufrechterhaltung ihres systemischen Missbrauchs verantwortlich zeichneten, sondern dass darüber hinaus große Anstrengungen gemacht wurden, eine Justiz der Wiedergutmachung zu etablieren. Das Ziel der TRC war es, gleichermaßen Verantwortlichkeiten zu thematisieren und die Ursachen des tief gehenden Traumas der Nation zu untersuchen und so die Rahmenbedingungen zu schaffen, um deren Wunden zu heilen. Der auf Ausgleich bedachte Ansatz der TRC bei der Rechtsprechung in Post-Konflikt-Umgebungen ging über eine vergeltende bzw. rein bestrafende Justiz hinaus. Sie setzte außerdem Maßstäbe, indem sie die Wahrheit anerkannte – nicht nur so, wie sie sich in den faktischen Schilderungen widerspiegelte, sondern auch in den traumatischen Erfahrungen der Menschen. Während der Verfahren der TRC waren Tränen stets willkommen, und subjektive Erfahrungen standen bei dieser auf Versöhnung bedachten Methode an allererster Stelle.

Obwohl die auf Ausgleich bedachte *Restorative Justice* auf der globalen politischen Bühne Interesse und ernsthafte Aufmerksamkeit gewonnen hat, handelt es sich keineswegs um einen neuen Ansatz. *Restorative Justice,* die auf der Interaktion zwischen Opfer und Täter und Verantwortlichkeit aufbaut, ist in einer Vielzahl indigener Praktiken tief verwurzelt. Wir können sie beispielsweise in der beduinischen und polynesischen Kultur, bei den Ureinwohnern Nordamerikas sowie in einigen afrikanischen Gesellschaften finden. Ich hatte das persönliche Privileg, dass ich die Erlaubnis erhielt, dem Prozess eines Gacaca-Gerichts in Ruanda beizuwohnen, das sich mit den Folgen des dortigen Völkermords auseinandersetzte. Ich war sehr beeindruckt vom Ausmaß der aktiven und tatkräftigen Beteiligung so vieler Dorfbewohner, die mit dem Fall in Verbindung standen, und ihrem inspirierenden Engagement, die ganze Wahrheit ans Tageslicht zu bringen und – sofern ehrliche Reue zum Ausdruck gebracht wurde – auch zu vergeben.

Vergebung und ihre Rolle in der persönlichen sowie der Heilung der Gesellschaft hat in den vergangenen Jahren wachsendes Interesse erfahren. Vergebung befreit das Opfer aus seinem Trauma seelischer Verletzung und der Falle des An-der-Verletzung-festhalten-Wollens. Ohne Vergebung bleiben die Opfer häufig mit unbewältigtem Groll oder sogar dem Gefühl des Hasses zurück. Vergebung muss nicht bedingungslos sein. Der Prozess der *Restorative Justice* betont die Vorteile von Wiedergutmachung und Sühne, die im Täter das Gefühl echter Reue verstärken. Vergebung bietet dem Täter einen Weg der Wiedergutmachung und dem Opfer einen Weg zur Heilung. Vergebungsarbeit ist ein Beitrag zur Karte des Friedens – der Verbindung zwischen innerer Heilung und der äußeren Wiederherstellung von Beziehungen auf der Ebene des Einzelnen sowie der Gemeinschaft. Dieses Konzept ganzheitlicher Kartografie des Innen und Außen ist ein entscheidender Antrieb entstehender Friedensmodelle.

Frieden praktizieren

Der beschleunigende Beitrag zweier vormals voneinander getrennter Bereiche – Neurowissenschaft und Achtsamkeitspraktiken *(Mindfulness)* – hat den ganzheitlichen Ansatz zur Herausbildung einer globalen Kultur des Friedens noch verstärkt. Die Neurowissenschaft hat mittels Konzepten wie beispielsweise der Neuroplastizität zeigen können, dass wir darauf angelegt sind, uns anzupassen und zu stets neuen Einsichten zu gelangen. Selbst seit Langem eingefahrene Nervenbahnen, die für die Übermittlung von Reaktivität und Vorurteilen verantwortlich sind, können »neu verdrahtet« werden, um offener zu werden im Hinblick auf Empathie, Verbundenheit und Verpflichtung gegenüber anderen. Das schafft neue Möglichkeiten, die uns helfen, neue Sinngehalte zu integrieren, indem es die Auslöser von Kampf-Flucht-Erstarrungs-Reaktionen abschwächt und uns erlaubt, mit anderen Menschen tiefere Beziehungen einzugehen.

Forschungen zu Meditation und *Mindfulness* deuten darauf hin, dass eine regelmäßige Meditationspraxis, einschließlich der *Metta-* bzw. »Liebende-Güte-Meditation«, entscheidend zur Verminderung von Angst, Stress und emotionaler Reaktivität beiträgt. Zusätzlich helfen eine Reihe von Atem- und herzzentrierten Techniken, eine gewaltfreie Kommunikation, friedvolle Herzresonanz und mitfühlendes Zuhören zu unterstützen.

Neue, bewusstere und gewaltfreie Kommunikationsansätze, die noch stärker auf Diplomatie und Konfliktlösung setzen, treiben die Entwicklung einer Kultur des Friedens ebenfalls voran. Eine wirksame herzzentrierte Kommunikation erzeugt eine Umgebung, in der Menschen intensiv zuhören und sich gesehen und gehört fühlen, während sie ihre Version der Wahrheit zum Ausdruck bringen. Ein Dialog dieser Art kann ausgesprochen heilsam sein, wenn er es uns ermöglicht, ein starkes Gefühl von Einheit in der Verschiedenheit zu erfahren. Solche Kompetenzen werden besonders kulturübergreifend benötigt – in unserem Zuhause, in der Schule, am Arbeitsplatz, in unseren Gemeinden und im politischen Diskurs –, da sie Felder erzeugen, in welchen die Menschen sich ungeachtet ihrer Unterschiedlichkeit genährt, ja sogar geliebt fühlen.

Eine solche Kommunikation, bei der das Herz im Mittelpunkt steht, führt uns an die Pforte zum spirituellen Wachstum, wo wir das Terrain des inneren Friedens erkunden können. Während wir uns in der äußeren Welt entwickeln, erklimmen wir gleichzeitig einen inneren Pfad zu bedingungslosem und dauerhaftem Frieden. Meditation und *Mindfulness* sind eine Facette, inneren Frieden zu generieren, doch während wir auf unserem Pfad vorangehen, entwickelt sich zudem ein selbstreflexives Bewusstsein, das uns hilft, unsere Schwachpunkte und Konditionierungen ans Tageslicht zu bringen. Diese spirituelle Arbeit hat eine transformierende Wirkung darauf, wie wir Friedensarbeit sehen und leben. Inzwischen erkennen immer mehr Menschen, vor allem Aktivisten, wie unser Ego, unsere persönlichen Interessen und die Projektion unserer ungelösten Probleme Polaritäten am Leben erhalten und ein Gefühl von Überlegenheit und Selbstgerechtigkeit erzeugen. Wir erkennen, dass wir selbst die Veränderung sein müssen, die wir für die Welt anstreben. Uns wird klar, dass wir unsere eigene unerlöste Feindseligkeit, unsere Wut und Frustration nicht länger im Namen des Friedens kanalisieren können. Wir wissen, dass gegen etwas zu sein nicht das Gleiche ist wie die Kultivierung einer Offenheit für Zusammenarbeit.

In den letzten zehn Jahren begann diese ganzheitliche Form des Aktivismus, wie sie die großen Friedensstifter Mahatma Gandhi und Martin Luther King jr. verkörperten, als heiliger Aktivismus, mystischer Aktivismus, bewusster Aktivismus, evolutionärer Aktivismus und visionärer Aktivismus Bekanntheit zu erlangen. Dieser Typ des Aktivismus ruft zu einer Kultivierung von Weisheit auf und zur Leidenschaft, sich auf die ganze Person und die ganze Wahrheit einzulassen. Er orientiert sich stark am Dialog und ist von der Integration moderner Wissenschaft und Spiritualität geprägt. Zudem drückt er ein tiefes ökologisches und umweltpolitisches Bewusstsein aus, das durch neue Formen bewusster Organisation mobilisiert wird. Seine Vision ist die Geburt einer neuen Menschheit.

Unsere Vision einer Kultur des Friedens beinhaltet folgende Eckpunkte:

- Schulklassen, in denen Lehrer*innen wissen, wie sie ein Feld der Herzkohärenz erzeugen können, sodass sich emotionale Intelligenz entfalten kann und optimales Lernen unterstützt wird
- ganzheitlich orientierte Bildungssysteme, die sich verpflichten, gewaltfreie Kommunikation zu lehren und zu praktizieren
- Gemeinschaften, in denen *Restorative Justice* – eine auf Ausgleich bedachte Justiz – an Bedeutung gewinnt
- mehr Regierungen, die eine politische Linie entwickeln, welche multikulturelle Werte würdigt und anerkennt, dass sowohl Ökologie als auch Ökonomie so gestaltet werden können,

dass sie die Verbundenheit und wechselseitige Abhängigkeit allen Lebens erhalten

- spirituelle Bewegungen, die Menschen jenseits von Dogmen und miteinander konkurrierenden religiösen Ansprüchen zu einer Bejahung universeller Einheit und unbegrenzter Vielfalt führen
- Gesellschaften, die die zahlreichen Traumata der Vergangenheit heilen und der Weitergabe von Verletzungen von einer Generation an die nächste ein Ende setzen
- eine neue Generation achtsamer, mitfühlender und ethisch hoch entwickelter Führungspersönlichkeiten in Politik und Gesellschaft, die ganzheitliche Visionäre sind
- das Erwachen einer kollektiven Verantwortung, die massiven destruktiven Materialismus in einen Dienst am Planeten transformiert, der die Erde als Ganzes in den Blick nimmt
- die Entstehung einer Kosmologie des Bewusstseins, die sich zu einem nachhaltigen und dauerhaften Frieden entwickelt und gedeiht.

Und? Welcher ist *Ihr* persönlicher Beitrag zur Erschaffung dieser evolutionären Kultur des Friedens?

AUF DEN PUNKT GEBRACHT

Um das Narrativ der Ganzheitlichkeit und des Friedens in die Tat umzusetzen, sind wir gefordert, Brücken zu bauen, wo es noch keine gibt, und die bereits vorhandenen zu festigen. James O'Dea stellt fest, dass wir uns unserer Verbundenheit und wechselseitigen Abhängigkeit in zunehmendem Maße bewusst werden und – wenn wir entsprechend handeln – der Frieden die Krönung dieses langen und konvulsiven Evolutionsprozesses sein wird. Unsere inneren und äußeren Transformationen – einschließlich vieler sozialer, wissenschaftlicher und spiritueller Fortschritte wie die globalen Bemühungen um eine ausgleichende Justiz *(Restorative Justice)*, persönliche und gesellschaftliche Heilung durch Mitgefühl, Verantwortung und Vergebung, eine herzzentrierte Kommunikation sowie Meditation und *Mindfulness* – sind alle zusammen Teil jenes Pfades, an dessen Ende wir in dem Verständnis leben, dass wir selbst die Veränderung sein müssen, die wir in der Welt anstreben.

Aktiv werden: Das können Sie tun ...

Nehmen Sie sich jeden Morgen fünf Minuten Zeit, um über den evolutionären Prozess zu meditieren, der die Menschheit in Richtung einer Kultur des Friedens führt. Unternehmen Sie im Laufe des Tages einmal die bewusste Anstrengung, Ihren eigenen inneren Frieden nach außen zu tragen, indem Sie jedem Menschen, der Ihnen begegnet, Liebenswürdigkeit entgegenbringen.

2

Spiritualität im 21. Jahrhundert: Eine leise Revolution

von Deborah Moldow

Wir leben in außergewöhnlichen Zeiten. Nahezu im gleichen Moment, in dem uns bewusst wurde, dass wir jederzeit genügend zu essen haben, in relativem Frieden leben und innerhalb von Minuten kinderleicht mit der ganzen Welt kommunizieren können, sind wir aufgewacht hinsichtlich der großen Zerstörung, welche die Industrialisierung ebenjener Erde zugefügt hat, die uns am Leben erhält. Bislang tendieren wir dazu, uns dieser existenziellen Krise ausschließlich aus der engstirnigen Perspektive unserer jeweiligen Länder und Kulturen zu nähern statt aus Sicht der globalen Familie, die wir in Wahrheit sind. Und doch liefern uns die Turbulenzen und chaotischen Zustände dieser Krise den Nährboden, in den wir den Traum von einer neuen menschlichen Zivilisation pflanzen können, welcher in einer weltweiten Kultur des Friedens erblüht. Und das Licht, das hilft, diesen Samen zur Reife zu bringen, steckt in jedem Einzelnen von uns.

Es zeichnet sich etwas Neues ab: ein neues Bewusstsein für unsere große Hoffnung, dass unser Planet – Mutter Erde – ihre Einladung an uns erneuert, die einzige Heimat zu bewohnen, die wir kennen. Auf dieser Bewusstseinsebene sehen wir uns – zum ersten Mal in der Geschichte – als Mitglieder einer einzigen planetaren Familie, die sich ein gemeinsames Zuhause teilt. Gleichzeitig haben Jahrzehnte interreligiösen Engagements unser Verständnis dafür wachsen lassen, dass alle Religionen auf eine Wahrheit hindeuten, die jenseits unseres Begriffsvermögens liegt. Sie alle bringen in Form von verschiedenen Sprachen, Kulturen und Epochen zum Ausdruck, wie wichtig es für uns ist, liebenswürdig zueinander zu sein und unseren natürlichen Instinkt, für unser eigenes Wohl zu sorgen, zugunsten des Gemeinwohls zu zähmen.

Diese Erkenntnis schafft zurzeit ein Gefühl von Gemeinschaft, das auf gemeinsamen Werten beruht, die über unsere unterschiedlichen Herkünfte und Glaubensrichtungen hinausgehen. Die führenden Persönlichkeiten dieser Entwicklung wirken in einer bislang noch unerkannten Bewegung mit, die dem Leben der Menschen in zunehmendem Maße Bedeutung verleiht und eine wachsende Wertschätzung der Heiligkeit jedes Menschen und jedes Aspekts der Welt um uns herum fördert.

Diese tief gehende spirituelle Entwicklung besitzt die Kraft, uns endlich als eine große Menschheitsfamilie zu vereinen. Die Gründung der Vereinten Nationen war ein bedeutender Versuch, Frieden zwischen den Nationalstaaten herzustellen, aber mit all den – oftmals miteinander in Konflikt stehenden – Interessen war es in der Praxis nur selten möglich, im gemeinsamen Interesse aller Akteure zu handeln. Wenn wir uns dagegen auf der Ebene des Herzens verbinden und unsere Interessen als Angehörige von Stämmen, Nationen und Religionen zugunsten des Wohls der Allgemeinheit zurückstellen, werden wir in der Lage sein, selbst die größten Herausforderungen, denen wir uns heute gegenübersehen und die unsere Zukunft bedrohen, zu meistern.

Diese leise Revolution ist eine offene Einladung an alle Menschen, ihre individuellen Begabungen zu entfalten und ihre Bestimmung in freudigem Dienst für etwas zu verwirklichen, das größer ist als wir alle. Wir sind aufgerufen, in die nächste Ebene unserer kollektiven Entwicklung einzutreten und gemeinsam eine Zukunft zu kreieren, die jenseits unserer Vorstellungskraft liegt, wobei der Frieden auf Erden lediglich der Anfang ist.

Es gibt drei primäre Faktoren, die diese entstehende globale Kultur vorantreiben:

Globalisierung

Dieser große Begriff umfasst viele Bereiche der Technologie, des Reisens und der Kommunikation. Doch spätestens seit dem Tag, als die ersten Kameras in die bis dahin unberührten Gefilde indigener Urvölker vordrangen, war klar, dass wir irgendwann den Punkt erreichen würden, wo der gesamte Globus genauestens kartiert und alle seine Bewohner bekannt wären. Dieser Prozess hat sich im Laufe des 20. Jahrhunderts mit dem Aufkommen von Düsenflugzeugen, dem Fernsehen, den Vereinten Nationen und zuletzt dem Internet noch beschleunigt. Zur selben Zeit hat die technologische Entwicklung in der Landwirtschaft und dem Handel überall zu einer Vereinheitlichung der Produktion geführt, die die reichhaltige Biodiversität unserer Ökosysteme ernsthaft in Gefahr gebracht hat, und eine Kultur der stetigen Verfügbarkeit geschaffen, die unseren Heimatplaneten mit unnötigem Abfall zumüllt, anstatt dem Lebenszyklus zu folgen, den die Natur vorsieht.

Obwohl große Veränderungen erforderlich sind, um das riesige Ausmaß an Umweltverschmutzung zu beseitigen und gesündere Formen für ein harmonisches Zusammenleben mit der Erde zu finden, werden unsere Gemeinsamkeiten auf der ganzen Welt in Zeiten von Naturkatastrophen und politischen Unruhen durch das Mitgefühl gestärkt, das uns, ungeachtet des jüngsten Anstiegs nationalistischer Gegenbewegungen, miteinander vereint. Unser Gefühl, dass wir ein und denselben Planeten miteinander teilen, lässt sich einfach nicht wegdiskutieren.

Klimakrise

Die Krisen, die durch schmelzende Gletscher und steigende Ozeane ausgelöst wurden, werden bereits auf der ganzen Welt als extreme Wetterphänomene erlebt und wahrgenommen. Unsere Küstenlandschaften verändern sich angesichts immer heftigerer Hurrikans, Taifune, Wirbelstürme, Brände und Überschwemmungen. Und obwohl Regierungen immer wieder daran gescheitert sind, sich auf Maßnahmen zu einigen, die effizient genug wären, die Folgen abzumildern, ist klar, dass keine Nation allein sich dem, was da auf uns zukommt, erfolgreich stellen kann.

Diejenigen von uns, die das Glück haben, in den reichsten Ländern der Erde geboren zu sein, sind aufgefordert, sich die Kosten unseres Privilegs anzuschauen und ihre Beziehung zu dem wunderbaren Planeten, der uns das Leben schenkt, auf den Prüfstand zu stellen.

Spiritualität

Vor hundert Jahren praktizierte der Großteil der Menschen die Religion, in die er hineingeboren worden war – und viele tun dies auch heute noch, vor allem in den weniger entwickelten Regionen der Welt. Doch heutzutage, da gebildete Bevölkerungsschichten überall Zugang zu allen möglichen Arten religiöser und indigener Traditionen haben, wächst immer mehr die Anerkennung des Werts sämtlicher spiritueller Lehren und der Tatsache, dass alle Glaubenssysteme zu universellen Werten wie Mitgefühl, Großzügigkeit und Liebenswürdigkeit führen.

Der Säkularismus, der sich in der westlichen Welt entwickelte, als diese den eindrucksvollen Vormarsch der Wissenschaft seit der Renaissance erlebte, hat sich als unzureichend erwiesen, um eine Antwort auf das tiefe menschliche Bedürfnis nach Sinn angesichts der unermesslichen Weite des Universums oder dem Leiden des Einzelnen zu geben. Eine neue Art von Spiritualität, die nicht an bestimmte Dogmen gebunden ist, bahnt sich ihren Weg in unseren Alltag. Menschen in westlichen Ländern suchen Heilung und Stärkung in Praktiken mit östlichen spirituellen Wurzeln wie Yoga und Tai-Chi. Sie versuchen mithilfe von Meditation ihren Stress abzubauen, und Transzendentale Meditation wird inzwischen sogar in Schulen gelehrt. Menschen aller möglichen Glaubensrichtungen und solche, die keinem bestimmten Glauben anhängen, sprechen einen Segen über ihre Nahrung aus, nehmen an traditionellen Zeremonien der Angehörigen nordamerikanischer First Nations teil oder verweilen in einer gemeinsamen Schweigeminute für den Weltfrieden.

Diese Entwicklung baut auf der interreligiösen Bewegung des späten 20. Jahrhunderts auf, die den Dialog zwischen den Oberhäuptern unterschiedlicher Religionen deutlich gestärkt und die Tür zu einem größeren gegenseitigen Verständnis geöffnet hat. Interreligiöse Gottesdienste – vormals ein seltenes Ereignis – sind inzwischen als gemeinsame Reaktion auf Hassverbrechen oder Naturkatastrophen weit verbreitet.

In einer Zeit der enormen Selbstermächtigung hungern wir nach Gemeinschaft, die nicht allein durch das Hinzufügen neuer Kontakte auf Facebook gestillt werden kann. Wir sehnen uns nach einer tieferen Verbindung mit der Natur, da viele von uns zu dem Wissen wiedererwachen, welches die indigenen Völker überall auf der Erde seit Langem besitzen: dass wir selbst – als einzigartiger Ausdruck eines Lebensnetzwerkes – ein Teil der natürlichen Welt sind, zu der wir den Kontakt verloren haben, während wir damit beschäftigt waren, uns sicher und bequem einzurichten.

In der Vergangenheit verspürten gläubige Menschen überwiegend den Wunsch, innerhalb ihrer eigenen Gemeinden gute Werke zu vollbringen. Heute möchten spirituell Suchende der ganzen Menschheit dienen. Dies mag ein wenig einschüchternd klingen, doch es ist der Weg der Zukunft, und er gewinnt an Dynamik, je mehr auf dem Spiel steht. Der Wille, Gutes zu tun – der Kern aller Religionen und spirituellen Traditionen –, durchbricht die Grenzen des reinen Stammesdenkens der Vergangenheit hin zu einem planetaren Impuls des Dienens, der das Gefühl von Bedeutung und Bestimmung im Leben der Menschen verstärkt.

Diese spirituelle Revolution, in Verbindung mit und verstärkt durch die massiven Zuwanderungswellen aufgrund von Globalisierung und Klimakrise, führt zu einer Auflösung der einst starren Grenzen zwischen Nationalitäten, Sprachen, Kulturen und Traditionen – ja, selbst der Trennung der Rassen, jener großen Herausforderung für das Einssein der Menschheit. Obwohl wir aktuell eine ernst zu nehmende Gegenreaktion angesichts dieser ansteigenden Welle in Form von extremem Nationalismus erleben und kein Ende des derzeitigen Militarismus in Sicht ist, geht der sanfte, doch gleichzeitig kraftvolle Bewusstseinswandel tatsächlich recht schnell vonstatten. Die Frage ist: Wird dieses neue Bewusstsein rechtzeitig einen Kipp-Punkt erreichen, der es der Menschheit ermöglicht, zum Wohle kommender Generationen zu gedeihen?

Wir haben es in der Hand.

AUF DEN PUNKT GEBRACHT

Der Prozess des Praktizierens inneren Friedens bei gleichzeitigem Streben nach spirituellem Wachstum, so zeigt Deborah Moldow, führt uns in Richtung eines neuen Bewusstseins, welches uns ermöglicht, uns selbst – zum ersten Mal in der Geschichte der Menschheit – als Angehörige einer einzigen planetarischen Familie zu sehen, die sich ein gemeinsames Zuhause teilt. Dies wiederum führt uns – nach Jahrzehnten interreligiöser Arbeit – zu dem Verständnis, dass alle Religionen auf universelle Wahrheiten hindeuten. Dadurch können wir ein Gefühl der Gemeinschaft entwickeln, das auf gemeinsamen Werten basiert, und vormalige Barrieren und Trennungen, die der Einheit im Wege standen, dahinschmelzen lässt.

Aktiv werden: Das können Sie tun …

Alle Weisheitstraditionen teilen universelle Werte, wenn auch in Form unterschiedlicher Anschauungen. Nehmen Sie sich die Zeit, sich über eine religiöse oder spirituelle Weltsicht zu informieren, die sich von Ihrer momentanen unterscheidet. Machen Sie es zu Ihrer Berufung, das Licht des Göttlichen in jedem Menschen zu sehen.

3

Eine evolutionäre Vision der Zukunft mit »harter« Wissenschaft in Einklang bringen

von David Sloan Wilson und Kurt Johnson

Im Frühjahr 2019 lud das *Mind and Life Institute* einen der beiden Autoren dieses Kapitels – David Sloan Wilson – zu einem persönlichen Gespräch mit Seiner Heiligkeit, dem Dalai-Lama, in dessen Residenz nach Dharamsala/Indien ein.[1] Davids Forschungsarbeiten haben zu einem maßgeblichen Wandel in der Evolutionsbiologie beigetragen, in der durch eine Verfeinerung des wissenschaftlichen Verständnisses der *natürlichen Selektion* (namentlich *Gruppen-* und *Multilevel*-Selektion) der Ort und die Rolle von Kooperation und Altruismus innerhalb der Evolution inzwischen klar nachvollzogen werden kann.[2]

David durfte einen Gastredner mitbringen und lud umgehend den zweiten Autor dieses Beitrags – Kurt Johnson – ein, der David wiederum mit den *Evolutionary Leaders* bekannt gemacht hat. Wir haben beide im Fachbereich Evolutionsbiologie promoviert und sind ausgebildete Wissenschaftler der sogenannten harten bzw. exakten Wissenschaften. Zudem teilen wir ein großes Interesse für die bewusste Evolution, die von vielen unserer Kolleg*innen aus der Evolutionsbiologie als wissenschaftliches »Randgebiet« betrachtet wird.[3]

David erzählte Seiner Heiligkeit, als er in den 1970er-Jahren in das Fachgebiet der Evolutionsbiologie eintrat, sei dieses gänzlich auf die Erforschung der genetischen Evolution beschränkt gewesen; die Erforschung kultureller und persönlicher Evolution habe man anderen Disziplinen überlassen. Alle Gene wurden als »egoistisch« abgestempelt, und die Herausbildung altruistischer Verhaltensweisen wurde als etwas zutiefst Unwahrscheinliches betrachtet. Evolution galt als etwas Zweckfreies, aus sich zufällig ereignenden Mutationen Entstehendes, und die Folgen der natürlichen Selektion waren darauf beschränkt, wie sich Organismen an ihre unmittelbare Umgebung anpassten.

Unterm Strich habe diese westliche Sichtweise der Evolution kaum etwas gemeinsam mit dem Buddhismus, der Glaubenstradition Seiner Heiligkeit, und dessen Aufgabe des Selbst mit dem Ziel, alles Leiden zu überwinden! Doch, so fuhr David fort, man habe die sogenannte harte Evolutionswissenschaft erweitert, um zusätzlich zu genetischen auch epigenetische, persönliche und kulturelle Veränderungen zu erfassen. Außer den egoistischen könne die Wissenschaft nun auch die Herausbildung altruistischer Verhaltensweisen erklären. Und es sei längst kein Irrglaube mehr, wenn man behauptet, dass Evolution über eine gerichtete Komponente verfügt – insbesondere im Fall der kulturellen Evolution des Menschen. Diese Entwicklungen im evolutionären Denken seien transformierend für unsere Forschungen im Hinblick auf einen gemeinsamen Nenner mit der 2500 Jahre alten Tradition des Buddhismus ebenso wie mit allen anderen religiösen und spirituellen Traditionen der Welt.

Davids Botschaft an Seine Heiligkeit ist ebenfalls relevant für jene Gruppe von Menschen, die sich die *Evolutionary Leaders* nennen, deren Vision von der Evolution weit über die genetische hinausgeht und persönliche, kulturelle, ja sogar kosmische Evolution mit einschließt. Für sie besitzt Evolution eine bewusste Dimension und bewegt sich sogar in Richtung eines globalen Bewusstseins, das der französische Paläontologe und Jesuit, Pierre Teilhard de Chardin (1881–1955), als *Omegapunkt* bezeichnete.[4] Ihre Vorstellung von

Ökologie tendiert zu einer holistischen Sichtweise und behandelt die ganze Erde als einen singulären Organismus, der es verdient, verehrt zu werden – in Gestalt der metaphorischen Göttin *Gaia*.

In mancherlei Hinsicht zieht die »harte« Evolutionswissenschaft mit den Vorstellungen der *Evolutionary Leaders* gleich. Und sie kann noch mehr: Die Evolution kann zu einem bewussten Prozess und die gesamte Erde zu etwas wie einem einzigen Organismus werden, aber die besonderen Bedingungen dafür werden sich nicht selbst organisieren. Bestimmte Voraussetzungen sind erforderlich, und diese müssen von der Gesellschaft geschaffen werden. Wenn dies geschieht, wird die kulturelle Evolution zu einem vollständig bewussten Prozess geworden sein. In der Zwischenzeit hier ein paar Ideen, wie die »harte« Evolutionswissenschaft die Vision der *Evolutionary Leaders* bestärken und zu dieser beitragen kann.

Jenseits der genetischen Evolution

Charles Darwin hatte keine Ahnung von Genen. Er definierte natürliche Selektion im Hinblick auf Variation, Selektion und Reproduktion/Vererbung – bzw. der Tendenz von Nachkommen, äußerliche Ähnlichkeit mit ihren Eltern aufzuweisen. Darwin war zudem der Überzeugung, dass seine Theorie nicht bloß die Natur, sondern die gesamte Menschheit in ihrer Variationsbreite erklären könne.

Mit dem Aufkommen der Genetik im frühen 20. Jahrhundert wurde das Studium der Evolution jedoch rasch auf die genetische Evolution begrenzt; als wäre die einzige Möglichkeit, warum Nachkommen ihren Eltern ähneln, dass sie Gene mit ihnen teilten. Disziplinen wie die Anthropologie, die Soziologie, die Geschichtswissenschaft und die Psychologie erforschten kulturelle und persönliche Veränderung größtenteils abgetrennt von der Evolutionslehre – und manchmal in gefühltem Widerspruch dazu. Außerdem entwickelten sich die wissenschaftlichen Disziplinen weitgehend isoliert voneinander, was zu einem »Archipel des Wissens« führte – zahlreiche Inseln des Denkens, die untereinander kaum kommunizierten.

In jüngerer Zeit kehren Evolutionsbiologen zu den Grundlagen zurück und definieren Evolution als jeglichen Prozess, der die drei Bestandteile Variation, Selektion und Reproduktion miteinander kombiniert. Zusätzlich zur genetischen Reproduktion beinhalten andere Reproduktionsmechanismen aber auch die Epigenetik (Veränderungen in der Genexpression statt in der Genhäufigkeit), Formen sozialen Lernens, die bei zahlreichen Arten gefunden wurden, sowie Formen speziell menschlichen symbolischen Denkens.[5] Evolutionsprozesse spielen sich jedoch nicht nur von einer Generation zur nächsten Generation ab, sondern ereignen sich auch während der Lebenszeit eines einzelnen Organismus: Dazu gehörten etwa die individuelle erworbene Immunabwehr oder die durch B. F. Skinner populär gewordene Art des Lernens mittels »Versuch und Irrtum« *(trial-and-error learning)* oder die rasche Evolution symbolischer Bedeutungssysteme. Kurzum, eine Theorie, die sich auf dem Gebiet der Biologie bewährt hat, kann nun ausgeweitet werden, um all die rasanten Veränderungen, die sich sowohl in unserem äußeren Umfeld (kulturelle Evolution) als auch unserem Inneren abspielen (persönliche Evolution), zu erfassen.

Diese sogenannte Erweiterte Synthese der Evolutionstheorie[6] *ersetzt* nicht aktuelles disziplinäres Wissen, sondern verspricht es zu *integrieren,* so wie sie alle Fachgebiete der Biologie im Laufe des 20. Jahrhunderts integriert hat.

Evolution ist gleichzeitig das Problem und die Lösung

Evolution macht nicht alles gut und schön. Sie resultiert häufig in Adaptationen, die bestimmte Lebewesen oder Gruppen auf Kosten anderer oder kurzfristiges auf Kosten von längerfristigem Wohlergehen begünstigen. Dies gilt für die menschliche kulturelle und persönliche Evolution in gleichem Maße wie für die genetische Evolution. Tatsächlich sind die meisten sozialen Pathologien (das, woran unsere Gesellschaften »kranken«) in Wirklichkeit »adaptiv« im evolutionären Sinne des Wortes. Selbsterhaltung ist eine gute Sache – solange sie nicht zu Selbstbereicherung führt. Verwandten zu helfen ist positiv – solange keine Vetternwirtschaft daraus wird. Freunde zu unterstützen ist fein – solange das Ganze nicht in Klüngelei ausartet. Und das Wirtschaftswachstum von Staaten ist ebenfalls gut – solange daraus kein globales Wettrennen entsteht, das eine nicht nachhaltige Ausbeutung von Ressourcen und damit eine zunehmende Erderwärmung zur Folge hat.

Andere Pathologien – auf individueller wie auf gesellschaftlicher Ebene – sind das »maladaptive« Ergebnis evolutionärer Fehlanpassungen.[7] Zu einer evolutionären Fehlanpassung kommt es, wenn Adaptationen an frühere Umgebungen im aktuellen Umfeld fehlschlagen. So hat die genetische Evolution seit Äonen junge Meeresschildkröten daran angepasst, nach dem nächtlichen Schlüpfen am Strand rasch ihren Weg ins Meer zu finden. Das Signal, das ihnen die richtige Richtung weist und auf das sie sich im Laufe ihrer Evolution verlassen konnten, war das Licht, weil das Meer auf zuverlässige Weise mehr Licht reflektierte und damit heller erschien als das Festland – bis der Mensch mit seinen Strandbungalows und Straßenlaternen ankam. Da sie nach wie vor an die früheren Bedingungen angepasst sind, kriechen die Babyschildkröten heute tragischerweise Richtung Festland und damit ihrem sicheren Tod entgegen. Nur eine rasche nachträgliche genetische Evolution oder eine Intervention durch den Menschen kann ihr Aussterben noch verhindern.[8]

Fehlanpassungen sind eine unvermeidliche Folge der Evolution in sich verändernden Umgebungen, und zwar für alle evolutionären Prozesse – die kulturellen und persönlichen wie die genetischen. Wenn wir uns Adaptationen ansehen, die im evolutionären Sinne soziale Pathologien darstellen, gemeinsam mit den »maladaptiven« evolutionären Fehlanpassungen, dann wird recht schnell klar: Wir müssen etwas tun, um die evolutionären Prozesse an unsere normativen Zielvorgaben anzupassen. Ansonsten wird Evolution eher zum Problem als zur Lösung. Glücklicherweise macht die bewusste Evolution eine solche Anpassung möglich.

Bewusste Evolution

Die Vorstellung, dass Evolution zweckfrei sei, Mutationen sich zufällig ereignen und Organismen sich lediglich an ihre unmittelbare Umgebung anpassen, war die Hauptlehre der sogenannten Synthetischen Evolutionstheorie, die in den 1940er-Jahren entstand. Diese Behauptungen haben sich in vielerlei Hinsicht als zu einfach erwiesen, selbst in Bezug auf die genetische Evolution. Nehmen wir das Beispiel der künstlichen Selektion, mit deren Hilfe der Mensch bei seinen Kulturpflanzen und Zuchttieren bewusst bestimmte Merkmale auswählt: Dies ist eine Form von genetischer Evolution mit einer bewussten Komponente, die der Mensch beisteuert. Doch auch Tiere wählen untereinander beständig Merkmale aus, und das Thema der »Selbstdomestikation« ist in der Erforschung der menschlichen Evolution zu einem heißen Eisen geworden.[9] Wenn man Organismen als bewusst bezeichnen kann und ihre Entscheidungen die genetische Evolution beeinflussen, dann erhält die genetische Evolution eine bewusste Komponente. Diese Art von gelenkter Evolution wurde schon im frühen 20. Jahrhundert vorgeschlagen, doch sie erfährt erst jetzt die Aufmerksamkeit, die sie verdient.[10]

Die kulturelle Evolution des Menschen besitzt eindeutig eine bewusste Komponente. Die überholten Lehrbegriffe und Dogmen können eine Erklärung dafür sein, warum es so lange gedauert hat, bis diese Erkenntnis in der Wissenschaft auftauchte, obgleich sie den spirituell orientierten Gemeinschaften dieser Welt immer offenkundig erschien. Allerdings ist es wichtig zu verstehen, dass die kulturelle Evolution des Menschen auch eine große ungerichtete Komponente besitzt, basierend auf den Kollisionen und unvorhergesehenen Folgen unserer Intentionen. In mancherlei Hinsicht besteht unser Leben aus vielen ungewollten gesellschaftlichen Experimenten – einige wenige überdauern, während viele wieder zerfallen. Das, was funktioniert, entwickelt sich größtenteils, ohne dass irgendjemand wüsste, wie oder weshalb dem so ist. Und wie gesagt:

Was im Kleinen funktioniert – etwa ein landwirtschaftliches Verfahren oder eine neue Militärtechnik –, kann in einem größeren Rahmen zum Teil des Problems werden. In der Zukunft muss die kulturelle Evolution des Menschen noch bewusster und zielgerichteter in Bezug auf das globale Wohlergehen verlaufen, als dies je zuvor der Fall war.

Wir steuern auf den Omegapunkt zu

Die »harte« Evolutionsforschung unterstützt heute die Vision der *Evolutionary Leaders* in einem viel höheren Maße als in den 1970er-Jahren, als wir, die Autoren, in das Fachgebiet eintraten. Es ist, als segelte man mit dem Wind statt gegen ihn. Und dennoch: Selbst mit dem evolutionären Wind im Rücken wird es einer Menge wissenschaftlichen Know-hows bedürfen, um die kulturelle Evolution in eine Richtung zu steuern, die Lösungen anbietet, statt Probleme zu verursachen. Wir freuen uns in der Zukunft auf eine breitere Kommunikation zwischen den *Evolutionary Leaders* und den »harten« Evolutionswissenschaftlern.

AUF DEN PUNKT GEBRACHT

Eine Brücke zwischen Naturwissenschaften und Spiritualität schlagend, berichten David Sloan Wilson und Kurt Johnson von einer Revolution in der Mainstream-Wissenschaft, die zu einem neuen »Mutlilevel«-Verständnis der natürlichen Selektion führt. Die alte Sichtweise postdarwinistischer Wissenschaft bestand darin, dass die natürliche Selektion immer zugunsten des stärksten Mitbewerbers verläuft – und diese Sicht vom »Überleben des am besten Angepassten« (Sozialdarwinismus) hat unsere globale Wirtschaft, Geschäftswelt und Politik beherrscht. Die Mainstream-Wissenschaft ist inzwischen der Meinung, dass eine Selektion des stärksten Mitbewerbers in der Natur nur auf den unteren Komplexitätsebenen stattfindet. In Gruppen und Hierarchien wählt die natürliche Selektion denjenigen aus, der sich am kooperativsten erweist. Diese zeitgemäße Veränderung bringt die wissenschaftliche Perspektive des Evolutionsprozesses auf eine Linie mit der Kernbotschaft der Weisheitstraditionen.

Aktiv werden: Das können Sie tun ...

Machen Sie sich einmal Gedanken über das spirituelle Gesetz der Kooperation – wie dieses die kollektive Evolution der Menschheit lenkt und wie es sich gleichermaßen in der Natur widerspiegelt. Suchen Sie Menschen aus Ihrem geschäftlichen Umfeld, aus Ihrer Schule oder Uni oder Ihrer Gemeinde, mit denen Sie gemeinschaftlich zum Wohle aller tätig werden können.

4

»Jammen«: Das Kultivieren von Verbundenheit, Gemeinschaft, Zusammenarbeit und Befreiung des Selbst in der Gruppe

von Shilpa Jain

Dieser Tage haben mein Mann Austin und ich es uns zur Gewohnheit gemacht zu sagen: »Ich bin, ja, wir sind beide zu hundert Prozent gesegnet!« Das ist zum einen eine Anerkennung all der Geschenke, Privilegien und Unterstützung, die wir in unserem Leben bekommen haben: unsere Familien und Freunde, unsere jeweilige Ausbildung, unsere Arbeits- und Reisemöglichkeiten, unser Zuhause und unsere Gemeinde in der Bay Area von San Francisco. *»Zu einhundert Prozent gesegnet sein«* heißt für uns aber auch, Stellung zu beziehen. Wir entscheiden uns bewusst dafür, die Herausforderungen in unserem Leben und in dieser Welt ebenfalls als einen Segen zu betrachten. Sie öffnen uns für unsere Empfindsamkeit und wecken unsere Kreativität und unser Vorstellungsvermögen. Wir sehen sie als Einladungen, weiter und tiefer zu gehen und alles, was wir sind und was wir besitzen, im Namen von allem, was wir lieben, einzusetzen.

Ich habe die Ehre, die Geschäftsführerin von »YES!« zu sein, einer gemeinnützigen, seit 30 Jahren bestehenden Organisation, die junge (und nicht mehr ganz so junge) Generationen von Change-Makern miteinander vernetzt, inspiriert und mit ihnen an der Schnittstelle zwischen persönlicher, zwischenmenschlicher und systemischer Transformation zusammenarbeitet (Sie finden uns unter yesworld.org). Die Programme, die zu unserem Aushängeschild geworden sind, heißen »Jams«; sie versammeln jeweils rund 30 Personen, die sich alle das Ziel gesetzt haben, einen Beitrag in Richtung Heilung, Liebe, Gerechtigkeit und Verbundenheit in der Welt zu leisten. Nach dem Modell einer musikalischen Jam-Session ist jede Person eingeladen, ihre Fragen, Probleme, Weisheiten, Hoffnungen, Ängste, Talente und Ressourcen einzubringen und einander intensiv zuzuhören, um zusammen neue und einzigartige Synergien zu gestalten. Mit Verletzlichkeit, Integrität und Ehrlichkeit lassen die Jam-Teilnehmer*innen ihre Masken fallen und öffnen sich einem gemeinsamen Prozess des Lernens, Verlernens und auf einer höheren Ebene Dazulernens – über sich selbst, über einander, über die Erde und darüber, wie wir die Welt kreieren können, die wir gerne haben würden. »Jams« sind kraftvolle Treibhäuser für die Weisheit von Körper, Herz und Seele, und diese Weisheit lenkt unseren Weg nach vorn.

Ich selbst »jamme« inzwischen seit über 18 Jahren und habe immer wieder beobachten können, dass es die Gemeinschaft ist, die im Mittelpunkt aller Lösungen steht, die wir für unsere Welt benötigen. Tatsächlich existiert jede einzelne Lösung, die wir brauchen, schon längst – manchmal als vollständige Lösung und manchmal als Einzelteile eines Puzzles, das wir mithilfe von Beziehungen und gemeinsamem Wissen zusammensetzen müssen. Alles, was es in diesen Zeiten braucht, ist, unterschiedliche Menschen zu versammeln, die sich auf ihre tiefere Weisheit einlassen, einander zuhören, sich aufeinander abstimmen und zusammenarbeiten. Durch dieses Aufeinander-abgestimmt-Sein wird eine Selbstbefreiung des Einzelnen in der Gruppe ermöglicht, und die Teilnehmer bekommen Zugang zu den Lösungen, die bereits in ihnen schlummern.

Gemessen an seiner Einfachheit scheint das ein leichtes Vorhaben zu sein, doch ist es gleichzeitig in seiner Komplexität auch ein gewaltiges. Jeder einzelne Bestandteil – das Zusammenkommen der Menschen, ihre Vielfältigkeit, das Zuhören – hat seine Schwierigkeiten. Viele Change-Maker sind innerlich herausgefordert, weil sie keinerlei Erfahrung damit haben, wie sie sich auf ihre eigene Weisheit einstimmen können, statt sich von ihrem inneren Kritiker beherrschen zu lassen. Diese Stimme aus Selbstzweifel, Nicht-Genügen, Sich-Vergleichen, Hochstapler-Syndrom, Angst, Sorge, Scham usw. kann das göttliche Genie blockieren, das durch jedes Lebewesen fließt. Aus vielerlei Gründen fällt es Menschen auf der inneren Ebene schwer, anderen zu vertrauen oder zueinander in Beziehung zu treten; dies gilt besonders im Hinblick auf soziale Identitäten wie Rasse, Gesellschaftsschicht, Geschlecht, Sexualität, Nationalität, Religion und Alter. Gewöhnlich scheitern Beziehungen und Kommunikation in Momenten des Konflikts und lassen die Menschen noch weiter voneinander entfernt zurück. Die meisten von uns haben bislang noch nicht die Werkzeuge kennengelernt – und noch viel weniger praktiziert –, mit denen sich Konflikte von Niederlagen in Durchbrüche verwandeln lassen. Auf der systemischen Ebene haben Bildungseinrichtungen, Politik, Wirtschaft und Gesellschaft oftmals noch mehr Mangel, Gewalt und Isolation erzeugt, sodass kaum Raum blieb, um uns gemeinsam zu entspannen und die Fülle an Möglichkeiten zu spüren.

Ja, mitten in der politischen Spaltung, den sozialen Verwerfungen, der wirtschaftlichen Unsicherheit und den ökologischen Umwälzungen unserer Zeit habe ich oft das Gefühl, auf einem schmalen Grat zwischen Neuland und dem Abgrund zu balancieren. Es erfordert meine ganze Energie, Engagement und Mut, präsent zu bleiben, dem Kommenden ins Auge zu schauen und auf dem klaren Weg, der meine Werte widerspiegelt, voranzugehen. Doch alleine schaffe ich das nicht. Wenn es hart auf hart kommt, brauche ich meine geliebte Gemeinschaft, die mir zeigt, dass es vorwärtsgeht, indem wir uns einander zuwenden, statt uns gegeneinander zu positionieren.

Eine bewusste Gemeinschaft nähren

Culture eats strategy for breakfast (»Die Kultur verspeist die Strategie zum Frühstück«) – so lautet ein berühmtes Manager-Zitat. Veränderungen entstehen nicht bloß dadurch, dass man bessere Ideen hat oder geeignete Maßnahmen entwickelt. Natürlich sind diese wichtig, aber sofern sie nicht in einen ganzheitlichen Rahmen eingebunden sind, werden sie schon bald durch innere oder äußere Konflikte zu Fall gebracht werden. Stattdessen müssen wir gemeinschaftlich positive Kulturen kreieren, die auf längere Sicht zu Veränderungen einladen, und sie entsprechend nähren und am Leben erhalten, sodass die großartigen Samen, die wir einbringen, sich zu Schösslingen, zu blühenden Pflanzen und schließlich zu Bäumen, zu Wäldern und zur neuen Normalität für unsere Welt entwickeln.

Mein Freund Roni Krouzman (Gründer von *The People Piece*) spricht von Kultur als einer Mischung aus Strukturen, bestimmten Fähigkeiten und Geisteshaltungen. Das heißt, alle diese Elemente müssen berücksichtigt werden, wenn wir gemeinschaftlich Kulturen kreieren wollen, die auf Fülle, Verbundenheit und Wohlstand für alle gründen. In jener Art von Kultur können unsere Seelen und unsere Problemlösungen gleichermaßen gedeihen.

Ich betrachte die »YES!-Jams« inzwischen als wirksame Kultur schaffende und Kultur verändernde Plattformen. Die »Jams« wenden Strukturen an, die Inklusion und die Gesamtheit von Selbst und Gemeinschaft würdigen – etwa die »Check-in-Kreise«, die gemeinschaftlichen Teams und den Fluss zwischen kollektiver und Selbstorganisation. Sie fördern wichtige Fähigkeiten wie das Praktizieren von Selbstgewahrsein; anderen zuhören, ohne emotional zu reagieren oder zu bewerten, zu interpretieren oder Dinge lösen zu wollen; sein Herz mit anderen teilen; sich während Konflikten entspannen; wertschätzende Befragungen durchführen. Durch diese Strukturen und ihre geschickte Anwendung werden lebens- und weltverändernde Geisteshaltungen wie Präsenz, Mitgefühl, Großzügigkeit, »Leere«/*shunyata* und Liebe verankert und zusätzlich verstärkt.

Die »Jams« wirken der dominierenden Kultur von Trennung, des »Teile und herrsche« entgegen und bringen stattdessen eine Kultur gegenseitiger Verbundenheit, Ganzheit und gemeinsamer, dynamischer Führung hervor.

Jede/-r Teilnehmer*in gibt und empfängt gleichzeitig etwas von der »Jam«-Kultur, indem wir wirkmächtige Netze aus Sinnhaftigkeit, Wissen und Unterstützung knüpfen und die Welt verkörpern, die wir gerne sehen würden. Die »Jam«-Kultur unterstützt außerdem Change-Maker, dabei zu lernen, während schwieriger Konflikte tiefer zu schürfen. Indem wir lernen, unsere Kampf-Flucht-Erstarrungs-Reaktionen zu erkennen und zu verlangsamen, erleben wir Möglichkeiten, zu wachsen und uns zu verbinden. Die »Jams« bieten einen Raum sowohl für innere als auch für äußere Heilung, sodass wir uns in schwierigen Augenblicken für einen produktiven Weg entscheiden können. Die Kultur ermutigt jeden von uns, unsere Interaktionen mit den bestehenden Systemen neu zu gestalten und in ihnen die Räume zu finden, die Polarisierung und Trennung in Verständigung und Verbundenheit transformieren.

Nachdem die »Jammer« sowohl individuell als auch gemeinschaftlich in die Tiefe gegangen sind und ihre Antworten auf diese Fragen ausgelebt haben, verbreiten sie »Jammen« in ihren Familien, unter Freunden, Kollegen, engagierten Menschen, Nachbarn und Fremden. Sie integrieren bestimmte Praktiken in ihr Leben, verändern Strukturen und arbeiten mit transformierenden Geisteshaltungen, die auf dem Wert und Respekt gegenüber jedem Menschen gründen, dem sie begegnen. Dabei geht es nicht um theoretische Veränderungen; vielmehr werden diese ganz praktisch gelebt – durch die Art unseres Handelns und unseres Seins. Schritt für Schritt, Atemzug für Atemzug verkleinern die »Jammer« den Abstand zwischen »Jam«-Leben und Alltag. Sie transformieren den Rest der »realen« Welt in eine Welt echter Authentizität: Es geht um *»Calling, connection, commitment and community«* (Berufung, Verbundenheit, Engagement und Gemeinschaft).

Eine Einladung zum »Jammen«

Die »Jams« laden jeden von uns ein, über folgende Fragen nachzudenken und sie in der Praxis umzusetzen: Wie können unsere Arbeit, unser Spiel und unser Leben die Verbundenheit in unserer Welt verstärken? Wie kann jeder von uns Respekt erlernen bzw. lernen zu »*re*-spektieren« – im lateinischen Wortsinn von »zurückblicken, sich nochmals umsehen« –, jenseits unserer ersten Urteile und Reaktionen, und bereit sein, zuzuhören, unsere Wahrheiten zu teilen und das komplexe und ganzheitliche Bild unseres gemeinsamen Menschseins anzuerkennen? Wie kann jede/-r von uns die göttliche Präsenz jedes Lebewesens zelebrieren, die Weisheit von Herz, Seele und Körper vertiefen und sich jenseits von Gut und Böse positionieren? Wie kann jede/-r von uns von Nutzen sein, die Gemeinsamkeit fördern und kollektiv eine Vision von der Zukunft errichten?

Jede/-r von uns spielt eine Rolle bei der Ausgestaltung des kollektiven Raums, und die Tiefe und Breite jenes Raums macht Platz für übergeordnete Lösungen und bislang unvorstellbare Resultate. Und so wie jede Lösung, die wir brauchen, längst schon da ist, existiert auch jede Person auf dem Planeten bereits mit der ihr eigenen Genialität und Aufgabe. Manchmal fehlt es lediglich an der liebevollen Spiegelung durch andere Menschen, die uns hilft, uns selbst klarer zu sehen, und an der Gemeinschaft, die uns antreibt.

Natürlich fände ich es klasse, wenn Sie irgendwann mal selbst einen »Jam« erleben könnten, aber mir ist auch klar, dass dies vielleicht nicht möglich sein wird. Deshalb lade ich Sie ein, »Jammen« – als eine Reihe von Praktiken und Prinzipien – in Ihr eigenes Leben, Ihren Berufsalltag und Ihre Gemeinschaft zu übernehmen:

Praktizieren Sie Zuhören, ohne emotional zu reagieren, zu bewerten, zu interpretieren oder Dinge lösen zu wollen. Das Herzstück des »Jammens« besteht in einer anderen Art des Zuhörens – die viel Raum für den Sprecher und für Sie selbst lässt. Versuchen Sie anderen in Ihrem Umfeld zuzuhören, ohne darüber nachzudenken, was Sie anschließend sagen oder wie Sie darauf reagieren werden. Eine solche Art des Zuhörens, die Raum schafft, kreiert kraftvolle Beziehungen und bringt Kreativität und Bewusstheit hervor.

Beziehen Sie, wann immer möglich, *spielerische Mittel* mit ein. Können Sie sich die Welt, die Sie gerne hätten, erspielen, statt sie sich erarbeiten zu müssen? Das Gefühl von Spiel und spielerischen Praktiken – wie Wettspiele, Improvisation, Humor – transformiert das Feld dessen, was möglich ist. Wenn Sie mit anderen zusammen sind, lassen Sie einmal etwas Spielerisches mit einfließen und beobachten Sie, wie sich die Energie ausbreitet und die Vertrautheit wächst.

Schaffen Sie Raum für *alle* Gefühle, die entstehen. Wir können mehr Heilung und Freiheit in der Welt unterstützen, indem wir alle eigenen und alle Gefühle anderer zulassen, also Liebe, Schmerz, Zufriedenheit, Wut, Freude, Frustration und so fort. Indem wir wiederum nicht versuchen – in uns selbst oder in anderen –, diese Gefühle in Ordnung zu bringen oder zu verändern, können sie durch uns hindurchfließen und zu dem Heilmittel werden, das wir in dem Moment brauchen. Auf der anderen Seite unserer Gefühlsregungen warten Chancen zum Verlernen und zum gemeinsamen Lernen.

Wenn es brenzlig wird, entspannen Sie sich. Häufig sind die Missverständnisse in unserem Leben in Wirklichkeit nur dies: verpasste Gelegenheiten, uns zu verständigen. Anstatt diese nun in den Teufelskreis aus Bewertungen, Vermutungen und festgefahrenen Geschichten zu überführen, nehmen Sie sich einen Moment Zeit, sich zu entspannen, atmen Sie tief durch und überprüfen Sie, ob Sie für die andere Person oder die Situation nicht Neugierde entwickeln können. Folgen Sie diesem Funken als Leitgedanken und setzen Sie Ihr Staunen ein, um Ihre Verbindung zueinander zu erneuern.

Wertschätzen Sie die Menschen mehr als ihre Pläne (Absichten/Ergebnisse/Ziele). Um der »Entmenschlichung« moderner Institutionen und Systeme entgegenzuwirken, müssen wir die Dinge anders angehen. Wenn wir als »Lebewesen« (human *beings*), nicht als »Tatwesen« (human *doings*) die Veränderung hinkriegen, den menschlichen Erfahrungen Priorität zu verleihen – in Liebe und Ehrlichkeit, anstatt nur »unseren Job zu machen« –, wird uns dies helfen, die Welt zu verkörpern, die wir gerne sehen würden.

AUF DEN PUNKT GEBRACHT

Shilpa Jain teilt mit uns eine andere Art, Brücken zu bauen: die sogenannten YES!-Jams, die für generationenübergreifende Change-Maker entwickelt wurden. Diese kommen in den Jams zusammen, um sich zu verbinden, sich gegenseitig zu inspirieren und gemeinsam zu arbeiten für eine individuelle, interpersonale und systemische Transformation in Richtung Heilung, Liebe, Gerechtigkeit und Verbundenheit in der Welt. Indem sie die Gemeinschaft in den Mittelpunkt aller Dinge stellen, sind sich Shilpa und ihre Mit-»Jammer« der Kraft einer lieb gewordenen Gemeinschaft bewusst. Wir kommen voran, indem wir uns einander zuwenden, und nicht, indem wir uns gegeneinander positionieren. Das Modell des Jammens beinhaltet ein Minimum an fünf Praktiken und Prinzipien, die im Rahmen jeder Gemeinschaft angewendet werden können, der es darum geht, als Einheit zusammenzukommen.

Aktiv werden: Das können Sie tun ...

Suchen Sie sich jemanden in Ihrem Leben – es kann auch jemand sein, mit dem Sie augenscheinlich nur wenig verbindet – und entwickeln Sie Neugierde für diese Person. Hören Sie sich ihre Wahrheiten an; blicken Sie tief in die Konflikte, Begabungen und Aufgaben dieser Person; anschließend teilen Sie umgekehrt Ihre eigene Verletzlichkeit mit dieser Person. Schaffen Sie eine Verbindung, die die Werte Ihres Herzens widerspiegelt und die Gemeinschaft mit diesem Menschen vertieft.

5

Ist der Weltfrieden möglich?

von Michael Bernard Beckwith

Frieden – eine zeitlose und universelle Vision – ist der herausragende »Gleichmacher«, der allen gehört und gleichermaßen von den Bemühungen aller abhängt. Frieden ist keine Sache, die nur von einer Gruppe internationaler Führungspersönlichkeiten erreicht werden kann – egal, wie edel deren Absichten auch sein mögen. Wenn der Friede auf Erden ausbricht, wird er von Menschen auf dem gesamten Globus kommen, die einen neuen Bewusstseinszustand erreicht haben.

Der Frieden, der unserer Spezies innewohnt, strengt sich selbst in diesen Zeiten in einem weltweit steigenden Maße an. Es sind jene Menschen, die wissen, dass sie einer gewaltigen Aufgabe gegenüberstehen, und sich ihr dennoch stellen, die den entscheidenden Unterschied machen. Und das war im Verlauf der Geschichte immer schon so.

Es hat immer Menschen gegeben, die – wenn sie mit einem scheinbar unlösbaren Problem konfrontiert waren – eine Lösung fanden, statt vor dem Problem zu kapitulieren. Menschen haben zu allen Zeiten Veränderungen in einer solchen Größenordnung bewirkt – ob es nun darum ging, die Herausforderung unterschiedlicher scheinbar unheilbarer Krankheiten zu bekämpfen, sich für die Bildung der Massen einzusetzen oder die Freiheit zu schaffen, damit wir unsere eigenen ökonomischen Ziele verfolgen können. Diejenigen, die sich gegen alle Widrigkeiten durchsetzten, waren davon inspiriert, aus einem neuen Paradigma heraus zu handeln – ein Paradigma, das die große Mehrheit oftmals schlicht noch nicht erreicht hatte. Auch wir sind in der Lage, einen Zustand des globalen Friedens zu bewirken, den unsere Spezies bisher noch nicht erlebt hat.

Was ist Frieden?

Wenn wir über Frieden sprechen wollen, müssen wir diesen zuerst einmal definieren. Menschen tendieren dazu, zu glauben, Frieden bedeute die Abwesenheit von Konflikt oder Negativität, aber das ist es nicht wirklich, was den Frieden ausmacht. Ich würde es so beschreiben: Frieden ist die Dynamik, das Gute in Einklang miteinander zu bringen. Es ist eine Qualität, die wir in uns tragen.

Frieden ist eine bestimmte Qualität. Nehmen wir einmal folgendes Beispiel: Sie betreten einen Raum, in dem oberflächlich gesehen Frieden zu herrschen scheint. Weder streiten noch kämpfen die Menschen darin miteinander; und doch verrät Ihnen die Energie im Raum, dass dort kein Friede herrscht und die Anwesenden miteinander uneins sind und sich nicht leiden können. In einem solchen Bewusstsein ist kein Frieden zu erkennen, obwohl kein offener Konflikt vorliegt.

Nun betreten Sie einen anderen Raum. Dort fällt Ihnen auf, dass die Menschen sich im Hinblick auf ein bestimmtes Thema streiten; dennoch ist die Atmosphäre vollkommen friedlich, denn die Personen sind reif genug, miteinander zu diskutieren, auch wenn sie nicht unbedingt die gleiche Meinung vertreten – und Friede, Liebe, Geduld, Güte und Mitgefühl spielen in ihrem Bewusstsein auch weiterhin eine aktive Rolle.

Wenn ich von Frieden spreche, meine ich damit also eine Qualität, die ebenso real ist wie Liebe, Harmonie oder Schönheit. Und wenn ich vom Weltfrieden spreche, meine ich damit eine Bewusstseinshaltung von Menschen, die den Frieden nicht länger unterdrücken – weil dieser, ähnlich der göttlichen Präsenz, überall vorhanden ist und schon immer da war, es sei denn, man hat ihn durch begrenzte Sichtweisen zu unterdrücken versucht.

Wir Menschen teilen einen Aspekt unseres Gehirns mit der Tierwelt, nämlich den, dass wir auf alles, was uns begegnet, mit unserer animalischen Natur reagieren. Ein Teil des menschlichen Gehirns ist nun einmal so gestrickt. Aber wir besitzen auch einen höheren Aspekt des Gehirns, der uns zu einem Bewusstsein befähigt, das direkt dem Geist entspringt. Dieser Teil unseres Gehirns ist nicht nur reaktiv, sondern auch ein Ausdruck seiner liebenden Natur.

Sich das Bewusstsein des Friedens erschließen

Das Bewusstsein, mit dem uns wir diesen Frieden erschließen können, setzt sich erst jetzt in unserer Zeit langsam auf der Weltbühne durch. Egal, ob wir über nukleare Abrüstung, die Klimaerwärmung, Umweltprobleme, Wasserknappheit, Armut, Hungersnöte oder das Fehlen angemessenen Wohnraums sprechen – und alle diese Punkte können mögliche Auslöser künftiger Kriege sein –, erst jetzt ist der Teil unseres Gehirns in der Lage, diese Probleme anzugehen, indem die gegenseitige Kooperation in den Vordergrund rückt.

Selbst für jene in so festgefahrenen Konfliktsituationen wie etwa die Israelis und Palästinenser ist Frieden nach wie vor etwas, das erreicht werden kann. Beide Völker scheinen wenig miteinander gemein zu haben, doch in Wahrheit sind sie in den meisten Dingen einer Meinung. Sie entstammen denselben religiösen Wurzeln; sie essen ähnliche Gerichte. Sie wünschen sich Schutz und Frieden für ihre Familien und die Freiheit, ihren Kindern eine anständige Bildung zu ermöglichen; sie wollen eine Arbeit, die ihnen Freude bereitet, und wünschen sich Freizeit, die sie in Ruhe mit ihren Familien verbringen können. In den meisten Dingen stimmen sie also überein.

Das Problem ist das Land. Hier müssen wir Regierungen und Menschen feinsäuberlich voneinander trennen. Geschlagen mit egozentrischen Politikern, die von verängstigten Menschen ins

Amt gewählt wurden, stehen die Regierungen dem Frieden im Weg. Kurzsichtig in ihren Standpunkten, bedienen sie sich der Medien, damit die Massen ihnen ihre eigennützige Politik abkaufen. Ohne ihre Regierungen würden Israelis und Palästinenser eigentlich gut miteinander auskommen – wie dies bei vielen von ihnen auch längst der Fall ist.

In den Ländern selbst finden sich nur Personen, die von Hass erfüllt sind. Aber sie haben Verletzungen erfahren – und deren Heilung beginnt mit Vergebung. Versammeln Sie einmal eine Gruppe Palästinenser in einem Kreis und laden Sie sie ein, miteinander ins Gespräch zu kommen – über ihr Leid, über den Tod von ihnen nahestehenden Menschen, über ihre Kinder, die in Gaza umgebracht wurden. Bringen Sie anschließend Israelis in den Kreis, die den Palästinensern einfach nur zuhören, ohne diese zu unterbrechen. Danach drehen Sie die Situation um, sodass die Israelis ihre Erfahrungen teilen. Lassen Sie jede Gruppe zum Zeugen der Tränen und der Traurigkeit der anderen werden.

Wenn man etwas aus der Perspektive einer anderen Person betrachtet, führt dies zur Entstehung von Mitgefühl. Durch Mitgefühl entsteht Verständnis; und aus dem Verständnis entwickelt sich ein Dialog. Sobald ein Dialog entsteht, taucht auch ein Lösungsweg auf, wo dies zuvor unmöglich erschien. Mit Empathie, Mitgefühl, Verständnis und Dialog erkennen die Menschen Lösungen, die vorher nicht vorhanden waren; es kommt zu einer Bewusstseinsveränderung, die neue Einsichten ermöglicht.

Doch Menschen, die miteinander singen und tanzen oder gemeinsam in die Schule gehen, machen nun mal keine Schlagzeilen. Und für die Medien gilt überwiegend das Motto: *Je blutiger, desto besser für die Quote.* Die Nachrichten werden aus der Perspektive des alten Paradigmas der Angst vermittelt. Und obwohl die kommerziellen Nachrichten kein Interesse daran haben, dies zu verändern, wird das alte Paradigma zurzeit dennoch ersetzt. Eine Vision davon, wie friedvoll die Welt sein könnte, gewinnt an Kontur.

Krieg ist ein Teil unserer Dysfunktion; er spiegelt nicht wider, wer wir in unserer höchst entwickelten Form sind. Kriege entstehen, wenn Ressourcen im Spiel sind und kurzsichtige Staatslenker die Idee durchsetzen, ihre Nation sei die »Nummer eins«. Aber die Vorstellung, die »Nummer eins« zu sein, entspricht nicht der Realität. Sie repräsentiert lediglich einen Pseudopatriotismus. Gerade entsteht ein neues Paradigma, in dem es darum geht, zu wachsen und eins zu werden mit dem *Einen* – will heißen, anzuerkennen, dass die menschliche Rasse eine Einheit bildet. Die wirkliche Neuigkeit, die die Schlagzeilen noch nicht erreicht hat, ist, dass eine immer größer werdende Zahl von Menschen weltweit den Frieden willkommen heißt. Immer mehr friedliche Arten des Handels entstehen, wie etwa der mit Bioprodukten, Solarstrom oder der ganzheitliche Medizinmarkt, und beginnen dem traditionellen Handel den Rang abzulaufen. Dies sind alles deutliche Hinweise darauf, dass wir uns inmitten einer bedeutenden Transformation in Richtung einer friedlichen Welt befinden.

Mehrere Ebenen dieser Transformation existieren gleichzeitig nebeneinander. Auf der individuellen Ebene ist der Friede, den ich meine, ganz tief in uns selbst verankert. Er entsteht als Ergebnis unserer täglichen Bemühungen, uns mit der universellen Präsenz zu verbinden, die den Kern unseres Wesens ausmacht. In einer regelmäßigen spirituellen Praxis, in der wir wahrhaft still werden, durchdringt jener »Friede, der das rein rationale Verstehen übersteigt« Stück für Stück jeden Aspekt unseres Tages, sodass dieser für uns realer wird als alles andere, was uns sonst widerfährt. Das ist die Art von Frieden, die sich auch in den schwierigsten Lagen in einem Menschen entwickeln kann – wie im Falle Nelson Mandelas in seiner Gefängniszelle. Es handelt sich um eine Ebene von spiritueller Reife, die entweder durch Leiden oder eine höhere Erkenntnis ausgelöst wird; es ist ein Frieden, der uns nie wieder verlässt.

Diese Art von Frieden weitet sich auf natürliche Weise auf die Ebene der Gemeinschaft aus. Wenn wir uns mit ganzer Kraft für etwas einsetzen, entspringt die geistige Vision, wie die Welt sein könnte, unserem innersten Wesen und hält unsere Energie und unsere Hingabe für die Sache am Leben. Wir müssen den Wunsch nach diesem Frieden nicht zurückstellen und darauf warten, dass die Welt sich verändert, bevor wir in seinen Genuss kommen können. Wir können selbst zum Instrument jener Veränderung werden – diesem Frieden, den wir längst in uns tragen.

Genau das geht auch aus Martin Luther King Juniors Worten hervor: Als er davon sprach, dass alle Brüder und Schwestern eins seien – und das inmitten einer Zeit, die von enormer Bigotterie und Rassismus gekennzeichnet war –, zapfte er jene Liebe und jenen Frieden an, obwohl diese in der damaligen Welt nicht unbedingt der Alltagsrealität entsprachen. Wir alle haben Zugang zu jener Liebe und jenem Frieden – wir müssen lediglich unseren Weg dahin finden, uns diese Art von Vision und spiritueller Nahrung zu erschließen, auch während wir im Äußeren für Frieden, Ökologie oder Gerechtigkeit tätig sind.

Mit anderen Worten: Frieden ist nicht das Endziel. Frieden ist ein Teil der Reise, mit jedem Schritt, den wir machen. Wir tragen ihn in uns, doch seine Auswirkungen sind auf einer viel größeren Skala zu spüren. Wir alle müssen unseren eigenen Platz finden in der Gemeinschaft, wo wir bereit sind, unsere Talente einzubringen. Dies könnte beispielsweise bedeuten, dass wir Mitglied einer Nachbarschaftshilfe oder einer Gemeindegruppe werden oder uns in einer Weise ehrenamtlich engagieren, die anderen Hoffnung und Freude bringt.

Landesweit gesehen unterscheiden sich die Bewusstseinszustände auf lokaler, regionaler und nationaler Ebene. Klinken Sie sich darum aber nicht aus, sondern beteiligen Sie sich, ohne sich zu sehr daran festzuklammern oder Hass gegenüber der sogenannten anderen Seite zu empfinden. Schauen Sie sich sehr genau an, wer Ihren persönlichen Standpunkt am besten vertritt – ebenjene Sichtweise, die ein größeres Gefühl des Einsseins auf diesen Planeten bringt –, und unterstützen Sie diese Leute. Wenn wir uns gemeinsam mit anderen in einer Weise engagieren, die in Übereinstimmung mit unseren eigenen Talenten steht, säen wir die Samen für eine Gesellschaft voller Möglichkeiten.

Vielen ist nicht bewusst, dass kleine Gruppen von Menschen überall auf der Welt, die mit Mitgefühl handeln, das geistige und emotionale Klima unseres gesamten Planeten beeinflussen können. Alle Ebenen des Friedenschaffens sind auf solche Weise miteinander vernetzt.

Indem wir den inneren Frieden in uns tragen, erschaffen wir überall um uns herum Frieden. Wir säen auf allen Ebenen der Gesellschaft gleichzeitig die Samen von Möglichkeiten. Große Veränderungen geschehen dann, wenn wir das aussäen, was wir uns wünschen. An dieser Stelle stimme ich mit Victor Hugo überein, der sagte, dass dieser Prozess »eine Idee erschaffen würde, deren Zeit gekommen ist«.[1] Wir alle müssen weiter daran arbeiten, eine Vision zu entwickeln, uns auf diese fokussieren, den nächsten Schritt machen und in jene Richtung weitergehen. Mit den Worten der Friedenshymne *Let There Be Peace on Earth* möchte ich Ihnen sagen: »Lass Frieden auf Erden werden, und lass ihn mit mir beginnen!«[2]

AUF DEN PUNKT GEBRACHT

Der Weltfrieden wird möglich sein, wenn genügend Menschen überall auf diesem Planeten einen neuen Bewusstseinszustand erreichen. Glücklicherweise, so stellt Michael Bernard Beckwith fest, geschieht dies bereits. Wir befinden uns inmitten einer großen Transformation, in der immer mehr Menschen die Vision von einer friedlichen Welt in sich tragen. Immer mehr von uns akzeptieren ein neues Paradigma, in dessen Mittelpunkt die Ganzheit steht. Dies ist ein Friede, der im Innern beginnt, eine Qualität, die uns inspiriert, das Gute in Einklang miteinander zu bringen, indem wir – egal, in welcher Situation wir uns befinden – eine Energie der Liebe, der Geduld und des Mitgefühls zum Ausdruck bringen. Dies ist ein Friede, der dem höchsten Aspekt unseres Bewusstseins entspringt, er ist ein direkter Ausfluss unseres Geistes und ermächtigt uns, aufzusteigen und eins zu werden mit dem Einen, er erstreckt sich über alle Ebenen unserer Beziehungen und beeinflusst unseren gesamten Planeten. Wenn wir diesen Frieden in uns selbst leben, trägt jeder Einzelne von uns zu dieser Veränderung bei.

Aktiv werden: Das können Sie tun …

Machen Sie sich bewusst, dass Sie den Samen des Friedens in jedem Moment in sich tragen. Wie können Sie diesen Frieden in *Ihrer* Welt teilen? Welche Gruppe in Ihrer Gemeinde oder Nachbarschaft ist Ihnen am wichtigsten? Jetzt ist der perfekte Moment, um sich ehrenamtlich zu engagieren.

ZWEITER KREIS

Die Wiederherstellung des ökologischen Gleichgewichts

Wir betrachten das Universum als etwas Lebendiges und Bewusstes; wir sind die Sachwalter dieses Planeten.

6

Evolutionäre Weisheiten für eine Welt in großer Veränderung

von Duane Elgin

Die Menschheit war im Verlauf ihrer Geschichte stets mit Herausforderungen konfrontiert, aber die aktuelle ist in einer Hinsicht einmalig. Der entscheidende Unterschied zu früheren Krisen ist der: Der Kreis hat sich geschlossen. Keiner von uns kann sich den Folgen der Klimakatastrophe, dem unkontrollierten Wachstum der Erdbevölkerung, der zunehmenden Wasserknappheit oder dem Massenaussterben von Pflanzen- und Tierarten mehr entziehen. Die Menschheit hat eine noch nie da gewesene Systemkrise geschaffen, welche die gesamte menschliche Entwicklung in Gefahr bringt. Wo finden wir die evolutionären Weisheiten, die uns in eine nachhaltige und prosperierende Zukunft führen können? Im Folgenden möchte ich mit Ihnen einige wichtige Erkenntnisse aus den Weisheitstraditionen, den Pionierbereichen der Wissenschaft und den direkten Erfahrungen von Menschen teilen. Dies beinhaltet die Philosophien indigener Weisheitslehrer wie *Luther Standing Bear;* Orientierungshilfen von so unterschiedlichen spirituellen Lehrern wie *Sri Nisargadatta* und *Meister Eckhart;* die wissenschaftliche Untermauerung eines lebendigen Universums; sowie die Erfahrungen von Menschen aus allen Gesellschaftsschichten, die über Einheit und Verbundenheit sprechen. Gemeinsam bieten sie uns einen Leitfaden an, mit dessen Hilfe wir eine hoffnungsvolle Zukunft imaginieren können.

Indianische Weisheit: Die lebendige Welt

Wie haben unsere Vorfahren das Leben und die Welt wahrgenommen? Hier sind einige Zitate aus verschiedenen indigenen Kulturen, die ein seit Jahrtausenden existierendes feinsinniges und ausgeklügeltes Verständnis von Realität aufzeigen.

***Luther Standing Bear,* Oglala-Lakota-Sioux-Ältester:** »So etwas wie ›Leere‹ kannten wir in unserer Welt nicht, ja, selbst im Himmel gab es keine leeren Stellen. Überall war Leben – sichtbar oder unsichtbar –, und ein jedes Ding weckte unsere große Anteilnahme am Leben. Die Welt war erfüllt von Leben und Weisheit; völlige Einsamkeit gab es für die Lakota nicht.«[1]

Der Lebensraum des Stammes der *Travianer Muwekma Ohlone* erstreckte sich von der Bucht von San Francisco bis nach Monterey/Kalifornien: Für die Ohlone war Religion überall präsent – »wie die Luft«. Sie begriffen die Natur als etwas Lebendiges, das vor Energie nur so flirrte. Weil alles von Leben erfüllt war, steckte überall und in allem die Energie des Lebens. Jede Handlung war eine spirituelle Handlung, weil sie einen Eingriff in die energetische Welt bedeutete. Die Ohlone erledigten sämtliche Aufgaben mit einem Gefühl für die sie umgebende Welt des Lebens und der Energie.[2]

Die *Koyukon* aus Nord-Zentralalaska: Die Koyukon leben »in einer Welt, die beobachtet, in einem Wald von Augen«. Sie glauben, dass, egal wo wir uns befinden, wir nie wirklich allein sind; denn die Umgebung, wie abgeschieden diese auch sein mag, ist sich unserer Gegenwart bewusst und muss daher mit Respekt behandelt werden.[3]

Die *Kichwa* von Sarayaku im Amazonas-Regenwald Ecuadors: Sie sind überzeugt davon, dass »alles im Urwald lebendig ist und eine Seele besitzt«.

Die indianischen Weisheiten auf der ganzen Welt teilen eine gemeinsame Anschauung: die, dass unser Leben innerhalb einer größeren Lebendigkeit existiert. Eine lebendige Präsenz durchzieht die Welt und schließt auf natürliche Weise Bewusstsein ein – ebenjenen »Wald von Augen« der Koyukon –, sie ist sich unserer Gegenwart bewusst, unabhängig davon, wer wir sind oder wo wir uns befinden; eine Lebenskraft bzw. ein »heiliger Wind« bläst durch das Universum und ermöglicht die Fähigkeit zum Bewusstsein und zur Gemeinschaft mit allem Leben.

Geistliche Traditionen: Das sich erneuernde Jetzt

In Einklang mit den Anschauungen indigener Völker teilen viele geistliche Traditionen die Auffassung, dass das Universum in jedem Moment neu erschaffen wird. Ein sich stetig erneuernder Fluss durchdringt alle Vorstellungen von Festigkeit und Beständigkeit und offenbart das Universum als ein unteilbares Ganzes, das ständig in einem unsagbar gewaltigen Prozess von beeindruckender Präzision und Wucht entsteht:

Christentum: »Gott erschafft das gesamte Universum – vollkommen und allumfassend – in ebendiesem Augenblick. Alles, was Gott geschaffen hat …, erschafft er jetzt auf einen Schlag.«

Meister Eckhart, christlicher Mystiker [4]

Islam: »In jedem Moment – ein Sterben und eine Wiederkehr … Jeden Augenblick wird die Welt neu geschaffen, aber wir, die wir ihre Abfolge von Erscheinungen sehen, sind uns ihrer Neuerschaffung nicht bewusst.«

Rumi, persischer Sufi-Gelehrter und Dichter des 13. Jahrhunderts [5]

Buddhismus: »Hiermit verkünde ich feierlich, dass in jedem einzelnen Moment ein neues Universum erschaffen wird.«

D. T. Suzuki, japanischer Zen-Gelehrter [6]

Hinduismus: »Das gesamte Universum trägt unablässig zu deiner Existenz bei. Deswegen ist das gesamte Universum dein Körper.«

Sri Nisargadatta, indischer geistlicher Gelehrter[7]

Taoismus: »Das Tao ist die alles erhaltende Lebenskraft und die Mutter der zehntausend Dinge; die zehntausend Dinge entstehen und vergehen ohne Unterlass.«

Tao-Te-King[8]

Sieht man einmal von den Unterschieden in der Formulierung ab, können wir eine gemeinsame Auffassung erkennen: Das Universum entsteht in jedem Moment ständig als eine neue Kreation. Und wir sind ein untrennbarer Bestandteil dieses Prozesses – paradoxe Geschöpfe, gleichzeitig vollkommen einzigartig und doch vollständig in das sich stetig neu erschaffende Universum eingebunden.

Wissenschaftliche Entdeckungen: Die Welt als Superorganismus

Bis vor Kurzem wäre die Annahme, das Universum könnte ein zusammenhängendes, lebendiges System sein, von der Mainstream-Wissenschaft als Fantasie abgetan worden. Inzwischen haben die Erkenntnisse der Quantenphysik und anderer wissenschaftlicher Fachgebiete zu einer neuerlichen Überprüfung der uralten Intuition vom lebendigen Universum geführt, indem die Wissenschaft den Aberglauben abtrennt und den Kosmos als einen Ort des unerwarteten Staunens, der Tiefe, der Dynamik und der Raffinesse enthüllt. In einer verblüffenden Herausforderung des materialistischen Denkens haben Forscher vor einigen Jahren entdeckt, dass der überwältigende Großteil des Universums unsichtbar und *frei von Materie* ist! Die Wissenschaftler schätzen, dass wir circa 96 Prozent des bekannten Universums mit unseren Sinnesorganen überhaupt nicht erfassen können.[9]

Ein neues Bild unseres Universums rückt jetzt in den Fokus: ein lebendiges, kosmisches Hologramm – ein einheitlicher »Superorganismus« –, welcher sich in jedem Moment ständig erneuert und dessen wesentliche Natur Bewusstsein bzw. eine Wissensfähigkeit beinhaltet, die Systeme auf allen Skalen der Existenz dazu befähigt, sich zu zentrieren und ein gewisses Maß an Freiheit zu beanspruchen. Und wir stecken mittendrin in diesem sich erneuernden, holografischen Universum.

Direkte Erfahrung: Die Präsenz der Lebendigkeit spüren

Wie weit verbreitet ist die Erfahrung einer alles durchdringenden Lebendigkeit und tiefen Einheit in unserem Alltag? Wie oft spüren Menschen eine Lebendigkeit, die sie mit der Welt als Ganzem verbindet? Hier die Ergebnisse wissenschaftlicher Umfragen dazu, durchgeführt vom *Search Institute* bis zum *Pew-Forschungszentrum* in Washington, die junge wie alte Menschen in aller Welt befragt haben:

Eine weltweite Umfrage aus dem Jahr 2008, die 7000 Jugendliche in 17 Ländern einschloss, ergab, dass 75 Prozent an eine »höhere Macht« glauben. Ein Großteil nahm für sich in Anspruch, eine transzendentale Erfahrung gehabt zu haben, glaubt an ein Leben nach dem Tod und denkt, dass es »wahrscheinlich zutrifft«, dass alle lebenden Dinge miteinander verbunden sind.[10]

1962 berichteten 22 Prozent der Teilnehmer einer Umfrage unter der erwachsenen Bevölkerung in den USA, dass sie schon einmal eine tiefe Erfahrung der Verbundenheit mit dem Universum gemacht hatten. Im Jahr 2009 war der Prozentsatz der Bevölkerung, der von einer »mystischen Erfahrung« berichtete, mit 49 Prozent auf mehr als das Doppelte angestiegen.[11]

In einer landesweiten Umfrage in den USA im Jahr 2014 berichteten fast 60 Prozent der Erwachsenen, regelmäßig ein starkes

Gefühl »spirituellen Friedens und Wohlbefindens« zu empfinden, und 46 Prozent erklärten, sie erlebten mindestens einmal in der Woche ein heftiges Gefühl »des Staunens über das Universum«.[12]

Aus diesen Umfragen lässt sich eine bedeutende Schlussfolgerung ziehen: Die menschliche Spezies erwacht – nachweislich und messbar! Über die Hälfte der Menschheit scheint regelmäßige Erfahrungen der Verbundenheit mit der Lebendigkeit des Universums und unseres starken Eingebundenseins in dieses zu haben.

Eine neuerliche Sichtweise des evolutionären Weges

Realistisch gesehen, ist es eher unwahrscheinlich, dass die menschliche Gemeinschaft von ihrem derzeitigen Weg der übermäßigen Verschwendung und ernsthaften Beschädigung unseres Planeten abrückt – *es sei denn,* wir fühlten uns von einem Weg in die Zukunft eingeladen, der so beeindruckend, transformierend und begrüßenswert ist, dass sein großartiges Versprechen uns alle zusammenführt. Die Kombination aus Erkenntnissen aus direkter menschlicher Erfahrung, den Entdeckungen der Wissenschaft und den gemeinsamen Einsichten weltweiter Weisheitstraditionen zeigen uns den Weg auf. Wir entdecken, dass wir, statt krampfhaft nach Sinn und nach einem Wunder für unser Überleben in einem toten Universum zu suchen, eingeladen sind, für immer in der Tiefenökologie eines lebendigen Universums zu lernen und zu wachsen. Wir sind aufgerufen, die Weisheiten der Vergangenheit zusammenzutragen, um die Wunden der Geschichte zu transzendieren und einen Prozess der Versöhnung und der Heilung zu beginnen – und so die außergewöhnliche Zukunft zu verwirklichen, die wir nur gemeinsam schaffen können.

Indem wir die Einladung annehmen, zu lernen, bewusst in einem lebendigen Universum zu leben, schlagen wir ein neues Kapitel innerhalb der menschlichen Evolution auf.

AUF DEN PUNKT GEBRACHT

Um das Universum als etwas Lebendiges und uns als seine Sachwalter neu in den Blick zu nehmen, greift Duane Elgin auf überdauernde Weisheiten in den Traditionen der amerikanischen Ureinwohner zurück, die uns lehren, dass Leben und Geist überall und in allem sind und dass dieses Bewusstsein die Fähigkeit zur Einheit mit allem Lebendigen in sich trägt. Dieses Verständnis von der Natur des Universums findet sich ebenso in den mystischen Überlieferungen der geistlichen und religiösen Traditionen weltweit, und im Zusammenspiel mit neuen Erkenntnissen der Wissenschaft rückt für uns ein neues Bild eines lebendigen und einheitlichen Universums in den Fokus.

Aktiv werden: Das können Sie tun …

Angesichts der Tatsache, dass das gesamte Universum um Sie herum lebendig ist, versuchen Sie, in jedem Moment aus der zeitlosen Weisheit zu schöpfen, die Sie ermutigt, zu dessen nimmermüdem Sachwalter zu werden. Erinnern Sie sich im Laufe des Tages daran, dass Ihre Gedanken, Worte und Taten Macht besitzen. Setzen Sie diese Macht bei allem, was Sie tun, für gute Zwecke ein.

7

Die Erneuerung der Erde und ihrer Bewohner

von Daniel Christian Wahl

Wir leben in einer Zeit des Zusammenbruchs und des Durchbruchs zugleich – weshalb sie sowohl gefahrvoll, aber eben auch eine evolutionäre Chance ist. Unser Überleben hängt in diesem Moment von der kollektiven Fähigkeit der Menschheit ab, als eine Einheit zusammenzukommen. Unsere tief empfundene Liebe und das Bedürfnis, uns um die Gesamtheit der Lebewesen zu kümmern, ist die höhere Veranlassung, welche uns in all unserer wunderbaren Vielfalt vereinen kann. Um die Erde zu heilen, müssen wir die Menschheit heilen. Und um die Menschheit zu heilen, müssen wir unsere innige Beziehung miteinander und mit allem Lebendigen als gemeinsame Bewohner dieses Planeten wieder spüren und uns ins Gedächtnis rufen.

Indem wir zu dieser Realität erwachen, erkennen wir, dass alles, was wir tun, einen »Eingriff« bedeutet und unsere bewusste Beteiligung im wahrsten Sinne des Wortes *zählt,* also konkrete materielle Auswirkungen hat. Um die Erde und ihre Bewohner zu erneuern, muss alles, was wir gestalten, zur Gesundheit und Ganzheit der vielschichtigen Verflechtungen beitragen, an denen wir teilhaben. Wir sind alle Gestalter*innen: Mitschöpfer*innen, die das zukünftige Potenzial des gegenwärtigen Augenblicks manifestieren. Dies geschieht durch die Art, wie wir uns verhalten und was wir durch unsere Aufmerksamkeit und unsere Vorsätze – heute, *in diesem Moment* – in Gang setzen.

Es ist Zeit für einen evolutionären Sprung für unsere Spezies – um zu Heilern zu werden, mit regenerierender Wirkung füreinander ebenso wie für die große Gemeinschaft des Lebens im weiteren Sinn. Es ist Zeit für eine noch nie da gewesene Kooperation und innige Fürsorge für alles Leben, indem wir mehr und mehr unsere Verbindung mit der lebendigen Erde vertiefen und verkörpern und den demütigen Weg der *Geotherapy*[1] beschreiten – statt den anmaßenden des *Geo-Engineering*[2].

Dem Ausmaß unserer ökologischen Krise ins Auge sehen

Die Menschheit ist zu einer existenziellen Bedrohung für ihre eigene Existenz geworden. In den vergangenen 5000 Jahren haben wir über die Hälfte der Wälder auf der Erde gerodet. Allein in den letzten 50 Jahren hat menschliche Aktivität dazu beigetragen, dass rund zwei Drittel aller Säugetiere, Vögel, Fische und Reptilien weltweit ausgestorben sind.[3] Wir dezimieren die Biodiversität, von der wir Menschen, die Ökosysteme und die Gesundheit unseres Planeten abhängen.

Man kann es gar nicht oft genug wiederholen: Das Fenster von Möglichkeiten, innerhalb dessen wir katastrophale klimatische Veränderungen noch verhindern können, schließt sich immer schneller. Wissenschaftlich basierte Vorhersagen zeichnen ein düsteres Bild. Der Weltklimarat IPCC *(Intergovernmental Panel on Climate Change)* wies 2018 darauf hin, dass uns noch zwölf Jahre verbleiben, um Maßnahmen zu ergreifen, bevor die oben erwähnten Prozesse uns an einen Punkt führen, von dem aus es kein Zurück mehr geben wird. Es wäre in diesem Moment vollkommen unverantwortlich, wenn wir es versäumten, schnellstens zu handeln.[4]

Den Planeten heilen – Behandlung der Ursachen statt der Symptome

Angesichts eines nie da gewesenen Verlusts an Biodiversität, der Klimakrise, eines nicht hinnehmbaren Maßes an globaler Ungleichheit und eines weltweit drohenden gesellschaftlichen, wirtschaftlichen und ökologischen Zusammenbruchs, müssen wir die Situation als evolutionäre Chance sehen und entsprechend handeln. Wir müssen uns mit den zugrunde liegenden Ursachen unserer nicht nachhaltigen Weltsicht befassen, indem wir Herz und Geist verändern und zu bescheidenen Sachwaltern und sorgsamen Heilern werden, die gemeinschaftlich Verhältnisse schaffen, die dem Leben förderlich sind.

Leben bedeutet Fülle durch Kooperation, nicht Konkurrenz aufgrund von Mangel

Die Evolution des Lebens folgt einem Muster der Diversifikation und der anschließenden Integration von Verschiedenartigkeit auf höheren Komplexitätsebenen. Im Verlauf der Evolution wurde diese Integration hauptsächlich durch neue Formen von Kooperation und Symbiose erreicht. Es ist an der Zeit, das Leben als einen planetarischen Prozess der Kooperation neu in den Blick zu nehmen, in dem sich ein einheitliches Ganzes, das sich auf zeitlich und räumlich ineinander geschachtelten Komplexitätsskalen manifestiert, in enger Wechselseitigkeit als lebendiger Planet entwickelt. Leben ist eine sich stetig erneuernde Gemeinschaft, verankert in Mustern aus Symbiose und Kooperation, die dem Leben dienliche Bedingungen und eine gemeinsame Fülle schafft.

Natürlich existiert Konkurrenz, allerdings in einem viel geringeren Ausmaß, als unsere kurzsichtige Orientierung auf den Mangel als Antrieb der Evolution uns glauben gemacht hat. Um es in einer Analogie auszudrücken: Man könnte sagen, die Rolle der Konkurrenz innerhalb der Evolution des Lebens entspricht den Wellen und Kräuseln an der Oberfläche eines riesigen Ozeans der Symbiose und

Kooperation. Evolution ist Co-Evolution! Im Laufe seiner Evolution hat das Leben selbst fortwährend die Bedingungen geschaffen, welche die Entstehung eines noch vielfältigeren und komplexeren Lebens begünstigte.

Im Folgenden möchte ich nur einige wenige von vielen markanten Sprüngen innerhalb der Evolution auflisten, die sich durch neue Formen kooperativer Komplexität auszeichnen:

» Das Verschmelzen je zweier zellkernloser Zellen zu den ersten eukaryotischen Zellen, die ein komplexeres Leben ermöglichten;
» der Zusammenschluss solcher Zellen zu mehrzelligen Organismen;
» die kooperative Differenzierung von Zelltypen und -funktionen, durch die komplexe Organismen wie die Wirbeltiere entstehen konnten;
» die komplexen Muster, die zu kooperativen Vorteilen bei sozialen Säugern wie Walen, Elefanten, Wölfen, Affen und Menschen führen;
» unsere menschlichen Systeme aus Regierungsformen und Gemeinschaftlichkeit auf der Ebene von Stadtvierteln, Städten, Bioregionen, Staaten oder den Vereinten Nationen;
» jüngste Entdeckungen im Hinblick auf die Rolle des menschlichen Mikrobioms bei der Aufrechterhaltung der Gesundheit und der Regulation der Genexpression, die zeigen, dass der menschliche Körper in Wahrheit ein höchst diverses und kooperatives wandelndes Ökosystem ist, das mehr nicht menschliche als menschliche Zellen in seinem Innern und auf seiner Oberfläche vereint.

Angesichts der auf uns zukommenden Krisen steht unsere relativ junge Spezies nun kurz vor einer noch nie da gewesenen evolutionären Entwicklung. Die Möglichkeit einer vorzeitigen Auslöschung zwingt unsere Spezies, eine Art globalen Übergangsritus in eine erwachsenere und reifere Entwicklungsphase zu vollziehen. Es ist an der Zeit, uns zu verantwortungsbewussten Mitgliedern der Gemeinschaft des Lebens zu entwickeln.

Die einzige angemessene Antwort auf das krisengeschüttelte Leben auf diesem Planeten ist, danach zu streben, der Heilung und der Erneuerung der Erde zu dienen. Dadurch fangen wir an, unser abgetrenntes und fragmentiertes Selbst zu heilen, indem wir uns auf unsere indigenen Wurzeln besinnen, uns wieder verbinden und einen neuerlichen Zugang finden zu dem, was die Dichterin Mary Oliver als unseren »Platz in der Familie aller Dinge« bezeichnete.[5]

Eine neue Art des Handelns willkommen heißen

Ja, wir müssen schleunigst die weit über hundert existierenden und erprobten technologischen und strategischen Wege einschlagen, die uns dabei helfen können, CO_2 aus der Atmosphäre zu entfernen. (Falls Sie dazu beitragen wollen, recherchieren Sie Organisationen wie *Project Drawdown, The Carbon Underground, Zero Carbon Britain* oder *Rapid Transition Alliance.*)

Ja, wir müssen uns auf der Ebene der Bioregionen zusammenfinden, um die gesunde Funktion von Ökosystemen neu zu beleben, indem wir diverse und lokal angepasste Wälder pflanzen und Wiesen, Mangrovensümpfe, Salzmarschen und Süßwasserfeuchtgebiete wiederherstellen. Das Gleiche gilt für die Korallenriffe und Seegraswiesen in den Meeren. (Wenn Sie dazu beitragen wollen, recherchieren Sie Organisationen wie *Commonland, Regeneration International, Rewilding Europe, Global Forest Generation* und *Global Coral Reef Alliance.*)

Ja, wir müssen die Gesundheit unseres Planeten und seiner Ökosysteme fördern, um unsere eigene Gesundheit zu verbessern, indem wir auf regionaler Ebene die Umwelt regenerieren und Klimaresistenz auf kommunaler Ebene schaffen. Dabei müssen wir uns auf drei bis vier turbulente Jahrzehnte einstellen. Während dieser

Zeit werden wir unsere Bemühungen, die Klimaverhältnisse zu stabilisieren und die Erde zu heilen, aufrechterhalten müssen, auch wenn die zeitliche Verzögerung in den Klimasystemen trotz größter Anstrengungen unsererseits anfangs zu einer Verschlechterung der Bedingungen führen wird. (Wenn Sie dazu beitragen wollen, recherchieren Sie Organisationen wie *Planetary Health Alliance, C40 Cities, Regenerative Communities Network, Global Ecovillage Network, Common Earth, Resilience Brokers* und *Global Resilience System.*)

Ja, wir brauchen eine fairere und gerechtere Welt, in der die Qualität menschlicher Beziehungen und Erfahrungen wesentlich mehr Bedeutung haben als die Anhäufung materiellen und finanziellen Wohlstands. Wir müssen die gesellschaftlichen Grundlagen schaffen für diverse, sich erneuernde Kulturen, die innerhalb der planetarischen Grenzen gut leben können. Es erfordert eine Neugestaltung unserer Gewohnheiten bezüglich Ernährung, Wohnen, Mobilität, Kleidung, Energieversorgung, Bildung und Regierungsformen nebst einer Transformation unseres strukturell dysfunktionalen Wirtschafts- und Währungssystems, damit eine solche Veränderung möglich wird. (Wenn Sie dazu beitragen wollen, recherchieren Sie Organisationen wie *Doughnut Economics Action Lab, The Capital Institute, The Common Earth Alliance, P2P Foundation, Biomimicry Institute* und *Regenesis Group.*)

Eine neue Art des Seins willkommen heißen

Doch wenn wir an eine neue Art von Weisheit anknüpfen wollen, müssen wir noch mehr tun: Wir brauchen eine wirkliche Transformation, wenn wir unseren Kurs auf diese ungewisse, unkontrollierbare und uns unbekannte Zukunft festlegen wollen. Eine Raupe verwandelt sich nur dann in einen Schmetterling, wenn ihre alte Identität stirbt. Dies setzt das ihr innewohnende Potenzial frei, damit sie den Prozess der Transformation durchlaufen kann.

Wir erleben gerade einen rasanten Wandel im menschlichen Bewusstsein hin zu einem tieferen Verständnis unserer grundsätzlichen wechselseitigen Abhängigkeit mit der Gesamtheit allen Lebens. Menschen jeden Alters auf der ganzen Welt sind angetreten, um die Ökosysteme gegen weitere Zerstörung zu verteidigen, sie sind zu Interessenvertretern der Rechte der Natur geworden und arbeiten dafür, diese wiederherzustellen oder zumindest in einen gesünderen Zustand zurückzuversetzen. Wir erwachen soeben aus einem Zustand jahrhundertelangen Schlafwandelns in Richtung Katastrophe, während dessen wir uns des extrem zerstörerischen Einflusses nicht bewusst waren, den unsere falsche Weltsicht auf unser Verhalten hat. Leben ist in allererster Linie ein planetarischer Prozess, und darin sind wir Menschen keineswegs getrennt von allem übrigen Leben auf der Erde, sondern – im Gegenteil – aufs Engste mit ihm verbunden.

Viel zu lange haben wir unser Selbst von der Welt, Kultur von Natur, Geist von Materie abgetrennt und in dieser Illusion des Getrenntseins gelebt, was uns dazu veranlasst hat, uns wie die Herren über diesen Planeten statt die Sachwalter allen Lebens auf der Erde zu verhalten. Unsere Rolle besteht jetzt darin, Bedingungen zu schaffen, die dem Leben dienen.

Um die Erde zu heilen, müssen wir unsere Art des Seins heilen – sowohl in als auch durch Beziehungen. Wir können damit beginnen, indem wir das lieben, was direkt vor unserer Nase ist; indem wir die alltägliche Schönheit des Lebens wahrnehmen und diese würdigen – inmitten eines sterbenden Systems und längst obsolet gewordener Muster. Entscheidend ist, wie wir uns heute verhalten. Die Systemtheoretikerin und Dharma-Lehrerin Joanna Macy erinnert uns daran, dass wir zurzeit eine doppelte Rolle spielen: Wir sind gleichermaßen die Sterbebegleiter einer untergehenden Welt (einschließlich unserer eigenen veralteten Muster) und die Hebammen einer nachhaltigen Zukunft.[6]

Während wir gemeinsam an der Schaffung einer zukunftsfähigen menschlichen Zivilisation, die ihren Namen verdient, arbeiten, werden wir einige Jahrzehnte lang – bis weit in die zweite Hälfte dieses Jahrhunderts hinein – nicht wissen, ob es uns gelingen wird, durch das Nadelöhr zu schlüpfen und auf der anderen Seite wieder herauszukommen. Die Reise in Richtung diverser, sich erneuernder Kulturen hat keine Garantien im Gepäck, aber sie ist eine Reise der Heilung und des Dienens.

Ungewissheit und Nichtwissen werden uns weiterhin bescheiden bleiben lassen und imstande zu lernen. Wir müssen das Paradox akzeptieren, zu wissen, dass all unser Tun und Nichttun – unsere Art des Seins – von Bedeutung ist, und doch die Grenzen unseres Wissens anerkennen und uns von unserer Obsession befreien, alles vorhersehen und kontrollieren zu können. Wir müssen individuell und kollektiv in die Fragestellung hineinwachsen: Wie können wir zu verantwortungsvollen und bescheidenen Heilern des Planeten werden, indem wir selbst »Leben« *sind* und bewusst dem Leben dienende Bedingungen schaffen?

AUF DEN PUNKT GEBRACHT

Mit seinem Aufruf zu einer neuen Art des Handelns und des Seins, welche zur Wiederherstellung gesunder Ökosysteme beiträgt, Klimaresilienz auf kommunaler Ebene schafft und eine faire und gerechte Welt kreiert, in der die Qualität von Beziehungen an erster Stelle steht, plädiert Daniel Christian Wahl dafür, dass wir uns eher mit den Ursachen als den Symptomen befassen sollten. Wir sollten unseren Fokus von einem durch Mangel erzeugten Konkurrenzdenken in Richtung Fülle durch Kooperation lenken – als ein Wegbereiter für die Heilung unseres Planeten. Dies bedeutet, dass wir uns wieder verbinden und unsere Verbundenheit mit der lebendigen Erde verkörpern müssen, was eine nie da gewesene Kooperation und tiefe Achtsamkeit gegenüber allem Leben erfordert. Mit anderen Worten – den Akt des Dienens für die Gesundheit und das Wohlbefinden aller als den erleuchtetsten Weg zu uns selbst anzusehen.

Aktiv werden: Das können Sie tun …

Unternehmen Sie heute mal eine ganz konkrete Handlung, um die Umwelt zu erneuern und tiefe Achtsamkeit gegenüber allem Leben zu demonstrieren. Sie könnten z.B. einen Baum pflanzen, Mitglied in einem kommunalen Gartenverein werden, Blut spenden oder Müll vom Gehsteig aufsammeln.

8

»Ein guter Mensch ...«

von Constance Buffalo

Es gab eine Zeit, da hatten die Menschen vergessen, wie man sich gegenüber der Erde, ihren Geschöpfen und zueinander liebenswürdig verhält. Der Große Rat in der Geisterwelt hatte schließlich alle seine Hoffnungen in die Menschen fahren lassen. Die Menschheit hatte so viele Geschenke und Chancen erhalten, um ein Teil der Familie des Lebens zu werden, und doch dachten sie weiterhin nur an ihr eigenes Wohlbefinden und missachteten die Welt um sie herum. Sie nahmen sich mehr, als sie brauchten, und verschwendeten keinen Gedanken an die Älteren und Bedürftigen unter ihnen. Sie hatten ihre heilige Verwandtschaft und die wechselseitige Abhängigkeit von der Welt, in der sie lebten, vergessen.

Da beschloss der Rat, dass diese junge Spezies noch am folgenden Tage ausgelöscht werden sollte. Das große Adlerweibchen hörte ihre Worte im Nachtwind. Sie war über die Siedlungen hinweggeflogen und liebte die Verheißungen, die sie in so vielen Herzen erkannte. Ihr war klar, sie musste in das Dämmerlicht zwischen Nacht und Tag hineinfliegen und mit dem Großen Rat Zwiesprache halten.

Sie sagte: »Ich habe die Gebete gehört und in die Herzen jener geschaut, die in Gleichgewicht und Respekt zu leben versuchen. Ich habe den Rauch des brennenden Salbeis gerochen, während sie jeden Tag mit diesen Gebeten in ihren Herzen beginnen. Ich weiß, dass sie Liebe für ihre Welt in sich tragen und dass sie um Gnade und Hilfe bitten, damit ihre Beziehung mit der Schöpfung wachsen kann.«

Und an diesem Tage wurde beschlossen, dass, solange »ein guter Mensch« übrig sei, die Menschheit einen Platz im Kreislauf des Lebens haben sollte.

TRADITIONELLE CHIPPEWA-LEGENDE

Viele Jahre bestand meine berufliche Tätigkeit darin, herauszufinden, auf welche Weise die Erde und deren Bewohner zerstört werden können. Damals war ich Geschäftsführerin eines Unternehmens, das sich auf chemische und biologische Entgiftung spezialisiert hatte. Indem wir die Gefahrenstoffe erforschten, konnten wir die entsprechenden Gegenmittel herstellen. Vor diesem Hintergrund und der Tatsache, dass ich eine Angehörige des Stammes der Chippewa bin, hat vorstehende Legende eine besondere Bedeutung für mich. Vielleicht ist Ihnen mein Stamm ja auch unter dem Namen *Ojibwa* bekannt. Ich stamme von einem Chippewa-Stamm der nördlichen Wälder, der am großen *Lake Superior,* dem Oberen See, im Bundesstaat Wisconsin beheimatet ist. Unser Volk ist das viertgrößte unter den First Nations in den Vereinigten Staaten und das zweitgrößte Kanadas.

Ich überlebte jene Jahre unternehmerischer Spekulation in Sachen Zerstörung der Welt, indem ich zu meinen indianischen *Anishinaabe*-Lehren und Weisheitstraditionen zurückkehrte, die uns den Wert des Lebens als heiliges Geschenk lehren.

Damals lebte ich in Denver/Colorado. Eines Tages machte ich eine tiefe Erfahrung, die mich 156 Jahre in der Zeit zurückführte.

Ich fuhr durch die Berge Colorados und stoppte in der kleinen Ortschaft Kremmling, um dort zu übernachten. An der Rezeption von *Bob's Western Motel* überkam mich ein heftiges Gefühl des Unbehagens. Ich erwähnte es gegenüber der Rezeptionistin, und diese vermutete, dass es womöglich von den Tiertrophäen herrühren könnte, die an der Wand des kleinen Büros hingen. Doch meine Gefühle waren wesentlich traurigerer Natur.

Schließlich entdeckte ich an der Wand einen alten indianischen Köcher und einen Bogen. Ein Gefühl des Schmerzes stieg in mir hoch, als die Rezeptionistin auf die Skalpe deutete, die über dem einen Ende des Bogens aufgehängt waren. »Die kommen irgendwo aus der Umgebung von Sand Creek«, erklärte mir die Frau. Ich verließ das Motel, vollkommen überwältigt von den Erinnerungen der Vergangenheit.

Sand Creek war der Name des Ortes, wo sich eines der grauenhaftesten Massaker an Indianern im Westen abgespielt hatte. Während der Stamm von Häuptling Black Kettle darauf wartete, ein neues Vertragspapier zu unterzeichnen, verließen die Männer das Zeltdorf, um nach Nahrung zu jagen, und ließen vor allem Frauen und Kinder zurück im Camp. Sie fühlten sich sicher, denn sie hatten in der Mitte des Camps eine amerikanische Flagge gehisst, und es gab zudem eine weiße Fahne, mit der sie ihre friedlichen Absichten signalisierten. Ohne ihr Wissen umzingelte Oberst John Chivington mit 675 Soldaten das Camp in der Nacht des 28. November 1864, und in den frühen Morgenstunden des darauffolgenden Tages eröffneten sie das Feuer. Sein Befehl lautete: »Tötet und skalpiert alle (Indianer), Erwachsene wie Kinder. Denn aus Nissen werden Läuse!«[1]

Sie töteten, skalpierten und verstümmelten sie in der Tat. Zwischen 130 und 150 Cheyenne und Arapaho fielen ihnen zum Opfer, ein Drittel davon waren Frauen und Kinder. Die geschändeten Körper wurden nach Denver gebracht, auf der Bühne des Apollo-Theaters aufgehängt und als Ware angeboten – einen Skalp konnte man für ein Paar Stiefel haben.

Diese Barbarei gegen ein friedvolles Indianercamp befeuerte die Vergeltung der Stämme im ganzen Westen und zerstörte die Aussicht auf Frieden und Versöhnung, die viele sich gewünscht hatten. Sowohl Gouverneur Evans, der den Angriff befohlen hatte, als auch

Oberst Chivington brachte der Überfall Ruhm und Ehre ein – zumindest für eine gewisse Zeit. Später beschäftigte sich ein Untersuchungsausschuss des Kriegsministeriums und des Kongresses mit der Angelegenheit. Hier ein Auszug aus seinem Bericht:

»Was Oberst Chivington betrifft … Er plante und vollzog absichtlich ein widerliches und heimtückisches Massaker, das selbst für den Schlimmsten unter den Wilden, welche zu Opfern seiner Grausamkeit wurden, eine Schande gewesen wäre. Obwohl er ihre friedlichen Absichten genau kannte und bis zu einem gewissen Grad auch selbst dafür verantwortlich war, dass sie sich in Sicherheit wähnten, nutzte er ihre Sorglosigkeit und wehrlose Situation aus, um die schrecklichsten Neigungen zu befriedigen, die je das Herz eines Menschen zerfressen haben.«[2]

Oberst Chivingtons Dienstzeit beim Militär endete, bevor man ihn zur Verantwortung ziehen konnte. John Evans verlor seinen Staatsposten als Gouverneur von Colorado.[3]

Der Verkehr auf dem Highway brachte mich wieder zurück zu dem, was ich im Büroraum der Rezeption gesehen hatte. Weil es die Nacht meiner jedes Jahr stattfindenden »Neuweihe meines Lebens und meines Geistes« war, hatte ich mich ins Auto gesetzt und war nun unterwegs, ich wusste selbst nicht so genau, wohin. Da tauchte neben mir, in eine Decke gehüllt, ein älterer indianischer Mann auf. Er war eine Geisterscheinung, so viel wusste ich – doch der Mann sprach ganz sanft und erklärte mir, wohin ich fahren musste, um zur Zeremonie zu gelangen. Wir fuhren den Berg hinauf, zweigten von der Straße ab, und dann ging es steil hoch ins Dunkel des Waldes. Er wies mich an, wo ich abbiegen musste, denn ich konnte lediglich den schmalen Pfad erkennen, den die Lichter meiner Scheinwerfer aufblitzen ließen. Plötzlich sagte er, ich solle anhalten. Ich fand mich am Rand einer Felszunge wieder, mit Blick über einen ausgedehnten See.

Ich zog meine Pfeife hervor, weil ich beten wollte, doch ich erhielt die Anweisung, sie nicht zu rauchen. Der schwarze See vor mir war spiegelglatt und reflektierte das Licht von Millionen von Sternen. Tatsächlich konnte ich nicht erkennen, wo der See endete und der Himmel begann. Überwältigt von seiner Pracht, hörte ich einmal mehr, wie die Stimme in meinem Geist sagte: »Du und andere, ihr seid noch viel gewaltiger als all die Sterne, die du heute Nacht siehst. Ihr habt es nur vergessen, doch nun ist es an der Zeit, euch wieder daran zu erinnern. Bringe die Skalpe zurück nach Sand Creek und lasse ihnen eine ehrenhafte Bestattung zukommen. Bete für jene, die sie umgebracht haben, genauso wie für die Ermordeten. Wenn du all das erledigt hast, kannst du deine Pfeife rauchen!«

In dieser Nacht saß ich noch lange und blickte in das Sternenfeld vor und über mir und dachte über die Worte nach. Mein Geist-Gefährte war verschwunden, trotzdem fand ich irgendwie meinen Weg zurück hinunter über den Bergpfad.

Am Morgen ging ich in das Motel, an der Empfangstheke stieß ich auf Bob, den Besitzer. Er war ein Hüne im Holzfällerhemd, trug rote Hosenträger, schob eine riesige Wampe vor sich her und hatte ziemlich abgewetzte Jeans. Ich fragte ihn nach den Skalpen, und er erzählte mir, dass sein Urgroßvater in der Schlacht gekämpft hatte.

Mit ruhiger Stimme sagte ich ihm: »Das war keine Schlacht, mein Freund, das war ein Massaker.«

Dann erzählte er mir, dass man ihm für die Skalpe ein Wohnmobil geboten habe, er habe es jedoch ausgeschlagen. Als er am Saum des alten Köchers herumfummelte, sprach er beinahe wie zu sich selbst, dass er ihn irgendwann mal reparieren müsse.

Ich hörte ihm zu, berührte sanft seinen Arm und meinte: »Bob, die Zeit ist jetzt gekommen, dass sie nach Hause zurückkehren!«

Er wandte sich langsam mit tränenfeuchten Augen zu mir um. »Ich habe niemals an dieses Töten geglaubt. Wenn ich noch mal wiederkommen könnte, wäre ich ein Indianer und wild und frei, lange bevor der weiße Mann auf der Bildfläche erschiene.« Er legt die Skalpe in meine Hände und ging weg.

Es waren zwei Stück, jeder ungefähr 30 Zentimeter lang, sie waren mit dünnen rosa Fäden zusammengenäht. Ich stand mit den Skalpen da und fühlte sie mit meiner Seele. Mir strömten die Tränen nur so über die Wangen.

Ich wickelte sie in ein rotes Tuch und verknotete das Bündel mit Schleifen in den Farben der Vier Heiligen Richtungen. Sobald ich nach Denver zurückgekehrt war, rief ich das Oberhaupt meiner *Native American Church* an, und er seinerseits kontaktierte eine Lakota-Älteste, die mir bei meinem Unterfangen helfen sollte. Wir fragten auch bei Angehörigen vom Stamm der Cheyenne und Arapaho nach, ob sie gerne teilnehmen würden, bekamen aber keine Antwort.

In einer Schwitzhütte hielten wir eine Reinigungszeremonie ab, erwarben die Genehmigung für die Begräbnisfeier in Sand Creek und luden auch Angehörige anderer Stämme ein, uns bei dieser zu begleiten. Die Geschenke (Opfergaben für die Teilnehmer) wurden ausgewählt und *Tobacco-Ties* – kleine, mit Tabak gefüllte Gebetsbeutelchen – vorbereitet. In jeder Nacht, mit dem heiligen Bündel von Skalpen auf meinem Altar, sang ich für sie meine Lieder. Ich kannte keine Cheyenne- oder Arapaho-Weisen, aber ich sang alle Lieder, die mir in den Kopf kamen, und hoffte, sie würden meine Absichten spüren.

Als wir in Sand Creek unser Camp für die Begräbnisfeier aufschlugen, gingen einige der Männer in der Umgebung spazieren, doch sie waren schnell wieder zurück und erzählten, sie hätten die Geräusche eines Indianercamps vernommen, fast so, als würde das Zeltdorf noch immer existieren. In der Dämmerung, als wir mit der Feier begannen, flogen zwei Vögel über unsere Gruppe hinweg. Zwar drehten sie keine Kreise, aber sie schwebten während der gesamten Zeremonie einfach in der Luft. Als die Lieder zu Ende gesungen, die Gebete gesprochen und die traditionellen Speisen geopfert worden waren, flogen sie davon. Wir hatten alles so gut erledigt, wie wir es eben konnten.

Ich erzähle diese Geschichte, weil wir wieder einmal an einem Punkt angelangt sind, wo so viele die Liebenswürdigkeit, die Würde und den Respekt vergessen haben, die alle unsere Beziehungen verdienen.

Einer der höchsten Werte meines Stammes ist die Tapferkeit, welche man als Integrität im Angesicht des Feindes bezeichnet. Hat sich der Kreis nun wieder geschlossen? Heutzutage kann »ein guter Mensch« sich ganz leicht mit anderen über das Internet und andere Medien verbinden, um Ideen miteinander zu teilen, Veränderungsvorschläge einzubringen, Menschen mit konträren Ansichten zuzuhören und Lösungen zu finden, die so neu sind wie die herausfordernden Situationen, denen wir gegenüberstehen.

Meine Erfahrung hat mich gelehrt, dass die Geisterwelt und die physische Welt nicht bloß Konzepte sind, sondern Realität. Die Geisterwelt existiert, um uns beizustehen und uns zu helfen, wenn wir mit reinem Herzen unsere Gebete sprechen. Alle Geister – die der Opfer *und* die der Täter – können sich unserer Gebete bedienen. Gebete machen schlechte Taten nicht ungeschehen; die Täter sind nach wie vor für ihre Taten verantwortlich. Aber wir beten in Liebe und Vertrauen für alle, die in diesem Leben unterwegs sind.

Aus unseren frühesten Lehren wissen wir, dass wir Menschen der vierten Welt angehören. Die erste Welt war die Schöpfung der Elemente (Wind, Wasser, Luft und Feuer) und der Sternennationen. Die zweite Welt umfasste das Land und die Ozeane, die Gebirge, und alles, was die Erde bedeckte. Die dritte Welt brachte alle Tiere hervor – ob sie sich zu Lande, im Wasser oder in der Luft bewegen – sowie alle übermenschlichen Geschöpfe dieser Welt. Und schließlich, in der vierten Welt, kamen die »Neuen« dazu – wir Menschen.

All jene aus den Welten vor uns sind unsere Vorfahren und Familie. Wir sehen einen Baum oder einen Fluss nicht als ein Objekt an, sondern als einen Verwandten. Die Sonne nennen wir Großvater und den Mond Großmutter. Auf diese Weise sind wir nicht getrennt voneinander, sondern gehören zueinander, und in dieser Zusammengehörigkeit lieben und sorgen wir für unsere Familie. Wir versuchen nicht, die Erde zu schützen, als wäre sie etwas von uns Getrenntes, denn wir sind selbst Teil der Erde.

Was Häuptling Seattle (1786–1866) vor über 160 Jahren gesagt hat, trifft auch heute noch zu: »Alle Dinge sind miteinander verbunden. Was die Erde befällt, befällt auch die Söhne der Erde. Dies wissen wir: Die Erde gehört nicht den Menschen, der Mensch gehört zur Erde. Alles ist miteinander verbunden – wie das Blut, das uns alle vereint. Der Mensch knüpft nicht das Gewebe des Lebens. Er ist nur eine Faser darin. Was immer er dem Gewebe antut, das tut er sich selbst an.«[4]

Diese Verwandtschaftsbeziehung hilft uns, uns daran zu erinnern, dass jedes Lebewesen eine bedeutungsvolle »Faser« im »Gewebe des Lebens« ist – in der sichtbaren wie in der unsichtbaren Welt; und dass wir einer Realität angehören, die wesentlich größer ist als wir selbst. Eine Realität, die uns unsere Visionen schenkt, uns zu unseren Taten inspiriert und die Zeit, so wie wir sie kennen, überdauert.

Vielleicht ist es das, was dazu führte, dass der Große Rat in der Geisterwelt seine Entscheidung revidierte, als das Adlerweibchen ankam, um in unserem Namen um eine zweite Chance zu bitten. Wenn es ein paar »gute Menschen« gibt, kann es auch mehr davon geben. Und aus einigen können viele werden, und die vielen, die Ehrfurcht vor dem Leben haben, können zu einem mächtigen Stamm heranwachsen und – wie Millionen von Sternen, die sich in einem Bergsee spiegeln – Licht in die dunkelste Nacht bringen.

Eines noch: Bob, von *Bob's Western Motel,* ist, sechs Monate nachdem er die Skalpe der jungen Männer zur Bestattung zurückgegeben hatte, in Frieden von uns gegangen. Wir hoffen, Bob hat seinen Stamm gefunden.

AUF DEN PUNKT GEBRACHT

Indianische Weisheit lehrt uns, wie wir mit der Erde, ihren Geschöpfen und miteinander in Harmonie leben und liebevoll zueinander sein können. Connie Buffalos wunderschöne und berührende Chippewa-Legende darüber, dass – solange es »einen guten Menschen« gibt – die Menschheit einen Platz im Kreislauf des Lebens einnehmen wird, ist mit ihrer eigenen sehr persönlichen, beeindruckenden und bewegenden Geschichte verwoben. Sie schildert, wie sich die Realität der Verwandtschaftsbeziehung zwischen der Geisterwelt und der physischen Welt – selbst wenn Liebenswürdigkeit und Respekt für unsere Angehörigen vergessen zu sein scheinen – vor ihren Augen bestätigt hat. Dies erinnert uns daran, dass jedes Lebewesen – in der sichtbaren wie in der unsichtbaren Welt – eine bedeutsame »Faser« im »Gewebe des Lebens« ist.

Aktiv werden: Das können Sie tun ...

Vollbringen Sie heute mal anonym eine gute Tat – ohne der Versuchung nachzugeben, irgendjemandem davon zu erzählen!

9

Prophezeiungen, dynamische Veränderungen und eine neue globale Zivilisation

von Phil Lane jr.

Ein zunehmender weltweiter Sturm fegt gerade über das Angesicht von Mutter Erde hinweg, und kein Ort bleibt von seiner reinigenden, heilenden und einenden Kraft verschont. Selbst angesichts der derzeit weitverbreiteten Lähmung unseres Willens, die nationales und persönliches Selbstinteresse einer abgestimmten globalen Manipulation unterwirft, entsteht gerade eine Welt, in der alle Angehörigen unserer Menschheitsfamilie in Frieden, Harmonie und Wohlstand leben können. Unser Hauptanliegen in diesem Moment ist, wie wir die Veränderungen hinbekommen, die für eine Transformation unserer Welt notwendig sind, damit sich Kooperation durchsetzt und zur Etablierung einer friedvollen globalen Zivilisation führt.

Das Erreichen eines Wendepunkts

Viele Menschen sahen das beeindruckende Foto einer jungen Frau vom Stamm der Hunkpapa-Lakota aus dem Standing-Rock-Reservat, das auf die andächtigen und friedlichen Proteste zum Baustopp der *Dakota Access Pipeline* (DAPL) aufmerksam machte und eine weltweite Bewegung zum Schutz des heiligen Landes der amerikanischen Ureinwohner befeuerte.

Diese noch nie da gewesenen, vereinten Aktionen in Standing Rock – und überall auf Mutter Erde – zum Schutze und zur

Wiederherstellung des Landes und der heiligen Stätten der Ureinwohner, unterstreichen das wachsende Engagement junger Menschen, die in diesem Moment über 50 Prozent der Weltbevölkerung ausmachen. Ihre Rückkehr zur heiligen Erde wurde in den Prophezeiungen über die Siebte Generation, welche auf die Besiedlung des amerikanischen Kontinents durch die Europäer folgt, vorhergesagt. So haben es Häuptling »Weiße Feder« vom Stamm der Hopi und viele andere, auf die ich später noch zu sprechen komme, beschrieben.

Junge Menschen treten in jeder Dimension menschlicher und gemeinschaftlicher Transformation als Führungspersönlichkeiten hervor – so wie es die Stammesältesten der Ureinwohner schon lange vorausgesagt hatten. Gemäß diesen Prophezeiungen ist ihre Arbeit auch ein Hinweis auf die weltweite Stärkung der Führungsrolle indigener Völker in einer Zeit der wachsenden Bedrohung durch unkontrollierbaren Klimawandel, des Verlusts an Biodiversität und eines Kollapses der Ökosysteme.

Wir sind jetzt in den lang verheißenen spirituellen Frühling eingetreten, und die Siebte Generation ist aufgetaucht: junge Menschen von überall auf Mutter Erde, die mobilmachen, um die Klimakatastrophe und das Artensterben in Angriff zu nehmen. Ein Beispiel dafür sind jene, die mit der gemeinnützigen Organisation *Our Children's Trust* zusammenarbeiten, die im Namen jugendlicher Kläger*innen mehrere Klagen gegen Regierungen eingereicht hat.

Auf dem gesamten amerikanischen Kontinent und rund um den Globus steht die Siebte Generation hinter der Forderung nach einer politischen, gesellschaftlichen und spirituellen Transformation, um ein ineffizientes und inakzeptables politisches und wirtschaftliches System anzugehen – überall und gleichzeitig! Wie groß die Herausforderungen auch sein mögen, am Ende werden wir zu der spirituellen und biologischen Realität erwachen, dass wir alle eine einzige Menschheitsfamilie sind, die aufs Engste mit allem Leben auf der Erde verbunden ist.

Die Erschaffung einer neuen globalen Zivilisation

Die Vision von einer neuen globalen Zivilisation ist ein Versprechen, das sich in spirituellen und prophetischen Weisheiten findet, darunter die indianischen Quellen (wie das Buch *Black Elk Speaks: Die Lebensgeschichte eines Heiligen Mannes der Oglala Sioux,* erzählt von John G. Neihardt), die großen Propheten, das Universale Haus der Gerechtigkeit und die gesammelten Schriften Shoghi Effendis (Hüter der *Bahai*-Gemeinde) sowie bei vielen Stammesältesten, spirituellen Lehrern und Glaubenstraditionen auf der ganzen Welt. Diese neue globale Zivilisation, die von den indigenen Völkern und in ähnlichen Prophezeiungen beschrieben wird, darf jedoch unter keinen Umständen – nicht einmal im Entferntesten – mit den unterschiedlichen Verschwörungstheorien zu einer neuen Weltordnung verwechselt werden, auf die sich verschiedene, miteinander konkurrierende Quellen angstvoll beziehen. Es handelt sich nicht um eine neue Weltordnung, in der die Superreichen oder eine geheime Elite einen Großteil der Menschheit zum Zwecke ihre eigenen egoistischen und gierigen Absichten unterjocht – oder wo Menschen dazu gezwungen sind, gleich auszusehen, in gleicher Weise zu handeln oder das Gleiche zu denken oder ein Nationalstaat über alle anderen herrscht.

Die wichtigste Vorbedingung, um diese neue Daseinsform zu erschaffen, die zu einer gerechten und ausgewogenen neuen globalen Zivilisation führt – die längst im Entstehen begriffen ist –, besteht darin, dass wir mit vollem Einsatz an der persönlichen, uneingeschränkten und unabhängigen Erforschung der Wahrheit arbeiten. Die Pflicht jedes Menschen, sein Wissen und seine Erkenntnis durch eigene Anschauung und nicht durch die Anschauung anderer zu erwerben, erfordert von uns eine äußerst gewissenhafte und tief greifende Reflexion, Abwägung und Überprüfung der Quellen, aus denen wir unsere »Nachrichten« schöpfen.

Wenn wir dieses Wissen für uns selbst entdecken, werden wir die Art, wie wir fühlen, reden, handeln, wie wir koexistieren und zusammen leben, verändern, während wir zu einem immer tieferen spirituellen Verständnis und mehr Sinnhaftigkeit in unserem Leben gelangen. Diese neue globale Zivilisation, die uns in den indianischen Prophezeiungen lange vorausgesagt wurde – u.a. »Das achte Ratsfeuer«, »Die Rückkehr der weißen Büffelkalbfrau«, »Der Friedensstifter«, »Quetzalcoatl« und *Sweet Medicine* –, gründet sich auf dem unerschütterlichen Verständnis von der Einheit der Menschheitsfamilie und allem Leben. Aus diesem Bewusstsein entwickelt sich auf natürliche Weise die Erkenntnis, dass wir Folgendes brauchen:

» Gleichheit zwischen Männern und Frauen
» ein Gleichgewicht zwischen den Extremen von Reichtum und Armut
» die Abschaffung aller Vorurteile
» die Vereinigung von Wissenschaft und Spiritualität
» Bildung für alle
» eine unabhängige Erforschung der Wahrheit und
» Einheit in der Vielfalt.

Das Praktizieren dieser vereinenden Prinzipien wird eine neue globale Zivilisation nach sich ziehen, in der die Stimmen, die Weisheit und die Visionen indigener Völker in angemessener und respektvoller Weise vertreten sind und wo man auf deren uralte Weisheiten hört und ihnen entsprechend handelt.

Alle Humanwissenschaften bestätigen: Es gibt nur eine einzige menschliche Rasse, wenngleich sich diese in den sekundären Aspekten des Lebens als unendlich vielgestaltig erweist. Aus diesem Grund erfordert die volle Anerkennung dieser fundamentalen Wahrheit die Abkehr von allen Vorurteilen – und zwar jeglicher Couleur: Rasse, Klasse, sexuelle Orientierung, Hautfarbe, Glauben, Nationalität, soziales Geschlecht (Gender), Grad des materiellen Wohlstands sowie alles, was Menschen dazu bringt, sich anderen überlegen oder unterlegen zu fühlen. Unsere sämtlichen Vorurteile über den Haufen zu werfen ist in dieser Zeit für uns alle eine große spirituelle Herausforderung und Verpflichtung.

Indem wir uns auf grundlegende Veränderungen in den systemischen Strukturen unserer sich ausbreitenden globalen Gesellschaft vorbereiten, sollte die spirituelle und physische Realität des Einsseins der Menschheitsfamilie in jeder Schule Unterrichtsgegenstand sein und in jedem Land anerkannt werden. Der Weltfrieden wird erst dann vollends erreicht sein, wenn diese spirituelle Realität des Einsseins allen Lebens verwirklicht ist.

In der Zwischenzeit fördern, wie dereinst prophezeit, u.a. Organisationen wie die »Initiative Vereinter Religionen« *(United Religions Initiative/URI)* und das *Weltparlament der Religionen* interreligiöses und interspirituelles Verständnis und Bewusstsein und verstärken die Dynamik eines noch nie da gewesenen, geschlossenen Handelns in Richtung globaler Harmonie. Die Präambel, die Zielsetzung und die Prinzipien, der organisatorische Rahmen und das integrierende Denkschema der URI untermauern deutlich die Erfüllung der Prophezeiungen und helfen, diese globale Bewegung zu erschaffen.

Indem sie eine dauerhafte interreligiöse Zusammenarbeit auf täglicher Basis fördern, um religiös motivierte Gewalt zu beenden und eine Kultur des Friedens, der Gerechtigkeit und der Heilung für die Erde und alle Lebewesen zu schaffen, begrüßen sowohl das *Weltparlament der Religionen* als auch die *URI* indigene Glaubenstraditionen als gleichrangige Partner in der Bemühung, uns zu vereinen und in Richtung Weltfrieden und einer neuen globalen Zivilisation zu bewegen.

Wenn wir anerkennen, dass die Menschheit eine Einheit bildet, erfordert dies den Umbau und die Demilitarisierung der gesamten Welt; einer Welt, die in allen wesentlichen Aspekten des Lebens auf natürliche Weise vereint ist – in ihrer politischen Maschinerie, ihren spirituellen Zielen, in Handel und Finanzen, in Schriftsystem und Sprache – und dennoch unendlich vielfältig, was die unverwechselbaren Charakteristiken jeder ihrer Kulturen und

Bioregionen angeht. Diese verheißene Zukunft wird Vertrauen, Weitblick, Geduld, Zeit und geschlossenes Handeln erfordern – weit über die Jahre 2030, 2040, ja sogar 2050 hinaus.

Die Schaffung eines »globalen Gemeingutes«

Diese Prophezeiungen stimmen darin überein, dass eine Zeit kommen wird, wo eine globale Zusammenkunft notwendig sein wird, um den Weltfrieden zu verwirklichen. Vertreter aller kulturellen und spirituellen Traditionen werden sich zusammenfinden, um über Wege und Mittel zu beraten, wie das Fundament für einen dauerhaften Weltfrieden geschaffen werden kann. Indigene Frauen aus allen Regionen der Welt werden ein wichtiger Teil dieser globalen Führungsriege sein.

Prophezeiungen wie die des Medizinmannes »Schwarzer Hirsch«/ Black Elk *(»Und ich sah, dass der heilige Reifen meines Volkes einer von vielen Reifen war, die einen Kreis bildeten ...«)* beschreiben deutlich so etwas wie ein »globales Gemeingut«, das sich manifestieren wird, wenn es eine gemeinsame Verpflichtung gibt, das Gemeinwohl über jegliche nationalen, ethnischen, religiösen und eigennützigen Interessen zu stellen. Die enge und dauerhafte Vereinigung aller Nationen, Rassen, Klassen und Glaubensrichtungen zu einer einzigen Menschheitsfamilie wird zudem ein neues globales Regierungssystem erfordern, das lokal verwurzelt, bioregional organisiert und aufgeteilt sowie global vernetzt ist; mit überparteilichen Vertretern, die aufgrund ihrer Sachorientierung gewählt werden.

Dieses Regierungssystem wird die nachhaltige und harmonische Entwicklung unserer globalen Ressourcen und Kulturen verwalten und solche Gesetze erlassen, wie sie für die Regulation und Befriedigung der Bedürfnisse und Beziehungen aller Angehörigen der Menschheitsfamilie notwendig sind. Dazu gehören auch ein Ausgleich der Extreme von Wohlstand und Armut sowie die Aufrechterhaltung aller grundlegenden Menschenrechte wie universelle Bildung, freie Meinungsäußerung und individuelle Souveränität.

Tatsächlich wird die primäre Funktion einer solchen Regierung darin bestehen, die Einheit und Harmonie des Ganzen sicherzustellen.

Aus den existierenden Sprachen unserer Menschheitsfamilie wird sich eine Weltsprache entwickeln, die in den Schulen aller Nationen zusätzlich zur Muttersprache gelehrt werden wird. Wissenschaft und Spiritualität, die beiden stärksten Kräfte des menschlichen Lebens, werden sich vereinen, miteinander kooperieren und sich auf harmonische Weise fortentwickeln. Die ökonomischen Ressourcen der Welt werden zum Wohle aller Angehörigen der Menschheitsfamilie organisiert werden, damit sichergestellt wird, dass die Verteilung ihrer Produkte und Dienstleistungen gerecht geregelt ist. Nationale Konkurrenzkämpfe und Vorurteile werden abgelöst werden von Freundschaft zwischen unterschiedlichen ethnischen Gruppen, Verständigung und Kooperation.

Die enormen finanziellen Mittel, die durch die Beendigung von Kriegen freigesetzt werden, werden in die Entwicklung neuer wissenschaftlicher Erfindungen und Technologien, die Steigerung der Produktivität, die Ausrottung von Krankheiten, die Verbesserung der Standards im Gesundheitswesen, die ökologisch nachhaltige Nutzung der Ressourcen von Mutter Erde und die Förderung des intellektuellen, moralischen, kulturellen, künstlerischen und spirituellen Lebens all ihrer Kinder investiert werden.

Diese Prophezeiungen sagen eine globale Einheit voraus, welche die gesamte Menschheitsfamilie in einer respektvollen, nachhaltigen und harmonischen Beziehung zueinander umfasst, geprägt von der Erkenntnis, dass »der Schmerz eines Menschen der Schmerz aller und die Würde eines Menschen die Würde aller ist«.[1] Dies ist der Tag, auf den nicht die Nacht folgen soll!

Obwohl wir lange und hart für diese Einheit arbeiten müssen, hat der Große Geist sich entschieden, uns eine Belohnung zu schenken, die so wertvoll ist, dass weder Wort noch Schrift sie angemessen beschreiben können. Erfüllen wir diese letzte Vision – und die Prophezeiungen unserer indigenen Völker und Gottes sind uns sicher!

AUF DEN PUNKT GEBRACHT

Den langen und tiefgründigen Faden indigener Weisheiten mit den Bedürfnissen unserer Zeit verknüpfend, teilt Phil Lane junior mit uns die Prophezeiungen der amerikanischen Ureinwohner, die den Wendepunkt vorhersagen, den wir augenblicklich erleben. Ein lang verheißener spiritueller Frühling führt zur Entstehung der Siebten Generation. Diese wachsende globale Bewegung junger Menschen, welche die Klimakatastrophe in Angriff nehmen, zusammen mit einer gesellschaftlichen und spirituellen Transformation, führen zu einer neuen globalen Zivilisation. Deren Grundlage ist die uneingeschränkte Erforschung der Wahrheit, geprägt von Prinzipien, die darauf ausgerichtet sind, ein Bewusstsein vom Einssein der Menschheitsfamilie zu schaffen. Zudem wird diese neue Welt von einer globalen Versammlung regiert, welche frei ist von jeglichen Vorurteilen und eine gemeinsame Sprache teilt, mit einer starken Führung aus allen Kulturen, die von der uralten indigenen Weisheit der Sachwalterschaft und Harmonie geleitet wird.

Aktiv werden: Das können Sie tun ...

Denken Sie einmal über Ihre eigenen indigenen Wurzeln nach, egal wie weit diese in der Geschichte zurückliegen mögen. Welchen Einfluss hat das auf Ihre Vision von der Zukunft? Falls Sie Ihre eigenen Wurzeln nicht kennen sollten, befassen Sie sich mit anderen Kulturen und lernen Sie von diesen. Verwenden Sie diese Weisheit, um Ihre Weltsicht neu zu formen und alle Menschen, Tiere und Pflanzen als Ihre Verwandten anzusehen.

10

Grund zum Optimismus: Der Übergang zu einer Ökonomie des Lebendigen

von John Perkins

Bei meinen Reisen um die Welt in dieser entscheidenden Zeit in der Geschichte, bei Vorträgen an verschiedenen Veranstaltungsorten und beim Zusammentreffen mit Menschen – von politischen Führungspersönlichkeiten bis zum einfachen Landwirt – erlebe ich ein erstaunliches Erwachen, eine wahre Revolution des Bewusstseins: ein Verständnis dafür, dass wir die Navigatoren einer wunderschönen und zerbrechlichen Raumstation sind – und dass wir diese gegenwärtig in Richtung Katastrophe lenken. Die Corona-Pandemie ist nur eine weitere deutliche Botschaft, die wir erhalten haben, neben den Hurrikans, den Waldbränden und anderen »Jahrhundertereignissen«, die sich gefühlt plötzlich jedes Jahr ereignen. Im Fall von Corona mussten wir erkennen, dass uns jederzeit etwas völlig Unerwartetes treffen kann. Es ist Zeit für einen Neustart unseres Navigationssystems.

In den mehr als 200 000 Jahren, seit der Mensch, so wie wir ihn kennen, existiert, haben wir mindestens 3000 Jahre damit zugebracht, Kulturen zu entwickeln, die auf der Ausbeutung anderer Menschen und der Natur basieren. Von Jägern und Sammlern haben wir uns über die landwirtschaftliche und die industrielle Revolution in unser heutiges Technologie- und Informationszeitalter bewegt – und dabei in diesen letzten drei Jahrtausenden unsere gesellschaftlichen, ökonomischen und politischen Strukturen weiterhin auf Hierarchien gegründet.

Die Welt, in der wir heute leben, steht in direkter Nachfolge von klassischen Imperien wie dem chinesischen Reich, dem Perserreich, dem antiken Griechenland oder dem römischen Reich, dem mittelalterlichen Lehenswesen, den europäischen Kolonisten in Afrika, Amerika, Asien und dem Mittleren Osten, den auf Sklavenarbeit basierenden Plantagensystemen und den Fabriken des 19. Jahrhunderts, wo Frauen und Kinder unter entsetzlichen Bedingungen schufteten.

Menschen, die heute von Unternehmen angestellt werden, die auf kurze Dauer und Profitstreben angelegt sind, führen vielleicht kein so ein elendes Leben wie die Sklaven, die Leibeigenen oder die Vertragsknechte früherer Zeiten, aber sie sind genauso von den durch Gier angetriebenen und oftmals brutalen Strategien ihrer Unternehmensführungen abhängig. Sie werden auf Jobmärkten ge- und verkauft, sie werden ausgesandt, um Kriege zu führen, die den Großunternehmen Gewinne einbringen sollen, und erhalten dafür Löhne, die hundert- oder sogar tausendmal niedriger sind als die ihrer Bosse. Milliarden von Menschen auf der ganzen Welt arbeiten lange, mühevolle Stunden unter häufig unerträglichen Arbeitsbedingungen und für Gehälter, die nicht ausreichen, um ihre Familien, ihre Gesundheit oder ihre Altersversorgung zu finanzieren. Als uns das Coronavirus erreichte, befanden sich viele Menschen in einem Dilemma: der Entscheidung, entweder krank zur Arbeit zu gehen (und damit möglicherweise andere anzustecken) oder ihre Familien nicht mehr ernähren zu können. Andere waren gezwungen, ihren Job aufzugeben, wurden entlassen oder in Kurzarbeit geschickt und mussten sich die Frage stellen, wo das Geld für ihre Miete herkommen sollte – spätestens im Folgemonat. Unterdessen fließen in die Schatztruhen einer Handvoll Milliardäre – jener jüngsten Version globaler Machthaber – Geldmengen, die unser aller Vorstellungsvermögen übersteigen.

Seit Beginn der industriellen Revolution haben wir große Veränderungen beobachtet. Wir Menschen haben in der Wissenschaft, in der Technologie, in der Medizin und in der Kunst wahre Wunder vollbracht. Viele Länder verfügen über effiziente Systeme zur Aufbereitung von Abwässern, zur Bereitstellung von Trinkwasser und zur Beleuchtung der schummrigsten Gassen. Kindersterblichkeitszahlen und Armutsquoten sind vielerorts gesunken. Unsere erstaunliche moderne Ingenieurskunst hat viele Metropolen in die Lage versetzt, Altstädte und Kloaken unter der Erde verschwinden zu lassen und Wolkenkratzer und Brücken zu bauen, und es Regierungen ermöglicht, Flugkörper zu fabrizieren, die die Grenzen unseres Sonnensystems ausloten. In den meisten Ländern gibt es Schriftsteller, Künstler und Philosophen, die den Wahnsinn von Kriegen bloßlegen und offen ansprechen, was unsere Herzen, unser Verstand und unsere Seelen von uns verlangen.

Trotzdem grassieren Ungleichheit und Leid nach wie vor. Viele von uns in den wohlhabenden Staaten – und die betuchteren Bürger in den ärmeren Ländern – schirmen sich von den verzweifelten Menschen ab, welche über die Hälfte der Weltbevölkerung ausmachen.

Wir beuten billige Arbeitskräfte aus und eignen uns Ressourcen an. Wir errichten Gesetzesmauern in der gleichen Weise, wie wir konventionelle Mauern aus Backstein und Mörtel erbauen. Dabei haben wir ein weltweites Wirtschaftssystem geschaffen, das auf Krieg oder auf der Androhung von Krieg basiert und auf der Zerstörung ebenjener Ressourcen, die zu Kriegen führen. Dieses System droht mit unumkehrbaren klimatischen Veränderungen und einer atomaren Massenvernichtung. Es ist eine »tote Ökonomie«, die sich in Richtung ihrer eigenen Auslöschung verbraucht.

Und trotzdem haben wir längst jenen Wandlungsprozess begonnen, den Wirtschaftswissenschaftler als »Ökonomie des Lebendigen« bezeichnen: ein System, das Unternehmen belohnt, die Umweltverschmutzung bereinigen, zerstörte Landschaften regenerieren, die recyceln und neue Technologien u.a. in den Bereichen

Energie, Verkehr und Kommunikation entwickeln. Dieser Wandel kann viel leichter vonstattengehen als jener von der Agrar- zur Industriegesellschaft.

Viele Personen und Organisationen arbeiten inzwischen daran, andere Menschen, Unternehmen und Einrichtungen dafür zu inspirieren und zu motivieren, die notwendigen Schritte zu gehen, um aus der »toten Ökonomie« auszusteigen. Jeden Tag erwachen mehr Menschen aus allen Gesellschaftsschichten – Konsumenten, Investoren, Arbeiter, Geschäftsführer und Regierungsvertreter – und verpflichten sich, jenes alte und verbrauchte System durch ein neues zu ersetzen. Sie erkennen, dass die Zukunft in Unternehmen liegt, die ihre Erlöse an Investoren zahlen, die wiederum in eine Wirtschaft investieren, die selbst eine erneuerbare Ressource darstellt. Sie begreifen, dass diese neue Definition von »Erfolg« – gemeinsam mit den dazugehörigen Werten und Maßnahmen – demokratische Entscheidungsprozesse und Führungsstile sowohl in Unternehmen als auch auf Regierungsebene verstärkt. Die Corona-Pandemie hatte den positiven Effekt, uns zu der Einsicht zu zwingen, dass wir uns schlichtweg verändern müssen; dass wir anpassungsfähiger werden müssen; und dass wir unsere Wirtschaft und unsere Handlungen auf die Dinge richten müssen, die uns miteinander vereinen – und zwar Menschen aller Nationalitäten, Kulturen und Rassen –, um eine nachhaltigere und auf Gleichheit basierende menschliche Existenz auf diesem Planeten zu fördern. Das Folgende ist ein Vergleich der Schlüsselmerkmale einer »toten Ökonomie« und einer »Ökonomie des Lebendigen« und unserer Verantwortung, diesen Wandel zu realisieren.

Woran erkennt man eine »tote Ökonomie«?

Einige ihrer Schlüsselmerkmale sind:

» Ihr Ziel besteht in der Maximierung kurzfristiger Profite für relativ wenige Menschen.
» Sie verwendet die Mittel der Angst und der Verschuldung, um Marktanteile und politische Kontrolle zu gewinnen.

- Sie propagiert die Idee, wenn einer gewinnt, muss ein anderer dafür verlieren.
- Sie zeichnet sich durch eine Raubtiermentalität aus und ermutigt Unternehmen, sich untereinander, die Menschen und die Umwelt auszuplündern.
- Sie zerstört die Ressourcen, die sie für ihr eigenes langfristiges Überleben benötigt.
- Sie wertschätzt ressourcenintensive und materielle Güter und Dienstleistungen höher als solche, die die Lebensqualität verbessern.
- Sie steht unter dem starken Einfluss unproduktiver Finanzgeschäfte (Aktienmanipulation und Finanzmarktkapitalismus/ »Zockertum«).
- Sie ignoriert externe Effekte beim Berechnen von Profiten, dem Bruttoinlandsprodukt und anderer Messgrößen.
- Sie investiert stark in die Militarisierung und ins Töten bzw. in die Androhung, Menschen und andere Lebensformen zu töten, sowie in die Zerstörung von Infrastrukturen.
- Sie verursacht Umweltverschmutzung, ökologische Katastrophen und eine drastische soziale und Einkommensungleichheit, die zu politischer Instabilität führen kann.
- Sie verachtet das Steuerwesen, anstatt die Einnahmen daraus als Finanzierungsgrundlage für die Infrastruktur, soziale Einrichtungen, Gesundheitswesen usw. zu sehen.
- Sie ist undemokratisch, indem sie das Wachstum großer Unternehmen begünstigt, die von wenigen Personen kontrolliert werden, deren Gelder einen starken Einfluss auf die Politik haben (Monopole, die zu Oligarchien führen).
- Unternehmens- und Regierungsorganisationen basieren auf autoritären, von oben nach unten strukturierten *(top-down)* Befehlshierarchien, die autokratische Führungsstile begünstigen.
- Sie schätzt Berufe höher ein, die den Konkurrenzkampf

verstärken (etwa Risikokapitalgeber oder Rechtsanwälte), als jene, die das Leben bereichern (etwa Lehrer oder Musiker).

- Sie hält Milliarden von Menschen in Armut.
- Sie stuft Pflanzen, Tiere und die gesamte Natur als Ressource ein, die sich zum Vorteil des Menschen nutzen lässt, während sie es versäumt, die Natur zu respektieren und zu schützen, und dabei massives Artensterben und andere nicht rückgängig zu machende Probleme verursacht.
- Sie hat sich rund um die Welt zur beherrschenden Form des Kapitalismus entwickelt.

Woran erkennt man eine »Ökonomie des Lebendigen«?

Einige ihrer Schlüsselmerkmale sind:

- Ihr Ziel ist der Dienst am Gemeinwohl und die Maximierung langfristiger Profite für alle.
- Ihre Gesetze schaffen faire, gleiche Wettbewerbsbedingungen für alle, die eine gesunde, nicht monopolhafte Konkurrenz, innovative Ideen und nachhaltige Produkte fördern.
- Sie begrüßt den Gedanken von Kooperation, die Vorstellung, dass jeder von uns gewinnen kann, wenn wir unsere Ziele auf langfristige Profite für alle ausrichten.
- Sie schätzt Güter, Dienstleistungen und Aktivitäten, die für Lebensqualität stehen, mehr als Materialismus und eine ressourcenintensive Wirtschaft.
- Sie basiert auf nutzbringenden produktiven Aktivitäten (z.B. Bildung, Gesundheitswesen und Künste im Gegensatz zu Aktienmanipulation und Finanzmarktkapitalismus/ »Zockertum«).
- Sie trägt zur Bereinigung von Umweltverschmutzung und zur Regenerierung zerstörter Landschaften bei.
- Ihre Antriebskraft ist Mitgefühl, gerechte Ressourcenverteilung und die Vermeidung von Schulden.
- Sie hilft hungernden Menschen, sich zu ernähren, sie verhilft

Obdachlosen zu einem Heim, Kranken zu einer Behandlung und den Mittellosen zu finanzieller Unterstützung – oder sogar dazu, ihr eigenes Geld zu verdienen.
» Sie schließt externe Effekte in ihre finanziellen und ökonomischen Bemessungen mit ein.
» Sie sorgt für Innovation – indem sie neue, erneuerbare und nachhaltige Technologien entwickelt und begrüßt.
» Sie recycelt.
» Sie begreift Steuern als Investitionen in eine gemeinsame nützliche Infrastruktur, soziale Einrichtungen, das Gesundheitswesen usw.
» Sie ist demokratisch, indem sie den lokalen Handel und Mitarbeiter- oder Gemeinschaftsunternehmen fördert (z.B. Genossenschaften oder die am Gemeinwohl orientierten sogenannten *Benefit Corporations*)
» Sie stärkt in Unternehmen und Regierungen demokratische Entscheidungsprozesse und Führungsstile.
» Sie schätzt Tätigkeiten sehr hoch ein, die das Leben bereichern (etwa Künstler oder ehrenamtliche Helfer), und belohnt Investoren, die diese Eigenschaften unterstützen.
» Sie basiert auf der grundlegenden Erkenntnis, dass wir Menschen in einer symbiotischen Beziehung mit dem Planeten Erde stehen, dass wir die Natur respektieren, ehren und schützen müssen.
» Sie war für die längste Zeit der Menschheitsgeschichte die vorherrschende Form ökonomischer Entwicklung.

Letzterer Punkt – dass die »Ökonomie des Lebendigen« Teil einer uralten menschlichen Tradition ist – bietet uns sowohl eine Perspektive als auch Hoffnung. Wir alle stammen von Vorfahren ab, welche die Bedeutung langfristiger Nachhaltigkeit – sprich einer »Ökonomie des Lebendigen« – verstanden hatten. Unser Erbe als menschliche Wesen schließt die Überzeugung mit ein, dass wir die

Verantwortung haben, künftigen Generationen eine Welt zu überlassen, die ebenso reich – oder noch reicher – an Ressourcen ist als jene, die wir einst geerbt haben. Die traditionellen Lebensweisen indigener Völker sind Beispiele für »Ökonomien des Lebendigen«, die über Jahrtausende hinweg erfolgreich waren.

Es ist die Aufgabe jedes Einzelnen von uns, diesen Wandel zu ermöglichen. Selbst relativ kleine Gruppen von Konsumenten, Arbeitnehmern und Investoren, die die Werte einer »Ökonomie des Lebendigen« übernehmen und aktiv die Unternehmen unterstützen, die diese Werte vorantreiben, und auf Regierungen Druck ausüben, damit diese sie in Gesetzen verankern, werden unser überholtes Wirtschaftssystem letztlich in ein erfolgreiches verwandeln.

AUF DEN PUNKT GEBRACHT

Ergänzend zu den zahlreichen Gründen für Optimismus hinsichtlich unserer Zukunft, beschreibt John Perkins, wie wir längst den Wandel von einem schon lange dahinsiechenden Wirtschaftssystem hin zu einer erfolgreichen Ökonomie eingeleitet haben. Eine solche Ökonomie wird nicht nur alles Leben erhalten, sondern diesem auch zu Blüte und Wachstum verhelfen. Das Wissen, dass wir in einer symbiotischen Beziehung mit unserem Planeten leben, wird uns helfen, unsere »tote Ökonomie« durch eine »Ökonomie des Lebendigen« zu ersetzen. Dies wird unsere Märkte transformieren, indem solche Unternehmen belohnt werden, welche die Umwelt bereinigen und regenerieren, die neue, innovative und nachhaltige Technologien entwickeln, dem Gemeinwohl dienen, gleiche und faire (Wettbewerbs-)Bedingungen für alle schaffen und Kooperation und Mitgefühl fördern.

Aktiv werden: Das können Sie tun ...

Welche abgenutzten Muster in Ihren eigenen Gedanken und Ihrem Verhalten müssten durch neue, lebenserhaltende Ansätze ersetzt werden? Machen Sie sich eine Liste dieser alten Verhaltensmuster, und dann erstellen Sie eine neue Liste von Möglichkeiten, wie Sie diese verändern können, um ein positiveres und optimistischeres Leben zu führen. Tun Sie die nötigen Schritte, um dieses neue Leben zu manifestieren. Seien Sie sich bewusst, dass die Umsetzung eines solchen Lebens künftigen Generationen sämtlicher Spezies helfen und Ihnen selbst ein stärkeres Gefühl von Zufriedenheit bescheren wird.

DRITTER KREIS

Bewusstes Unternehmertum und sozialer Wandel

Wir sind die ethischen Sachwalter der Integrität von Wirtschaft und Kommunikationsmedien auf unserem Planeten.

11

Der Beginn einer bewussten Unternehmensbewegung

von Steve Farrell

Wir müssen dringend etwas tun, um die Auswirkungen unbewussten Unternehmertums rückgängig zu machen. Ungezügelter Kapitalismus in Form einer Weltwirtschaft, die sich – koste, was es wolle – dem Wachstum verschrieben hat, ist das Paradebeispiel für den Schaden, den Unternehmertum ohne Bewusstsein in unseren Kommunen und der gesamten Umwelt anrichtet.

Allerdings brauchen wir nicht nur eine Unternehmensbewegung. Wollen wir wirksame Veränderungen erzeugen, müssen einzelne Unternehmen hervortreten und eine Führungsrolle übernehmen. Unternehmen im Prozess der Bewusstwerdung werden nur dann eine bleibende Veränderung bewirken, wenn die Menschheit als Ganzes bewusster wird. Die meisten Herausforderungen und das Durcheinander, die wir zurzeit auf der Welt erleben, sind das Ergebnis unbewussten Lebens. Jeder Mensch auf diesem Planeten ist ein Teil davon und/oder davon betroffen. Für eine echte Unternehmensrevolution braucht es also zuerst einmal eine Revolution des menschlichen Bewusstseins.

Die Geschäftswelt ist vermutlich der wichtigste Faktor, der zu unserem unbewussten Leben beiträgt, doch dieser Aufruf zum Handeln – und diese Botschaft der Hoffnung – ist an jeden von uns gerichtet. Wir alle haben die Chance – und die Verantwortung –,

Konflikte zu heilen, indem wir ein bewusstes Leben willkommen heißen. Dies ist die Veränderung, die zu verwirklichen wir eingeladen sind – auf persönlicher wie kollektiver Ebene.

Eine kürzlich durchgeführte Veranstaltung für spirituelle Aktivisten – die *Crestone Convergence* in Colorado –, bei der rund fünfzig Führungspersönlichkeiten anwesend waren, beschäftigte sich mit dem hochaktuellen Thema »globaler Kapitalismus«. Es entspann sich eine emotionale Diskussion zwischen Menschen, die ihre ernsthaften Sorgen darüber teilten, in welche Richtung sich das weltweite Unternehmertum entwickelt. Dies war eine kraftvolle Bestätigung dafür, dass wahre Veränderung in Sicht ist – dass sich ein evolutionärer Wirbelsturm auf uns zubewegt. Die Bürgerrechtsbewegung in den USA und die Unabhängigkeitsbewegung in Indien sind zwei Beispiele für evolutionäre Wirbelstürme. Sie sind Einladungen zur Veränderung; sie sind revolutionär und widerstehen hartnäckig allen Versuchen, sie vorzeitig zum Abflauen zu bringen. Sie geben der Zivilgesellschaft immer eine neue Richtung vor, auch wenn der Kurs manchmal zu stocken bzw. eher nach rechts oder nach links statt geradeaus zu gehen scheint.

Angesichts unserer dysfunktionalen Geschäftswelt untersuchten wir vom *Humanity's Team* (das die Welt mithilfe von Bildungsprogrammen zum »Einssein« erweckt) vor einigen Jahren fortschrittliche Geschäftsmodelle wie z.B. »B-Corporations« (Benefit Corporations), »bewussten Kapitalismus« und »Öko-Kapitalismus«. Unser Ziel war zu verstehen, welche Rolle wir dabei spielen könnten, Unternehmensmissbrauch einzudämmen und bewusste Unternehmenssysteme zu schaffen, die eine florierende Welt fördern. Wir stellten fest: Obwohl diese Geschäftsmodelle nützlich waren und Unternehmen in eine gesündere Richtung wiesen, ignorierten sie wirkliches bewusstes Unternehmertum oder schreckten davor zurück, bewusstes Unternehmertum so zu definieren, dass es weltweit einheitlich und nachhaltig durchgesetzt werden kann.

Was ist die Essenz bewussten Unternehmertums?

Chris Laszlo von der *Case Western Reserve University* in Cleveland/Ohio erklärt, dass bewusstes Unternehmertum sowohl innere als auch äußere Dimensionen von Transformation beinhalten muss.[1] Die gemeinnützige Organisation *B Lab* und andere fortschrittliche Organisationen richten ihren Fokus oftmals nur auf äußere Transformation – z.B. den Menschen, den Planeten, Profit. Laszlo zeigt, dass Unternehmen sich auf das Wohlergehen des Menschen und des Planeten konzentrieren müssen und nicht bloß Profit erwirtschaften sollten. Im *Humanity's Team* stimmen wir dem zu und gehen davon aus, dass – wie Chris Laszlo betont – innere Transformation ebenso von entscheidender Bedeutung ist, um ein florierendes Unternehmen zu nähren, wie die gleichzeitige Würdigung des Ganzen, das ja alles erst ermöglicht.

Innere Transformation richtet ihren Fokus auf Praktiken wie *Mindfulness*/Achtsamkeit, geht jedoch weit darüber hinaus zu einem tiefer liegenden Ort, wo wir uns mit unserer höheren Energie *(Source Energy)* verbinden. Jeder von uns mag beliebig viele gleichermaßen gültige und überzeugende Wege finden, um sich mit dieser Energie zu verbinden. Das reicht von spirituellen Überzeugungen und Praktiken, die im Glauben an das Göttliche gründen, bis hin zu einer starken Übereinstimmung mit den Prinzipien der Quantenphysik, welche unmissverständlich erklärt, dass unser Leben aus wechselseitigen Beziehungen besteht, alles miteinander verbunden und voneinander abhängig ist. Alles ist Teil einer einzigen Realität. Wir sind alle Emanationen einer einzigen Quelle.

In einem Jahr formulierten wir, während des »Weltweiten Tages des Einsseins« *(Global Oneness Day)* am 24. Oktober, unser Konzept vom »4P-Modell«, welches für *people* (Menschen), *planet* (Planet Erde), *presence* (Präsenz) und *profit* (Gewinn) steht. Präsenz bringt Ganzheit, Einheit und das erwachte Bewusstsein ins Spiel. Sie blickt auf die Welt und erkennt eine zutiefst spirituelle bzw. miteinander verbundene Ökologie. Der Moment, in dem wir zum

Bewusstsein erwachen, verändert alles. Viele erblicken dann das Ebenbild Gottes in sich selbst, in anderen und in der Welt um sie herum. Andere dagegen erfahren auf weniger spirituelle Art eine gleich schwingende Verbindung mit ihrer Energiequelle *(Source)*, vielleicht in Form einer nicht zu leugnenden, erhebenden Energie, die sich durch alle Dinge zieht und sämtliche Lebensformen miteinander verbindet.

Geschäftsmodelle, die ihren Blick nur auf äußere Transformation lenken, helfen Unternehmen zwar dabei, weniger Schaden anzurichten, aber die Definition eines florierenden Unternehmens erfordert gleichermaßen innere Transformation, wo der innere Prozess ins Spiel kommt. Die innere Reise ist eine gefühlvolle Erfahrung von Liebe, Schönheit, Güte und Wahrheit. Sie beeinflusst, wie wir uns selbst sehen und was wir sehen, wenn wir unseren Blick hinaus in die Welt richten. Wir werden in dieser neuen Realität verankert. Das Leben ist heilig, und wir stellen unser Leben in den Dienst des Heiligen.

Es ist nur eine Frage der Zeit, bis solche Sichtweisen in unserer Arbeitswelt Einzug halten. *Mindfulness*/Achtsamkeit z.B. tut dies bereits mit großem Erfolg. Es ist von entscheidender Bedeutung, dass Führungskräfte den Unternehmensdialog in einer gänzlich inklusiven Weise ermöglichen und reglementierende Äußerungen im Hinblick auf bestimmte Ideologien und Richtungen vermeiden. Die großen Weltreligionen ehren die göttliche Inspiration und die Verbindung mit dem Höheren *(Source)*. Auch die Wissenschaft bestätigt in zunehmendem Maße, dass im Kosmos alles mit allem verbunden ist. Wir sind Teil eines natürlichen und sozialen Lebensnetzwerks, welches uns nährt und am Leben erhält.

Spiritualität, Religion und maßgebliches wissenschaftliches Denken haben alle gleichermaßen Anteil daran, die innere Transformation des Menschen zu unterstützen. Wenn die zentralen Werte und die Kultur eines Unternehmens offen und inklusiv sind, indem sie unterschiedliche spirituelle, religiöse und wissenschaftliche

Anschauungen würdigen, dann werden sich die Dinge wunderbar zusammenfügen. (Nehmen Sie das *Humanity's Team* als Beispiel.) Bewusstes Unternehmertum schafft die Möglichkeit, tief verankerte Werte ins Arbeitsleben zu integrieren; dies wiederum schließt Lebensqualität und andere Erfolgsmarker als den reinen Profit ein, wenn man den Wert und die Qualität eines Unternehmens beurteilt. Unbewusstes Unternehmertum richtet sein Augenmerk dagegen fast ausschließlich auf den finanziellen Gewinn. Und dies ist genau der Grund, weshalb wir heute in einer sozialen und wirtschaftlichen Zwickmühle stecken.

Ken Wilber, einer der bedeutendsten Philosophen unserer Zeit, erkannte eines der schwierigsten und dringlichsten Probleme, die wir zurzeit auf der Welt haben: dass wir die äußerliche Welt (»das Außen«) überbetonen, was nach Wilber ein »Ödland« schafft, in dem das Bewusstsein in der alltäglichen Erfahrung von Routinen und Alltagsleben feststeckt, was den Menschen bzw. eine Organisation nicht als Ganzes nährt oder inspiriert.[2]

Die Erschaffung der Conscious Business Alliance

Das enorme Ausmaß dieses Problems veranlasste das *Humanity's Team* und drei weitere nichtstaatliche Organisationen dazu, sich zusammenzutun und ein Bündnis für bewusstes Unternehmertum, die *Conscious Business Alliance,* zu bilden. Zu uns gesellten sich der *Club of Budapest* (Ungarn), die Stiftung *Goi-Foundation* (Japan) und das *Fowler Center for Business as an Agent for Public Benefit* der Case Western Reserve University in Cleveland/Ohio (USA). Unsere erste Aufgabe bestand darin, eine knapp gehaltene, aber globale und umfassende Erklärung *(Conscious Business Declaration)* auszuarbeiten, in der die Rolle beschrieben wird, die ein bewusstes Unternehmertum bei der Erschaffung einer florierenden Welt spielen kann. Unsere Präsentation musste für die Unternehmen leicht umsetzbar sein, damit sie auch an das interkontinentale Geschäft angepasst werden konnte.

Als Teil einer globalen Gemeinschaft verpflichten wir uns dazu, das Bewusstsein und die Kompetenzen zu fördern, die für eine bewusste Evolution unserer Organisationen vonnöten sind, in Übereinstimmung mit folgenden Prinzipien:

1. »Wir sind eins« mit der Menschheit und dem gesamten Leben. Unternehmen und alle Institutionen der menschlichen Gemeinschaft sind integrale Bestandteile einer einzigen Realität – sie stehen in wechselseitiger Beziehung zueinander, sind miteinander verbunden und voneinander abhängig.
2. Im Einklang mit dieser Realität ist es Aufgabe der Unternehmen, den ökonomischen Wohlstand zu steigern und gleichzeitig zu einer gesunden Umwelt beizutragen und das menschliche Wohlergehen zu verbessern.
3. Unternehmen müssen über Nachhaltigkeit und die Philosophie des »Nicht-Schadens« hinausgehen hin zu einer Wiederherstellung der sich selbst erneuernden Intaktheit der Erde.
4. Unternehmen müssen wirtschaftlich, sozial und ökologisch transparent arbeiten.
5. Unternehmen müssen als positive und proaktive Mitglieder der lokalen und globalen Gemeinde wirken, in der sie tätig sind.
6. Wenn Unternehmen die maßgebliche Eigenschaft der Verbundenheit aller menschlichen Wesen und allen Lebens erkennen, ehren und zelebrieren, dann maximieren sie menschliches Potenzial und tragen zur Erschaffung einer Welt bei, die für alle funktioniert.
7. Wenn sich Unternehmen auf *»Einssein«* ausrichten, werden sie zum mächtigsten Motor auf der Erde, um Wohlstand und Wachstum für alle zu schaffen.

Diese Prinzipien können ebenso als Katalysator betrachtet werden, der jede/-n Einzelne/-n dazu inspiriert, selbst mit den Prinzipien und Handlungen bewusster Evolution in Einklang zu kommen.

Ersetzen Sie das Wort *Unternehmen* einfach mal durch *Ich* und sehen Sie, wie sich das für Sie persönlich anfühlt. Jedes der oben genannten Prinzipien kann dann zur Grundlage für Handlungsschritte in der Welt werden.

Falls Sie in der Geschäftswelt tätig sind, vergegenwärtigen Sie sich einmal, wie sich diese Prinzipien auf jede Ihrer Handlungen als Unternehmer*in anwenden ließen. Stellen Sie sich vor, wie sie sich in Ihr Geschäft als Ganzes einfügen. Sollten Sie sich von oben genannter Erklärung – der *Conscious Business Declaration* – angesprochen fühlen, laden wir Sie ein, diese unter *www.consciousbusinessdeclaration.org* zu unterzeichnen.

Wir sind davon überzeugt, dass diese Erklärung Bewusstsein in seiner ganzen Fülle in die Welt der Unternehmen bringt. Ein bewusstes Unternehmen definiert als Erstes, wie es sich sinnvoll einbringen kann, und konzentriert sich erst danach auf seinen finanziellen Gewinn. Oder um es mit Michael Bernard Beckwiths Worten zu sagen: »Ein bewusstes Unternehmen ist eine Mission, die ein Geschäft im Gepäck führt – und nicht ein Geschäft mit einer Mission im Gepäck.«

Die Aktivierung eines bewussten Unternehmertums fördern

Als wir erkannten, dass eine Deklaration wie die oben genannte auch Mittel braucht, um sie in die Tat umzusetzen – etwa eine Vision, was Schulungen, Beratungen und Zertifizierungsleistungen anlangt, um bewusstes Unternehmertum weltweit zu manifestieren –, schufen wir ein Programm, in dem Menschen lernen, wie man ein *Conscious Business Change Agent* wird, mit einem strukturierten Prozess, der zur Zertifizierung führt, und dem Rüstzeug, das man braucht, um ein Unternehmen zu verändern.

Nachdem sie die Erklärung unterschrieben, an der Schulung teilgenommen haben und einer lebendigen Gemeinschaft Praktizierender in Sachen Unternehmensveränderung beigetreten sind, setzen sich die *Change Agents* für einen bewussten Aktivismus in der Geschäftswelt ein, indem sie an spezialisierten Foren teilnehmen, wo sie ihr Wissen weitergeben, Partnerschaften gründen und Zugang zu exklusiven Schulungsprogrammen mit führenden Experten im Bereich der Unternehmenstransformation bekommen.

Haben Sie Lust, an der entstehenden Bewegung für ein bewusstes Unternehmertum teilzuhaben, damit wir eine Kurskorrektur einleiten und eine Welt kreieren können, die für die Menschheit, den Planeten und zukünftige Generationen funktioniert?

Als Verbraucher hat jeder von uns die Macht, Einfluss darauf zu nehmen, wie Firmen ihr Geschäftsprojekt zum Wohle der Allgemeinheit ausüben. Beispielsweise:

» indem Sie zu einem/einer bewussten Verbraucher*in werden
» indem Sie bei Produktmarken, die in Ihrem Einkaufswagen landen, anspruchsvoller werden
» indem Sie sich für recycelbare oder kompostierbare Produkte entscheiden, mit der Zielsetzung *Zero Waste* (»null Müll«)
» indem Sie von Firmen kaufen, die auf regenerative Verfahren setzen
» indem Sie Zulieferer auswählen, welche die Menschenrechte respektieren
» indem Sie sich für Produkte von Firmen entscheiden, die ihre Arbeitnehmer wertschätzen, respektieren und fair bezahlen
» indem Sie von Firmen kaufen, die nachhaltige Methoden bevorzugen und transparent sind in Bezug auf wirtschaftliche, soziale und ökologische Aspekte ihres Unternehmens.

Es wird eine Weile dauern, bis wir unsere alten Einkaufsmuster durchbrochen haben werden – also packen wir es an! Bringen wir unsere Werte in Einklang mit unseren Kaufentscheidungen. Belohnen wir bewusste Verbrauchermarken und werden wir mit unseren

Familien – durch die Produkte und Dienstleistungen, die wir wählen – zu einem Ausdruck unserer Werte.

Dies ist eine zielgerichtete Reise. Sie schließt das Entwickeln neuer Verhaltensweisen ein und wird uns deshalb so manches Mal vor Herausforderungen stellen. Aber wir können eine bewusste Welt kreieren, wenn wir neues Verständnis erwerben, praktizieren, erweitern und unsere Werte durch unsere Entscheidungen zum Ausdruck bringen. Stellen Sie sich eine Welt vor, in der es nur bewusste Unternehmen gibt, wo bewusste Praktiken unsere Familien und Gemeinschaften unterstützen (und von diesen unterstützt werden). Machen wir es uns zur Aufgabe, diesen Traum gemeinsam zu verwirklichen. Konzentrieren wir uns darauf, als hinge unser aller Leben davon ab. Denn das tut es tatsächlich.

AUF DEN PUNKT GEBRACHT

Unsere Rolle als »ethische Sachwalter«, indem wir eine alles durchdringende Integrität – mit einem Bewusstsein für das Ganze – in die Geschäftswelt, das Unternehmertum und die Medien bringen, ist ein wichtiger Bestandteil unserer globalen Herausforderung. Steve Farrell, an der Spitze des Evolutionary Leaders Synergy Circle for *Conscious Business* und Mitherausgeber des Magazins *Conscious Business,* ruft uns dringend zum Handeln auf, um die Auswirkungen unbewussten Unternehmertums rückgängig zu machen und den sich vor uns aufbauenden evolutionären Wirbelsturm wahrzunehmen, der uns zur Veränderung einlädt. Nur die gleichzeitige Umsetzung von innerer und äußerer Transformation – die uns mit einer höheren Ebene der Gemeinschaft mit der einen Realität verbinden – wird Wohlstand für alle bringen.

Aktiv werden: Das können Sie tun ...

Werden Sie zu einem bewussten Verbraucher. Wählen Sie das, was Sie einkaufen, Ihren Werten entsprechend aus. Leisten Sie einen positiven Beitrag für die Unternehmen Ihres Wohnorts, die ethisch und nachhaltig denken. Überlegen Sie sich, wie Sie selbst in Ihrem gesamten Handeln bewusster werden können.

12

Von jungen Menschen geführte soziale Unternehmensprojekte

von Gino Pastori-Ng

Die Transformation einer globalen, auf Ausbeutung basierenden Wirtschaft in ein faires und lebensbejahendes System für kollektiven Wohlstand ist die größte Herausforderung, mit der die Menschheit jemals konfrontiert war. Wir können jedes aktuelle gesellschaftliche Problem direkt auf unser Wirtschaftsmodell beziehen, welches das Leben selbst als Ware behandelt. Die finanzielle Tragfähigkeit dieses Modells baut auf den sogenannten externalisierten Kosten auf – insbesondere der Verunreinigung von Böden, Luft und Wasser und der Ausbeutung menschlicher Arbeitskraft. Solange der Erfolg unserer Zivilisation von der Produktion (sprich: dem Bruttoinlandsprodukt) bestimmt wird, wird der Planet Erde geplündert werden, bis sein Ökosystem kollabiert, und die meisten Menschen werden in bitterer Armut leben und sich im Kampf um die Befriedigung ihrer allernötigsten Bedürfnisse verzehren, während andere mehr anhäufen, als sie in hundert Leben verbrauchen könnten.

Inmitten dieser noch nie da gewesenen Herausforderung werden die jungen Menschen, die eine Welt in der Krise vererbt bekommen, weiterhin dazu ermuntert, ihre Talente und Energien in eine Richtung zu lenken, die den zerstörerischen Status quo am Leben erhält. Junge Klima- und Friedensaktivist*innen werden sogar dafür kritisiert, dass sie sich zusammenschließen und händeringend bisher versäumtes Handeln einfordern.

Angesichts der Dringlichkeit dieses Problems sollte in den Schulen jedes Klassenzimmer in ein Innovationslabor verwandelt werden, wo junge Menschen mit Ideen herumexperimentieren können, die zur Lösung der Probleme unserer Gesellschaft und Umwelt beitragen. Stattdessen funktioniert der größte Teil des Bildungssystems noch immer nach dem Modell der industriellen Revolution: Schüler*innen werden auf sich permanent wiederholende Tätigkeiten in administrativen und dienstleistungsbasierten Berufen vorbereitet, die schon bald überholt sein werden, anstatt ihre natürliche Kreativität zu nähren. Die Schüler*innen sind gezwungen, sich in ein ausbeuterisches Wirtschaftssystem einzufügen, und bekommen nur selten die Gelegenheit, ihre eigenen Ideen auf sinnvolle Weise zu verwirklichen.

Eine wachsende Zahl junger Menschen heutzutage tritt bereits mit Schulden ins Erwachsenenalter ein und muss darum kämpfen, eine sinnvolle Beschäftigung sicherzustellen. Somit ist die Illusion, dass der Besuch einer höheren Schule oder Universität und das Finden eines sicheren Arbeitsplatzes in einem erfolgreichen Leben münden, ein für alle Mal zerbrochen. Mit dem immer schwerer zu erreichenden Ziel konfrontiert, wirtschaftlich unabhängig zu werden, und der immer näher rückenden Aussicht auf einen Planeten, der nicht mehr bewohnbar sein wird, erheben junge Menschen auf der ganzen Welt ihre Stimme für eine rasche Veränderung hin zu einer lebensbejahenden Ökonomie.

Obwohl die Medien in jüngster Zeit vermehrt über Jugendaktivismus berichten – von den Bemühungen der Schüler*innen aus Parkland/Florida um eine Reform des US-Waffengesetzes bis zu Greta Thunbergs Eintreten für das Weltklima –, hat es so gut wie keine bedeutsamen Veränderungen in den Richtlinien der Politik oder maßgebliche finanzielle Investitionen in die Visionen junger Menschen gegeben. Damit unser Planet Erde auch weiterhin bewohnbar bleibt, müssen wir den Scharfsinn und die Kreativität unserer Jugend hegen und pflegen, indem wir sie ermutigen und ihnen mit echten finanziellen Investitionen unter die Arme greifen.

Das sich bereits abzeichnende neue Narrativ spielt sich auf lokaler Ebene ab – Kreislaufwirtschaften, welche die Verbundenheit allen Lebens anerkennen. Es geht um eine Rückkehr, bei der das Wort *Ökonomie* wieder auf seine etymologische Wurzel – das griechische *oikonomia* – zurückgeführt wird, was nichts anderes bedeutet als »Haushaltung« oder »Verwaltung des eigenen Zuhauses«. Das alte Narrativ der Geschäftswelt als Mittel zur Bereicherung des Einzelnen ist nicht länger haltbar, wenn wir – laut einem Bericht der Vereinten Nationen aus dem Jahr 2019 – davon ausgehen müssen, dass eine Million Pflanzen- und Tierarten durch menschliche Aktivität vom Aussterben bedroht sind, viele davon innerhalb der nächsten Jahrzehnte.[1] Um abzuwenden, was von vielen als »sechstes großes Massenaussterben« bezeichnet wird, tritt jetzt eine neue Ökonomie auf den Plan, und ihr vorrangiges Ziel ist die Verwaltung und der Schutz unseres »eigenen Zuhauses« – der Erde.

Visionen einer neuen Ökonomie

Ich stelle mir ein weltweites Netzwerk von Ökonomien vor, die auf dem Konzept eines »hyperlokalen Marketings« aufbauen und von jenen geführt werden, die von der Ausbeutungswirtschaft am meisten ausgegrenzt wurden. Denn sie sind es, die sich am kreativsten, widerstandsfähigsten und am »evolutionärsten« entwickeln, um unter den aktuellen Bedingungen überleben zu können. Sie sind am besten dafür gerüstet, sinnvolle und beständige Lösungen zu schaffen, sofern man ihnen einen Zugang zu entsprechenden finanziellen Mitteln und Chancen ermöglicht. Stellen Sie sich eine Welt vor, in der die grundlegenden Bedürfnisse aller gedeckt wären, wo jeder Mensch die Gelegenheit erhält, seine ureigensten Talente einzubringen, und die menschliche Existenz tatsächlich zur Gesundung unserer Ökosysteme beiträgt und die Biodiversität stärkt.

Was wir brauchen, um diese Vision umzusetzen, ist eine weltweite Bewegung, in der unterschiedlichste Innovator*innen durch massiven Kapitalzufluss von jenen unterstützt werden, welche die Reichtümer der Ausbeutungswirtschaft vererbt bekommen haben. Diejenigen, die die finanziellen Früchte des Status quo geerntet haben, haben die historische Gelegenheit und moralische Verpflichtung, in Sachen Klimakollaps und sozialer Ungerechtigkeit das Blatt zum Besseren zu wenden, indem sie sich aus ressourcenintensiven und ausbeuterischen Industrien zurückziehen und in die Geburtsstunde einer lebensbejahenden Ökonomie investieren.

Organisationen wie *Resource Generation* haben diese Entwicklung eingeläutet; aber wir brauchen eine Zunahme und größere Verbreitung solcher Organisationen, die junge Menschen mit Wohlstandsprivilegien aktiv dazu animieren, ihre Mittel für soziale, ethnische, wirtschaftliche und ökologische Gerechtigkeit umzuverteilen. Schätzungen zufolge wird die Generation der Babyboomer in den USA ihren Kindern ein Erbe von rund 30 Billionen Dollar vermachen. Um den Übergang zu einer lebensbejahenden Ökonomie möglichst stark zu beschleunigen, sollte ein wesentlicher Anteil dieser Mittel für die Realisierung der Visionen jener verwendet werden, die unter dem aktuellen wirtschaftlichen Paradigma leiden.

Hoffnung macht mir eine Welle innovationsfreudiger und lokal verankerter Lösungen in meiner Heimatstadt Oakland/Kalifornien, wo ich selbst die Entstehung eines neuen Narrativs miterleben konnte. Als Mitbegründer und stellvertretender Leiter von *Youth Impact Hub* in Oakland habe ich mehr als 75 von Jungunternehmer*innen geführte sozialunternehmerische Projekte mit aus der Taufe gehoben. Diese wurden von widerstandsfähigen jungen Leuten entwickelt, die das System der Ausbeutungswirtschaft an den Rand gedrängt hat und die sich nun erheben, um zu handeln. Wir haben eine generationenübergreifende Gemeinschaft von Helfer*innen gebildet, befeuert durch ein großzügiges Netzwerk aus freiwilligen Mentor*innen und Investor*innen. Sie alle verbindet, dass sie innovative Ideen junger Menschen, die sich in den Dienst einer sich um Mensch und Planet sorgenden Ökonomie stellen, fördern und herausstellen.

Unser Rahmenkonzept ist einfach, aber es unterscheidet sich radikal von dem, was die meisten jungen Leute an Schulen und Universitäten erfahren. Wir suchen Teilnehmer*innen, die in ihrer Gemeinschaft selbst Schwierigkeiten erlebt haben, und fragen sie, wie sie diese gerne angehen würden. Wir stellen eine partnerschaftliche Atmosphäre her und stellen allen Mittel zur Verfügung, die das entsprechende Wissen haben, wie man diese einsetzt – ein aktiver Ausstieg also aus dem Konkurrenzkampf, der die meisten Klassenräume und Unternehmensgründer-Programme bestimmt.

Die Ergebnisse sind absolut überwältigend. Hier ein paar Beispiele:

DESIRE JOHNSON-FORTE, die mitverfolgte, wie Menschen aus ihrer Gemeinschaft durch eine Reihe ernährungsbedingter Krankheiten – wie Übergewicht und Diabetes – dahingerafft wurden, weil sie in einem sogenannten Nahrungssumpf wohnten: ein Ort, an dem man überwiegend Fast Food und ungesunde Lebensmittel und kaum gesunde Nahrungsmittel kaufen kann. Als Reaktion darauf gründete sie das Unternehmen *Damn Good Teas,* das auf regionalen und nachhaltigen Anbau von Kräutern für die Erzeugung gesunder und nahrhafter Getränke setzt.

TRANG TRAN, die aus eigener Erfahrung wusste, dass queere vietnamesische Jugendliche häufig von ihren Familien schikaniert werden und nicht die gesellschaftliche Unterstützung erhalten, die sie benötigen, um sich zugehörig zu fühlen. Trangs Antwort darauf war die Mitbegründung des Unternehmens *QTViệt Cafe,* das auf die Kraft des Essens setzt, um den Dialog zwischen jungen queeren und transgender Vietnames*innen und deren Eltern zu befördern.

Solidarische Eltern teilen ihre Familienrezepte mit der jüngeren Generation und bieten anschließend bei interaktiven Veranstaltungen der Gemeinschaft ihre Gerichte an, was für alle Beteiligten einen starken heilenden und verbindenden Effekt hat.

JASMINE CURTIS, die während ihrer Zeit auf dem College unter Haarausfall litt, nachdem sie schadstoffbelastete Produkte verwendet hatte. Dies veranlasste sie zur Gründung von *Avocurl,* einem natürlichen Haarpflegeprodukt, das auf der Grundlage essbarer Zutaten hergestellt wird, eine dringend nötige Alternative in der Zulieferindustrie der Beauty-Branche, die allzu häufig die Umwelt verschmutzt und – insbesondere bei der schwarzen Bevölkerung – zu einer Erhöhung der Krebsrate führt.

Typischerweise berichten unserer Teilnehmer*innen, dass sie zum ersten Mal in ihrem Leben Teil einer Gemeinschaft waren, in der ihre Kreativität und Innovationsfreude vollkommen begrüßt wurden. Viele waren zuvor aus ihren Schulen und Universitäten gedrängt oder von ihren Familien verstoßen worden, weil sie mit dem Status quo gebrochen hatten. Die Tatsache, dass sie weiterhin ihren ureigenen Weg gehen und trotz größter Widrigkeiten ihre Träume verfolgen, erfüllt mich, was die Zukunft betrifft, mit einem enormen Gefühl der Hoffnung.

Diese jungen Menschen haben die schlimmsten Seiten der Ausbeutungswirtschaft erlebt, und sie machen ihren in dieser Art noch nie da gewesenen Zugang zu Online-Informationen und gelebter Erfahrung nutzbar, um Lösungen vorzustellen, die gesellschaftlich fair und ökologisch nachhaltig sind. Und das Allerwichtigste dabei: Sie tun es in der Gemeinschaft. Statt um begrenzte Ressourcen zu konkurrieren, tauschen sie ihre Kenntnisse untereinander aus und nutzen ihre sozialen Netzwerke intensiv, um ihren gemeinsamen Einfluss auszuweiten. Diese Qualität und »Tiefe« ihrer Zusammenarbeit wird sowohl durch eine ausgeklügelte Analyse unserer politischen und gesellschaftlichen Zusammenhänge als auch durch einen fortgeschrittenen Grad an spirituellem Verständnis befeuert. Junge Menschen, die sich unserer Gemeinschaft anschließen, sind inspiriert durch die Black Panthers, Afrobeat oder die heilenden Wirkkräfte der Kristalle. Jedes Jahr im Januar, wenn eine neue Gruppe ihre gemeinsamen Vereinbarungen entwirft, beziehen sie sich dabei auf Konzepte wie *Ubuntu* (ein aus dem Zulu stammender Begriff, der sich als »Menschlichkeit«, »Nächstenliebe« oder »Ich bin, weil wir sind« übersetzen lässt) und *In Lack'ech Ala K'in* (was in der Sprache der Maya so viel bedeutet wie »Ich bin ein anderes Du, und du bist ein anderes Ich«). Die sozialunternehmerischen Projekte, die sie erschaffen, spiegeln auf direkte Weise ihr tiefes Bewusstsein von der Verbundenheit allen Lebens wider.

Junge Leute, die in diesem außergewöhnlichen Moment groß werden, sind mit angeborenen Talenten auf die Welt gekommen, die für diese Zeiten wie geschaffen sind. Jede Organisation auf dieser Erde muss sie auf sinnvolle Weise einbinden und als wertvolle Denkpartner behandeln. Sie sind bereit, Probleme zu lösen – und zwar nicht irgendwann in der Zukunft, sondern *jetzt.* Wenn junge Menschen Ideen haben, wie sie die Welt um sie herum verbessern können, dann sollten wir so viele Mittel wie irgend möglich in ihre Visionen investieren, um eine neue globale Wirtschaft aus der Taufe zu heben, die alles Leben als heilig ehrt.

AUF DEN PUNKT GEBRACHT

Junge Menschen werden im Sozialunternehmertum immer eine wesentliche Rolle spielen, wie Gino Pastori-Ng auf eindrucksvolle Weise beschreibt. Seine Vision einer weltweiten Bewegung von Ökonomien, die auf dem Konzept des »hyperlokalen Marketing« basieren und die Brillanz und Kreativität junger Leute aktiv einbinden, hat in Oakland/Kalifornien längst begonnen. Als jemand, der über 75 von jungen Menschen geführte, gemeinschaftliche sozialunternehmerische Projekte mit aus der Taufe gehoben hat, hilft er, eine generationenübergreifende Unterstützergemeinschaft zu bilden, die im tiefen Bewusstsein der Verbundenheit allen Lebens verwurzelt ist.

Aktiv werden: Das können Sie tun ...

Machen Sie eine Jugendgruppe oder -organisation in Ihrer Region ausfindig und finden Sie heraus, wie Sie partnerschaftliche und generationenübergreifende Unterstützung geben können. Können Sie Ihre Zeit zur Verfügung stellen? Können Sie Geld spenden, um deren Bemühungen zu unterstützen? Suchen Sie nach handfesten Möglichkeiten, um junge Menschen in Ihrer Gemeinde/Ihrem Umfeld zu fördern, zu inspirieren und mit diesen zusammenzuarbeiten.

13

Ein neues »Geld-Bewusstsein«

von Sarah McCrum

Stellen Sie sich eine große Goldmünze vor, auf der unsere derzeitigen Finanzsysteme abgebildet sind: auf der einen Seite die Darstellung von Apathie, Ernüchterung und Selbstentmachtung. Wir erkennen darauf Menschen, die in Geldnot leben und glauben, sie hätten niemals genug, um ein erfülltes Leben zu führen. Auf der anderen Seite sehen wir: Macht, Konkurrenzkampf und Ausbeutung. Sie zeigt Menschen, die nach Reichtum streben und der Überzeugung anhängen, Erfüllung komme dadurch zustande, dass man enorme Opfer bringe und extrem hart arbeite.

Diese beiden Seiten derselben Münze repräsentieren die vorherrschende Meinung über Geld als etwas Begrenzendes, Zerstörerisches und womöglich Böses, das lediglich einige wenige auf Kosten vieler bereichert. Folglich haben wenige von uns – ob reich, arm oder irgendwo dazwischen – ein entspanntes Verhältnis zum Geld.

Menschen empfinden häufig Skrupel, wenn sie Geld mit etwas verdienen, das Gutes in die Welt bringt. Wenn jemand dem Glauben anhängt, Geld sei etwas Verderbliches, wird es praktisch unmöglich sein, die Menge an Gutem, die er oder sie erschafft, zu vermehren. Wir können nicht ohne Geld leben, doch mit ihm zu leben fällt uns ebenfalls nicht ganz leicht. Und doch ist Geld als Werkzeug für unsere Ökonomie und die Verteilung unserer Mittel tief in unserer Gesellschaft und unserem Wesen verwurzelt – also muss sich etwas ändern.

Vor zehn Jahren, kurz nachdem mein Unternehmen gescheitert und ich dieses aufgelöst hatte, steckte mir jemand ein Buch mit dem Titel *How to Become a Money Magnet* (»Wie man zu einem Geld-Magneten wird«) der Autorin Marie-Claire Carlyle zu. Eines Tages saß ich mit meinem Notizblock herum und schaute mir die Übungen an, die es am Ende jedes Kapitels gab. Eine der Fragen war: »Was möchte das Geld dir mitteilen?« Als ich meinen Stift ansetzte, begann dieser wie von selbst zu schreiben. Ich sah, wie Worte aus ihm herausströmten, die nicht meine eigenen waren. Als Erstes schrieb er: »Ich würde dir gerne mitteilen, du sollst mich liebhaben!« Und dann fuhr er fort: »Schenk mir ein Lächeln. Sammle mich. Genieße mich. Spüre meine Kraft. Gib mich aus. Investiere mich. Verschenk mich. Bezahle mit mir. Nimm mich an. Ich bin Energie. Ich bin überaus kraftvoll und schön.« Und so ging es noch zwei Seiten weiter, bis er mit den Worten »Ich werde dich lieben!« endete.

Als ich alles noch einmal durchlas, standen mir die Tränen in den Augen. Ich hatte mir Geld nie so vorgestellt, wie es sich selbst dargestellt hatte – nämlich als eine Energie der Liebe und der Großmut, die unsere menschliche Kreativität und Verbundenheit unterstützt.

In den folgenden Monaten erhielt ich noch weitere 68 Botschaften vom Geld, die ich als Buch unter dem Titel *Love Money, Money Loves You* (»Liebe das Geld und es wird dich zurücklieben«) veröffentlichte. Seither erforsche ich die transformierenden Auswirkungen für Mensch und Gesellschaft und für das Geschäfts- und Privatleben, wenn wir unsere Beziehung zum Geld an die Informationen anpassen, die ich empfangen habe.

Die wahre Natur des Geldes erkennen

Es ist an der Zeit, dass wir die tiefere Wahrheit des Geldes begreifen. Unser derzeitiges Verständnis hat auf unserem Planeten zu einem Konflikt geführt. Unsere Überzeugung bezüglich knapper finanzieller Mittel, persönlicher Begrenzungen und gesellschaftlicher Beschränkungen schränken unsere Kreativität und die Fähigkeit, Probleme zu lösen, ein.

Als Spezies sind wir in diesem Moment mit Problemen konfrontiert, die neu für uns sind. In der Vergangenheit sahen wir uns gewaltigen Herausforderungen wie Kriegen, Hungersnöten, Seuchen und Naturkatastrophen ausgesetzt, aber noch nie in der Geschichte waren wir in der Situation, die gebündelten Probleme von Klimakrise, Umweltverschmutzung und Ungleichheit in einer Größenordnung lösen zu müssen, wie sie heute existieren.

Als das Geld durch meinen Stift sprach, gab es sich als Energie zu erkennen, die Teil unser aller Leben ist und sich hinter den Finanzsystemen verbirgt, die wir täglich nutzen. Seine wahre Rolle besteht darin, uns in die Lage zu versetzen, das zu kreieren, was wir möchten, sodass wir im Leben unseren einzigartigen Beitrag zur Gesellschaft leisten und mit dieser in einem fortwährenden Prozess des Gebens und Nehmens stehen können.

Das Geld ließ mich wissen, dass es immer zur Verfügung stehe und niemals das Böse verkörpert habe oder in irgendeiner Weise schädlich gewesen sei. Zwar gestand es ein, dass Menschen schädliche Dinge mit ihm anstellten, dies jedoch mit der wahren Natur des Geldes an und für sich nichts zu tun habe. Es wiederholte immer wieder, dass jede/-r von uns so reich sein könne, wie sie oder er sich dies wünschten, sofern wir nur lernten, wie diese Energie wirklich funktioniere. Allerdings bringe unser grundsätzlich falsches Verständnis von Geld eine Gesellschaft hervor, in der manche Menschen in Armut lebten und einige in einer Art nach Reichtum strebten, die anderen schadet.

Das für mich Überraschendste war die Beziehung zwischen Geld und Liebe. Seine gesamte Ausdrucksweise war von Liebe erfüllt. Es äußerte sich in liebevollem, großmütigem und wunderschönem Tonfall. Ein tief greifender Kontrast zu allem, was wir in unserer modernen westlichen Kultur bislang über Geld zu glauben meinten.

Dies ist schwer zu begreifen, wenn wir Geld nur als etwas betrachten, wofür wir schuften müssen, um unsere Rechnungen bezahlen zu können. Um die Tiefe und Kraft dieser Botschaft zu verstehen, müssen wir unsere aktuellen Vorstellungen vom Geld über Bord werfen und uns für eine neue Wahrnehmung öffnen.

Stellen wir uns dieser schlichten Bewusstseinsveränderung in Sachen Geld, verändern wir den tiefsten Ursprung des Konflikts – sowohl des inneren als auch des äußeren –, den es auf unserem Planeten derzeit gibt: den Widerspruch zwischen unserer realen Sehnsucht nach einem finanziell üppigen Leben und unserem tieferen spirituellen Streben nach Freude, innerem Frieden, Liebe, Schönheit und Freiheit.

Wenn wir davon ausgehen, Geld sei etwas Schlechtes, es korrumpiere uns oder stelle ein Risiko für unsere Moral oder Integrität dar – und gleichzeitig möchten wir auf Teufel komm raus mehr davon besitzen oder haben –, dann erleben wir Verwirrung und Schmerz. Also müssen wir diese Gefühle tief in unserem Innern begraben, damit wir weiterhin arbeiten, Geld verdienen und unsere Rechnungen bezahlen können.

In gleicher Weise erleben wir eine Abtrennung von unserer natürlichen inneren Fülle, wenn wir glauben, wir könnten Freude, Freiheit und Frieden nur dann erfahren, wenn wir unsere materiellen Wünsche aufgäben und – wie uns östliche wie westliche Glaubenslehren erklären – in spiritueller Hinsicht »rein« würden.

Dann erleben wir eine permanente Sehnsucht nach mehr Geld und gleichzeitig Angst, Verachtung oder sogar Ekel gegenüber uns selbst dafür, dieses Bedürfnis stillen zu müssen. Weil wir dieses Maß an Verwirrung und Abgetrenntheit nicht spüren wollen, rackern wir uns noch mehr ab oder finden andere Möglichkeiten, um unsere Gefühle zu unterdrücken – in der Hoffnung, uns dadurch vom Schmerz zu befreien und Abbitte zu leisten für unseren Wunsch nach materieller Befriedigung.

Wir nehmen in Kauf, uns selbst auszupowern und krank zu machen, und ignorieren dabei vollkommen unsere Bedürfnisse, bloß damit wir noch mehr Geld verdienen können. Häufig vernachlässigen wir auch das Bedürfnis unserer Familie nach tieferer Verbindung und Liebe, während wir dem materiellen Erfolg nachjagen. Aber die wahre Fülle bleibt auch weiterhin schwer erreichbar, solange wir in der Falle feststecken zu glauben, dass Geld etwas Schlechtes oder für unser Leiden verantwortlich sei.

Es ist Zeit, dass wir aufwachen und dieses Missverständnis ein für alle Mal klären. Geld ist eine Energie bzw. eine Präsenz der Liebe und der Großzügigkeit, die durch unsere Welt fließt und uns alle in gewaltigen Netzwerken des Austausches und des Einsatzes füreinander verknüpft. Es ist eine Energie, die jeden Wunsch und jede Sehnsucht des Menschen aufspürt. Geld reagiert, indem es unsere Wünsche so direkt erfüllt, wie wir dies zulassen. Es gelangt ungehindert auf dem Weg der Entspannung, Freude und Offenheit zu denjenigen, die seine Präsenz in ihrem Leben lieben. Und auch gegenüber jenen, die seinen Wert verleugnen und sein Geschenk verweigern, bleibt es stets offen und zugänglich, als warte es nur darauf, als das erkannt zu werden, was es in Wirklichkeit ist.

Dieses Wissen ist neu. Stattdessen wurde uns beigebracht, dass Geld uns korrumpiere, und wir haben seine Macht gefürchtet, weil uns nie aufgefallen ist, dass es sich mit der Liebe verbindet.

Geld neu denken

Erst in dem Moment, wo wir begreifen, dass die mächtige Energie hinter unserem Finanzsystem dafür gedacht ist, uns zu unterstützen – großzügig, grenzenlos, für alle zugänglich und liebevoll –, können wir uns in der Präsenz des Geldes entspannen und uns daran erfreuen, unsere Talente und Kreativität zu teilen, und mit gutem Gefühl seine finanziellen und anderweitigen Belohnungen annehmen.

Dann wird es unmöglich werden, weiterhin Entscheidungen zu treffen, die unserer Spezies oder anderen Schaden zufügen; oder den Ort, an dem wir leben, so zu verschmutzen, dass wir dort nicht länger bleiben können; oder der breiten Mehrheit der Bevölkerung jedes Landes auf dieser Welt den Zugang zu Bildung in Bezug auf Wohlstand zu verwehren.

Im Gegenzug wird dieses neue Verständnis uns erlauben, Unternehmen zu kreieren, die der Gesellschaft wahrhaft dienen – im Geiste der Großzügigkeit und der Liebe. Es versetzt uns in die Lage, angemessen für bedeutende Arbeit entlohnt zu werden und unseren Einfluss zu vergrößern. Es führt dazu, dass wir die Beiträge so vieler Menschen wertschätzen, die in unserer momentanen Ökonomie kaum Anerkennung finden – Pflegekräfte, Heiler*innen, Künstler*innen und die Schöpfer*innen sämtlicher Formen von Schönheit und sozialen Verbesserungen.

Und vielleicht am wichtigsten: Es befähigt uns, uns mit unseren tiefsten Wünschen zu verbinden und zu lernen, wie diese in Erfüllung gehen können – aus dem einfachen Grund, weil es genau das ist, was die ausnehmend schöne Energie des Geldes bewirkt.

Sie steht uns – in einem Kreislauf aus Bitten und Empfangen – ständig zu Diensten. Sie ordnet die Synchronizitäten und Synergien, die dazu führen, dass uns das Leben wie ein magisches Abenteuer erscheint. Sie gibt Antwort auf unseren Ruf nach schönen Lösungen für herausfordernde und beunruhigende Probleme.

Alles ist möglich für die Energie, die hinter unseren finanziellen und ökonomischen Systemen steht – die gleiche Energie, die all unsere Wünsche erfüllt. Das Einzige, worum sie uns bittet, ist, dass wir wahrhaftig und in aller Tiefe verstehen, dass es sich um eine Energie der Liebe handelt.

Mehr Fülle leben

Stellen Sie sich vor, wir könnten es uns erlauben, eine größere Fülle zu leben. Dann könnten wir eine gesündere und sauberere

Umwelt schaffen. Wir könnten uns über Grenzen hinweg zusammenschließen, um die großen Herausforderungen, mit denen wir im Augenblick konfrontiert sind, zu bewältigen. Ja, wir könnten es sogar wagen, um die Erfüllung unserer größten Wünsche zu bitten – beispielsweise, dass das Geld zu einem Katalysator für das Gute wird oder das Klima überall auf dem Planeten lebenswerter und stabiler.

Dies ist es, was die Energie des Geldes bewirkt. Sie erfüllt unsere Wünsche. Und unsere Aufgabe ist es, zu lernen, wie es funktioniert.

AUF DEN PUNKT GEBRACHT

Es sei eine absolute Notwendigkeit – in dem sich entfaltenden Prozess globaler Transformation –, unsere persönliche und kollektive Beziehung zum Geld neu zu überdenken, erklärt uns Sarah McCrum. Die tiefe Natur des Geldes ist ein energetischer Ausdruck der Liebe – der zugrunde liegenden Struktur des Lebens –, welche uns allen in ihrer ganzen Fülle zugänglich ist. Wenn wir uns auf dieses Bewusstsein des Geldes einstimmen, hilft uns dies, vernünftigere und gerechtere finanzielle Entscheidungen zu treffen, anderen im Geiste von Großzügigkeit und Liebe zu dienen, den Beitrag aller Menschen wertzuschätzen und Lösungen für die uns herausfordernden Probleme zu finden, die zu gegenseitigem Nutzen und Wohlstand führen.

Aktiv werden: Das können Sie tun ...

Um Ihre Beziehung zum Geld neu auszurichten, nehmen Sie sich einen Moment Zeit, um Geld als eine energetische Quelle zu visualisieren, die Liebe, Unterstützung und Großzügigkeit zum Ausdruck bringt – und Sie in die Lage versetzt, sich Ihre größten Sehnsüchte zu erfüllen.

14

Die Grundprinzipien eines »Business-Mönchskriegers«

von Rinaldo S. Brutoco

»Der Weg zur Heiligkeit kreuzt in unserer Zeit notwendigerweise die Welt des Handelns.«

DAG HAMMARSKJÖLD, GENERALSEKRETÄR DER VEREINTEN NATIONEN (1953–1960)

Um die zahlreichen Herausforderungen unserer Zeit – von der Klimakrise bis zur Einkommensungleichheit – erfolgreich in Angriff zu nehmen, ist es notwendig, dass unsere Führungspersönlichkeiten in zunehmendem Maße eine bestimmte Kombination an Eigenschaften in sich vereinen, die ich als die eines »Business-Mönchskriegers« zu beschreiben pflege.

Dieser Beitrag erläutert die vier grundlegenden Prinzipien, die einen »Business-Mönchskrieger« von einer herkömmlichen Führungskraft unterscheiden. Diese Prinzipien waren der Grundstein für die *World Business Academy,* eine Organisation, die ich als gemeinnützige Denkfabrik und Gründerzentrum initiiert habe. Sie untersucht die Rolle der Geschäftswelt in Bezug auf wesentliche moralische, umwelttechnische und gesellschaftliche Probleme unserer Zeit. Im Laufe der vergangenen 30 Jahre haben wir erfolgreich sowohl gewinnorientierte (an der New Yorker Börse, der NASDAQ und im außerbörslichen Handel notiert) als auch gemeinnützige Unternehmen gegründet (*JUST Capital, World Business Academy, The Chopra Foundation, Omega Point Institute, Unstoppable Foundation, Gorbatschow Stiftung, National Peace Academy* u.a.), die das Ziel verfolgen, »Verantwortung für das Ganze zu übernehmen«.

Seit ihrem offiziellen Start im Jahr 1987 basiert die Firmenphilosophie der *World Business Academy* auf dem Anliegen, eine Bewusstseinsveränderung herbeizuführen bei:

» Unternehmensleitungen, und zwar vom »Ausbeuter«- zum »Sachwalter«-Prinzip – denn wir handeln anders, wenn wir uns verantwortlich fühlen für das, was wir tun;
» jungen Menschen, die in die Geschäftswelt wollen, insbesondere in unseren Business-Schools; damit sie sich als jemand wahrnehmen, der in einen »ehrwürdigen Beruf« eintritt statt in einen »Dschungel-Überlebenskampf« – denn im Tempel handeln wir anders als im Urwald; sowie
» der breiten Öffentlichkeit mit dem Ziel, dass die Menschen ihr Geld dort investieren, wo ihre tiefen Werte liegen – denn wenn die Anleger und Konsumenten dies tun, gedeihen in der Folge die entsprechenden Unternehmen.

Die vier Grundprinzipien

Dieser allgemeinen Firmenphilosophie liegen vier Grundprinzipien zugrunde, welche die Handlungen und Auffassungen eines *Business-Mönchskriegers* lenken, damit sich diese »Mönche« an der edlen Arbeit der Akademie beteiligen können, um »Verantwortung für das Ganze« der Gesellschaft zu übernehmen. Diese vier Grundprinzipien lauten »Orientieren auf das Geistige«, »Klarheit der Aufgabe«, »Verinnerlichen wesentlicher Qualitäten« und »Umdefinieren des Erfolgs«. Hier eine kurze Zusammenfassung:

Orientieren auf das Geistige

Wir sind keine Menschen, die eine spirituelle Erfahrung machen, sondern spirituelle Wesen, die die Erfahrung machen, Mensch zu sein.[1]

Dieses Prinzip basiert auf der sogenannten ewigen Philosophie (Philosophia perennis), wie sie Aldous Huxley vertrat. Sie geht davon aus, dass alle großen Weltreligionen – trotz ihrer oberflächlichen Unterschiede – eine Vielzahl metaphysischer Wahrheiten teilen, welche die »göttliche Realität« zum Ausdruck bringen (Nächstenliebe, Nicht-Anhaftung, Selbsterkenntnis, Gut und Böse, Gebet, Leid, Glaube usw.). Die Philosophen Georges I. Gurdjieff und Pierre Teilhard de Chardin arbeiteten dieses Prinzip noch weiter aus.

Klarheit der Aufgabe

Wenn wir die Schlussfolgerung akzeptieren, dass unser Universum ein »freundliches« Universum ist, wird die Frage »Wie kann ich dienen?« zur transzendentalen Frage, welche die Arbeit in unserem Leben bestimmt.

Albert Einstein kam zu dem Schluss, dass das Universum ein »freundlicher Ort« sei. Seine berühmte Feststellung lautete, die »wichtigste Entscheidung«, die wir Menschen zu treffen hätten, sei die, ob wir an ein grundsätzlich feindliches oder freundliches Universum glauben wollen: Im ersteren Fall wäre alle Hoffnung vergebens; im letzteren müssten wir selbst herausfinden, wie wir mit diesem Universum am besten harmonieren können. Unser oberstes Ziel ist es, die Hinweise zu entschlüsseln, die wir vom Universum bekommen, um unsere jeweilige Lebensaufgabe zu finden. Integrität bedeutet, in Einklang mit dieser Wahrheit zu leben, sodass wir die »Wahrheit, die wir kennen, leben können«. Eine Feststellung, die ich vor vielen Jahren gemacht habe und seither gern wiederhole, lautet: »Ich definiere persönliche Integrität damit, dass du die Wahrheit lebst, die du kennst – nicht die Wahrheit, die ich kenne, sondern die Wahrheit, die du kennst.« Jener »innere

Schmerz«, wie wir ihn täglich erfahren, basiert auf der Kluft zwischen dem Leben der Wahrheit, wie wir sie kennen, und unserem tatsächlichen Leben.

Verinnerlichen wesentlicher Qualitäten

Ist uns unsere Lebensaufgabe erst einmal klar geworden, müssen wir uns mit Leib und Seele ihrer Erfüllung verschreiben, indem wir mit größtmöglicher Disziplin, Demut und Inspiration agieren.

Um unsere Aufgabe zu erfüllen, müssen wir drei wesentliche Qualitäten maximal verfeinern und in unserem Handeln umsetzen:

» die *Disziplin* eines Profisportlers, der, unabhängig von sich wandelnden Bedingungen, jederzeit nach Höchstleistung strebt;
» die *Demut* eines *Shaolin*-Mönches, der ohne Anhaftung an mögliche Endergebnisse oder das Bedürfnis nach Anerkennung handelt;
» die *Inspiration* eines Visionärs, der alle negativen Gedanken transzendiert, um kreative Ideen in die materielle Welt zu überführen.

Umdefinieren des Erfolgs

Wenn wir entsprechend diesen Prinzipien handeln, führt uns dies unweigerlich zu höchstem Erfolg – dies beinhaltet auch, dass wir großzügige emotionale und materielle Unterstützung anziehen, die das Wachsen und die Weiterentwicklung unserer Arbeit fördern.

Haben wir uns erst einmal voll und ganz einer Aufgabe verschrieben, dann »bewegt sich«, um es mit Goethes Worten zu sagen, »die Vorsehung auch. Alle möglichen Dinge, die sonst nie geschehen wären, geschehen, um einem zu helfen.«[2] Indem wir unserer Lebensaufgabe folgen und das tun, was wir lieben, folgt das Geld auf dem Fuße – und zwar mehr als genug, um unsere Bedürfnisse zu befriedigen. Auf diese Weise vermeiden wir die klassischen Fallstricke von Unternehmer*innen, nie über ausreichend Geld, Macht oder Ego zu verfügen, und definieren Erfolg um, damit er zu mehr wird als der bloßen Ansammlung von Reichtum. Erfolg bedeutet, florierende Unternehmen zu schaffen, welche die vierteilige Quintessenz der *World Business Academy* erfüllen: *people* (Menschen), *planet* (Planet Erde), *presence* (Präsenz) und *profit* (Gewinn).

Die Arbeitsprinzipien

Die Geschäftswelt als eine spirituelle Unternehmung zu betrachten, hat mit herkömmlichen Herangehensweisen nur wenig gemein; und niemand verlangt von Ihnen, dass Sie die Grundprinzipien als ein unanfechtbares Glaubensdogma akzeptieren. Nehmen Sie diese eher als eine Bedienungsanleitung für ein neues Paradigma der Unternehmenswelt und messen Sie ihren Wahrheitsgehalt anhand Ihrer Resultate.

Zu diesem Zweck haben wir auf Basis der Grundprinzipien zwölf Arbeitsgrundsätze für erfolgreiche gewinnorientierte und gemeinnützige Unternehmen entwickelt, die auf eine Vielzahl von Unternehmen angewandt werden können – große wie kleine. Ebenso gut können sie für komplexe nationale wie internationale staatspolitische Fragen herangezogen werden. Die Spanne unserer gewinnorientierten Unternehmen reichte von Mitbegründern der Kabelfernsehindustrie bis zu Herstellern eines Wasserstoffflugzeuges, das von mehreren hochrangigen Admirälen als »die größte Innovation in der Luftfahrt seit Kitty Hawk« angekündigt wurde. Unsere gemeinnützigen Unternehmen befassten sich mit der Entwicklung von Lösungen für den Klimawandel, arbeiteten für Mutter Teresa und an der Versorgung von 20000 afrikanischen Kindern mit Schulbildung und sauberem Trinkwasser.

Die zwölf Prinzipien im Einzelnen:

- Erkennen Sie, dass beim Aufbau höchst erfolgreicher Unternehmen *Kultur* immer einen größeren Stellenwert hat als *Strategie.*
- Praktizieren Sie sogenannte dienende Mitarbeiterführung; stellen Sie sich immer die Frage: »Wie kann ich ihr/ihm/dem Ganzen dienen?«
- Gründen Sie Unternehmen mit sogenannten disruptiven Geschäftsmodellen; insbesondere solche, die ganze Industrien zu zerschlagen imstande sind.
- Netzwerken Sie immer und überall! *»Kein Networking«* bedeutet so viel wie *»You are not working!«* (Sie arbeiten nicht).
- Packen Sie die größten Herausforderungen der Menschheit an, indem Sie »Verantwortung für das Ganze übernehmen«.
- Machen Sie sich Demut zu eigen: Es ist erstaunlich, wie viel Sie erreichen können, wenn Sie dafür keine Lorbeeren einheimsen müssen.
- Blicken Sie weit über Ihren eigenen Tellerrand hinaus, um innovative Lösungen für schwierige Umweltprobleme zu entwickeln.
- *Verändern Sie sich oder sterben Sie!* Folgen Sie diesem Grundgesetz der Natur, um bahnbrechende Technologien und Unternehmen zu kreieren.
- Verwenden Sie topaktuelle Informationstechnologien, um maximal effektive Marketing-Kampagnen zu fahren.
- Streben Sie absolute Integrität und Transparenz an: Ihr Ruf ist Ihr wertvollstes Kapital.
- Hüten Sie sich vor »außer Kontrolle geratenen« Egos: Sie zerstören Menschen und Unternehmen.
- Vertrauen Sie in den »grünen Energiefluss« des Universums. Wenn Ihre Idee wahrhaftig ist, wird das Kapital folgen – uneingeschränkt und mühelos.

Der Aufstieg des »Stakeholder-Kapitalismus«

Im Jahr 2013 gründete die *World Business Academy* gemeinsam mit der *Chopra Foundation* die Organisation *JUST Capital* als eine entscheidende Erweiterung der Mission unserer Akademie, das Bewusstsein von Unternehmensführungen zu verändern. Indem *JUST Capital* das Konzept vom »Stakeholder-Kapitalismus« auf Foren wie dem *Business Roundtable (BRT)* oder *Davos 2020* vorantreibt, hat es begonnen, die Art zu verändern, wie führende US-Firmen ihrem Business nachgehen. Dies gelingt, indem sie demonstriert, dass wirtschaftlich fairere und ökologisch nachhaltigere Gepflogenheiten dem Nettogewinn ausgesprochen zuträglich sind.

Die enge Zusammenarbeit mit *JUST Capital* hat überdies die Weisheit der Philosophie der *World Business Academy* bestätigt, dass die Geschäftswelt die »mächtigste Triebkraft in der modernen Welt darstellt«. Um dauerhafte positive Veränderungen durchzusetzen, müssen wir folglich anfangen, Business nicht nur als etwas zu denken, woraus sich Profit schlagen lässt, sondern das auch die moralische Verantwortung hat, die Lebensbedingungen der Menschen zu verbessern. Dazu müssen Unternehmen alle Interessengruppen repräsentieren und alles unterstützen, was mit ihnen in Berührung kommt: Arbeitnehmer, Kunden, Aktionäre, Kommunen, die Umwelt.

Wir haben die *World Business Academy* gegründet, um zu zeigen, dass Unternehmen die Lebensqualität verbessern und gleichzeitig überdurchschnittliche Gewinne einfahren können. Eines unserer Grundprinzipien nannten wir bewusst »Orientieren auf das Geistige«, da wir fürchteten, die bloße Erwähnung des Begriffes »Spiritualität« würde die Führungskräfte in den Unternehmen vergraulen. Doch inzwischen ist die Idee von Business als einer spirituellen Disziplin »geoutet« worden. Heute hält sie in die Führungsetagen Einzug – in qualitative *Blue Ribbon*-Konzepte verpackt wie »Mitfühlender Kapitalismus«, »Die Seele des Geldes« oder »Dienende Führung«. Sie alle bringen innovative Ideen zum Ausdruck, mit deren

Hilfe weitsichtige Geschäftsführer*innen, Bestsellerautor*innen und Unternehmensberater*innen daran arbeiten, Unternehmen zu transformieren. Es ermutigt mich, wenn ich sehe, wie diese Ideen von einem neuen Business-Paradigma, das die *World Business Academy* seit über drei Jahrzehnten propagiert, sich von der Peripherie Richtung Mainstream bewegen.

Als wir die *World Business Academy* aufbauten, entdeckten und implementierten wir – mittels »Versuch und Irrtum«, Erfolg und Scheitern – die oben erläuterten Arbeitsprinzipien. Wir teilen diese Prinzipien, damit auch Sie unserer wachsenden Gemeinde der Business-Mönchskrieger beitreten können – einer Gemeinde, die sich um den Aufbau erfolgreicher Unternehmen bemüht, Siege für die Menschlichkeit erringt und unseren Enkeln eine bessere Zukunft sichert.

Für die Skeptiker unter Ihnen möchten wir mit diesem Zitat des englischen Dichters Christopher Logue schließen:

»Tretet an den Rand!«, sprach er.
Sie antworteten: »Das können wir nicht, wir haben Angst!«
»Tretet an den Rand!«, sprach er.
Sie antworteten: »Das können wir nicht, dann fallen wir runter!«
»Tretet an den Rand!«, sprach er. Und da taten sie wie geheißen.
Und er gab ihnen einen Schubser.
Und sie flogen.[3]

AUF DEN PUNKT GEBRACHT

Rinaldo S. Brutoco führt das Dienen im Geiste der Großzügigkeit und Liebe noch einen Schritt weiter: Er und andere zukunftsorientierte Innovatoren haben über einige Jahrzehnte zusammengearbeitet, um bewusstere Unternehmen zu gestalten, die auf dem innovativen Konzept des »Stakeholder-Kapitalismus« gründen. Dieses bahnbrechende Konzept mit seinen vier Grundprinzipien und zwölf Arbeitsprinzipien ermöglicht es Unternehmen, zu einer spirituellen Unternehmung zu werden, welche Verantwortung für die Gesellschaft als Ganzes übernimmt. Mit dieser zukunftsweisenden positiven Entwicklung der Geschäftswelt könnten sowohl die Treibhausgase als auch die Einkommensungleichheit auf dramatische Weise reduziert werden – wesentliche Schritte in Richtung Weltfrieden.

Aktiv werden: Das können Sie tun ...

Bestimmen Sie die Grundprinzipien, die Ihr Leben leiten. Beispielsweise: Disziplin, Mitgefühl, Loyalität, Großzügigkeit, Engagement, Aufgeschlossenheit, Ehrlichkeit und so fort. Welche sind Ihre persönlichen Kernprinzipien, und was können Sie tun, um diese zu stärken?

15

Die Neuerfindung unseres Planeten: Eine »Bottom-up«-Gesamtstrategie

von David Gershon

Wollen wir die Welt verändern, müssen wir zuerst einmal die Art und Weise verändern, wie wir über Veränderung nachdenken.

In diesem kritischen Augenblick in der menschlichen Evolution wird – sofern wir als Spezies nicht ganz schnell auf eine andere Flugbahn einschwenken – unsere Zivilisation ins Wanken geraten. Die Frage ist: Wie kriegen wir das hin? Viele engagierte und heldenhafte Veränderer haben sich mit Herz und Seele darangemacht, unsere Welt zu transformieren. Doch was, wenn das Problem nicht an der mangelnden Bereitschaft der Welt liegt, sich verändern zu wollen, sondern an der Art und Weise, wie wir dies hinzukriegen versuchen? Was, wenn unsere eigenen begrenzenden Vorstellungen im Hinblick auf soziale Veränderungen und unsere menschlichen Fähigkeiten das Problem sind?

Das Unternehmen *Apple* nahm in den 90er-Jahren solches Denken in seiner berühmten provokativen Kampagne *»An alle, die anders denken«* bereits vorweg: »... die, die Dinge anders sehen. Sie beugen sich keinen Regeln und haben keinen Respekt vor dem Status quo ... Und während einige sie für verrückt halten, sehen wir in ihnen Genies. Denn die Menschen, die verrückt genug sind zu denken, sie könnten die Welt verändern, sind die, die es tun.«[1] Und dies sind drei Fragen, die die »Andersdenker« weiterhin stellen müssen, wenn wir die Welt verändern wollen:

» Wie erfinden wir sozialen Wandel neu?
» Wie erfinden wir sozialen Aktivismus neu?
» Wie erfinden wir unseren Planeten neu?

Die Neuerfindung von sozialem Wandel

Um Antworten auf diese Fragen zu finden, müssen wir besser verstehen, worin die Natur des sozialen Wandels besteht, wie dieser derzeit praktiziert wird und wo seine Chancen zur Weiterentwicklung liegen.

Die Welt ist eine Ansammlung aus vielen sozialen Systemen – finanziellen, ordnungs-, gesundheits-, bildungspolitischen usw. –, die aus einer Zeit stammen, als die Welt noch wesentlich einfacher gestrickt und leichter zu lenken war. Diese Systeme sind nicht dafür gemacht, den Belastungen zunehmender Komplexität und wachsender Konflikte in unserer heutigen Welt zu entsprechen.

Ein überstrapaziertes soziales System wird instabil und beginnt zu wanken; schließlich löst es sich von seinem Fundament ab und bricht zusammen, bis es nur noch beschränkt oder gar überhaupt nicht mehr funktionsfähig ist. Das politische System der USA ist ein Paradebeispiel für ein in die Brüche gegangenes soziales System. Aber andere liegen nicht weit dahinter zurück. Die Klimakrise auf unserem Planeten ist die Kulmination mehrerer zusammengebrochener sozialer Systeme, die die Menschheit zwingen, einen kritischen Blick auf diese selbst geschaffene Funktionsstörung zu werfen.

Wenn ein soziales System nicht länger an etwas festgemacht ist, das es stabil hält, kann dies jedoch nicht nur zum Zusammenbruch, sondern ebenso gut zu einem Durchbruch führen und zu einer Evolution zu einem höheren Leistungsgrad und höheren sozialen Werten. In der Systemtheorie bezeichnet man dies als *second-order change* oder diskontinuierlichen Wandel oder – in unserem speziellen Kontext – als transformierenden sozialen Wandel. Die Alternative dazu wäre ein *first-order change* oder kontinuierlicher – d.h. ein schrittweiser – sozialer Wandel. Ich nenne diese beiden Denkansätze *Social Change 1.0* bzw. *Social Change 2.0* (»Sozialer Wandel 1.0 bzw. 2.0«).

Social Change 1.0 besteht aus den herkömmlichen Werkzeugen für sozialen Wandel wie die Verabschiedung entsprechender Gesetze, finanzielle Anreize, Aufklärungskampagnen und sozialer Protest. Im günstigsten Fall – aber das ist sicherlich nicht die Regel – sind diese Werkzeuge in der Lage, einen schrittweisen Wandel durchzusetzen. In einer Welt des »Business as usual« ist das eben die Art, wie Menschen vor »sich hin wursteln«. Obgleich notwendig, reicht diese Herangehensweise jedoch nicht aus in einer Welt, die nach grundsätzlicher Veränderung schreit, um das Artensterben oder die Vielzahl entmenschlichender sozialer Probleme abzuwenden, die den Lösungen eines schrittweisen sozialen Wandels gegenüber immun zu sein scheinen.

Wenn wir also den transformierenden sozialen Wandel, den unser Planet so dringend benötigt, nicht durchsetzen können, indem wir Menschen dazu zwingen, ihnen für die Veränderung Geld bezahlen, sie mit der Hoffnung auf Veränderung zu sensibilisieren versuchen oder ihnen ein schlechtes Gewissen einjagen – was bleibt uns dann noch? Für sehr viele leider nur Verzweiflung, Gleichgültigkeit und Pessimismus.

Doch was, wenn wir Menschen dazu ermutigen könnten, sich verändern zu wollen? Was, wenn wir ihnen dabei helfen könnten, ihre angeborene Sehnsucht nach einem besseren Leben, Gemeinschaft und Welt zu befriedigen? Was, wenn wir sie dabei unterstützen könnten, eine Vision von diesen Träumen zu erschaffen, die so unwiderstehlich wäre, dass sie davon ganz mühelos angezogen würden? Und was, wenn wir ihnen schließlich die Werkzeuge an die Hand gäben, um diese Träume zu erlangen? So sieht aktive Ermächtigung aus! Sie liefert den Menschen das Werkzeug, das im Zentrum von *Social Change 2.0* steht.

Die Neuerfindung von sozialem Aktivismus

Seit 40 Jahren gelte ich als einer der führenden Experten in Sachen Ermächtigung und sozialer Wandel weltweit, und seither bemühe ich mich, das Spiel der Veränderungen zu verändern. Ich habe fünf *second-order change*-Lösungen entworfen, die für die Evolution der Menschheit essenziell sind. Außerdem habe ich das Standardwerk zum Thema *second-order change* verfasst, mit dem Titel *Social Change 2.0: A Blueprint for Reinventing the World* (»Sozialer Wandel 2.0: Eine Blaupause für die Neuerfindung der Welt«). Dieses Buch stattet »Andersdenker« mit den fünf Superkräften des sozialen Wandels aus, die es braucht, um die Welt zu verändern, und die da lauten: Wie *ermutige, verändere, erneuere, vereinige* und *mobilisiere* ich?

Was herauskommt, wenn wir diese fünf *second-order change*-Lösungen und fünf *Social Change 2.0*-Superkräfte miteinander kombinieren, ist eine alchemistische Reaktion, die das Spiel des Wandels verwandelt. Und daraus entsteht ein Plan für die Neuerfindung unseres Planeten!

Die Neuerfindung unseres Planeten

1. Klima – Ziel und Strategie: Das Cool-Block-Programm

Bis zum Jahr 2030 möchten wir Städte auf der ganzen Welt (Urheber von 70 Prozent der CO_2-Emissionen auf unserem Planeten) und ihre Bürger*innen (Verursacher von 70 Prozent der CO_2-Emissionen einer Stadt) mit den Werkzeugen und entsprechendem *second-order change*-Wissen ausstatten, um die Klimakrise zu transformieren und CO_2-neutrale Städte und bahnbrechende Lösungen hervorzubringen.

Unsere Programme zur Veränderung unseres eigenen Verhaltens und zu gemeinschaftlichem Engagement haben im Verlauf von 30 Jahren Millionen von Menschen in mehreren Dutzend Ländern dazu ermutigt, einen kohlenstoffarmen Lebensstil zu wählen. Aus diesen zahlreichen Programmen hat sich *Cool Block* entwickelt – Unterstützergruppen im eigenen Wohnblock, die sich gegenseitig und anderen helfen, sich umweltfreundlicher zu verhalten, im Falle von (Umwelt-)Katastrophen besser vorbereitet zu sein und das Leben der Gemeinschaft zu bereichern. Die daran beteiligten Haushalte reduzieren ihren CO_2-Fußabdruck um durchschnittlich 25 Prozent, und 56 Prozent der Nachbarn machen mit, wenn ein ausgebildeter Wohnblock-Leader sie dazu einlädt.

Das *Cool Block*-Programm findet derzeit in vier kalifornischen Städten statt: Los Angeles, Palo Alto, Isla Vista mit der Universität von Kalifornien in Santa Barbara und Mountain View. Es ist die erste Phase unserer größer angelegten Strategie *Cool California,* mit der wir CO_2-neutrale Städte im ganzen Bundesstaat schaffen wollen.

2. Entwicklungshilfe – Ziel und Strategie: Das Imagine-Programm

Bis zum Jahr 2030 möchten wir Frauen in Entwicklungsländern mit den Werkzeugen und entsprechendem *second-order change*-Wissen ausstatten, um den Teufelskreis der Armut zu transformieren und prosperierende Lebensentwürfe und Gemeinschaften hervorzubringen.

Untersuchungen der Johns-Hopkins-Universität konnten zeigen, dass Frauen, die am *Imagine*-Programm teilnahmen:

» mit dreimal größerer Wahrscheinlichkeit über ein verbessertes Einkommen berichten,
» mit zehnmal größerer Wahrscheinlichkeit über eine verbesserte Gesundheit berichten,
» mit fünfzehnmal größerer Wahrscheinlichkeit über verbesserte Beziehungen berichten.

Imagine basiert auf dem sogenannten Ermächtigungs-Workshop – ein viertägiges Trainingsprogramm für entrechtete Frauen in Entwicklungsländern auf der ganzen Welt, das diese dabei unterstützt, Visionen zu entwickeln und das zu erschaffen, was sie sich für ihr Leben wünschen. Bislang haben wir 22 000 Frauen in zwölf

Ländern ausgebildet, die eine Breitenwirkung auf bis zu 5,5 Millionen Menschen hatten. Unser Plan ist, *Imagine* auf mehrere Tausend NGOs (Nichtregierungsorganisationen) in Afrika, Süd- und Zentralasien und dem Mittleren Osten auszuweiten.

3. Frieden – Ziel und Strategie: Peace on Earth by 2030 Game

Bis zum Jahr 2030 möchten wir die Menschheit mit den Werkzeugen und entsprechendem *second-order change*-Wissen ausstatten, um das Paradigma des Krieges zu transformieren und den Weltfrieden herbeizuführen.

Mitten im Kalten Krieg, wir schrieben das Jahr 1986, wurde eine Friedensfackel um die Welt getragen, die Kriege beendete und Menschen vereinte, wo immer sie hinkam. Am ersten sogenannten Peace Run (Friedenslauf) waren 25 Millionen Menschen und 45 Staatsoberhäupter in 62 Ländern direkt beteiligt, und eine Milliarde Menschen sahen über ihre Fernsehbildschirme zu. Seither hat sich dieser moderne Mythos, der das edelste Streben der Menschheit nach Weltfrieden verkörpert, über den gesamten Planeten verbreitet. Jetzt wurde die Friedensfackel erneut entzündet, um den zweiten globalen Friedenslauf in Bewegung zu setzen, mittels des *Peace on Earth by 2030*-Spiels, das auf den sieben Strategien aufbaut, die die Welt vereinen. Diese Strategien wurden in sieben Aktionen eingebaut, die als Grundlage für das Spiel dienen.

In dieser entscheidenden Zeit, in der die Spaltung der Gesellschaft immer größer wird, dient das Spiel als eine wirkmächtige Arznei, um zu heilen, was uns voneinander trennt. Es gibt so viele gutwillige, über den Globus miteinander vernetzte Menschen, dass wir mit dem entsprechenden Funken ein weltweites Feuer entfachen können, das die Menschheit ermächtigt, sich ihren größten Traum zu erfüllen. Die sieben Aktionen, um den Weltfrieden herzustellen, haben bewiesen, dass sie ein solches globales Feuer anzufachen imstande sind.

4. Wissen – Ziel und Strategie: Empowerment Institute-Zentren für die Neuerfindung des Planeten

Bis zum Jahr 2030 möchten wir die Veränderer der Welt mit den Werkzeugen und entsprechendem *second-order change*-Wissen ausstatten, damit sie transformierende, unseren Planeten neu erfindende Lösungen kreieren.

Unser wegweisendes *Empowerment Institute,* gegründet im Jahr 1981, hat Werkzeuge und *second-order change*-Lösungen für ein breites Spektrum an gesellschaftlichen und Umweltfragen jeder Größenordnung auf der Welt geschaffen. Basierend auf unseren 40 Jahren »Ermächtigung« und *second-order change*-Wissen, haben wir Zentren für die Neuerfindung des Planeten an vielen Orten in den USA, in Afrika, Indien, dem Mittleren Osten und Zentralasien eingerichtet. Hier lernen soziale Unternehmer*innen und Innovator*innen jeder Couleur die nötigen Fertigkeiten, um die schwierigsten Probleme der Welt zu transformieren.

Das Mantra unserer Zentren ist das Zitat des Schriftstellers John Gardner: »Die Welt ist voller atemberaubender Möglichkeiten, die als unlösbare Probleme verkleidet sind.«[2] Mithilfe von »Ermächtigung« und *second-order change*-Wissen wird das Unmögliche plötzlich möglich.

5. Geld – Ziel und Strategie: Ein Fonds für die Neuerfindung des Planeten

Bis zum Jahr 2030 möchten wir die weltweiten Investoren für den sozialen Wandel mit Werkzeugen und entsprechendem *second-order change*-Wissen ausstatten, damit sie in transformierende Lösungen investieren, die unseren Planeten neu erfinden.

Unser *Empowerment Institute* hat mehrere zehn Millionen Dollar aufgebracht und Tausende von Freiwilligen angeworben, um seine Werkzeuge und *second-order change*-Lösungen auf der ganzen Welt zu implementieren.

Wir haben einen gemeinnützigen Investmentfonds von *top-*

down- und *bottom-up-*Investoren im Wert von einer Milliarde Dollar eingerichtet, um den in diesem Abschnitt beschriebenen fünfteiligen Plan für die Neuerfindung unseres Planeten in die Tat umsetzen. Unsere Absicht ist es, diesen Fonds wirksam einzusetzen, damit die Billionen Dollar der *first-order change-*Investitionen auf *second-order change-*Lösungen umverteilt werden, sodass diese Gelder auf effektivere Art das Gute in die Welt bringen können.

Eine Idee, deren Zeit reif ist

Wir befinden uns an einem Punkt, wo die gesellschaftlichen und ökologischen Belastungen so stark sind, dass sie sich tatsächlich zu einer Kraft entwickelt haben, um die menschliche Evolution voranzutreiben. In der Evolutionsbiologie bezeichnet man dies als *punctuated equilibrium* (punktuelles Gleichgewicht) – eine Zeit, in der plötzliche rasante und quantensprunghafte Veränderungen möglich werden.

Im Jahr 2015 wurden die 17 Ziele für nachhaltige Entwicklung der Vereinten Nationen, die sogenannte Agenda 2030, festgelegt. Seither sucht die Welt nach Methoden, um einen transformierenden sozialen Wandel in der notwendigen Größenordnung und Geschwindigkeit umzusetzen. Unser Plan für die Neuerfindung des Planeten gibt der Menschheit diese Methoden an die Hand, aber er geht noch darüber hinaus, indem er uns erlaubt,

» unser volles Potenzial als menschliche Spezies zu erkennen,
» miteinander und mit dem Planeten in Harmonie zu leben und
» die Kontrolle über unser Schicksal wiederzuerlangen und uns zu ermöglichen, Hoffnung, Leidenschaft und Begeisterung für unsere Zukunft zu empfinden.

Schließen Sie sich uns an – für das größte Abenteuer unserer Epoche: die Neuerfindung unseres Planeten!

AUF DEN PUNKT GEBRACHT

Im Rückgriff auf seine vier Jahrzehnte Kampf an vorderster Front für eine groß angelegte gesellschaftliche Transformation bietet uns David Gershon einen originellen und umfassenden Leitfaden an, um grundlegenden Wandel in unserer Welt herbeizuführen. Um die sich zunehmend beschleunigende Zerstörung so vieler unserer sozialen Systeme umzukehren – und um die Situation für die Beschleunigung der menschlichen Evolution zu nutzen –, liefert uns Gershon genau das, was nötig ist, um rasche transformierende Veränderung zu gestalten. Indem er Ziele und Strategien für *second-order change*-Lösungen für den sozialen Wandel bestimmt, beschreibt er detailliert einen gewagten Plan für die Neuerfindung unseres Planeten, der uns die Möglichkeit bietet, unser volles Potenzial als menschliche Spezies zu erkennen.

Aktiv werden: Das können Sie tun ...

Erlernen Sie die Werkzeuge der »Ermächtigung« und des *second-order change;* werden Sie zu einem »Andersdenker«, der bereit ist, den Planeten neu zu erfinden. Nehmen Sie sich vor, die Rolle im sozialen Wandel für den Weltfrieden einzunehmen, für die Sie auf die Welt gekommen sind. Finden Sie Organisationen in Ihrer Gemeinde, die dies bereits tun, und nehmen Sie sich die Zeit, diese in ihren Bemühungen zu unterstützen.

VIERTER KREIS

Uns selbst und den Planteten heilen

Indem wir mit der Verbindung von Geist, Körper und Seele arbeiten, können wir das Gesamtsystem heilen.

16

Überleben, Bewusstsein und der Eine Geist

von Larry und Barbara Dossey

»Das magische, geheimnisvolle, heilige Wiedererwachen ist bereits eingeleitet, es wird vom Mainstream bloß noch nicht zur Schau gestellt. Aber seine Sporen säen sich überall auf dem heiligen Boden dieses gesegneten Planeten aus. Es wird geschehen – es ist längst geboren worden.«

KINGSLEY L. DENNIS, BRITISCHER SOZIOLOGE

Wir Menschen stehen heute Bedrohungen gegenüber, die sich viele unserer Vorfahren niemals ausgemalt hätten: Klimakrise, kontaminierte Luft und verunreinigtes Wasser, eine explodierende Weltbevölkerung, der Verlust natürlichen Lebensraums und Artensterben, Wasserknappheit, der Kahlschlag unserer Wälder, Wüstenbildung, mörderische Ideologien, Ressourcenerschöpfung, weitverbreitete Armut, lang andauernde Angriffskriege, Hass gegenüber Ethnien und Religionen, ein Mangel an Anstand, Liebe und Güte gegenüber anderen – und so weiter und so fort; all dies wird noch begünstigt durch die materialistische Denke: »Ich hab ja, was ich brauche« und »Jeder sorge für sich selbst!«, die ein bedauernswert großer Teil unserer Gesellschaft übernommen zu haben scheint – aber beileibe nicht die Mehrheit!

Kurz gefasst, könnte man den Grund für all die Probleme folgendermaßen beschreiben: Unsere Spezies hat versucht, sich von der Natur abzutrennen – und ist daran gescheitert. Indem wir uns so verhielten, haben wir die Natur unseres eigenen Bewusstseins verkannt; unsere Verbundenheit untereinander, unsere Beziehung zu allem fühlenden Leben. Etwas fehlt in unserem modernen Dasein. Wir verzehren uns nach einer Vision. Wir hungern nach einer Kultur, die die erstickende Enge und intellektuelle Unterdrückung – ausgelöst durch Vorurteile, religiöse Intoleranz, Gier und krassen Materialismus –, welche unsere Zukunft bedrohen, transzendiert. Wir sehnen uns nach Verbindung, doch unsere Sehnsucht reicht nicht weit genug. In Wahrheit sind unsere Verbindungen nicht auf das Irdische beschränkt, sondern reichen darüber hinaus in die Unendlichkeit.

Dichter, Physiker – wir alle – sind aus Einem Geist

Die Liebe hilft uns dabei, unsere Welt wieder zu »sakralisieren« – sie wieder heilig zu machen. Liebe ist die natürliche Begleiterscheinung der uns angeborenen Einheit, der Verbundenheit und des Einsseins, die für das menschliche Leben kennzeichnend sind. Wären wir uns unserer Verbundenheit wirklich bewusst, würden wir die Goldene Regel des gewohnten »Und wie ihr wollt, dass euch die Leute tun sollen, so tut ihnen auch!« (Lukas 6:31) – bzw. dem landläufigeren: *»Was du nicht willst, dass man dir tu, das füg auch keinem anderen zu!«* – abändern in: »Sei freundlich zu anderen, denn in gewissem Sinne *sind* sie du!«[1] Die Liebe hilft uns zu überleben.

Die Wahrnehmung unserer Verbundenheit erfordert von uns eine Bewusstseinsveränderung – und damit eine Neukalibrierung unseres ethisch-moralischen Kompasses in Richtung Planet Erde und zueinander. Es geht darum, den Kanal zu wechseln, unsere Haltung zu diesem irdischen Schmelztiegel, der uns am Leben erhält, neu zu wählen. Verbundenheit führt zu Liebe, und Liebe führt zu Fürsorge.

Wenn Fürsorge alles Leben einschließt, wird sie zu einer Vision, die mächtig genug ist, einen Unterschied dabei zu machen, wie wir *alle* Herausforderungen angehen, mit denen wir konfrontiert sind – und zwar nicht als rein intellektuelles Konzept, sondern als etwas, das wir auf tiefstmögliche Weise empfinden.

Unsere Existenz beruht auf Einheit, Verbundenheit und Kooperation – und nicht auf Abgetrenntheit, Konkurrenz und schroffer Individualität, wie man uns dies beigebracht hat. Aus dieser uns angeborenen Beziehung entsteht auf natürliche Weise der Akt der *Fürsorge.*

Die einheitliche, »nichtlokale« Natur des Bewusstseins impliziert, dass es über keine grundlegenden Begrenzungen verfügt und daher nicht in einzelne Bestandteile zerlegt werden kann. In einer bestimmten Dimension kommen alle individuellen Geister als ein einziger einheitlicher, kollektiver »One Mind« *(Ein Geist)* zusammen. Die Vorstellung von einem universellen und kollektiven Bewusstsein gibt es schon seit Jahrtausenden. Bereits Hippokrates sagte: »Es gibt einen gemeinsamen Fluss, einen gemeinsamen Atem, und alle Dinge empfinden gemeinsam.«[2]

Die Vorstellung vom *Einen Geist* ist ein Kernbestandteil der ewigen Weisheit. Die modernen Physiker haben diese Einheit nicht entdeckt; sie reflektierten und verifizierten, was Dichter und Propheten quer durch alle Epochen schon immer gewusst haben. Der Dichter William Butler Yeats schrieb von vielen Geistern, die »gleichsam ineinanderfließen und einen einzigen Geist, eine einzige Kraft hervorbringen oder offenbaren können«.[3] Walt Whitman sah in ähnlicher Weise »alle diese zerrissenen Bruchstücke«, die »vereint, ineinandergefügt und geschlossen werden« sollten.[4] Der Essayist Ralph Waldo Emerson schrieb über einen »universellen Geist«, der allen Menschen gemeinsam sei.[5] Die großen Physiker des 20. Jahrhunderts stimmten ebenfalls stark überein hinsichtlich der Erkenntnis, dass es ein einziges Bewusstsein gebe, das alle Dinge miteinander verknüpfe: So schrieb der österreichische

Nobelpreisträger Erwin Schrödinger, dass das Bewusstsein nicht aufgespalten werden könne, denn »in Wahrheit gibt es nur ein Bewusstsein«,[6] und sein angesehener Physiker-Kollege David Bohm stimmte ihm zu: »Tief im Innern ist das Bewusstsein der Menschheit eins.«[7]

Der Eine Geist ist zeitlos

Das Konzept vom *Einen Geist* vertritt die Vorstellung eines nichtlokalen, einheitlichen Bewusstseins – d.h. eines Bewusstseins, das im Raum unbegrenzt und deshalb allgegenwärtig und in der Zeit unendlich – und somit unsterblich und ewig ist. Allerdings übersieht die Wissenschaft häufig den größten Vorzug, der mit dem Konzept des *Einen Geistes* einhergeht: Als Arzt und als Wissenschaftlerin des Fachbereichs Gesundheits- und Krankenpflege sind wir beide der Auffassung, dass die Angst vor der physischen Vernichtung in der Geschichte der Menschheit zu größerem Leid geführt hat als alle körperlichen Erkrankungen zusammengenommen. Der nichtlokale *Eine Geist* wäre mithin eine mögliche Heilmethode für die größte aller Krankheiten – die Furcht vor der totalen Vernichtung durch den physischen Tod.

Die Zerstörung unserer Persönlichkeit durch den physischen Tod ist ein unvermeidbarer Bestandteil unserer materialistischen Denkweise. Die Befeuerer des Materialismus unterschätzen diesen hohen Preis ganz erheblich. Carl Gustav Jung sah darin eine existenzielle Frage, als er sagte: »Die entscheidende Frage für den Menschen ist: Bist du auf Unendliches bezogen oder nicht? Das ist das Kriterium seines Lebens.«[8] Wenn Bewusstsein vom Gehirn erzeugt wird und mit dem physischen Tod verschwindet, wie die Materialisten beharrlich behaupten, dann ist jegliche bedeutungsvolle Beziehung zu »etwas Unendlichem« ein Hirngespinst. Jung lag diese Angelegenheit so sehr am Herzen, dass er es zu einem Prinzip in der Therapie seiner Patienten erklärte: »Als Arzt gebe ich mir alle Mühe, den Glauben an die Unsterblichkeit zu stärken.«[9]

Die Unsterblichkeit des Geistes war auch ein Schlüsselmerkmal der Vision des Physikers Schrödinger: »Ich wage, ihn [den Geist] unzerstörbar zu nennen, denn er hat sein eigenes und besonderes Zeitmaß; nämlich er ist jederzeit *jetzt.* Für ihn gibt es in Wahrheit weder früher noch später, sondern nur ein Jetzt, in das Erinnerungen und die Erwartungen eingeschlossen sind.«[10]

Vereinfacht gesagt, verschärfen sich Materialismus, gedankenloses Konsumverhalten und ökologische Ausschweifungen nur noch weiter, wenn man die Unsterblichkeit leugnet. Die Erkenntnis unserer grundlegenden Einheit, eines zeitlich und räumlich nichtlokalen *Einen Geistes,* ist die größte Hoffnung, die wir für unser Überleben auf der Erde überhaupt haben. Wenn wir miteinander auf der tiefsten emotionalen und psychologischen Ebene Verbindungen eingehen – ja, mit dem Planeten selbst –, wird uns dies in die Lage versetzen, den nötigen Mut aufzubringen, um die schwierigen Entscheidungen zu treffen, die erforderlich sind, damit wir am Leben bleiben – und die Erde und unsere eigene Haut retten!

Wir befinden uns an einem Dreh- und Angelpunkt in der Geschichte der Menschheit. Während des 20. Jahrhunderts haben wir den Geist in seine Einzelteile zerlegt. Jetzt müssen wir ihn wieder zusammensetzen. Man hat uns beigebracht, unser Geist sei fragmentiert, er sei aufgespalten ins Bewusste, Vorbewusste, Unterbewusste, Unbewusste, Ich, Über-Ich, Es und sofort. Wir sind nicht nur innerlich gespalten, sondern haben dies auch äußerlich getan – wir haben uns voneinander abgetrennt.

Werfen wir den Blick einmal durch das andere Ende des Teleskops, dann enthüllt uns der *Eine Geist,* dass der Geist jeder/jedes Einzelnen Teil eines größeren Ganzen ist, einer Dimension des Bewusstseins, welche alle Geister umfasst – vergangene, gegenwärtige, zukünftige; menschliche und nicht menschliche.

Eine *kollektive Nahtoderfahrung* kann uns alle transformieren

Eines von vielen Szenarios, die eintreten könnten, stellt der Philosoph Michael Grosso in seinem bedeutenden Buch *The Final Choice: Death or Transcendence?* (Die letzte Wahl: Tod oder Transzendenz?) vor. Er suggeriert, dass mit der sich abzeichnenden zunehmenden Zerstörung unserer Umwelt es zur Version einer Nahtoderfahrung unseres Planeten kommen könnte, vergleichbar mit der Nahtoderfahrung eines Menschen.[11]

Vier Charakteristika in Bezug auf Nahtoderfahrungen liegen Grossos Vorstellung zugrunde:[12]

» Auch gesunde Menschen können Nahtoderfahrungen durchleben.
» Menschen, die nicht an die Gültigkeit von Nahtoderfahrungen glauben, können diese erfahren.
» Nahtoderfahrungen können von einer Gruppe von Menschen gleichzeitig erlebt werden.
» Wer eine Nahtoderfahrung macht, erfährt typischerweise eine radikale Transformation, insbesondere hinsichtlich seiner/ihrer ethisch-moralischen Anschauungen – die sich in Form einer starken Sorge um die Zukunft alles Lebendigen und die Unversehrtheit der Umwelt unseres Planeten äußert.

Im Anschluss an eine Nahtoderfahrung stellen die meisten Menschen fest, dass ihre Angst vor dem Tod verschwindet. Sie werden sich ihrer nichtlokalen Natur und ihrer grundlegenden Unsterblichkeit bewusst. Typischerweise entwickeln sie sich zu liebenderen, mitfühlenderen und versöhnlicheren Personen und werden sich ihrer Verantwortung innerhalb der gesamten globalen Umgebung äußerst bewusst. Oftmals zeigen sie sich auf leidenschaftliche Weise besorgt in Bezug auf Umweltfragen, das Wohlergehen anderer Lebewesen und die Zukunft der Menschheit. Der Arzt Sam Parnia –

Leiter für Intensivmedizin und Reanimationsforschung an der medizinischen Fakultät der New York University – formuliert es so: »Was tendenziell geschieht, ist, dass Menschen, die diese sehr tief greifenden Erfahrungen gemacht haben, auf positive Weise verändert ins Leben zurückkehren – sie verhalten sich altruistischer und engagieren sich mehr, um anderen zu helfen. Nach ihrer Begegnung mit dem Tod finden sie einen neuen Lebenssinn.«[13]

Was wir aus den Nahtoderfahrungen gelernt haben, eröffnet uns auf unserer Reise als Menschheit neue Perspektiven. Die Nahtoderfahrung als Zugang nutzend, sehen wir eine riesige Anzahl von Weltbürgern in ihrem persönlichen Leben möglicherweise Entscheidungen treffen, die sich positiv darauf auswirken könnten, ob die Spezies Mensch auf dem Planet Erde überlebt und gedeiht – unabhängig davon, woran diese Personen vorher glaubten oder wie sie sich verhielten. Es ist nicht so, dass sie um Vernunft, Logik oder wissenschaftliche Evidenz neuerdings einen Bogen machten; vielmehr akzeptieren sie nun Beweise, die sie zuvor ignoriert haben.

Die *Evolutionary Leaders,* die in diesem Buch schreiben, zählen zu jenen menschlichen »Sporen«, wie es Kingsley Dennis so treffend im Motto zu diesem Kapitel formuliert hat. Und auch Sie zählen dazu. Lassen Sie uns gemeinsam die Samen ausbringen für den heiligen Boden dieses gesegneten Planeten!

AUF DEN PUNKT GEBRACHT

Unsere Herausforderung besteht darin, das ganze System zu heilen, indem wir – in Form einer neuen Lebensweise – mit all seinen Bestandteilen als einem arbeiten, um seine gesamtheitliche Harmonie und Balance zu wahren. Larry und Barbara Dossey zeigen klar und deutlich den Trugschluss auf, mit dem wir viel zu lange gelebt haben, indem wir nicht erkannten, dass unser Bewusstsein tatsächlich mit allen anderen verbunden ist. Dass der Geist jeder/jedes Einzelnen – in Form des Einen Geistes (»One Mind«) – zu einer Einheit zusammenfließt und es die Liebe ist, die uns dabei hilft, dies zu begreifen und zu überleben. Dieses Wissen ist zeitlos – aber es war noch nie so nötig wie in diesem Moment. Durch eine gemeinsame Nahtoderfahrung wird unsere kollektive Weltsicht in Richtung Transzendenz, Mitgefühl, Ganzheitlichkeit und Einheit transformiert werden.

Aktiv werden: Das können Sie tun …

Meditieren Sie einmal über den Geist aller Menschen als ein großes Netz untereinander verbundener Bewusstseinsquellen – und Sie sind dabei ein integraler Bestandteil, ein Licht unter unendlich vielen anderen Lichtern. Lassen Sie Ihr Licht erstrahlen!

17

Uns selbst, unsere Kinder und unseren Planeten heilen

von Lori Leyden

Die »*Herz-Gehirn-Körper*«-Techniken existieren, damit wir genau jetzt den Weltfrieden bewirken. Von den Experimenten des »Maharishi-Effekts« in den 1960er-Jahren haben wir gelernt: Wenn ein kleiner Prozentsatz irgendeiner Bevölkerungsgruppe – die Quadratwurzel von einem Prozent – durch Meditation zu innerem Frieden gelangt, spiegelt sich dieser Frieden im Rest der Gemeinschaft in Form von niedrigeren Kriminalitätsraten, weniger Verkehrsunfällen und einer geringen Zahl von Einlieferungen in die Notaufnahme der Krankenhäuser wider.

Folgestudien haben untersucht, was nötig wäre, um einen deutlichen Bewusstseinswandel in Richtung Frieden zu erzielen. Hier sticht besonders die *Global Coherence Initiative (GCI)* (*Globale Kohärenz-Initiative*) des *HeartMath*-Instituts hervor – eine internationale Initiative, um das Herz der Menschheit aktivieren zu helfen und Frieden, Harmonie und einen globalen Wandel des Bewusstseins voranzutreiben. Die *Globale Kohärenz*-Initiative betreibt bahnbrechende Forschung zur Kraft der »Herzkohärenz« – ein Zustand, in dem Herz, Geist und Emotionen energetisch aufeinander abgestimmt sind und miteinander kooperieren –, um Gleichgewicht, Zusammenarbeit und Frieden in der Welt herbeizuführen.

Warum entscheiden wir uns angesichts einer Welt, die in derartigem Chaos versinkt, nicht sofort für den Frieden? Die Antwort liegt in unseren ungelösten Traumata. Als Expertin für humanitäre Fragen und Traumaverarbeitung, die in Gemeinden arbeitet, welche Völkermorde oder Schießereien in Schulen erlebt haben, halte ich die Heilung von ungelösten traumatischen Erfahrungen für eine der größten Herausforderungen – und Chancen – unserer Zeit. In der einen oder anderen Form hat jeder von uns traumatische Erfahrungen erlebt, daher können wir alle die verborgene Kraft unseres Herz-Gehirn-Körpers aktivieren und entwickeln, um den Weltfrieden zu realisieren.

Die Anerkennung des Traumas von Einsamkeit, Trennung und Abspaltung

Denken Sie einmal über eine der weniger bekannten Epidemien unserer Zeit nach – das um sich greifende Gefühl der Einsamkeit, der Trennung und der Abkopplung, das so viele von uns empfinden. Diese Gefühle haben ihren Ursprung in traumatischen Erfahrungen – von unserer Abspaltung vom Göttlichen, damit wir unsere menschliche Identität annehmen konnten, bis hin zur Erfahrung von Situationen und Ereignissen, die uns von unseren wertvollsten friedensstiftenden Talenten als Menschen abtrennen, wie Vergebung, Liebe und Widerstandsfähigkeit. In ihren extremsten Formen können traumatische Erfahrungen uns dazu bringen, selbst gewaltsame und terroristische Handlungen auszuführen.

Die Bewältigung unserer Mehrgenerationenkrise

Nun überlegen Sie sich einmal, wie unbewältigte, generationenübergreifende traumatische Erfahrungen sich auf unsere Fähigkeit auswirken, uns für einen Frieden, der von innen heraus kommt, zu entscheiden. Die Traumata extremer Gewalt, Armut und Unterdrückung – oftmals von Krieg oder Völkermord – übertragen sich von einer Generation auf die nachfolgenden. Mit über 52 Prozent unserer Weltbevölkerung, die jünger sind als 30 Jahre (3,9 Milliarden Menschen), und vielen, die aufgrund von Gewalt oder anderen schwerwiegenden Ereignissen aus ihrer Heimat vertrieben an fremden Orten aufwachsen müssen, ist die wirksame Behandlung generationenübergreifender Traumata ein entscheidender Schritt zur Förderung der jungen Generation, um zu gesunden und erfolgreichen Weltbürgern zu werden.

Mein eigener Heilungsprozess und die Arbeit, die ich beruflich tue, inspirieren mein starkes Engagement, um die kommende Generation junger Menschen zu fördern, damit sie sich selbst heilen, an sich arbeiten und zu herzzentrierten Friedensarbeitern werden, welche uns in eine friedliche Zukunft führen. Ich habe oft darüber nachgedacht, was es war, nach dem ich mich so verzweifelt sehnte, als ich mich im Zuge meiner eigenen fortlaufenden Kindheitstraumata allein und voller Angst fühlte. Ich wollte gesehen werden, gehört werden, lieben und zurückgeliebt werden; ich wollte erfahren, dass ich wichtig sei, und aus den Tiefen meiner Verzweiflung geborgen werden; ich wollte eine bedeutungsvolle Zukunft haben.

Jene Sehnsucht inspiriert mich nach wie vor zu meiner lebenslangen Reise, um voller Beharrlichkeit die sanftesten, schnellsten und wirksamsten verfügbaren Verfahren zur Traumaheilung zu erforschen, zu erfahren, zu beherrschen und zu vermitteln.

Neuregulation der Physiologie von Traumata durch die »Herz-Gehirn-Körper«-Verbindung

Folgendes müssen wir in Bezug auf Traumata und die »Herz-Gehirn-Körper«-Verbindung verstehen: Traumatische Erlebnisse sind physiologische Prozesse, die zu Funktionsstörungen im Gehirn führen – einschließlich einer biochemischen Erstarrungsreaktion –, wenn wir mit überbordender Angst konfrontiert sind. In der Tat *erstarren* wir, wenn unsere unbewältigten Traumata getriggert werden, in unserem Reptiliengehirn – dem Hirnstamm – (der älteste und tiefliegendste Teil unseres Gehirns) und dem Überlebensmodus des zentralen Nervensystems.

Bedenken Sie nun, dass unser physisches Herz über eine ganze Ansammlung von Nervenzellen verfügt – Zellen in unserem Herzen, die sämtliche Funktionen unserer Körpers, Gehirns und Geists überwachen und beeinflussen –, die mit den Nervenzellen in unserem Gehirn kommunizieren. Tatsächlich – das Herz besitzt sein eigenes Gehirn! Die Nervenzellen steuern das Zusammenspiel zwischen dem Herzen und den emotionalen und kognitiven Strukturen des Gehirns. Wenn wir unsere Traumata heilen, reguliert das unsere Physiologie, wodurch unser Herz besser mit dem präfrontalen Kortex unseres Hirns kommunizieren kann. Dieses Zusammenspiel aktiviert weitere friedensschaffende Begabungen in uns wie Intuition, Kreativität, Verbundenheit/Einssein und Transzendenz.

Führende Therapieverfahren zur Heilung

In meiner Arbeit habe ich festgestellt, dass folgende zwei Heilverfahren unsere »Herz-Gehirn-Körper«-Verbindung am effektivsten reparieren können:

Die evidenzbasierte Methode »Emotional Freedom Techniques (EFT)«

Emotional Freedom Techniques (EFT) (»Techniken der Emotionalen Befreiung®«) sind auch unter dem Begriff »Tapping« bzw. »Klopfen/Klopftherapie« und »Psychologische Akupunktur« bekannt; diese Technik kombiniert psychotherapeutische Ansätze und Akupressur, indem sie Elemente der Konfrontationstherapie, der kognitiven Therapie und der somatischen Stimulation zusammenbringt. Die Vorgehensweise von EFT ist folgende: Zunächst konzentriert man sich auf ein spezifisches Problem oder Trauma, mit dem man sich befassen möchte; dazu spricht man einen bestimmten Affirmationssatz und beklopft mit einer Zweifinger-Klopftechnik verschiedene Meridianpunkte auf Gesicht und Körper. In einer therapeutischen Sitzung führen zunächst Therapeut*innen ihre Klient*innen mittels leichtem Beklopfen durch die Meridianpunkte, danach wiederholen die Klient*innen den Vorgang alleine. Die Technik kann außerhalb der Therapiesitzung von Klient*innen auch selbstständig angewandt werden.

EFT besitzt als »evidenzbasierte« – d.h. als anerkannte und wissenschaftlich fundierte – Therapie drei Merkmale, die sie als aufkommende Therapieform der vierten Welle der Psychotherapie auszeichnet. Historisch gesehen werden der Psychotherapie bis heute drei Hauptwellen zugeordnet: der psychodynamische Ansatz (Sigmund Freud, C.G. Jung), der Behaviorismus (B.F. Skinner, Iwan Pawlow) und die kognitiv-behaviorale Therapie (Aaron T. Beck). Zurzeit gewinnen somatische/körperbasierte Therapien wie EMDR *(Eye Movement Desensitization and Reprocessing)* – zu Deutsch: »Desensibilisierung und Verarbeitung durch Augenbewegung« – und EFT zunehmend Anerkennung, da sie für schnellere und effektivere Linderung sorgen.

Es ist ein wahrhafter »Herz-Gehirn-Körper«-Ansatz, der funktionsgestörtes emotionales Wissen schnell und dauerhaft verändern kann. Forschungen der medizinischen Fakultät der Universität Harvard haben belegt, dass die wirksamsten Therapien für Traumata gehirnbasierte Techniken zur Linderung von körperlichen Beschwerden sind – wie die EFT/»Klopftherapie«.[1] Durch Stimulierung bestimmter Meridianpunkte des Körpers konnte (mittels bildgebender Verfahren mit fMRT- und PET/CT-Scannern) gezeigt werden, dass dies zu einer Beruhigung der Amygdala (des Stresszentrums im Gehirn) führt und die Kampf-Flucht-Erstarrungs-Reaktion stoppt. Mit der EFT-Methode bleiben Erinnerungen an Traumata zwar erhalten, doch lösen diese im Körper keine physiologische Reaktion mehr aus; damit ermöglicht die Methode eine vollständige Heilung der ursprünglichen traumatischen Erfahrung. Studien weisen darauf hin, dass EFT die Expression einer Vielzahl von Genen positiv verändert, die bei der Ausschüttung von

Stresshormonen, Reparaturmechanismen von Zellen, Immunabwehr, Hemmung von Tumorwachstum, neuronaler Plastizität und der Signalübertragung von Nervenzellen eine Rolle spielen.[2]

Der Grace-Process

Der *Grace-Process* (Prozess der Anmut) ist eine psychospirituelle, »alchemistische« Methode, die ich nach meiner ersten Nahtoderfahrung empfing. Diese Praxis erlaubt es uns, unser negatives Ego zu transzendieren und in unserem höchsten »Herz-Gehirn-Körper«-Zustand – und von diesem aus – zu leben, statt im tiefer liegenden Reptiliengehirn stecken zu bleiben. Es ist eine Formel, um sich von Urteilen zu lösen, sich der Vergebung zu öffnen und durch Dankbarkeit, Liebe, Freude und Staunen zu unseren höchsten menschlichen Begabungen Zugang zu erhalten. Wenn diese Methode mit EFT/»Klopftherapie« kombiniert wird, entfaltet sich die Alchemie aus innerem Frieden und Transformation noch müheloser. In der Kombination bieten die beiden Techniken sowohl beeindruckende Ergebnisse für die Heilung von Traumata als auch starke Auswirkungen auf die generationenübergreifende Traumaheilung.

Die Gründung einer »Armee von Friedensarbeitern«

Diese Praktiken wurden zur Grundlage meiner Arbeit für Traumaheilung in Ruanda im Jahr 2007 mit Waisenkindern, die den Völkermord überlebt hatten. 2011 entwickelte ich eine neue Form der humanitären Hilfe mit dem Namen *Project LIGHT*. Das Wort »LIGHT« steht hier als Abkürzung für herzzentrierte Führung unter dem Motto ***L**eadership **I**nspires **G**obal **H**ealing and **T**ransformation* (»Führung inspiriert globale Heilung und Transformation«). *Project LIGHT: Rwanda* wurde das erste internationale Heilungsprogramm für traumatisierte Jugendliche, basierend auf Traumaheilung, wirtschaftlicher Nachhaltigkeit und herzzentriertem Führungstraining. Die Resultate der Heilung übertrafen unsere Erwartungen bei Weitem. (Die Transformation der jungen Menschen wird in unserem preisgekrönten Dokumentarfilm *When I Was Young, I Said I Would Be Happy* geschildert.)

Während der letzten zwölf Jahre haben mich die Wunder, die ich bei dieser Arbeit immer wieder erlebe, weiter mitten hinein in den Dienst der Liebe an Menschen geführt, welche die schlimmsten aller menschlichen Tragödien durchlebt haben – in Form von Kriegen, Amokläufen/Schießereien an Schulen, Gewalt gegen indigene Bevölkerungsgruppen und den Bedingungen, die Flüchtlinge im Zuge politischer und religiöser Verfolgung zu ertragen gezwungen sind. In jeder Gemeinschaft, von Ruanda bis Australien, von Sandy Hook/Connecticut bis Parkland/Florida, haben wir mit Hunderten von jungen Menschen und deren Betreuern zusammengearbeitet, um deren Leid zu lindern, ihre Traumata zu heilen, ihre psychische Widerstandskraft wiederherzustellen und ihre Herzen für inneren Frieden und den Frieden in der Welt zu öffnen. Wenn diese Überlebenden traumatischer Erfahrungen in ihren Herzen Frieden finden können und für den Frieden in ihren Gemeinschaften und Ländern arbeiten – warum sind wir dann nicht imstande, das Gleiche zu tun?

Meine Vision ist es, eine »Armee von Friedensarbeitern« zu bilden – Eltern, Pädagog*innen, Therapeut*innen und junge Menschen selbst –, die sich für einen Frieden engagieren, der von innen heraus kommt. Diese Friedensarbeiter werden *Project LIGHT*-Zentren auf der ganzen Welt gründen, die Jugendlichen die Möglichkeit bieten, ihre Traumata zu heilen, erfolgreich gute Jobs zu finden und zu herzzentrierten Führungspersonen zu werden. Als »Brutstätten« des Friedens können diese Zentren untereinander vernetzte Weltbürger dabei unterstützen, gemeinsam innovative Lösungen zu gestalten für die weltweiten Herausforderungen, mit denen wir konfrontiert sind.

Unsere Herzen kennen tatsächlich die Antwort

Wahrhaft im »Dienst der Liebe« angekommen sind wir, wenn wir begreifen, dass – auch wenn es auf den ersten Blick einen Geber und einen Nehmer gibt – bei unserem Aufeinandertreffen am idealen Punkt in der Mitte des unendlichen Kreislaufs sich unsere Herzen mit dem göttlichen Einen Herzen verbinden: Es gibt nur die Liebe, und wir werden alle transformiert. Diese »Herzpräsenz« – wie ich sie nenne –, die nur möglich ist, wenn unsere Traumata geheilt sind, ist der Grund, weshalb ich imstande bin, die Wunder wahrzunehmen, die aus Tragödien entstehen können und es tatsächlich tun.

Die Heilung traumatischer Erfahrungen, um die Kraft unserer Herzen bewusst zu entwickeln und damit den globalen Frieden zu fördern, *ist* möglich und bereits in vollem Gange. Wir besitzen die »Herz-Gehirn-Körper«-Techniken, um die Heilung auf unserer gesamten Welt zu potenzieren, mit Praktiken wie dem *Grace Process* und EFT/»Klopftherapie«. Indem wir unsere eigenen Traumata heilen, verändern wir unsere Genetik, die biochemischen Abläufe in unserem Gehirn und die Fähigkeit unserer Herzen, sich zu verbinden, zusammenzuwirken und gemeinsam neue Möglichkeiten zu schaffen, um uns selbst, unsere Kinder und unsere Welt zu heilen.

Stellen Sie sich vor, es existierte ein Computersystem, das in der Lage wäre, jenen Teil unserer DNA zu aktivieren, der uns für die Göttlichkeit »ver-*herz*-drahtet«! Die Hardware wäre unser Herz, und die Software bestünde aus Dankbarkeit, Liebe, Freude und Staunen. Einmal aktiviert, verliehe uns ein solches System maximale Übertragungsgeschwindigkeit, um uns mit dem universellen Internet zu verbinden, wo das göttliche Eine Herz beheimatet ist.

Und nun stellen Sie sich vor, 7,5 Milliarden Herzen schlagen im göttlichen Einen Herzen in Mitgefühl und gemeinsamen Visionen der Sicherheit, des Reichtums und des Friedens für alle. Was ließe sich damit nicht alles erreichen?

Ein Weg, zu einem Friedensarbeiter von innen heraus zu werden

Durch die Bildung einer »Armee von Friedensarbeitern«, die sich für eine Heilung *von innen heraus* engagiert, können wir die nächste Generation junger Menschen darin schulen, zu heilen, aktiv zu werden und uns in eine friedliche Zukunft zu führen. Ich bin überzeugt, *dass* wir für die Göttlichkeit »ver-*herz*-drahtet« sind! In Momenten von Dankbarkeit, Liebe, Freude und Staunen schüttet unser Herz das Peptidhormon ANP aus, welches eine Verbindung zwischen unserem Herzen und dem präfrontalen Kortex schafft – jenem Teil des Gehirns, der unsere höchsten menschlichen Begabungen aktiviert: Kreativität, Intuition, Transzendenz und Verbundenheit.

Um den Satz *peace is an inside job* (»Frieden ist innere Arbeit«) noch zu erweitern: Den Frieden *von innen heraus* zu finden ist eher mit einer Art fortlaufender Praxis zu vergleichen. Ich erfahre inneren Frieden, wenn sich mein Herz-Verstand-Körper-Geist im Gleichgewicht befindet. Innerer Frieden und Anmut bedeuten, ein Gefühl von Verbundenheit und Einssein zu erleben in Augenblicken, wenn das Normale zum Außergewöhnlichen und das Außergewöhnliche zum Normalen wird. In der Erfahrung des Einsseins verliert sich das Ego – und in jener Verbundenheit verbinden sich unsere Herzen mit dem Göttlichen.

Haben Sie Lust, sich mit uns zu verbinden?

AUF DEN PUNKT GEBRACHT

Indem sie den transformierenden Prozess unserer eigenen Heilung und der Heilung des Planeten auf die Ebene des Herzens herunterbricht, führt Lori Leyden Menschen in die Herzkohärenz – einen Zustand, in dem Herz, Gehirn und Körper physiologisch aufeinander abgestimmt sind. Von diesem Zustand aus erhalten wir Zugang zu unseren größten friedensschaffenden Talenten als Menschen: Vergebung, innere Weisheit, kreative Problemlösungen, spirituelle Verbundenheit und Kooperation. Ihre Vision ist es, innovative Heilverfahren wie EFT/»Klopftechnik« und den Grace Process (Prozess der Anmut) zum Einsatz zu bringen, um Herz, Gehirn und Körper für die Traumaheilung zu verbinden und eine »Armee« aus Eltern, Pädagog*innen, Therapeut*innen und jungen Menschen zu bilden, die sich dafür engagieren, zu »Friedensarbeitern« von innen heraus zu werden.

Aktiv werden: Das können Sie tun ...

Wählen Sie ein Ereignis aus Ihrer Vergangenheit, bezüglich dessen Sie Ihre bisherigen Urteile fallen lassen können – und seien Sie offen für Vergebung. Werden Sie zu einem »Friedensarbeiter« *von innen heraus.* Machen Sie Dankbarkeit, Liebe, Freude und Staunen zu Ihrer Lebensform.

18

Die erhabene Zukunft: Unsere vollständige Menschwerdung

von Gordon Dveirin und Joan Borysenko

Den grundlegenden Widerspruch transzendieren

Wir leben in einer Zeit ineinandergreifender ökologischer, technologischer, bildungspolitischer und moralischer Komplexitäten, die ähnlich verwickelt erscheinen wie der sagenumwobene Gordische Knoten. Prophezeiungen zufolge war derjenige, der in der Lage wäre, seine Windungen und Drehungen zu entwirren, dazu ausersehen, zum obersten Herrscher von ganz Asien zu werden. Im Jahr 333 vor Christus durchschlug Alexander der Große schließlich den fies verzwickten Knoten mit einem einzigen Schwerthieb und machte damit das alte Rätsel hinfällig. Leider verlangen die Probleme, denen sich unsere Welt heute gegenübersieht, eher nach einem dialektischen Ansatz im Sinne Hegels – einer Synthese, die eine Vielzahl scheinbar widersprüchlicher Gegensätze einschließt und zugleich transzendiert.

Warum beispielsweise entscheiden wir uns dafür, unsere Kinder in den sogenannten MINT-Fächern (Mathematik, Informatik, Naturwissenschaften, Technik) zu unterrichten, was bedeutet, dass sie jeden Tag stundenlang auf Bildschirme starren, *anstatt* ihre inneren Fähigkeiten zu bereichern, damit sie ihre neuen Instrumentarien auf weise und mitfühlende Art in einer Lernumgebung einsetzen können, die tiefe Menschlichkeit befördert?

Ein wesentlicher Widerspruch dieser gefährlichen, doch verheißungsvollen Zeit ist, dass uns die Technologie im höchsten Grad ermächtigt, wir aber gleichzeitig machtlos sind, weil wir uns von den daraus resultierenden existenziellen Konsequenzen abkoppeln. Bedenken Sie das folgende Zahlenverhältnis in Bezug auf Entwicklungen, das der US-amerikanische Softwareentwickler Bill Joy formulierte: »Die menschliche Kultur entwickelt sich tausendmal so schnell wie die biologische Evolution, wohingegen die Technologie sich tausendmal so schnell entwickelt wie die menschliche Kultur.«

Halten Sie kurz inne und denken Sie einmal darüber nach.

Marshall McLuhan, der verstorbene kanadische Philosoph und Kommunikationstheoretiker, bezeichnete diesen abgekoppelten Zustand des Menschen als »narzissistische Sicht auf die Technologie«[1]. Er betrachtete sämtliche Medien und Technologien als »Ausweitungen« bzw. Verlängerungen ihres Benutzers. Der Hammer ist eine Verlängerung des Arms, ein Turm die Verlängerung des menschlichen Sehorgans. Nimmt die Verlängerung jedoch überhand, steigt auch der Stress, der dadurch ausgelöst wird, dass wir versuchen, ihre Verbindung mit unserem eigenen tiefsten Selbst aufrechtzuerhalten und durch sie unsere edelsten menschlichen Werte, Beweggründe und Sensibilitäten auszudrücken. Dann beginnt die Technologie ein Eigenleben zu führen, wie im Falle des skrupellosen Computers HAL 9000 in dem Film *2001: Odyssee im Weltraum.*

Filme sind öffentliche Träume, sie machen den verborgenen Inhalt unseres kollektiven Unbewussten bewusst. Überall in der Geschichte des Kinos finden sich reichlich dystopische Bilder von diesen Träumen; sie spiegeln unser gemeinsames Gefühl von Abkopplung wider und die Trennung von dem Gefühl, unsere eigene Zukunft selbst wählen zu können, statt ihr – schicksalhaft – ausgeliefert zu sein.

Wie können wir diese Trennung heilen und uns auf der menschlichen Ebene erneut verbinden?

Ein Perspektivenwechsel – wieder einmal!

Moment mal ... die Erde dreht sich um die Sonne? Wir sind nicht das Zentrum des bekannten Universums? Es gibt noch mehr auf der Welt, als wir mit unseren Augen wahrnehmen können? Die »kopernikanische Wende«, wie man diesen Wandel des 16. und 17. Jahrhunderts hin zu einem heliozentrischen Weltbild auch nennt, markierte den Anbruch eines neuen Zeitalters objektiver wissenschaftlicher Betrachtung.

Die Schattenseite einer solcher Wissenschaft ist das damit einhergehende Phänomen der Verobjektivierung. Der verstorbene Geistliche, Umweltschützer und Kulturhistoriker Thomas Berry beklagte die daraus resultierende Sicht auf das Leben als »eine Ansammlung von Objekten statt einer Gemeinschaft von Lebewesen«.[2] Diese trennende Perspektive ermächtigt traurigerweise dazu, Menschen zu manipulieren, auszubeuten und zu kontrollieren und die Umwelt zu zerstören, da diese als etwas wahrgenommen wird, was außerhalb von uns selbst liegt.

Wissenschaft kann uns helfen, die Geheimnisse der Natur zu entschlüsseln, um eine erhabene Zukunft zu schaffen; doch wusste schon Francis Bacon (1561–1626), der Vater der wissenschaftlich-empirischen Methode, dass »Wissen ohne Barmherzigkeit« – und wir wollen hier noch »Verstand ohne Herz« und »Macht ohne Liebe« hinzufügen – »monströse« Resultate nach sich ziehen kann. Die Faust-Legende, die in Bacons Zeit entstand, ließ jene finstere Möglichkeit vorausahnen.[3] J. Robert Oppenheimer, der von seinen Biografen in einem Buch mit dem gleichnamigen Titel als »amerikanischer Prometheus«[4] bezeichnet wurde, erfüllte drei Jahrhunderte später die faustsche Legende mit erschreckender Unbekümmertheit.

In seinem Buch *Hacking Darwin: Genetic Engineering and the Future of Humanity* (dt. »Der designte Mensch. Wie die Gentechnik Darwin überlistet«) schildert das frühere Mitglied des Nationalen Sicherheitsrats im Weißen Haus, Jamie Metzl, die menschliche Biologie als eine Form von Informationstechnologie, die sich »hacken« lässt. Er schreibt: »Nachdem beinahe vier Milliarden Jahre lang die Evolution gemäß bestimmter Regeln vonstattengegangen ist, schickt sich unsere Spezies nun an, sich gemäß anderer Regeln weiterzuentwickeln.« Und doch fragt Metzl sich: »Wer hat das Recht, individuelle oder kollektive Entscheidungen zu treffen, die im Endeffekt Auswirkungen auf den gesamten menschlichen Genpool haben?«[5]

Wer sind wir überhaupt?

Wer, in der Tat, glauben wir eigentlich zu sein? Und welche Werte – die entweder eine Spiegelung unserer Bescheidenheit oder unserer Überheblichkeit sind – werden uns dabei leiten, wie wir die Welt gestalten? Die wichtigsten Fragen, die wir stellen müssen, sind folgende: Was, glauben wir, bedeutet es, ein Mensch zu sein? Und zu wem, glauben wir, werden wir uns im 21. Jahrhundert und darüber hinaus entwickeln?

In einem Buchausschnitt in der Zeitschrift *The Atlantic* unter dem Titel *Why Technology Favors Tyranny* (»Warum Technologie die Tyrannei begünstigt«)[6] teilt der Historiker Yuval Noah Harari seine Sorge hinsichtlich der Gefahren, welche die künstliche Intelligenz (KI) in sich birgt. Erschrocken über die wachsende Konzentration von Information und Macht außerhalb der gemeinschaftlichen Kontrolle, schlägt Harari die Hände über dem Kopf zusammen und wirft die Frage in den Raum: »Also, was sollen wir jetzt tun?«

Seine Antwort: »Für jeden Dollar und jede Minute, die wir für die Entwicklung von KI ausgeben, müssen wir einen Dollar und eine Minute investieren, um das menschliche Bewusstsein zu entwickeln«, insbesondere die Kultivierung »unserer eigenen Weisheit und unseres Mitgefühls«. Andernfalls – da wir in zunehmendem Maße der Versuchung erlegen seien, unsere innere Autorität für Algorithmen zu opfern, die uns durch einen einzigen Tastendruck auf Plattformen wie *Google* zur Verfügung stehen – sind wir, so scheint es, einer automatischen und führerlosen Reise in eine posthumane Zukunft geweiht.

Sich miteinander verbinden oder voreinander beschützen?

Die Fähigkeit, uns miteinander zu verbinden, ist eine der wesentlichen Qualitäten, die uns als Menschen auszeichnet. Die Neurobiologie der Verbundenheit beginnt bereits im Mutterleib. Was isst, trinkt, denkt und fühlt eine Mutter? Befindet sie sich in einem sicheren Umfeld oder ist sie Gefahren ausgesetzt? Wird sie geliebt oder vernachlässigt? Nimmt die Hauptbezugsperson sich nach der Geburt der Bedürfnisse des Kindes an? Haben beide eine Bindung zueinander? Haben sie intensiven Kontakt?

Während einer Pandemie, in der wir dazu angehalten sind, »soziale Distanz« zu wahren, erkennen wir umso deutlicher, wie wesentlich Verbundenheit als ein lebenslanges Bedürfnis in jeder Altersstufe ist. Stabile Bindungen führen zu einer normalen Entwicklung des Gehirns. Missbrauch, Vernachlässigung, Gewalt, Sucht oder andere Traumata hingegen können die Entwicklung der Bereiche im Gehirn hemmen, die für die exekutiven Funktionen zuständig sind: Der präfrontale Kortex – aus evolutionärer Sicht der jüngste Teil unseres Gehirns – befähigt uns zu denken, zu reflektieren, uns Ziele zu stecken, Strategien zu entwickeln und unsere Emotionen zu regulieren. Er vermittelt das Zwiegespräch zwischen unserem Innern und der äußeren Umwelt.

Intelligenz – die Fähigkeit lebendiger Systeme, sich aufgrund von schwierigen Situationen weiterzuentwickeln und zu gedeihen – ist an wechselseitige Beziehungen gebunden. Wie die Wissenschaft der interpersonellen Neurobiologie gezeigt hat, erfordert unsere Hoffnung, eine Welt der Harmonie und des Gleichgewichts zu schaffen, von uns, dass wir unsere Entwicklung als Menschen optimieren: unsere Fähigkeit, uns empathisch miteinander zu verbinden, statt uns ängstlich voreinander zu schützen.

Im Gegensatz dazu wird das limbische System – evolutionär betrachtet, der »primitivste« Teil des Gehirns – infolge von Traumata überentwickelt. Deshalb lautet der »biologische Imperativ« bei traumatischen Erfahrungen, dass wir die Welt und andere Menschen als Bedrohung wahrnehmen. Furcht, Wut und Selbstschutz können gegenüber Empathie und weisem, mitfühlendem Handeln die Oberhand gewinnen.

Eine starke Bewegung in den Fachbereichen der Psychologie und der Neurowissenschaften hat die Notwendigkeit erkannt, dass wir Traumata verstehen und lindern müssen. Das Ziel ist selbstverständlich, darauf hinzuarbeiten, die Häufigkeit von Traumata zu minimieren und unsere Kinder in einer Weise zu erziehen und zu nähren, die zu einer gesunden und glücklichen Entwicklung des Gehirns und zu einer großmütigen Gesinnung beiträgt.

Die Wiederbelebung der »Neuen Kopernikanischen Wende«

Die Entwicklung des menschlichen Bewusstseins, einschließlich Weisheit und Mitgefühl in großem Maßstab, ist inzwischen nicht nur eine Möglichkeit, sondern eine transformierende Bewegung, die in vollem Gange ist. Im Jahr 1969 verfasste der verstorbene Ingenieur und Zukunftsforscher Willis Harman, während seiner Zeit als Leiter des Forschungszentrums für Bildungspolitik am *Stanford Research Instiute (SRI),* einen berühmt gewordenen Aufsatz[7], in dem er die »Neue Kopernikanische Wende« als historische Rückkehr zum Innenleben des Bewusstseins beschrieb, das uns mit einem größeren Ganzen verbindet. Harman schrieb: »Heute steckt die Wissenschaft der subjektiven Erfahrungen des Menschen in ihren Kinderschuhen. Doch nimmt sie erst einmal an Fahrt auf, werden ihre Folgen wesentlich weitreichender sein als jene, die aus der ersten Kopernikanischen, der Darwinschen oder der Freudschen Revolution entstanden.«

Harman war stark eingebunden in die Revolution des Menschlichen Potenzials der Gegenkultur-Bewegung, die in den 1960er-Jahren aufkam und vom »gewaltigen und unvollständig bekannten Universum unseres eigenen Seins« fasziniert war, das transzendente Erfahrungen des »höheren Selbst« und die Fähigkeiten des Menschen im Hinblick auf Kreativität, Mitgefühl und einheitliches Bewusstseins umfasste.

Als Lehrer wusste Harman, dass wir eine richtungsweisende Vision benötigen, die uns dabei hilft, uns den Weg in eine erhabenere Zukunft vorzustellen. Jene Vision, so glaubte er, »ist in einem erhabeneren Bild vom Menschen und einer Gesellschaft zu finden, in der dessen Wachstum besser gefördert werden kann«.

Die Förderung des erhabenen Menschen

Im Jahr 2019 unternahmen wir einen gewaltigen Schritt zur Realisierung von Harmans Vision, als das *Aspen Institute* die Empfehlungen seiner Nationalen Kommission für soziale, emotionale und bildungspolitische Entwicklung *From a Nation at Risk to a Nation at Hope* herausgab.[8] Dieses Dokument ist eine Magna Charta zur Humanisierung von Bildung – im Sinne der ursprünglichen Bedeutung des Wortes als »aus dem Innern heraus entfalten«.

Es wendet sich gegen (und ist eine Antwort auf) einen Bericht von 1983 mit dem Titel *A Nation at Risk,* der ein nationaler Sicherheitsappell war, mit dem man einen bildungspolitischen Vorsprung gegenüber unserem Gegner im Kalten Krieg, der Sowjetunion, zurückgewinnen wollte – durch bessere »Ausbildung« der Fertigkeiten unserer Schüler*innen in Mathematik und Naturwissenschaften. Die Entwicklung von Fertigkeiten war das übergeordnete, aber reduktionistische Ziel der Bildungspolitik.

A Nation at Hope anerkennt unseren derzeitigen Bedarf an einer ganzheitlicheren Methode menschlicher Arbeitsweise, wenn wir kreative Antworten *geben* wollen, statt auf die gewaltigen Herausforderungen unserer komplexen und sich rasch verändernden Umwelt nur zu *reagieren.* Das Dokument versteht seine Arbeit als Teil einer breiteren kulturellen Bewegung, »um Schulen zu transformieren, damit sie zu Orten werden, die Empathie, Respekt, Selbstbeherrschung, Kreativität, Zusammenarbeit, gesellschaftliches

Engagement und – kraft dieser Werte – einen exzellenten Bildungsstandard fördern«.

A Nation of Hope begründet seinen Denkansatz auf überwältigendem wissenschaftlichem Konsens: »Menschliche Entwicklung findet in Beziehungen statt ... Kinder lernen am besten«, erklärt das Dokument, »wenn wir sie als Menschen behandeln«, was nahelegt, dass man auf persönliche Art, sozusagen »von Seele zu Seele«, statt auf unpersönliche, »von Rolle zu Rolle«, miteinander in Beziehung tritt – ein Wandel, für den der Pädagoge Parker J. Palmer schon lange wirbt.

Eine herzliche, beziehungsorientierte Lernatmosphäre ist so inklusiv wie möglich und hilft Kindern, sich sicher zu fühlen und als einzigartige und vollständige Personen *gesehen* zu werden, welche man in ihrer kulturellen Identität respektiert. Die Hälfte aller US-amerikanischen Kinder haben eine traumatische Vorgeschichte.[9] Ein nährender Klassenverband besitzt für einige von ihnen das Potenzial einer »korrektiven emotionalen Erfahrung«. Wenn ein Kind beispielsweise wütend in die Schule kommt und seine Gefühle auslebt, fragt ein/-e empathische/-r Lehrer*in nach, wie es dem Kind geht und was der Grund für seine Wut ist. Diese achtsame Herangehensweise steht in krassem Kontrast zur Bestrafung. Solch ein traumakundiger Ansatz für das Verhalten in der Schule ist eine der Hauptempfehlungen des Berichts des *Aspen Institute*. Gemäß Definition verankern uns Traumata in der Vergangenheit und verringern unsere Fähigkeit, präsent zu sein und unseren Weg in die Zukunft zu finden.

Jene Fähigkeit, vollständig präsent, tief miteinander verbunden und imstande zu sein, auf fantasievolle Weise gemeinsam unseren Weg nach vorn zu finden, ist unser Reisepass in die erhabene Zukunft; er spiegelt wider, wer wir – in unserem innersten Herzen – wahrhaft zu sein wissen.

AUF DEN PUNKT GEBRACHT

Einen nach innen gerichteten Ansatz wählend, der Harmonie herbeiführt und das gesamte System heilt – denn wir sind mehr, als wir zu sein glauben –, stellen sich Gordon Dveirin und Joan Borysenko eine erhabene Zunkunft vor, in der jede*r von uns zum vollständigen Menschen wird, indem wir zum *Innenleben* des Bewusstseins zurückkehren, welches uns mit einem größeren Ganzen verbindet. Unser eigenes Bewusstsein zu entwickeln und dieses bei seiner Evolution zu unterstützen, bedeutet, auf unsere innere Weisheit und unser Mitgefühl zurückzugreifen und mit diesen in Einklang zu gehen; dies ist die transformierende Bewegung unserer Zeit. Diesen Prozess der bewussten Evolution müssen wir nähren, indem wir Schulen zu Orten transformieren, die Empathie, Respekt, Selbstbeherrschung, Kreativität, Zusammenarbeit, gesellschaftliches Engagement und exzellente Bildungsstandards fördern. Es ist unser Reisepass in eine erhabene Zukunft!

Aktiv werden: Das können Sie tun …

Machen Sie es sich zur Aufgabe, in Ihre eigene erhabene Zukunft hineinzuwachsen. Entscheiden Sie sich, ein Teil des Prozesses der bewussten Evolution zu sein, indem Sie in allen Ihren Beziehungen empathischer, respektvoller und kreativer werden.

19

Unsere spirituelle Natur leben: Der Weg zur Heilung der Menschheit

von Sylvia Sumter

Angesichts der Bedürfnisse unserer heutigen Welt bewegt viele Menschen eine Frage: Wie können wir unseren Planeten und die Menschheit als Ganzes heilen? Die gemeinschaftliche Heilung der Welt hat höchste Prioriät; und dennoch muss jeder Einzelne von uns den Anfang machen. Erlösung und Evolution liegen in unseren Händen und Herzen – dies ist unser Moment der Entscheidung! Und es ist gut, dass es so ist.

Albert Einstein sagte einmal: »Probleme kann man niemals mit derselben Denkweise lösen, durch die sie entstanden sind.«[1] Also vergessen Sie nicht: Wenn wir geheilt werden und ein neues Paradigma und eine neue Welt erschaffen wollen, müssen wir das menschliche Bewusstsein und die Natur des Menschen transzendieren; wir müssen uns selbst in einem neuen Licht betrachten.

Unter dem alten Paradigma haben wir unsere dreifache Natur bestimmt: Verstand, Körper und Geist – mit stärkerer Betonung auf Verstand und Körper. Doch unsere primäre Natur ist geistiger Art und die Reihenfolge des dynamischen Ausdrucks Geist, Verstand und Körper – mit einer stärkeren Betonung auf dem Geist. Pierre Teilhard de Chardin rief uns dies auf treffende Weise in Erinnerung: »Wir sind keine Menschen, die eine spirituelle Erfahrung machen, sondern spirituelle Wesen, die erfahren, Mensch zu sein.«[2]

Wir müssen zu der Vorstellung erwachen, dass wir »spirituelle« bzw. geistige Wesen sind, die in einem geistigen Universum leben, das von geistigen Gesetzmäßigkeiten beherrscht wird. Für diesen nächsten Quantensprung in unserer Evolution müssen wir uns mit dem Gedanken anfreunden, uns selbst als *geistig* zu sehen und zu erkennen, nicht bloß als menschlich. Wir reifen zu einer neuen Ordnung von Wesen heran, die die kreative Substanz des Geistes manifestieren können und wollen. Wir müssen die Rolle und das Erscheinungsbild unserer göttlichen Natur in unserer Eigenschaft als geistige Wesen übernehmen! Darin liegt unsere größte Stärke, weil wir imstande sind, durch die vereinende Heilkraft des Geistes uns selbst und die Welt zu verändern – innerlich und als die Wesen, die wir sind.

Die Zeit ist nun reif für ein massives geistiges Erwachen! Dies ist unser Moment der Entscheidung.

Wir müssen dem Geist gegenüber dem Verstand und dem Körper den Vorzug geben, denn die kreative Macht des Lebens liegt im Geist. Der Geist inspiriert den Verstand und bringt Leben und Ganzheit in den Körper. Die Heilige Schrift erinnert uns in Genesis 2,7 daran: Der Moment, als uns der Lebensatem in die Nase gehaucht wurde, war genau der, in dem wir zu lebendigen Wesen oder, wie manche sagen würden, zu »lebendigen Seelen« wurden – der Geist Gottes, der das Leben selbst einhaucht. Es ist die kreative Energie und das Ausfüllen aller lebendigen Dinge mit dem Göttlichen.

Unser geistiges Wesen ist die höchste Facette unserer Existenz und unserer Beschaffenheit; und wir sind in der Lage, die Qualitäten und die Substanz des Geistes in unseren Verstand und unseren Körper und mithin in die Welt zu bringen. Die göttlichen Qualitäten – *Liebe,* die vereint, harmonisiert und heilt; *(göttliche) Substanz,* die jedes Bedürfnis erfüllt; *Weisheit* und *Intelligenz,* die uns Erkenntnis verleihen und unser Bewusstsein erhöhen – sind allesamt Aspekte des Geistes. Dadurch, dass wir unsere individuelle geistige Natur und unser Bewusstsein erhöhen und vergrößern – indem wir aus diesen inneren Qualitäten schöpfen –, können und werden wir gemeinsam die Menschheit auf ein höheres Level bringen. Wir werden Entscheidungen treffen, die dem höchsten Wohle aller Beteiligten entsprechen und diesem dienen.

Der Geist wohnt in jedem Einzelnen von uns

Hier kommt die gute Nachricht: Der Geist ist etwas Universelles. Er geht über Nationalität, Rasse, Geschlecht, Religion, Kultur und jede andere Variable hinaus, die wir benutzen, um uns voneinander abzugrenzen. Jeder Mensch, der sich bewusst dafür entscheidet, sich aus einem geistigen Bewusstsein heraus zu artikulieren, wird zu Ausdrucksformen von Frieden, Harmonie, bedingungsloser Liebe, Mitgefühl, Großzügigkeit, Inklusivität, Akzeptanz, Verbundenheit, Offenheit und Einssein neigen.

Geistiges Bewusstsein muss richtungweisend sein, wenn wir die Menschheit heilen wollen. Denn solange wir uns ausschließlich auf unsere menschliche Natur und unseren Verstand verlassen, zeigen wir eine Tendenz – im Verlauf unserer Entwicklung als Spezies ist dies deutlich erkennbar –, die auf Spaltung, Überlegenheit, Gier, Herrschaft und andere niedrige Qualitäten menschlichen Bewusstseins ausgerichtet ist anstatt auf die höheren und edleren.

Doch hier ist noch eine weitere ermutigende Wahrheit: Je mehr der Mensch erwacht, desto mehr Menschen werden erwachen! Wachstum ist exponentiell, und über den Nährboden und die Verbundenheit des Lebens üben wir aufeinander Einfluss aus. Es ist unsere Verantwortung, weiterhin edle Gedanken, Schwingungen und Möglichkeiten in das kollektive Bewusstsein einzuspeisen, damit andere den Weckruf zum Erwachen hören und fühlen können.

Techniken der Herzöffnung

Glücklicherweise erfordert der Ausdruck geistigen Bewusstseins und Erwachens nicht die von den meisten typischerweise benutzten spirituellen Praktiken wie Meditation, Yoga, *Mindfulness* und

Ähnliches (obwohl diese in der Tat exzellente Zugänge bieten und ausdrücklich empfohlen werden sollen, besonders für jene, die sich für den spirituellen Weg interessieren). Geistiges Bewusstsein und Erwachen können Sie ganz einfach entwickeln, indem Sie Ihr Herz öffnen – etwas Universelles, das uns alle anspricht, die wir Menschen und von Bewusstsein erfüllt sind. Tatsächlich können wir das Herz als Wohnstätte für das geistige Bewusstsein begreifen und als einen Weg, unseren Verstand dem Geist anzunähern.

Man spricht gerne davon, dass man sich einen »offenen« Geist bewahren möchte, doch genau hier ertappen wir uns selbst oftmals als engstirning und in unseren eigenen Sichtweisen, Überzeugungen und Ideologien gefangen. Es braucht also etwas anderes, um die Energie des Geistes zu transportieren. Mit einem offenen und voll entfalteten Herzen werden wir aufgeschlossener, versöhnlicher, toleranter, verständnisvoller und mitfühlender – und erweitern unseren Kreis immer mehr, um alle Menschen hineinzuziehen. Ein offenes Herz ist die Quelle des Göttlichen, es verströmt aus seiner Mitte auf kraftvolle Weise Energie und zieht alles auf sich. Dies ist die magnetische Anziehungskraft der göttlichen Liebe, die weit über das menschliche Bewusstsein hinausgeht: Wenn wir innerlich damit in Berührung kommen, werden wir zu einem strahlenden Mittelpunkt liebender und transformierender geistiger Energie, der alle Menschen berührt, die wir auf unserem Weg treffen, und auch noch darüber hinaus.

Üben Sie sich in »Herzatmung«

Ein einfacher und natürlicher Weg, das eigene Herz zu öffnen, ist die bewusste Praxis, in unser Herz und durch dieses hindurch zu atmen. Wenn Sie Ihre Geist-Körper-Verbindung auf Ihr Herz konzentrieren, wird dies Ihr geistiges Bewusstsein stimulieren. Ein ruhiger Kopf und ein entspannter Körper erleichtern es der höheren Führung und Weisheit des Geistes, in Ihr Bewusstsein zu gelangen. Praktizieren Sie bewusste Herzatmung, sooft Sie können, und Ihre

Gedanken werden sich verändern und eine höhere Schwingung transportieren. Ist das Herz erst einmal geöffnet, folgt auch der Geist!

Stellen Sie eine klare Frage

Folgende klare Frage zu stellen kann Ihnen ebenso helfen: »Wird diese Handlung, diese Tat oder dieser Gedanke mein Herz weiterhin für andere offen und mit ihnen verbunden halten oder zu einem Gefühl von Trennung, Entfremdung und Abkopplung führen?« Anschließend entscheiden Sie sich bewusst und konsequent für die erstere Möglichkeit. Machen Sie es sich zur Gewohnheit, sich Fragen zu stellen, die auf ein höheres Bewusstsein abzielen. Richten Sie dabei Ihre Aufmerksamkeit auf Ihr Herz, suchen Sie die Antwort nicht vom Verstand her! Das Herz besitzt eine Weisheit, die den bloßen Verstand bei Weitem übertrifft.

Praktizieren Sie Visualisierung

Stellen Sie sich Ihr eigenes Herz von Licht umgeben und durchdrungen vor. Licht ist ein primäres Element der Schöpfung. Ohne Licht gibt es kein Leben, kein Wachstum, keine Erleuchtung, keine Offenbarung. Licht strahlt in der gleichen Weise wie das Herz, und es entstehen alle Arten von lebensbejahenden Umständen, wenn Ihr Herz (genau wie Ihr Geist und Körper) von Licht und Liebe erfüllt ist. Wir empfangen Inspiration, Heilung tritt ein und Evolution kann sich entfalten; wir erschaffen eine Welt, die uns allen zum Nutzen gereicht. Wir sind gerüstet, ermächtigt und aufgerufen, Licht in die Welt zu bringen!

Denken Sie einmal darüber nach: Je größer der Absturz in die Dunkelheit, desto größer ist unser Drang, uns in Richtung des Lichtes zu bewegen. Während wir den Zustand unserer Welt beobachten, ertönt auch schon der Weckruf. Menschen erwachen und kommen in großen und wundervollen Gemeinschaftsprojekten zusammen; sie verbinden sich, um den Planeten, seine Menschen und alles

Lebendige zu ehren. Wir entdecken die Macht des kollektiven Bewusstseins, heilige Absichten für das Allgemeinwohl in sich zu vereinigen. An allen Ecken und Enden der Welt werden heilige Allianzen geschmiedet, da die Menschen ihr gemeinsames Menschsein erkennen. Sie fühlen sich aufgefordert, »für die Menschheit Partei zu ergreifen« – generell und auch als Teil der gleichnamigen weltweiten Bewegung mit dem Motto *Stand Up For Humanity!*, die durch die *Unity of Washington DC*-Kirche inspiriert wurde. Ihre Mission besteht darin, Menschen zu ermutigen, dass sie sich dazu verpflichten, die Menschheit auf ein höheres Level zu bringen – entsprechend ihrer Talente, Fähigkeiten, positiven Ausdrucksformen und gemeinsamen Menschlichkeit – und das kollektive Bewusstsein zu erhöhen, indem sie alle Menschen ehren und für diese Stellung beziehen. Was können und werden *Sie* Gutes zum Gemeinwohl beitragen?

Stand Up For Humanity! geht es darum, jene Qualitäten zu vereinigen, die dem Höchsten und Besten unseres Menschseins und unserer Spiritualität dienen, indem wir uns vom universellen Wohl und vom Gemeinwohl aus verbinden und von dort aus agieren. Selbst ein kleiner Akt der Güte, den eine einzelne Person vollbringt, kann einen Riesenunterschied machen und zu Heilung, Transformation und Erhöhung der Menschheit beitragen.

Ihr Lieben – dies ist unser Moment der Entscheidung. Also, lasst uns beginnen!

AUF DEN PUNKT GEBRACHT

Sylvia Sumter zeigt auf wundervolle Weise, dass der Weg zur Heilung der Menschheit uns in Richtung einer Erhöhung unserer geistigen Natur führt. Dies ist der unterschätzte Bestandteil der Gesamtheit aus Verstand, Körper und Geist, die wir sind, und wofür wir geschaffen wurden. Indem wir zu der Vorstellung erwachen – und diese auch umsetzen –, dass wir geistige Wesen sind, die in einem geistigen Universum leben, das von geistigen Gesetzmäßigkeiten beherrscht ist, werden wir den nächsten Quantensprung in unserer Evolution vollziehen; dabei halten wir unser Herz gegenüber den göttlichen Qualitäten – wie der Liebe – geöffnet, welche alle Dinge vereinen, harmonisieren und heilen. Dies ist auch der Weg, der es uns ermöglicht, für die Menschheit Partei zu ergreifen – indem wir die Qualitäten vereinigen, die dem Gemeinwohl dienen.

Aktiv werden: Das können Sie tun …

Ergreifen Sie mit offenem Herzen für die Menschheit Partei. Suchen Sie in Ihrer Gemeinde nach den Menschen, die die geringste Popularität genießen – die Alten, die Armen, die Kranken –, und handeln Sie anschließend, um Ihre strahlende Energie der Liebe denen zu schenken, die es am nötigsten haben.

20

Bewusste Evolution: Eine Theorie, mit der wir aufblühen können

von Bruce H. Lipton

Die menschliche Zivilisation steht an einer Wegscheide der Evolution, wo ein nicht nachhaltiges Verhalten des Menschen das sechste große Massensterben auf unserem Planeten heraufbeschwören könnte.[1] Fünf Mal in der Geschichte der Erde stand das Leben in seiner vollen Blüte, als ein bestimmtes Ereignis eine Welle des Aussterbens nach sich zog, welche zwischen 70 und 90 Prozent aller Pflanzen- und Tierarten zerstörte. Das letzte Massensterben – vor 66 Millionen Jahren –, das bekanntermaßen den Dinosauriern den Garaus machte, war offenbar einem massiven Asteroideneinschlag im heutigen Mexiko geschuldet, der das gesamte Lebensnetz des Planeten auf den Kopf stellte.

Unser heutiges gravierendes ökologisches Ungleichgewicht ist größtenteils auf die kulturellen Konsequenzen der darwinschen Evolutionstheorie zurückzuführen. Seit Anfang des 20. Jahrhunderts hat der *Neodarwinismus* – mit seiner Betonung auf dem »Überleben des am besten Angepassten im Kampf ums Dasein« und der Genetik als der Funktion, welche das Überleben einer Spezies bestimmt –, die Verhaltenseigenschaften unserer Zivilisation geprägt, indem er die Anwendung von Macht, Gier und Gewalt wissenschaftlich rechtfertigte, um unsere Zivilisation »voranzubringen«. Doch neue Einsichten aus der Epigenetik und die Ergebnisse des

Humangenomprojektes (HGP) haben die grundlegenden Lehren der darwinschen Theorie fundamental erschüttert.

Kooperation als treibende Kraft zur Lenkung von Evolution

Die althergebrachte Wissenschaft ging davon aus, dass der Zellkern, in dem die Gene enthalten sind, das »Gehirn« der Zelle darstelle; dagegen deuten neuere Forschungen auf die Zellmembran als informationsverarbeitendes Element hin, welches das Schicksal einer Zelle lenkt.[2] Sogenannte molekulare Schalter, die in die Zellmembran eingebaut sind, wandeln Signale und Informationen aus der Zellumgebung in Zellverhalten um; sie repräsentieren die grundlegenden physischen Einheiten der Wahrnehmung – die Bausteine des Bewusstseins. Die Epigenetik-Forschung fand heraus, dass die Umgebung – und was noch wichtiger ist: unsere *Wahrnehmung* der Umgebung – die Aktivität und das Verhalten von Genen steuert und somit den Schwerpunkt der Evolutionstheorie zugunsten der Rolle des vegetativen Nervensystems und des Bewusstseins verlagert.

Die Modellierung der Zellmembranentwicklung mithilfe von Fraktalen/fraktaler Geometrie liefert tiefe Einblicke hinsichtlich des Ursprungs und des Einflusses von Bewusstsein und der Rolle der Kooperation innerhalb einer Art und zwischen den Arten. Da die Theorie von der *Bewussten Evolution* die Tatsache verdeutlicht, dass Kooperation die treibende Kraft hinter der Evolution ist, und nicht Konkurrenz und Kampf, kann sie eine Hilfe für das Überleben der menschlichen Zivilisation darstellen. Das »Überleben des am besten Angepassten« weicht damit einer wissenschaftlich akkurateren und positiveren Evolutionstheorie, die die Rolle von Kooperation, Interaktion und der wechselseitigen Abhängigkeit aller Lebensformen betont. Die US-Biologin Lynn Margulis formulierte es einmal so: »Leben hat die Erde nicht durch Kampf übernommen, sondern durch netzwerken.«[3]

Die Krisen unserer derzeitigen Welt führen zu einem bedeutenden evolutionären Umbruch, der das Schicksal der menschlichen Zivilisation tief greifend verändern wird. Das Chaos, welches durch globale Krisen ausgelöst wird – ihrerseits Symptome unserer mangelnden Nachhaltigkeit –, destabilisiert die Struktur unserer Zivilisation und ihrer Institutionen. Während das aktuelle System zusammenbricht, weisen neue Erkenntnisse, Einsichten und Visionen der sogenannten Kulturkreativen (Menschen, die nach alternativen Lösungen für unsere heutigen Probleme suchen) aus allen Bereichen des menschlichen Schaffens auf Wege hin, um unsere menschliche Zivilisation neu zu organisieren, sodass wir einer blühenden Zukunft entgegengehen können. Die Theorie einer *Bewussten Evolution* wurde erstmals 1809 von dem französischen Biologen Jean-Baptiste de Lamarck entwickelt (Lamarckismus); sie liefert uns eine Blaupause für eine erleuchtetere Zukunft – genau wie unser neues Verständnis von der Zellentwicklung.[4]

Die Erforschung der Entwicklung der Zellmembran als ursprüngliches Nervensystem brachte, wie weiter oben skizziert, ein zuvor nicht beachtetes, sich wiederholendes Muster der Evolution ans Licht, das sich in zwei Phasen vollzieht: Phase 1 beginnt mit dem Ursprung eines neuen Organismus und erzeugt in seinem Verlauf dessen bewussteste Version. Diese Phase findet ihren Abschluss, wenn physische Begrenzungen eine weitere Ausdehnung des Nervensystems des Organismus verhindern. Phase 2 treibt die Evolution voran, indem sie das Bewusstsein erhöht – durch Vereinigung individueller Organismen zu kooperativen, Information austauschenden Gemeinschaften. Diese Phase ist beendet, wenn die bewussteste gemeinschaftliche Organisation sich zu einem neuen Organismus verwandelt. Die Präsenz dieses neuen Organismus leitet daraufhin die Wiederholung von Phase 1 ein – diesmal jedoch auf einer höheren Evolutionsebene.[5]

Interessanterweise repräsentiert diese Entwicklung das gleiche

Evolutionsmuster, welches wir bei der Entwicklung von Computern beobachten können:

» PHASE 1: die Herstellung des intelligentesten Chips
» PHASE 2: die Zusammensetzung einzelner Chips zu einer kooperativen, Information austauschenden Gemeinschaft (mit anderen Worten: zu einem *Computer*).

Und was noch interessanter ist: Eine Zelle ist ein »programmierbarer Chip«, und ihre Zusammensetzung zu einer kooperativen, Information austauschenden Gemeinschaft erzeugt den mächtigsten »Computer«, den wir in unserem Sonnensystem kennen: das menschliche Gehirn.[6]

Wie ein Schmetterling

Wir sind in der Lage, diese höhere Evolutionsebene zu erreichen – allerdings nur, wenn wir unsere räuberischen, gierigen Gewohnheiten ändern. So können wir die potenzielle positive Zukunft unserer Spezies mit der Metamorphose eines Schmetterlings vergleichen. Der Körper einer Schmetterlingsraupe umfasst mehrere Milliarden Zellen. Im Körper der heranwachsenden Raupe »boomt« die Wirtschaft sprichwörtlich, und die Gemeinschaft der Zellen befindet sich quasi in »Vollbeschäftigung«. Der unersättliche Appetit dieses Organismus führt dazu, dass er die Blätter der Pflanze, welche seine Heimstatt bilden, gierig auffrisst. Das Raupenwachstum verlangsamt sich und kommt schließlich zu einem Ende, da die verfügbaren (Nahrungs-)Ressourcen aufgebraucht sind. Die Zellen innerhalb der Schmetterlingspuppe sind nun arbeitslos, und ihre hochgradig strukturierte Gemeinschaft fällt auseinander. Vereinfacht ausgedrückt, liefern in dem sich anschließenden Chaos spezialisierte sogenannte Imaginalzellen Informationen für eine Neuorganisation und entsprechende Anweisungen, um eine andere, nachhaltigere Zukunft zu erschaffen. Die Metamorphose ist abgeschlossen, wenn sich die nicht nachhaltige »Raupenzivilisation« zur ökologisch sensiblen »Schmetterlingszivilisation« transformiert hat.

Die Parallelen liegen auf der Hand. Da die menschliche Zivilisation sich wie die Raupen verhält, hat unser unersättlicher Heißhunger in Bezug auf Wachstum und Konsum die Natur und unsere Umwelt untergraben. Die globalen Krisen, mit denen wir konfrontiert sind, sind für uns Menschen ein Weckruf der Natur, um zu begreifen, dass wir als Zivilisation selbst eine Metamorphose durchlaufen müssen – unsere aktuelle Inkarnation als ökologisch destruktive »Raupe« muss sich zu einem neuen, nachhaltigen Organismus transformieren: einer neuen Menschheit. Der sich abzeichnende Untergang der Zivilisation, wie wir sie kennen, ist eine Notwendigkeit; es ist für uns schlicht unmöglich, auf der nicht nachhaltigen Grundlage, auf der unsere heutige Welt aufgebaut ist, eine Zukunft zu erschaffen, in der wir Menschen gedeihen können.

Wird die menschliche Zivilisation ihre eigene Metamorphose überleben? Wir balancieren auf Messers Schneide zwischen Untergang und *Bewusster Evolution.* Unsere Zukunft hängt davon ab, welche Maßnahmen wir heute ergreifen.

AUF DEN PUNKT GEBRACHT

Von einem ganzheitlichen Ansatz ausgehend, betrachtet Bruce Lipton unsere kollektive Evolution als einen Prozess wachsenden Bewusstseins von individuellen Organismen hin zu kooperativen, Information austauschenden Gemeinschaften, welche letztlich die gesamte Menschheit in sich vereinen. Lipton hält eine Metamorphose für notwendig, um zu jener höheren Bewusstseinsebene zu gelangen und unserem vollen Potenzial gerecht zu werden. Abhängig von den Maßnahmen, die wir heute ergreifen, kann die derzeitige, ökologisch destruktive und isolierte »Raupen«-Version unserer Zivilisation zu einem neuen, wechselseitig voneinander abhängigen und nachhaltigen Organismus transformieren – der Menschheit als Ganzem.

Aktiv werden: Das können Sie tun ...

Finden Sie Wege, um sich im Umgang mit den Menschen, mit denen Sie täglich zu tun haben, für Kooperation, Zusammenarbeit und wechselseitige Abhängigkeit zu entscheiden. Weniger »ICH« und mehr »WIR«! Auf diese Weise können Sie eine aktive Rolle in der aktuellen Transformation der Menschheit übernehmen.

21
Ist Ganzheit überhaupt eine Wahlmöglichkeit?

von Deepak Chopra™

Dank seiner positiven Assoziationen hat sich der Begriff *Ganzheit* in so unterschiedlichen Lebensbereichen wie ganzheitlicher Medizin, vollwertiger Ernährung und dem *Human Potential Movement (Menschliches-Potenzial-Bewegung),* welches auf die Erschaffung eines *ganzen* statt eines abgetrennten und fragmentierten Menschen abzielt, zu einem regelrechten Modewort gemausert. Diese unterschiedlichen Verwendungsweisen haben gemeinsam, dass sie Ganzheit als eine Wahlmöglichkeit ansehen – und genau da liegt das Problem.

Wenn wir von vollwertigen versus verarbeiteten Lebensmitteln sprechen, ist Ganzheit natürlich eine Wahlmöglichkeit; das Gleiche gilt für eine holistische im Gegensatz zur konventionellen Medizin und deren Vertrauen in Medikamente und chirurgische Eingriffe. Aber von einem *ganzen* Menschen zu sprechen ist etwas anderes. Ein ganzer Mensch zu werden ist eingebunden in die grundlegendsten Fragen dessen, was es heißt, Mensch zu sein. Die Natur des menschlichen Bewusstseins ist so beschaffen, dass wir im Hinblick auf unsere eigene Existenz jede Perspektive einnehmen können, die wir einnehmen wollen.

Jeder von uns entscheidet, welche Beziehung er oder sie zur Realität eingehen möchte. Im Zeitalter der Moderne lehrt uns die Gesellschaft, mit der Realität mittels wissenschaftlicher, rationaler und logischer Mittel in Beziehung zu treten. So wird die Natur – und hier schließe ich die menschliche mit ein – dementsprechend mit Blick auf Daten quantifiziert, vermessen und durchleuchtet und mittels rationaler Erklärungen organisiert. Dies bedeutet, der menschliche Geist muss ein Produkt des Gehirns sein – sofern man der grundsätzlichen Logik folgt, dass die Gehirnaktivität mess- und quantifizierbar sei. Deshalb beansprucht die Neurowissenschaft für sich, dass sie die wichtigste, wenn nicht gar die einzige Methode sei, die erklären könne, wie der menschliche Geist funktioniert.

Allerdings läuft dieser Anspruch der gesamten subjektiven Welt zuwider, die ja ganz offenkundig existiert – jeder von uns ist sich Empfindungen, visueller Bilder, Klängen, Gedanken, Erinnerungsblitzen usw. bewusst, die sich »in ihm drinnen« ereignen. Dieser gesamte Bereich menschlicher Existenz kann nicht in Daten verwandelt oder quantifiziert werden. Erkenntnis, Intuition, kreative Ideen oder spirituelle Erfahrungen lassen sich kaum in Zahlen oder Ziffern fassen. Daraus resultiert ein Aufeinanderprallen von Weltanschauungen, das noch tiefer wurzelt als das ausgereizte Thema von Wissenschaft versus Religion. Unsere Entscheidung entweder für die äußere, objektive Welt oder den inneren, subjektiven Bereich als vorherrschende Größe verspielt jegliche Hoffnung darauf, zur Ganzheit zu gelangen.

Da wir alle auf unseren Verstand angewiesen sind, um durchs Leben zu kommen, ist es dringend geboten, dass wir aufhören zu unterstellen, die objektive Welt sei »wahr«. Es gibt gute Gründe dafür, dass uralte spirituelle Traditionen die äußere Welt als Verwirrung, Täuschung oder Fallstrick betrachten. Dies hat keinesfalls mit moralischer Abneigung gegenüber weltlichen Dingen zu tun, auch wenn diese in religiösen Glaubensvorstellungen – vergangenen wie aktuellen – reichlich vorkommt. Nein, etwas viel Grundsätzlicheres steht auf dem Spiel: Alles, was sich zählen, wiegen, berechnen oder messen lässt, ist Bestandteil einer allumfassenden Illusion. Dies zu begreifen versetzt uns an die Schwelle zur »wahren« Realität, welche Ganzheit ist.

Im Würgegriff der Illusion

Lassen Sie mich klarstellen, dass ich den Begriff *Illusion* in seiner allgemeinsten Wortbedeutung verwende – so wie ein Traum eine Illusion darstellt. Stellen Sie sich vor, Sie träumen eines Nachts und können in Ihrem Traum mit Zahlen hantieren, Dinge messen, ja sogar Wissenschaft betreiben. Natürlich ist Ihre Fähigkeit, diese Dinge zu tun, für Sie eine Bestätigung, dass Ihr Traum Realität ist. Aber in dem Moment, wo Sie aufwachen, würden alle Berechnungen, Messungen und wissenschaftlichen Betätigungen, die Sie in Ihrem Traum ausgeführt haben, auf der Stelle ihre Bedeutung verlieren und sich als eine Illusion erweisen.

Meinen Sie etwa, dieses Beispiel treffe auf den Wachzustand, während Sie nicht schlafen, nicht zu? Oh doch! Um die Zahlenblase und die Illusion, welche diese erzeugen, zerplatzen zu lassen, hier einige Fakten über eine der grundlegenden Eigenschaften der Natur – nämlich das Licht.

» Photonen, die sogenannten Elementarteilchen des Lichts, sind unsichtbar und besitzen keine Helligkeit.
» Licht verfügt über zwei sich gegenseitig ausschließende Eigenschaften: Es hat zugleich Wellen- und Teilchencharakter *(Welle-Teilchen-Dualismus)*. Beide Eigenschaften können gemessen werden, aber wie ein Zustand in den anderen übergeht, ist ein vollständiges Mysterium. Man kann lediglich beobachten, dass es geschieht.
» Die Farbwahrnehmung kann nicht erklärt werden. Warum wir »rot« eben genau als »rot« wahrnehmen, hat nichts mit seiner Frequenz oder Wellenlänge zu tun – genauso wenig, wie sich der süße Geschmack von Zucker durch die Bestimmung der Anzahl von Kohlenstoffatomen in einem Zuckermolekül erklären lässt.
» Die visuellen Abbildungen, die vor Ihrem geistigen Auge entstehen, lassen sich nicht erklären, indem man das Gehirn nach

ihnen durchforstet. Der visuelle Kortex des Gehirns beherbergt in seinem Innern keine Bilder; er besteht aus vollkommener Dunkelheit.

Sofern Sie jetzt nicht geschockt sind, hoffe ich, dass diese Fakten Sie wenigstens überrascht haben. Sie alle werden von einer Sache zusammengehalten: unserem Bewusstsein. Ihr Bewusstsein ist es, das dem Licht seine Helligkeit und Farbe verleiht, das vor Ihrem geistigen Auge visuelle Bilder entstehen lässt und die Welt als Schauplatz von Ereignissen in Zeit und Raum wahrnimmt. Gestehen wir einfach ein, dass Daten, das Sammeln von Fakten und mathematische Formeln das Bewusstsein nicht erklären können. Na und? Wir alle hängen von der Welt der Wissenschaft und der Technologie ab; der Verlauf unserer Zivilisation ist von der Mathematik abhängig, seit man vor Tausenden von Jahren die ersten architektonischen Messungen mithilfe von Knoten vorgenommen hat, die in gleichmäßigen Abständen in ein Seil geknüpft waren. Wenn wir nun darüber theoretisieren, dass die gesamte Struktur auf einer Illusion basiert, wird dies wohl kaum irgendjemandes Leben verändern.

Die Überwindung des »Na und?« ist nicht einfach, doch unser Leben innerhalb einer Illusion hat gewaltige praktische Auswirkungen. Dringen wir tief in die Strukturen der Natur ein, dann ist die elementarste Ebene das sogenannte Quantenfeld, das, wo »etwas aus dem Nichts entstehen kann«, wie Physiker den Prozess der Schöpfung nennen. Die spontane Entstehung virtueller Teilchenpaare im Quantenfeld aus dem Vakuumzustand, die sofort wieder zerfallen (sogenannte Vakuumfluktuationen), bilden die Grundlage des Universums. Und das ist ein bedeutsamer Schlüssel, um aus unserer Illusion auszubrechen.

Es gibt überzeugende Argumente dafür, dass diese Fluktuationen Folgen von Bewusstsein sind; mit anderen Worten, das Universum erdenkt seine eigene Existenz. Vor Jahrzehnten erklärte der angesehene britische Physiker Sir James Jeans, das Universum fange an, mehr einem großen Gedanken als einer großen Maschine zu gleichen. Und ein dem Geist ähnelndes Verhalten ist bei der Bewegung von Elementarteilchen beobachtet worden, wie der prominente Physiker und Mathematiker Freeman Dyson anmerkte. Darüber hinaus, wenn das Universum kein Produkt kosmischen Bewusstseins ist – ja, wenn Existenz nicht das Gleiche ist wie Bewusstsein –, dann kann die Wissenschaft gar nicht erklären, wie Bewusstsein überhaupt zustande kam. Physikalische Erklärungen für den Geist sind letztendlich der unmögliche Versuch, Äpfel mit Birnen zu vergleichen.

Die Heilung unseres Abgetrenntseins

Als das Bewusstsein etwas aus dem Nichts schuf, entstanden dabei zwei Pfade – sie spalteten sich auf in die Domäne des Objektiven und des Subjektiven. Wir Menschen sind extrem gut darin, beide Bereiche in der Balance zu halten. Ein Physiker ist gleichermaßen in der Lage, das Higgs-Boson experimentell nachzuweisen und sich zu verlieben. Aber genau dieser Balanceakt verhindert die Verwirklichung von Ganzheit. Beide Welten verfälschen, solange sie voneinander getrennt sind, die Realität. Unsere inneren Erfahrungen sind solipsistisch, sofern keine äußere Welt existiert.

Die »wahre« Realität beginnt, wenn die Illusion des Abgetrenntseins durch Ganzheit ersetzt wird. Die Realität ist Ganzheit – aber das erfahren wir nicht, bis wir nicht selbst *ganz* sind. Sie mögen annehmen, der einzige Weg, durch den wir zur Realität in Beziehung treten können, sei durch unser Abgetrenntsein. Wenn dies stimmte, wäre die Zielsetzung, zu einem *ganzen* Menschen zu werden, vollkommen sinnlos. Ganzheit liegt jenseits jeder Art von Spaltung oder Fragmentierung.

Aber wie gelangen wir dorthin? Wenn wir der neueren Wissenschaftsgeschichte glauben wollen, ist es unmöglich. Die Physik hat über ein Jahrhundert auf den Versuch verwandt, zwei unvereinbare Domänen – die Quantenwelt mikroskopischer und die sogenannte klassische Welt makroskopischer Erscheinungen – miteinander zu vereinen. Diese Spaltung wirkt sich auf unser Alltagsleben aus, denn zwischen Quanten, den elementaren Bausteinen der Natur, und all den Dingen, die wir um uns herum wahrnehmen – wie Felsen, Bäume, Berge und Wolken –, sollte es eine nahtlose Verbindung geben.

Albert Einstein widmete die letzten drei Jahrzehnte seines Lebens der Aufgabe, die größten und kleinsten Dinge in unserem Universums miteinander zu verbinden – doch er blieb erfolglos. Sechzig Jahre nach seinem Tod ist die Spaltung noch immer vorhanden, und die Physik lebt mit einer Kluft in ihrer Mitte, die bisher niemand zu überbrücken vermochte. Das Gleiche trifft auch für den menschlichen Geist zu. Die Welt »dort draußen« funktioniert durch Dinge wie *Ursache und Wirkung,* die sich nahtlos mit unseren subjektiven Reaktionen verbinden sollten. Manchmal besteht keine ernsthafte Kluft zwischen dem einen und dem anderen. Wenn Sie jemanden mit einer Nadel piksen, wird diese Person mit höchster Wahrscheinlichkeit »Autsch!« rufen. Und doch existiert keine vorhersagbare Antwort auf die einzigartige Art und Weise, wie sieben Milliarden Menschen eine Lebensgeschichte konstruieren, die auf ihren ureigensten Überzeugungen, Erinnerungen, Sehnsüchten, Ängsten und Vorlieben basiert.

Menschen lassen sich nun mal nicht in Roboter verwandeln, sosehr autoritäre Regime sich auch darum bemüht haben. Es gibt immer die unbekannte, unvorhersehbare Möglichkeit eines neuen und unerwarteten Gedankens. Das ist die Quelle unserer größten menschlichen Begabung – der Kreativität. Aber es ist ebenso die Quelle unseres Leids. Der unberechenbare Geist ist aufs Engste mit dem nicht zu kontrollierenden Geist verbunden, der uns mit Schuld, Scham, Zweifel, Feindseligkeit, Furcht und Depression zusetzt. Diese Leiden beweisen zur Genüge, dass wir der Subjekt-Objekt-Spaltung nicht einfach mit einem achselzuckenden »Na und?« begegnen können.

Die Suche nach einem Ausweg

Über Jahrhunderte hinweg hat man – für gewöhnlich in religiösen und spirituellen Kontexten – erklärt, dass die Ursache für das Leid im abgetrennten Selbst begründet liege. Isoliert und alleine, unsere individuellen Geschichten konstruierend, sind wir nicht mit der Ganzheit verbunden. Wir sind wie Korallenriffe, die sich aus winzigsten Quäntchen Erfahrung anhäufen – und das war's auch schon! Es sei denn, wir tauschten die Subjekt-Objekt-Spaltung – also genau das, was uns einstmals in die Getrenntheit versetzt hat – gegen eine neue Beziehung mit der Realität ein.

Sagen wir, Sie sind mit den Grundbedingungen dieser Argumentation so weit einverstanden, oder falls Sie es nicht sind, haben Sie zumindest andere gute Gründe zur Annahme, dass die Ganzheit es wert sei, sie zu erlangen. Aber wie kommen wir nun dorthin? Und wie würde es sich anfühlen? Sind Sie mit Ihrem momentanen Leben – mit all seinen Fehlern und Schwächen – denn nicht besser dran, müssen Sie da unbedingt einem Hirngespinst nachjagen? Die Antwort auf all diese Fragen ist die gleiche: Es sind die falschen Fragen. Sie setzen nämlich voraus, Ganzheit sei eine Wahlmöglichkeit – aber so ist es nicht.

Ganzheit ist keine Wahlmöglichkeit

Ganzheit ist alles. Es ist das Eine, das All oder *Brahman,* wie es in der vedischen Tradition Indiens genannt wird. *Ganz* zu sein lässt sich weder akzeptieren noch zurückweisen. Es kann auch nicht verloren gehen. Wollte man Ganzheit wählen, bedeutete dies zu sagen: »Gestern habe ich mich entschieden, nicht zu existieren, aber heute habe ich beschlossen zu existieren.« Eine weitere Folgerung, die unserer Intuition zuwiderläuft und praktisch jede/-n von uns überrascht, ist, dass man zur Ganzheit nicht in Beziehung treten kann. Nur zwischen zwei voneinander getrennten Dingen kann es eine Beziehung geben; Ganzheit dagegen ist weder trennbar noch teilbar, sie besitzt kein »dies oder jenes«, kein »Ja oder Nein«.

Infolgedessen bietet uns Ganzheit nur die Option eines Gewahrseins ohne Wahlmöglichkeit. Im Gewahrsein ohne Wahlmöglichkeit erfährt man sich selbst als *ganz:* als reine Existenz und reines Bewusstsein. Wir verrichten auch weiterhin all die Dinge, die wir gewöhnlich in unserer Welt tun – wir gehen zur Arbeit, halten uns an vereinbarte Termine, fahren mit der Familie in den Urlaub. Aber im Grunde sind die Erfahrungen, die wir machen, übergangslos und eins. Mir ist klar, dass Gewahrsein ohne Wahlmöglichkeit sich obskur, wenn nicht sogar unerreichbar anhört. Wir sind so daran gewöhnt, mit der Realität durch die Subjekt-Objekt-Spaltung in Beziehung zu treten, dass alle Dinge zu einer Angelegenheit von A oder B werden. Unser aller Leben ist von unzähligen Wahlmöglichkeiten erfüllt.

In einem größeren Zusammenhang betrachtet, haben all diese Wahlmöglichkeiten uns Menschen jedoch nicht glücklicher, weiser oder sicherer gemacht im Hinblick darauf, wer wir eigentlich sind und welchen Platz wir im Universum einnehmen. Tatsächlich wurde keine der sogenannten letzten Fragen beantwortet – das ist das Vermächtnis unseres Abgetrenntseins. Wir starren in die Realität wie Kinder, die sich ihre Nase am Schaufenster eines Süßwarenladens platt drücken. Dies ist nicht der Ort, um im Detail zu beschreiben, worin die Reise Richtung Ganzheit tatsächlich besteht (das können Sie gerne in meinem Buch *Metahuman – das Erwachen eines neuen Bewusstseins* nachlesen; es ist dem Ausbrechen aus den Illusionen, in denen wir ständig leben, gewidmet), und doch beginnt der Weg zur Ganzheit damit, dass wir wissen, was auf dem Spiel steht: ein kompletter Wandel der Art und Weise, wie wir zur Realiät in Beziehung treten.

Die erste und die letzte Freiheit

Der indische Philosoph Jiddu Krishnamurti prägte dafür den Ausdruck *first and last freedom.* Die Vision von der Ganzheit bringt uns auf den Weg; die gleiche Vision unterstützt uns unterwegs und begleitet uns, nachdem wir uns unserer eigenen Ganzheit bewusst geworden sind. Es könnte keine »erste und letzte Freiheit« geben, wenn die Reise geradlinig verliefe oder in Etappen unterteilt wäre einschließlich eines Anfangs oder Endes. Ganzheit – das, was wir sind – kann sich nicht von sich selbst entfernen, sich nicht selbst verlieren oder zu sich selbst zurückfinden.

Es existiert einzig und allein der Prozess, zur Realiät zu erwachen. Von da aus eröffnet sich die Möglichkeit zu einer höheren Existenz. Von jedem anderen Ausgangspunkt aus, denke ich, wird die Illusion, welche die Subjekt-Objekt-Spaltung schafft, weiterbestehen.

AUF DEN PUNKT GEBRACHT

Deepak Chopra™ fordert uns heraus, darüber nachzudenken, ob die Frage nach der Ganzheit überhaupt eine Wahlmöglichkeit ist. Wenn wir die äußere Welt als eine Verwirrung und als Täuschung betrachten – wie es die uralten spirituellen Traditionen getan haben –, können wir uns auf die eine Realität konzentrieren, die bereits ein vollständiges Ganzes ist, in dessen Innerem alles existiert. Das Bewusstsein verbindet alles im gesamten Universum miteinander; es verleiht dem Licht seine Helligkeit und Farbe, lässt vor unserem geistigen Auge visuelle Bilder entstehen und gibt allem Bedeutung. Unsere übergeordnete Herausforderung bei der Heilung dieses falschen Abgetrenntseins, welches der Grund allen Leidens ist, besteht darin, die Art und Weise, wie wir zur Realiät in Beziehung treten, komplett zu verändern. Übten wir uns darin, alle Dinge mit dem Auge der Ganzheit zu betrachten, würden wir am Ende zu dem Verständnis gelangen, dass Ganzheit alles, das Eine, das All ist, wo es weder Trennung noch Teilung gibt. Hier existiert nur Gewahrsein ohne Wahlmöglichkeit, wo alles, was wir sehen und tun, ein nahtloses und einheitliches Ganzes bildet – während wir weiterhin ganz normal unserem Alltag nachgehen.

Aktiv werden: Das können Sie tun …

Was bedeutet es, sich für Ganzheit zu entscheiden? Meditieren Sie fünf Minuten über die Frage, wie die Welt aussähe, wenn Sie mit dem Blick der Akzeptanz und frei von Bewertungen auf sie schauen würden.

FÜNFTER KREIS

Wissenschaft und Spiritualität miteinander verflechten

Wir setzen Forschung und Bildung ein, um Bewusstsein zu erwecken, zu erhöhen und zu entwickeln.

22

Die Kraft der Acht

von Lynne McTaggart

Um das Jahr 2004 war ich ganz besonders neugierig geworden im Hinblick auf die Frage, ob sich mithilfe von Gedanken tatsächlich Materie verändern ließe. Auf dem Buchmarkt war gerade eine Reihe von Bestsellern erschienen zu Themen wie »Das Gesetz der Anziehung« und »Die Kraft der Intention« – also die Vorstellung, dass man das, was man sich am meisten wünscht, manifestieren kann, indem man seinen Fokus darauf richtet. Doch mit meinem Hintergrund als investigative Journalistin bewahrte ich all dem gegenüber eine gewisse Skepsis, da mich eine Anzahl heikler Fragen beschäftigte.

Ist das eine wirkliche Kraft? Und wie universell anwendbar ist sie überhaupt?, fragte ich mich. Was kann man damit machen? Reden wir von der Heilung einer Krebserkrankung oder der Veränderung von Elementarteilchen? Und meiner Meinung nach die wichtigste aller Fragen: Was passiert, wenn viele Menschen den gleichen Gedanken zur gleichen Zeit denken? Würde dies die Wirkung verstärken?

Ich wollte nachprüfen, ob diese Fähigkeit mächtig genug wäre, einzelne Personen – oder sogar die ganze Welt – zu heilen. Wie ein ungläubiger Thomas des 21. Jahrhunderts suchte ich im Grunde nach einer Möglichkeit, dieses Zauberwerk in seine Bestandteile zu zerlegen.

In meinem Buch *The Intention Experiment* (dt. »Intention: Mit Gedankenkraft die Welt verändern«) sammelte ich alles an glaubwürdigen wissenschaftlichen Erkenntnissen, was ich zum Thema »Die Kraft des Geistes über die Materie« finden konnte. Aber die Absicht dahinter war gleichzeitig eine Einladung: Es existierte nur sehr wenig Forschung, was Gruppenintentionen anlangte, und mein Ziel war es, diese Lücke zu füllen, indem ich meine Leser*innen als Teilnehmer von Gruppenintentionen innerhalb eines laufenden wissenschaftlichen Experiments beteiligte.

Ich versammelte um mich eine Arbeitsgemeinschaft aus Physiker*innen, Biolog*innen, Psycholog*innen und Neurowissenschaftler*innen mit großer Erfahrung auf dem Gebiet der Bewusstseinsforschung. Von Zeit zu Zeit animierte ich mein Internetpublikum, die Zuhörer meiner Vorträge oder Teilnehmer an meinen Workshops dazu, einen ausgewählten, konkreten Gedanken zu verschicken, um eines von den Zielen zu beeinflussen, das sich die Wissenschaftler*innen, mit denen ich zusammenarbeitete, in ihren Labors setzten; diese würden überprüfen, ob unsere Gedanken irgendwelche Veränderungen bewirkt hatten.

Am Ende entwickelte sich dieses Projekt tatsächlich zum weltweit größten globalen Versuchslabor – unter Einbeziehung mehrerer Hunderttausend meiner Leser*innen aus über hundert Ländern –, das sich mit den ersten kontrollierten Experimenten hinsichtlich der Kraft der Massenintention zur Beeinflussung der physischen Welt beschäftigte.

Und die Experimente funktionierten. Ja, sie funktionierten *wirklich!* Von den 33 Experimenten, die ich bis heute durchgeführt habe, konnten bei 29 davon messbare, größtenteils signifikante Veränderungen nachgewiesen werden; bei drei von den vier Experimenten ohne positiven Ausgang lagen einfach technische Probleme vor. Um diese Ergebnisse einmal ins rechte Licht zu rücken: So gut wie kein von der Pharmaindustrie hergestelltes Arzneimittel kann sich auf einen so hohen positiven Wirkungsgrad berufen.

Doch so erstaunlich das ist, der interessanteste Teil der Geschichte kommt erst noch.

In einem meiner frühen Workshops, im Jahr 2008, versammelte ich Teilnehmer*innen in kleinen Gruppen zu jeweils acht Personen, um herauszufinden, was passieren würde, wenn Gruppenmitglieder eine/-n aus ihrer Gruppe mittels einer kollektiven Heilungsintention zu heilen versuchten.

Ich dachte, der Gruppeneffekt würde eine Art »Wohlfühl«-Sitzung ergeben – vergleichbar einer Massage oder kosmetischen Gesichtsbehandlung –, aber am nächsten Tag war ich regelrecht erschüttert, als ich über eine Stunde dauernde spontane, ja beinahe wundersame Heilungen beobachten konnte.

Während des darauffolgenden Jahres wurden wir in jedem unserer Workshops, wann immer wir eine Gruppe von etwa acht Personen versammelten und sie mit der kurzen Anweisung versahen, dass sie eine Intention an ein Mitglied der Gruppe versenden sollten, zu erstaunten Zeug*innen zahlreicher Geschichten physischer wie psychischer Transformation:

» Ihre Multiple Sklerose machte es Marekje praktisch unmöglich, sich ohne Gehhilfen zu bewegen. Am Morgen nachdem sie die Zielperson bzw. das »Zielobjekt« einer unserer sogenannten *Power of Eight*-/»Kraft der Acht«-Gruppen gewesen war, erschien sie ohne ihre Krücken im Workshop.
» Marcia litt unter einer Linsentrübung auf einem Auge, die eine große Ähnlichkeit mit dem grauen Star aufwies. Am Tag nach der Heilungsintention ihrer Gruppe gab sie an, dass ihre Sehfähigkeit auf dem betroffenen Auge fast vollständig wiederhergestellt sei.
» Diane aus Miami hatte aufgrund einer Wirbelsäulenverkrümmung (Skoliose) derartige Schmerzen in ihrer Hüfte, dass sie vollständig auf Sport verzichten musste. Während der Gruppenintention spürte sie eine große Hitze und eine schnellende,

zuckende Bewegung in ihrem Rücken. Am nächsten Tag erklärte sie uns: »Es ist, als hätte ich eine neue Hüfte!«

Es gab Hunderte, ja sogar Tausende solcher Erlebnisse, und ich stand jedes Mal dabei und verfolgte mit, wie sich diese Veränderungen direkt vor meinen Augen abspielten.

Die Geschichte von Sande

Bei einem Vortrag in Denver traf ich Sande, eine 63 Jahre alte Frau, die ihr Leben lang Sportlerin gewesen war – aber nun war eines ihrer Knie kaputt. »Wenn ich laufe, spüre ich, wenn mein Knie aus dem Gelenk springt. Dann stürze ich zu Boden und habe wahnsinnige Schmerzen!« Aus Angst, dass sie sich beim Stürzen etwas brechen könnte, hatte sie für den folgenden Monat einen OP-Termin vereinbart, um sich ein künstliches Kniegelenk einsetzen zu lassen.

Wie üblich hatte ich während des Vortrags mein Publikum in mehrere »Kraft der Acht«-Gruppen eingeteilt und sie eine Intention versenden lassen. Als ich hinterher das Publikum befragte, ob irgendjemand etwas erlebt hatte, war es Sande, die sich als Erste meldete. Ihr liefen Tränen die Wangen hinab, als sie beschrieb, was sie während der Sitzung gespürt hatte: »Es war eine Art beidseitiger Druck um mein Knie herum, als ob jemand mit riesigen Handschuhen mein Bein festhielte. Es fühlte sich warm an, aber nicht heiß. So was habe ich noch nie zuvor gespürt. Es wanderte an meinem gesamten Bein hinab, bis zum Knöchel. Und jetzt kann ich mein Knie wieder beugen.« Sie lehnte sich nach vorne und machte eine Kniebeuge. »Das konnte ich vorher nicht!«

Drei Tage später hielt der Heilungseffekt noch immer an. »Ich habe beim Gehen nicht mehr dieses Gefühl, dass mein Knie gleich rausspringt«, erklärte sie uns. »Und ich kann schmerzfrei Treppen steigen.« Seit sie in der »Kraft der Acht«-Gruppe gewesen war, brauchte Sande ihre Kniebandage nicht mehr, und sie verzichtete sogar auf die Knieoperation.

Die Geschichte von Beverly

Beverly, eine Massage-Therapeutin, hatte eigentlich gar nicht die Absicht gehabt, zu meinem Vortrag in Denver zu kommen, da sie sich noch immer von den Folgen eines Autounfalls erholte. »Ich fühlte mich so unwohl mit meinen Rippenprellungen, meine Schulter brannte mit stechenden, starken Schmerzen, ich konnte sie nur gerade halten, indem ich sie abstütze«, erzählte sie. Trotzdem konnte eines der Gemeindeglieder Beverly davon überzeugen mitzukommen, und so erschien sie – ihre Schulter stützend – bei der Veranstaltung.

Sie beschrieb, dass sie während des »Kraft der Acht«-Kreises spürte, »wie die gesamte Anspannung des Autounfalls aus meiner linken Körperhälfte verschwand. Durch die Unterstützung meiner Gruppenkolleg*innen floss brodelnde, kundaliniähnliche Energie von unten durch meinen Arm. Meine Schulter glitt in ihre ursprüngliche Position zurück, mein Brustkorb lockerte sich, und ich konnte zum ersten Mal in den sechs Wochen seit dem Unfall wieder tief durchatmen.« Ungefähr zwei Monate danach schrieb Beverly einen Zwischenbericht: Ihre Schulter blieb weiterhin eingerenkt und war »nahezu vollkommen schmerzfrei«.

Es gab noch viele andere Beispiele, sogar unter denen, die selbst Intentionen versandten: Eine Frau, die einen Schlaganfall erlitten hatte und nicht mehr scharf sehen konnte, sah danach wieder völlig normal; ein Mann mit einer Schleimbeutelentzündung konnte seinen Arm wieder vollständig heben. Eine andere Frau, die mit einer Migräne angekommen war, berichtete, ihr Schmerz sei komplett verschwunden. Einer der Sender der Intentionen war mit einem Gehstock erschienen und lief am Ende der Veranstaltung ohne ihn. Eine andere Person fühlte, wie ihre Rückenschmerzen sich auf der Stelle aufzulösen begannen: »Ich bin eine echte Skeptikerin – doch es hat funktioniert!«

Viele Jahre vertrat ich die Meinung, dass es sich bei dem, was ich da miterlebte, um einen Placeboeffekt handelte – bis ich feststellte, dass die Sender der Intentionen ebenfalls geheilt wurden.

Die Geschichte von Wes

Wes Chapman beispielsweise war auf dem College gerade dabei, seinen Abschluss in Naturwissenschaften zu machen, als er zum Militär eingezogen und für das letzte Kriegsjahr nach Vietnam entsandt wurde. Diese Erfahrung traumatisierte ihn dermaßen, dass er seinen Hochschulabschluss nicht beenden konnte und dauerhaft an Depressionen litt. Und damit war es nicht genug: Das, was für ihn die Krönung seines Lebens war – seine zweite Ehe –, fand bald ein Ende, als seine Frau an Krebs starb.

Mit 65 Jahren befand er sich in einem Zustand, wo ihm alles egal war und er keinen Antrieb mehr hatte; selbst sich ein Frühstück zuzubereiten wurde für ihn zum Problem. Eines Tages im August nahm er als Freiwilliger an einer der »Kraft der Acht«-Gruppen teil, wo er zum Sender von Heilungsintentionen für zwei Gruppenmitglieder wurde.

Im Anschluss daran erlebte er, so erzählte Wes, seine eigene erstaunliche Veränderung – ein Gefühl intensiver Freude. Alle Tätigkeiten, an denen er jahrelang gescheitert war, konnte er nun mit Leichtigkeit erledigen.

In der zweiten Nacht nach der Gruppenintention hatte Wes einen lebhaften Traum. Er war wieder auf dem Campus seines Colleges und hatte dort eine Begegnung mit seinem 19 Jahre alten jüngeren Selbst, welches zu ihm sagte: »Es ist noch immer genügend Zeit!« Plötzlich verspürte er den Drang, sich erneut dem Schreiben seiner Abschlussarbeit zu widmen, und startete sogar ein intensives Fitnesstraining – einschließlich Gewichtheben und anderthalbstündiger Power-Märsche. »Ich fühle mich, als wäre ich 25 statt 65!«, konstatiert Wes.

Die Geschichte von Andy

Was, fragte ich mich, würde wohl geschehen, wenn Menschen sich regelmäßig in Achter-Gruppen trafen? Würden alle Dinge in ihrem Leben danach zu heilen beginnen? Ich beschloss, eine Masterclass zum Thema *Intention* zu veranstalten, mit Teilnehmer*innen, die sich ein Jahr lang regelmäßig in Gruppen trafen, während ich ihre Fortschritte verfolgte.

Andy Spyros hatte alles versucht, um sich aus alten Mustern zu befreien, die sie an ihrer Fähigkeit gehindert hatten, ein gutes finanzielles Auskommen zu erreichen. Als sie sich einer »Kraft der Acht«-Gruppe anschloss, teilte sie ihre Intention, dass sie einen Traumjob finden wolle, der ihr ein üppiges Gehalt bescherte.

Doch nicht eine der Intentionen aus ihrer Gruppe veränderte irgendetwas an ihrer Situation. Auf mein Drängen hin, dass sie sich »nicht länger selbst als Zielobjekt der Intention sehen sollte«, begann sie ihre Intention auf einen Jungen zu richten, der einen Selbstmordversuch unternommen hatte. »Zwei Tage später«, so berichtete sie, »erhielt ich das unerwartete Angebot, die Produkt- und Stratgieentwicklung für eine Online-Organisation zu übernehmen, welche im Bereich der menschlichen Entwicklung arbeitet – ein Job, der mir auf freudvolle Weise ein Einkommen garantiert und wo ich eine Tätigkeit ausübe, die ich liebe!«

Die Wissenschaft dahinter

Die Arbeit in größeren oder kleinen Gruppen und eine altruistische Tätigkeit aktiviert den Vagusnerv, welcher mit allen Kommunikationssystemen unseres Körpers in Verbindung steht, die an fürsorglichem Handeln beteiligt sind. Er verringert die Herzfrequenz, beruhigt die Wirkung jeglicher Aktivität des vegetativen Nervensystems, die zu einer Kampf-oder-Flucht-Reaktion führt, und regt die Ausschüttung des sogenannten »Kuschelhormons« Oxytocin an, eines Neuropeptids aus der Gruppe der Proteohormone, das eine wichtige Rolle in der Liebe, bei Vertrauen, Intimität, Güte und Mitgefühl spielt.

Ein höherer Oxytocin-Spiegel hat auch eine deutliche Heilwirkung auf den menschlichen Körper: Er vermindert Entzündungen, kurbelt das Immunsystem an, fördert die Verdauung, senkt den

Blutdruck, beschleunigt Wundheilungsprozesse und kann sogar infarktbedingte Herzschäden heilen. Wenn Oxytocin das »Kuschel- oder Liebeshormon« ist, dann könnte man den Vagusnerv wohl als den »Nerv der Liebe« bezeichnen.[1]

Andere Nachweise aus neurowissenschaftlichen Studien, die Forscher mit »Kraft der Acht«-Gruppen durchgeführt haben, zeigen, dass die Teilnehmer bedeutende Veränderungen ihrer Hirnwellenfrequenz durchlaufen, ähnlich jenen, die ein buddhistischer Mönch im Zustand ekstatischer Gebetspraktiken erlebt: ein Gefühl der glückseligen Verbundenheit. Gruppenintentionen sind daher regelrechte »Schnellstraßen zum Wunder«.

Die in kraftvoller Weise transformierenden Mechanismen, die bei meinen Heilintentions-Gruppen wirken, scheinen in der einzigartigen Kraft des Gruppengebets in Kombination mit einem verblüffenden Spiegeleffekt und der Kraft des Altruismus zu liegen.

Durch die Fokussierung auf die Heilung eines anderen heilt der Heiler oftmals sich selbst.[2]

AUF DEN PUNKT GEBRACHT

Unter Einbeziehung von Forschung, Bildung und reichlich persönlichen Erfahrungen aus ihren Workshops zur Vernetzung von Wissenschaft und Spiritualität und zur Erhöhung des Bewusstseins hat Lynne McTaggart die *Kraft der Intention* – die Manifestation dessen, was man sich am meisten wünscht, indem man fokussiert darüber nachdenkt – ausgiebig erforscht. Dafür versammelte sie eine Arbeitsgemeinschaft von Wissenschaftler*innen und schuf das größte »Real Life«-Versuchslabor der Welt. Mit streng kontrollierten wissenschaftlichen Experimenten, an denen Hunderttausende von Menschen teilnahmen, haben sie bisher 33 Experimente zur Kraft der Intention durchgeführt – von simplen Experimenten zur Keimung von Samen in Petrischalen bis hin zu solchen, die versuchten, kranke Menschen zu heilen oder die Gewalt in Kriegsgebieten oder solchen mit hoher Gewaltrate zu reduzieren. Von diesen Experimenten zeitigten 29 messbare positive und zumeist aussagekräftige Wirkung; viele demonstrierten außerdem Heilungseffekte unter den Teilnehmern selbst. McTaggart hat außerdem mit Tausenden »Kraft der Acht«-Gruppen gearbeitet, die durch kollektive Intentionen konsistente und an Wunder grenzende Ergebnisse und Heilungen zeigten. Diese überragenden Ergebnisse sind durch neurowissenschaftliche Studien gestützt und spiegeln die kollektive Wirkung von Altruismus auf alle Beteiligten wider.

Aktiv werden: Das können Sie tun …

Versammeln Sie eine Gruppe von etwa acht Freunden um sich. Treffen Sie sich im persönlichen Kreis oder im virtuellen Raum. Jede Person wählt eine Intention aus, die so genau wie möglich mit ihren tiefsten Herzenswünschen übereinstimmt. Seien Sie dabei so konkret wie möglich. Vergewissern Sie sich, dass jede/-r die Art und das Ausmaß der Veränderung, die sie/er sehen möchte, präzisiert und außerdem festlegt, wann diese stattfinden soll. Schreiben Sie eine kurze Erklärung zur Intention jedes Gruppenmitglieds, und anschließend halten Sie gemeinschaftlich Ihre Intentionen in der Gruppe, eine nach der anderen. Notieren Sie sich, wie viele Intentionen sich tatsächlich erfüllt haben, insbesondere wenn Sie für jemand anders eine Intention versenden.

23

Die gegenwärtige Wissenschaft des Erwachens

von Loch Kelly

»Ich lebe noch, und ich habe Nirwana gefunden.
Und wenn ich Nirwana gefunden habe und ich lebe noch,
dann kann jeder, der am Leben ist, Nirwana finden.«
Jill Bolte Taylor, *My Stroke of Insight* (dt. »Mit einem Schlag«)

Ich starb mit vierzehn. Oder zumindest schien es so, denn ich bin ja hier, um davon zu erzählen, dass es eine Rückkehr vom Tode war – oder, besser gesagt, eine Nahtoderfahrung. Eines Tages hatte ich in der Schule schreckliche Bauchschmerzen; ich wartete fast bis zum Ende des Unterrichts ab, um die Krankenschwester unserer Schule aufzusuchen. Als ich bei ihr ankam, wurde ich in rasender Eile mit einer akuten Blinddarmentzündung ins nächste Krankenhaus eingeliefert.

Während mir die Narkose für die Notoperation verabreicht wurde, erlitt ich einen Herzstillstand. Aber ich erinnere mich daran, wie ich von oberhalb des Operationstisches hinuntersah und klar erkannte, wie alle um mich herumschwirrten und versuchten, mich wiederzubeleben. Ich sah, wie eine Krankenschwester den OP-Saal verließ und mit einem Arzt zurückkehrte, den ich nie zuvor gesehen hatte, aber später dennoch beschreiben konnte.

Anschließend reiste ich in Sekundenbruchteilen von meinem Platz über meinem eigenen OP-Tisch zu einem Stationszimmer am Ende des Flurs, wo eine Frau tränenüberströmt mit ihrer Schwester telefonierte und ihr erzählte, wie schlecht es ihrem Mann ginge und dass die Ärzte ihr gesagt hätten, er würde sterben. Obwohl ich keine Ahnung hatte, wie ich dorthin gelangt war, spürte ich, dass mich eine Mischung aus Mitgefühl und Verbundenheit zu ihr hingezogen hatte. Und dann war ich ebenso schnell wieder zurück an meinem Platz oberhalb des Operationstisches.

Als Nächstes zog es mich mit einem Zischen aufwärts durch einen Tunnel, der ganz aus Licht bestand. Doch das war kein gewöhnliches Licht – es fühlte sich spürbar wie die pure Liebe an. Aus dem liebenden Licht trat ein weiß gekleidetes Wesen, das mir ein Buch zeigte. Die Gestalt, das Buch, die Worte: Alles schien aus diesem liebenden Licht gemacht zu sein. Auf allen Ebenen bekam ich Dinge zu sehen – und dann, von einem Moment auf den anderen, stellte man mich vor die Wahl, ob ich bleiben oder zurückkehren wollte. Mir war klar, dass ich in diese Realität zurückkehren würde. Ich zögerte nicht, mich für die Rückkehr ins menschliche Dasein zu entscheiden. Mir wurde mitgeteilt, dass ich mich nicht an alles erinnern, aber dass ich ein gewisses Gefühl davon bewahren würde.

Das Nächste, woran ich mich erinnere, ist der Moment, als ich in meinem Krankenzimmer aufwachte. Eine Krankenschwester und meine Mutter standen an meinem Bett. Mom wollte wissen, wie ich mich fühlte, und ich antwortete ihr mit einer Frage: »Was bedeutet eigentlich die Abkürzung *c*?«

»Welche Abkürzung *c* meinst du denn?«

»$E=mc^2$«, sagte ich. »Wofür steht das *c*?«

Es war äußerst merkwürdig, mich selbst diese Frage stellen zu hören, da ich als Jugendlicher eigentlich überhaupt nicht an Naturwissenschaften interessiert war und mich nie mit Physik beschäftigt hatte. Später an jenem Nachmittag kehrte Mom mit einem Lexikon zurück, aus dem ich erfuhr, dass *c* das Kürzel für Lichtgeschwindigkeit ist. Und *c* ist auch die fundamentale Naturkonstante aus Einsteins spezieller und allgemeiner Relativitätstheorie. Es hatte damit zu tun, dass alles relativ war und bei Weitem nicht so fest und stabil, wie es erschien.

Die meisten Menschen, denen ich davon erzählte, fanden keine Erklärung für die Erfahrung, die ich gemacht hatte. Einige sagten, es könnte etwas mit der Narkose zu tun gehabt haben oder es sei schlicht ein Traum gewesen. Ich bat eine der Schwestern, sich nach dem zweiten Arzt zu erkundigen, den ich aus meinem Blickwinkel oberhalb des OP-Tisches gesehen hatte, als er den Raum betrat, und nach der weinenden Frau im Stationszimmer. Die Krankenschwester bestätigte später, beide Dinge hätten sich genauso ereignet, wie ich sie gesehen hatte. Sie schien freundlich und tröstend zu sein, aber nicht sonderlich interessiert. Mein Arzt sah mich mit einem Grinsen an und nahm mich gar nicht erst ernst.

Ich hatte einen kurzen Einblick in eine andere Dimension bekommen. Mit einem Traum oder einem Drogentrip hatte dies nichts zu tun. Es war so wirklich und real wie alles andere auf dieser Welt auch. Es war, als tauchte ich aus einem Nebel auf, um wirklich hier zu sein – lebendig, frei und verbunden. Es beseitigte Gefühle des Getrenntseins, der Angst, der Entfremdung, von denen ich nicht mal gewusst hatte, dass ich sie in mir trug. Dieser Perspektivenwechsel verhalf mir zu der Erkenntnis, dass es noch etwas Größeres gibt als unsere relative Wirklichkeit.

Einsteins Einsichten in tiefere Dimensionen der Realität begeistern mich nach wie vor. Bis heute versuche ich meine Spiritualität auf eine wissenschaftliche Grundlage zu stellen, indem ich mich Folgendes frage: Ist dies wiederholbar? Ist es durch andere verifizierbar? Und liefert es Resultate?

Kunst und Wissenschaft der mühelosen Achtsamkeit

Lange Zeit stützten sich die kontemplativen Praktiken innerhalb von Religionen, Spiritualität und bestimmten Kulturen auf

Annahmen und Glaubensüberzeugungen, die formelhaft festgeschrieben wurden und sich manchmal rigide und fundamentalistisch entwickelten. Aber es gab stets auch Menschen, die das, was sie gelernt hatten, aufgriffen und modernisierten, die es in eine neue Form gossen, in eine neue Kultur übertrugen und anpassten.

Indem diese kontemplativen Traditionen in der westlichen Welt Einzug halten, treffen sie auf die westliche Wissenschaft und Psychologie – und das ist wundervoll, denn Wissenschaft hilft uns zu entdecken, was wahr ist, was echt ist und was funktioniert.

Bei der Untersuchung dieser Traditionen der Meditation und der kontemplativen Praktiken können wir verschiedene Methoden anwenden, um zu messen, was wir sehen. Einige der neueren Forschungen beziehen sich auf die Praxis der *Effortless Mindfulness* (mühelose Achtsamkeit). Die Grundlage der mühelosen Achtsamkeit ist ein Wissen, welches auf Gewahrsein basiert, das ich als *waches Gewahrsein* oder *die Quelle des Geistes* bezeichne. Es besitzt Ähnlichkeit mit dem Flow-Zustand, wie ihn der amerikanisch-ungarische Psychologe und Glücksforscher Mihály Csíkszentmihályi als Art des optimalen Funktionierens beschrieben hat: Im *Flow* sind wir mühelos achtsam und benutzen unser implizites Gedächtnis – das, was wir bereits wissen –, und geraten damit in eine Phase der Selbstvergessenheit. Aus diesem Zustand müheloser Achtsamkeit heraus kann man sogar seine Hand bewegen oder das Denken als Werkzeug einsetzen und anschließend wieder zu einem auf Gewahrsein basierenden inneren Frieden zurückkehren. Die bildgebenden Verfahren der funktionellen Magnetresonanztomografie (fMRT) geben uns die bemerkenswerte Möglichkeit, die Funktionsweise unseres Gehirns während des Meditierens zu beobachten. Ich habe selbst an einigen Studien als Versuchsperson teilgenommen, und man hat dabei das Gefühl, in eine riesige magnetische Maschine gestopft zu werden. Als erfahrener Praktizierender verschiedener Meditationspraktiken war es für mich faszinierend zu erfahren, dass die Unterschiede auf messbare Weise zu erkennen sind. Es war aufregend, eine objektive wissenschaftliche Bestätigung zu bekommen für die positiven subjektiven Erfahrungen, die ich gemacht hatte.

Mühelose Achtsamkeit als Lösung

Traditionell gesehen bezieht sich die bewusst eingesetzte Achtsamkeit auf zwei grundlegende Formen der Meditationspraxis: *shamatha* – auf Sanskrit »ruhiges Verweilen« – und *vipassana,* was übersetzt so viel bedeutet wie »Einsichtsmeditation«. Wissenschaftler haben in den letzten Jahren beide Arten der bewussten Achtsamkeit eingehend erforscht und beziehen sich auf *shamatha* als »fokussierte Aufmerksamkeit« und auf *vipassana* als »offenes Monitoring«/ Selbstbeobachtung.

In jüngster Zeit wurde noch ein dritter Achtsamkeitstyp – *nondual awareness* (»nichtduales Gewahrsein«), was sich auf die Ganzheit aller Dinge bezieht – als eine Form der mühelosen Achtsamkeit in die Forschungsstudien miteinbezogen. In einer neueren Studie konnte lediglich der nichtduale Achtsamkeitstyp externe und interne Netzwerke in eine Balance mit der Erfahrung der mühelosen Fokussierung bringen – d.h., dass man sich der inneren und äußeren Vorgänge als eines andauernden, nahtlosen Flow-Zustandes bewusst ist.

Als einer meiner Lehrmeister, Tsoknyi Rinpoche, zum ersten Mal aus Nepal in die Vereinigten Staaten kam, fiel ihm auf, dass viele Meditierende hierzulande etwas praktizierten, was er als »dämliche Meditation« bezeichnete; er meinte damit, dass »sie sich bloß in *shamatha* übten und ihren Atem beobachteten«. Diese Art der Meditation unterdrücke zwar das ständige Gedankenkarussell, aber es verringere auch unsere Wachheit und die Fähigkeit, vollständig zu funktionieren. Obwohl Formen der Achtsamkeit (wie die »fokussierte Aufmerksamkeit«), die ihr Hauptaugenmerk auf die Konzentration legen, entspannend wirken können, handele es sich dabei nicht um den Typ von Entspannung, welcher in der aufmerksamen Intelligenz des »wachen Gewahrseins« erreicht werde.

Der Wissenschaftler Zoran Josipovic von der New York University kam zu folgendem Schluss: »Unsere Forschungsergebnisse verleihen der Behauptung weitere Glaubwürdigkeit, dass Meditationen nichtdualer Aufmerksamkeit sich sowohl von solchen der ›fokussierten Aufmerksamkeit‹ als auch des ›offenen Monitorings‹ unterscheiden. Während Praktiken der ›fokussierten Aufmerksamkeit‹ und des ›offenen Monitorings‹ traditionell als ›konstruierte‹ Zustände gelten, die durch den Einsatz bestimmter Aufmerksamkeitsstrategien erzeugt werden, gehen Meditationen nichtdualer Aufmerksamkeit davon aus, dass sie keine bewusste Anstrengung erfordern, sondern auf der Identifizierung eines reflexiven Gewahrseins basieren, das als ›nicht konstruiert‹ angesehen wird (Mipam and Hopkins, 2006) … Nichtduale Meditation unterscheidet sich sowohl von der Meditation der ›fokussierten Aufmerksamkeit‹ als auch von jener des ›offenen Monitorings‹ darin, dass sie einen atypischen Bewusstseinzustand ermöglicht, in dem sich extrinsische und intrinsische Erfahrungen in zunehmendem Maße synergetisch statt miteinander konkurrierend verhalten.«[1]

Mühelose Achtsamkeit wirkt daher auf unsere Gehirnaktivität ausgleichend, sodass wir uns gleichermaßen bewusst sind, was im Innern wie im Äußeren geschieht. Wir sind im Vollbesitz unserer Fähigkeiten und unseres Gewahrseins, während unsere Wahrnehmung ein ungewöhnliches Maß an Schärfe erreicht. Die Zeit scheint sich zu verlangsamen, und es gibt kein Gefühl von Eile. Dies ist deshalb so wichtig, da die nächste Stufe achtsamer Meditation auch die nächste Stufe menschlicher Entwicklung einläutet.

Wir beruhigen unseren Alltagsgeist, während wir auf eine neue Stufe des Geistes »upgegradet« werden, von der wir nicht einmal wussten, dass sie existiert bzw. dass wir sie erreichen können. Indem wir uns hingeben und die Identifikation mit dem eigenen Ich loslassen, kann uns dies für größere Ressourcen und eine neue Grundlage unserer Identifikation öffnen. Loslassen kann Menschen dabei helfen, schwierige Ziele leichter zu erreichen. Häufig wird während der

Praxis der Meditation und des Gebets von einem Gefühl geringerer Ichbezogenheit und einem gleichzeitigen Erleben grenzenlosen Einsseins berichtet, welches mit einem Anstieg der positiven Qualitäten von Einheit, Wachsamkeit, Klarheit, Grenzenlosigkeit, Freiheit, Freude, Liebe und Verbundenheit einhergeht.

Wenn wir solche spirituellen Praktiken anwenden, wird unser Gefühl der Identität vom Programm der physischen Begrenzungen abgekoppelt und beginnt den grenzenlosen Zustand unserer wahren Natur zu erleben. Das Erlernen von Meditations- und Gewahrseinspraktiken, welche die Aktivität in diesem Bereich des Gehirns drosseln, kann die Entkopplung der normalen physischen Wahrnehmung unserer körperlichen Begrenzungen erleichtern helfen. Indem wir uns öffnen und aus einem weiten Gewahrsein heraus beobachten, fühlen wir uns – wie ein Tai-Chi-Meister – noch sicherer und entspannter, sensibler, offener und empfänglicher. Auf diese Art verändern wir uns von dem Gefühl, dass unsere Identität in unseren Köpfen hinter unseren Augen verortet sei, hin zu einer viel weitläufigeren, wenngleich verkörperten und verbundenen Erfahrung. Dieses »offenherzige Gewahrsein« erlaubt uns auch, die Zeitlosigkeit unseres vollständigen Eingebundenseins im *Jetzt* zu spüren.

Wir sollten nicht vergessen, dass Meditation – oder Übungen des Erwachens, die unser Gehirn und unsere Biologie verändern – nicht nur etwas für professionelle Yogis oder Eremiten ist, sondern auch inmitten unseres Alltags gelebt werden kann, indem das Praktizieren von Achtsamkeit – in welcher Form auch immer es uns zur Verfügung steht – »mühelos« wird und uns zur Möglichkeit eines erwachten Leben führt, welches von Ruhe, Kreativität, Verbundenheit und natürlichem Mitgefühl erfüllt ist.

AUF DEN PUNKT GEBRACHT

Aus dem schöpfend, was ihn seine eigene authentische Lebenserfahrung gelehrt hat, schildert Loch Kelly, wie ihn seine Nahtoderfahrung zu dem für ihn lebensverändernden Verständnis führte, dass die relative Wirklichkeit nicht alles ist, was es gibt. Diese Erfahrung eröffnete ihm einen Einblick in eine andere Dimension – genauso real wie alles andere in dieser Welt –, aus der er lebendiger, freier und verbundener hervorging und aufgrund derer er sich dazu verpflichtete, seine eigene Spiritualität auf die wissenschaftliche Methodik der Wiederholbarkeit und Nachprüfbarkeit zu gründen. Seither hat er sein Leben der Praxis der »mühelosen Achtsamkeit« gewidmet, welche seiner Meinung nach die nächste Stufe der menschlichen Entwicklung einläutet und deshalb für alle zugänglich ist. Sie wirkt nachweislich beruhigend auf unseren Alltagsgeist, versetzt uns in einen Flow-Zustand, verleiht uns das Gefühl grenzenloser Einheit, hilft uns, auf mühelosere Weise schwierige Ziele zu erreichen, und führt uns in die Ruhe, Kreativität und Verbundenheit.

Aktiv werden: Das können Sie tun ...

Stellen Sie sich vor, Sie erwachen aus Ihrem Innern heraus. Welches ist Ihr größtes Talent? Für was brennen Sie am allermeisten? Verbreiten Sie diese Leidenschaft und Freude unter den Menschen und ermutigen Sie diese, ihr eigenes Erwachen zu entdecken und zu manifestieren.

24

Zum grenzenlosen Geist erwachen

von J.J. Hurtak und Desiree Hurtak

Zugang zum Bewusstseinsfeld

Um das Leiden zu beenden, müssen wir unseren grenzenlosen Geist entdecken. Unser Geist ist Teil eines gewaltigen Makrokosmos, und wenn wir diese größere Realität erfahren wollen, müssen wir einfach nur Kontakt aufnehmen: mit unserer unmittelbaren Umgebung, mit den uns umgebenden subtilen Energieströmen und Energiefeldern. Wir sind in der Lage, mit der unermesslichen Weite der Schöpfung selbst in Kontakt zu treten. Durch ein größeres Bewusstseinsnetzwerk – das Lynne McTaggart als *The Field,* »das Bewusstseinsfeld«, bezeichnet (dt. »Das Nullpunkt-Feld«)[1] – können wir Zugang zu Informationen auf der ganzen Welt, ja sogar zu verschiedenen Realitätsbereichen bekommen.

Mit höheren Ebenen der Information macht sich die Menschheit auf zu neuen Horizonten, welche den Status eines hoch entwickelten Tieres übersteigen, hinein in offene und scheinbar endlose, multidimensionale Grenzgebiete. Gemäß unseren Forschungen mit Dr. Elizabeth Rauscher ist der menschliche Geist weit mehr als nur ein computerähnliches System zum Sammeln, Speichern und Abrufen von Daten.[2] Vielen wird dies bewusst, wenn sie eine Eingebung erfahren, die in einer Entfaltung von Wissen gipfelt, welche weit über unsere normalen Sinne hinausgeht. Andere haben es in

Studien erfahren, die »Fernwahrnehmung« zum Inhalt hatten, wo sie unter Einsatz von Techniken der »Gedankenprojektion« Informationen erhielten, auf die unsere fünf Sinne normalerweise keinen Zugriff haben.

Einstimmung auf ein höheres Bewusstsein

Woher stammen Informationen, die jenseits des Bereichs unseres unmittelbaren Wissens liegen? Wir sind der Überzeugung, sie entstehen durch Einstimmung auf ein höheres Bewusstsein, auf multidimensionale Informationsebenen, welche über unseren vertrauten dreidimensionalen Bereich hinausgehen. Dr. Rauscher beschreibt beispielsweise eine achte Dimension *(Eight-Space)*, die jenseits von Raum und Zeit, wie wir sie kennen, liegt – wo Vergangenheit, Gegenwart und Zukunft gleichzeitig existieren. Unsere Gehirne können auf diesen Raum zugreifen, um Informationen aus anderen Dimensionen und der »unendlichen Zeit« zu bekommen, weit hinausgehend über unsere dreidimensionale Welt der unmittelbaren Raum-Zeit, in der wir physisch beheimatet sind.

Der Mensch als »biologischer Signalumformer«

Mehrere Jahrhunderte der Entwicklung in Physik und Mathematik – ebenso wie auch die uralten Weisheitstraditionen und Schriften – haben uns gelehrt, dass wir Teil einer unendlichen Realität sind; wir sind uns dessen schlicht und ergreifend nur nicht bewusst. Unsere Forschungen haben uns zu der entscheidenden Erkenntnis gebracht, dass wir – selbst während wir uns in der physischen Welt aufhalten – Zugang zu höherdimensionalen Informationsquellen besitzen. Wir sind sozusagen »biologische Signalumformer«, befähigt, Informationen zu empfangen, zu verarbeiten und wieder auszusenden. Natürlich verfügen wir zudem über den freien Willen zu wählen, auf welche Information auch immer wir zugreifen wollen.

Wir praktizieren die Konstruktion von Bildern

Durch den Prozess intensiverer Selbsterkundung fangen wir an zu begreifen, dass unser aller Geist miteinander verbunden ist; dies befreit uns von den Begrenzungen unserer beschränkten Wahrnehmung und macht uns zum Teil des größeren Ganzen. Wenn wir zum Bewusstseinsfeld Kontakt aufnehmen, praktizieren wir sozusagen die »Konstruktion von Bildern« – wir sammeln Gedanken, die in unserer Schwingungsfrequenz liegen, und konstruieren unsere »ausgewählten« positiven und negativen Lebenserlebnisse, die dann zu unserer Realität werden. Ebenso ist es möglich, ein Bild des »Superbewusstseins« zu konstruieren – das in Bereichen jenseits unserer Raum-Zeit existiert –, welches ebenfalls empfangen und weitergegeben werden kann.

Unsere Frequenz finden

Wir lernen derzeit, dass unsere Körper ununterbrochen von Dingen beeinflusst werden, die wir nicht sehen können – wie Infrarotstrahlung, Mikro- und Radiowellen und andere unsichtbare Frequenzen von Mobiltelefonen, WLAN, Computersystemen, ja sogar kosmische Strahlung von extrem niedriger Frequenz. Wenn man in der Medizintechnik die »richtige Frequenz« bzw. die »richtigen Frequenzen« wählt, wie bei dem von der amerikanischen Arzneimittelzulassungsbehörde FDA zugelassenen Gerät TTFields von *Novocure,* das Krebs mithilfe schwacher elektrischer Wechselfelder (Tumor-Therapie-Felder) behandelt, kann man sogar den menschlichen Körper heilen.[3] Ähnlich wie sich jedes Molekül in einem ständigen Energieaustausch bestimmter Schwingungsfrequenzen befindet, stehen auch unsere Gedanken und unsere Wirklichkeitserfahrung in Wechselbeziehung mit größeren multidimensionalen und in alle Richtungen ausstrahlenden Realitäten.

Die Erkundung unseres verschränkten Universums

Unsere Arbeit unterstützt die Vorstellung, dass Bewusstsein in allen Lebensbereichen innerhalb eines *verschränkten* Universums existiert – wofür die Wissenschaft der Quantenphysik erste Erklärungsansätze gefunden hat. Speziell die Übertragung von Information aus unseren Gehirnen ist weder durch die Lichtgeschwindigkeit begrenzt, noch ereignet sie sich mittels Teilchen, die »schneller sind als Licht«; und dennoch weist sie Verbundenheit (Nichtlokalität) auf. Mit anderen Worten: Sie kann zur gleichen Zeit überall sein. In verschiedenen Experimenten, bei denen es um Erzeugung und Trennung von Photonenpaaren ging, konnte jedes Photon – unabhängig von seiner räumlichen Trennung – *instantan* (sprich: ohne Zeitverzögerung) das Verhalten seines Zwillingsteilchens wahrnehmen. Jedes reagierte auf sein Gegenüber – ohne ersichtlichen direkten Informationsaustausch – schneller als mit Lichtgeschwindigkeit. Dieses Phänomen wird als »Verschränkung« (auf der Teilchenebene als »Quantenverschränkung«) bezeichnet, und seine Resultate stellen keinen Widerspruch zu Einsteins allgemeiner Relativitätstheorie dar; es scheint vielmehr, als sei das Universum wie ein Spinnennetz oder eine Matrix gebaut, wo jeder Teil jeden anderen »spüren« kann – egal, wie weit diese voneinander entfernt sind.

Die Wahrnehmung des größeren Bewusstseinsnetzwerks

Unser Geist kann Informationen erfassen, die jenseits des Bereichs unserer normalen Realität liegen, wenn er bewusst mit dem größeren Bewusstseinsnetzwerk arbeitet. Menschen, die »Fernwahrnehmung« betreiben, zeigen uns, wie unsere menschlichen Gehirne in der Lage sind, diese komplexen Ebenen des Netzwerkens wahrzunehmen. Wenn wir imstande sind, das kollektive Bewusstseinsfeld (einschließlich des menschlichen Verstand-Körper-Geists) als einen dynamischen, fraktalähnlichen Prozess zu verstehen – wie ein Baum, der im Wachstum begriffen ist –, gelangen wir in einen

Zustand der Achtsamkeit, wo die Auswahl, die wir treffen, wenn wir auf Informationen aus dem Bewusstseinsfeld zugreifen, entweder positive oder negative Ereignisse in unserem Leben kreiert. Unsere Aufgabe ist es, die Landkarte und energetischen Pfade zu erfassen, während wir Bibliotheken in unserem Gehirn errichten und zeitgleich lernen, wie wir aus den unendlichen Möglichkeiten positivere und produktivere Wahlentscheidungen treffen.

Wenn uns Bewusstsein mit allen umgebenden Energiefeldern verbindet, dann besitzen wir im gesamten Universum auch unendlich viele Gedanken-Optionen. Wenn Bewusstsein die verborgene Variable ist und zahlreiche Dimensionen existieren, können wir uns selbst ebenfalls als multidimensionale Wesen begreifen, die in der Lage sind, Brücken zu schlagen – und zwar nicht nur zu jedem *Objekt* im Universum, sondern zu jedem *Gedanken* in jeder der unzähligen Dimensionen. Eine praktische Anwendung dessen würde bedeuten, dass wir alle multidimensionale Informationsübermittler*innen sind, aufgrund eines höheren Bewusstseinszustandes, der ursprünglich von einem Göttlichen Universellen Geist erzeugt wurde.

Im Buddhismus nennt man dies *Selbstverwirklichung,* welche die Trennung zwischen dem individuellen »Ich« und dem kollektiven »Wir« aufhebt. Andere, wie Teilhard de Chardin, nennen es die *Noosphäre* – der Bereich (Sphäre), wo menschliches Bewusstsein und Gedanken Einfluss darauf nehmen, wie sich das biologische Leben entwickelt.[4]

Liebe als göttliches Bewusstsein

Inmitten all der Theorien und Begrifflichkeiten behaupten wir, dass das Leben die Funktion eines Flows oder flowähnlichen Zustandes darstellt, welcher auf seiner höchsten Ebene *Liebe* heißt. Heutzutage lernen wir, dass wir Teil eines größeren kollektiven Bewusstseins sind, das unseren Beitrag ins *Feld* in Form von Liebe willkommen heißt. Liebe kann als eine höhere Resonanz betrachtet werden, die es uns erlaubt, unsere Lebensenergien und Frequenzen optimal ins Bewusstseinsfeld zu integrieren.

Die Erfahrung der Liebe oder die Erkenntnis, dass Liebe benötigt wird, kann als Beitrag zum Ausbau des Netzwerks verstanden werden – in eine Richtung, die das Leben aller verbessern kann. Somit können wir folgende Annahme für die lebendige Neuschöpfung der Schöpfung formulieren: Die positive und tragende Kraft »aktiver Liebe« steht hinter den harmonischen Wechselwirkungen und energetischen Gleichgewichten, die die Grundlage der wahren, erhaltenden Physik des Universums bilden.

Wenn transzendentes Bewusstsein in die menschliche Erfahrung gelangt, manifestiert sich der lebendige Geist, welcher sich in höheren Gedankenformen des Lichts ausdrückt, die sich wiederum aus »Emanationen, die durch Liebe gespeist werden« zusammensetzen.[5] Wenn wir Liebe teilen, sind wir uns unserer wahren inneren Stärke bewusst, die sich durch unseren inneren Geist offenbart. Wir lernen jetzt, die Kraft der bedingungslosen Liebe mit der Welt zu teilen, als eine sich ständig entwickelnde, ständig spiegelnde und ständig erhaltende Kraft göttlichen Bewusstseins.

In diesem Bereich unserer materiellen Existenz ist unsere Lebenserfahrung kurz. Die Menschheit durchläuft Erfahrungen energetischer Inkarnation, Ausdehnung und Ausstrahlung. Veränderungen und durch Liebe gespeiste Emanationen oder höher schwingende Ausstrahlungen sind die Stützpfeiler der menschlichen Evolution. Als Resultat erhalten wir weiterhin die immanenten Kräfte der Bewusstseinserinnerung und ein »Wissen« um die Erfahrung des universellen Bewusstseins.

Um die Fülle dessen, was wir sind, zu erfahren und unser wahres Potenzial im Leben zu realisieren, streben wir danach, uns auf dynamische Weise mit der Bewusstseinswahrnehmung der Liebe und unserem höheren Potenzial zu verbinden. Die Erkenntnis, dass wir untereinander verbunden sind, befreit uns aus unseren Begrenzungen und lässt uns Teil des größeren kollektiven Ganzen werden.

Jeder Teil der Welt wird neue soziale und spirituelle Weisheit benötigen, um in der Lage zu sein, mit realistischen Strategien in Hinblick auf neue Energieanforderungen und Nahrungsalternativen zusammenzuarbeiten, während wir eine höhere spirituelle Vision erschaffen und aufrechterhalten. Dies wird geschehen, indem wir merken und erfahren, dass wir nicht bloß in einem physikalischen Universum leben, sondern innerhalb der Ebenen zahlreicher Bewusstseinsuniversen, die alle denkbaren Variationen und Möglichkeiten beinhalten.

Tatsächlich stehen wir schon längst an der Schwelle zur *Noosphäre,* die sich uns zu erkennen gibt und uns einen höheren Pfad aufzeigt, dem zu folgen wir wählen können. Fangen wir an, unsere angeborenen Kräfte, unser intuitives Wahrnehmungsvermögen, unsere Selbstregeneration und Heilung, unsere Kreativität und unsere direkte Wahrnehmung des göttlichen Bewusstseins zu nutzen – von den Menschen der Antike als göttliche Präsenz bezeichnet –, um an der universellen Liebe teilzuhaben.

AUF DEN PUNKT GEBRACHT

Aufbauend auf der Perspektive von Verbundenheit und Ganzheit für die Entwicklung des Bewusstseins, erläutern J.J. und Desiree Hurtak, wie wir unseren grenzenlosen Geist erwecken können, der in Wahrheit Teil eines gewaltigen Makrokosmos ist. Indem wir uns in unsere unmittelbare Umgebung und in die uns umgebenden subtilen Energieströme und Energiefelder hinein ausdehnen, ist unser Geist nicht nur in der Lage, mit der unermesslichen Weite der Schöpfung in Kontakt zu treten, sondern auch Zugang zu Wissen jenseits von Raum als auch Zeit zu erhalten. Dies bedeutet, dass wir Teil einer unendlichen Realität sind und uns zu komplexeren Ebenen des Netzwerkens und Untereinander-Verbundenseins entwickeln können; das befreit uns aus unseren Begrenzungen, macht uns zum Teil des größeren kollektiven Ganzen und verbindet uns durch unseren eigenen erhöhten Bewusstseinszustand auf der höchsten Ebene mit dem, was wir göttliche Liebe nennen – ebenjenem, was auch die Evolution der Menschheit unterstützt.

Aktiv werden: Das können Sie tun ...

Bereiten Sie sich auf eine positive Zukunft vor. Erlauben Sie Ihrem grenzenlosen Geist, zu einem heiligen Ort der Liebe und des Mitgefühls zu werden, der im Dienst jeglichen Ausdrucks des Göttlichen steht.

25

»Authentische Bildung«, um Bewusstsein zu erwecken, zu erhöhen und zu entwickeln

von Nina Meyerhof

Das 21. Jahrhundert birgt in sich die großartigsten Möglichkeiten in unserer Geschichte für eine ganzheitliche, friedvolle und prosperierende globale Gemeinschaft. Vernetzt durch moderne Telekommunikation und eine wachsende Spiritualität sowie mit einem besseren Zugang zu Bildung und Gesundheitswesen als je zuvor, hat die Menschheit die Chance, einen evolutionären Seinszustand zu verwirklichen. Und gleichzeitig stand die Zukunft noch nie vor solchen Herausforderungen – in Form von weltweiten geopolitischen Unruhen, Terrorismus, Armut, Klimakatastrophen und einer mangelhaften Bildungs- und Gesundheitspolitik. Die Art von Welt, die die kommenden Generationen erleben werden, hängt von unseren kollektiven Visionen und unserem Willen in diesem Moment ab. Solange unsere globale Kultur auf Angst, Gier und einem Gefühl von Mangel gründet, werden wir unsere menschlichen und finanziellen Ressourcen auch weiterhin in Kriegen und Zerstörung vergeuden. Doch wir sind aufgerufen, uns in Richtung Liebe zu verändern, tiefes Mitgefühl in unser Bildungssystem einzubinden und unsere Ressourcen zum Wohle aller einzusetzen – mit einem solchen Ansatz wird es uns gelingen, allen Menschen ein Leben zu ermöglichen, das von Hoffnung und Sicherheit geprägt ist.

Inzwischen kommen Wissenschaft und Spiritualität zu dem gleichen Ergebnis – alle Menschen sind sich in ihren arteigenen Eigenschaften ähnlich. Das Humangenomprojekt (HGP) konnte nachweisen, dass wir, was unsere genetische Information anlangt, zu 99,9 Prozent gleich sind und wir uns lediglich in einem Zehntelprozent voneinander unterscheiden. Indem wir den Satz »*Ich bin ein anderes Du, und du bist ein anderes Ich*« begreifen, werden rechtes Handeln und rechtes Denken durch die universellen Gesetze der Natur unterstützt werden. Wenn wir uns darauf konzentrieren, was uns miteinander vereint, anstatt auf das, was uns voneinander unterscheidet, sind wir in der Lage, uns den vor uns liegenden Herausforderungen zu stellen. Unsere Gemeinsamkeiten bestehen in diesem Fall darin, dass wir alle Frieden und Glück als unsere höchsten persönlichen Ziele und Wünsche ansehen. Die existierenden Ebenen an Unterschieden sind lediglich eine Folge davon, in welche Zeit, Religion oder Kultur jede/-r von uns hineingeboren wurde, und natürlich auch davon, aus welchem Elternhaus wir stammen. Deshalb sind wir, wenn wir einmal unter die Oberfläche blicken, eine einzige Menschheitsfamilie mit individuellen Unterschieden – ein Paradebeispiel für Vielfalt in der Einheit!

Junge Führungspersönlichkeiten und Innovator*innen erwecken

Um dieses Bewusstsein zu fördern und sichtbare Realität werden zu lassen, damit sich unser aller Geist dem Kooperationsmodell der Menschheit angleichen kann, müssen wir die kommenden Generationen und ihre Rolle in dieser Veränderung systemischen Denkens berücksichtigen. Es ist dringend erforderlich, dass wir jungen Menschen finanzielle Mittel an die Hand geben und ihnen Bildungsangebote und Führungserfahrungen bieten, die ein authentisches persönliches Lernen begünstigen, während wir zur gleichen Zeit eine Atmosphäre für ein respektvolles Zusammenleben, gemeinsame Ethik, nachhaltige Praktiken, Frieden und wirtschaftliche Chancen schaffen.

Unsere Kinder und Jugendlichen stehen in den Startlöchern, um zu innovativen Führungspersönlichkeiten für den Aufbau neuer Systeme zu werden, doch dazu benötigen wir Bildungssysteme, die zu dieser Orientierung beitragen. Die Zeit der Wissensanhäufung ist vorbei. Wir befinden uns längst nicht mehr im Zeitalter der Industrialisierung. Heutige Bildungssysteme müssen – angesichts der sich verändernden Zeiten – ihre eigene Evolution erlauben. Wir benötigen eine offene Ideenkultur, die ein tiefer gehendes Verständnis der menschlichen Evolution begünstigt. Unsere Schulen müssen mit der Geschwindigkeit der Veränderung Schritt halten. Es könnte noch so viel mehr getan werden, um Kreativität und abstraktes Denken zu fördern. Wir dürfen nicht länger in der Vergangenheit leben.

Ganzheit: Das neue Rahmenkonzept für Bildung und Erziehung

Die Menschheit bereitet sich gerade auf einen bedeutenden evolutionären Sprung vor, hin zu dem kollektiven Verständnis, dass wir alle eins sind. Wir bewegen uns nun in das Zeitalter des bewussten Verstehens, indem wir uns ein Bewusstsein erschließen, das uns eine neue Art des Denkens anbietet und uns die Bestätigung liefert, dass wir eine miteinander verbundene und voneinander abhängige Spezies sind. Dies lehrt uns Fürsorge, miteinander zu teilen und füreinander tiefes Mitgefühl zu empfinden. Die Bildung muss sich auf das innere Wesen des Einzelnen als Grundlage für diese aufkommende Kultur des Einsseins konzentrieren – und natürlich auf die Erziehungssysteme, die darauf ausgerichtet sein müssen, ein ganzheitliches Verständnis allen Lebens zu vermitteln. Der Weckruf dieses künftigen Zeitalters besteht darin, in unserem eigenen authentischen Selbst präsent zu sein, während wir uns gleichzeitig mit dem größeren Ganzen verbunden fühlen. Dieses Verständnis von Ganzheit sollte zum Rahmenkonzept von Bildung und Erziehung werden.

Das Wort »Erziehung« geht auf das althochdeutsche *irziohan* zurück, was ähnlich dem lateinischen *educare* so viel bedeutet wie

»herausziehen« oder »herausführen«. Authentische Bildung und Erziehung heißt, dass wir unsere wahre Bestimmung aus unserem »Ich-Sein« herausziehen und uns den eigentlichen Sinn des Lebens in Erinnerung rufen, wie er mit allem umgebenden Leben im Zusammenhang steht. Authentizität entwickelt sich, wenn wir die innere Berufung des wahren inneren Selbst begreifen, das in uns die Erkenntnis der Naturgesetze wachruft und die Sehnsucht, zu aktiven Teilnehmer*innen im wunderbaren Netz des Lebens zu werden.

Auf dem Weg in die nächste Phase der kulturellen Evolution werden junge Menschen – inspiriert durch tieferes Erforschen ihres eigenen spirituellen Gewahrseins bewusster Achtsamkeit – zur treibenden Kraft bei all den Problemen werden, denen wir uns derzeit stellen müssen. Jede Generation nimmt auf immer bewusstere Weise wahr, dass sie mit dem Ganzen verbunden ist und an welchem Punkt in der Geschichte wir uns befinden, indem sie sich selbst als Teil der natürlichen Evolution der Menschheit begreift.

Die kommenden Generationen – ausgestattet mit einer größeren inneren Bewusstheit, welche mit dem höheren Bewusstsein, das uns alle umgibt, in Verbindung steht – sind die Architekt*innen kommender Phasen gesellschaftlicher, kultureller und globaler Entwicklung. Junge Leute besitzen das Potenzial, über eine Imitation dessen, was vor ihnen kam, hinauszugehen – sie erdenken neue Strukturmodelle für Systeme und Regierungsformen, welche die Grundlage dafür bilden, uns in ein einheitliches Ganzes, in eine bessere mögliche Zukunft zu führen.

Unsere Kinder und Jugendlichen sind bereit, vorwärtszugehen in eine neue Ära. Sie erheben sich und bringen das Gefühl der Dringlichkeit zum Ausdruck, dass wir einen Impuls für eine neue Menschheit schaffen, wo wir uns umeinander kümmern und mit dem ganzen Planeten verbunden und wechselseitig von diesem abhängig sind.

Indem wir lernen, »authentische Bildung« zu praktizieren, unterstützen wir die individuelle Erforschung des persönlichen

Bewusstseins und vergrößern damit die Anzahl von Menschen, die ihren Gefühlen vollständigen Ausdruck verleihen, die ihr inneres Wissen in der Welt leben und Handlungen für das Allgemeinwohl vorantreiben.

Die drei Phasen »authentischer Bildung«

Die drei Phasen der »authentischen Bildung« helfen uns dabei, ihre Rolle in dieser heraufziehenden neuen Ära zu erfüllen: Es geht darum, Bewusstsein zu erwecken, zu erhöhen und zu entwickeln. Alle drei Phasen sind miteinander verknüpft, und ihre Reihenfolge ist nicht festgelegt. Die Komponenten ermutigen die Lernenden, auf achtsame Weise in ihrem Innern nach Antworten zu suchen, anschließend ihre inneren Erkenntnisse auf die Herausforderungen des Alltags anzuwenden und einen Plan für die Zukunft zu entwickeln. Dies führt zu einer Entwicklung des Bewusstseins unseres eigenen Selbst und der Verbindung mit der gesamten Menschheit. Jeder Handlungsschritt schafft einen Impuls, damit wir uns unseres Selbst in Beziehung zum Ganzen bewusst werden. Es ist ein Zusammenspiel von Innerem und Äußerem; wie oben, so unten.

Erwecken *wir unsere junge Generation zu ihrem inneren Wissen*

Die jungen Menschen sind es, die zu Geburtshelfern eines neuen Verständnisses dafür werden, wie wir unseren Platz auf diesem Planeten miteinander teilen müssen. Manche müssen *erweckt* werden, damit sie sich daran erinnern, dass Veränderung kommen wird. Und manche wissen es längst.

Von Augenblick zu Augenblick wird ein neues Jetzt erschaffen. Wir alle sind, wer wir nun einmal sind – und dennoch entwickeln wir uns ununterbrochen. Wir müssen nicht länger unbewusst bleiben; wir können uns entscheiden, unser Leben auf eine bewusste Art und Weise zu leben. Unsere Bestimmung wird sich ganz von selbst offenbaren. Kinder sind weitaus bewusster als die ältere

Generation und stehen bereits in den Startlöchern für einen bedeutenden, die ganze Erde betreffenden Paradigmenwechsel. Die tiefere Wahrheit, die uns miteinander verbindet, tritt deutlich zutage, und ihre tatsächlichen Fakten werden offenbar: Wir sind hier, um an der großartigen Geschichte des Findens des Gefühls der Einheit teilzuhaben – für ein individuelles und kollektives Gleichgewicht. Erwachen wir zum Ruf unseres authentischen Selbst, um die Liebe zu einem Leben in Gegenseitigkeit und Einheit zu nähren.

Erhöhen *wir unsere jungen Menschen zu dem Bewusstsein, dass sie ihre eigene Zukunft gestalten müssen*

Immer weniger junge Menschen richten ihre berufliche Karriere darauf aus, die Leiter des materiellen Erfolgs hinaufzuklettern. Sie planen ihre eigene Zukunft mehr und mehr als unabhängige soziale Innovator*innnen und Existenzgründer*innen. Wir müssen ihnen helfen zu begreifen, dass wir nicht in einer Endphase leben, sondern vielmehr auf einer Art Sprungbrett, wo die/der Einzelne mit allen anderen in der komplexen Struktur eines Hologramms in Verbindung miteinander steht. Nur durch rechte Beziehung zueinander und zu allem Leben kann Mutter Erde am besten gedeihen.

Entwickeln *wir Bewusstsein, um die innere Erforschung zu fördern, wie man ein bedeutungsvolles Leben lebt*

Heutzutage bieten Schulen häufig *Mindfulness*/Achtsamkeit an, als einen ersten Schritt zum Verständnis, wie jede/-r Einzelne sein äußeres Selbst steuern kann, um eine bessere Realität zu gestalten. In der Zukunft werden wir uns unser globales Bewusstsein erschließen, und wir werden erkennen, dass unter unserem oberflächlichen Selbst unser authentisches Selbst wohnt, das von uns fordert, in bedeutungsvoller Weise am Leben teilzuhaben. Wenn wir in unserem Bewusstsein kohärent sind, erschaffen wir das, was Teilhard de Chardin als *Noosphäre* bezeichnet hat (eine planetare »Sphäre der Vernunft«), die uns hilft, Einssein als die moderne Weisheit anzuerkennen.

»Authentische Bildung« ist der vollen Überzeugung, dass mit »Erziehung« das *Herausziehen* oder *Herausführen* der inneren Zweckbestimmung jeder/jedes Einzelnen gemeint ist. In ihrer Eigenschaft als Erzieher*innen und Pädagog*innen sind Lehrer*innen ab damit eher Ratgeber als Vollstrecker. Wissen und Fähigkeiten werden weiterhin vermittelt, aber mit dem Ziel, in konstruktiver und integrativer Weise durch das Terrain des Lebens zu navigieren, und nicht um als Einzelpersonen das Leben zu bezwingen. Kulturelle Werte, Religion, Persönlichkeitsunterschiede und andere Elemente sind die Werkzeuge, mit denen sich eine zukünftige Gesellschaft errichten lässt. Unser Bewusstsein hält uns als Menschheit zusammen. Wir bringen anderen bei, wie sie das Selbst in Bezug auf das Ganze erfahren können.

Wir müssen mit unseren Herzen führen und unseren Verstand benutzen, um unsere Kenntnisse im Hinblick auf die Funktionsweise unseres Universums zu vermehren – und dann lernen, wie wir als diese *eine* Menschheitsfamilie auftreten können. »Authentische Bildung« ist für uns eine Notwendigkeit, um vereinende Synergie zu erfahren.

AUF DEN PUNKT GEBRACHT

Bildung ist ein Schlüssel zur Erlangung des Verständnisses von Verbundenheit und Ganzheit – und nach Nina Meyerhof dann *authentisch,* wenn sie Bewusstsein erweckt, erhöht und entwickelt. Wissenschaft und Spiritualität kommen zum gleichen Ergebnis – alle Menschen sind sich in ihren arteigenen Eigenschaften ähnlich; aber nur dadurch, dass wir unser Feld der Liebe auch dementsprechend in Richtung unserer erweiterten Menschheitsfamilie verändern und ausdehnen und dieses tiefe Mitgefühl – durch den Einsatz von Ressourcen für das Allgemeinwohl – in das Bildungs- und Erziehungssystem einbringen, können wir allen Menschen eine bessere Zukunft ermöglichen.

Aktiv werden: Das können Sie tun ...

Was können Sie aus Ihrem Inneren schöpfen, um in anderen Menschen Bewusstsein zu erwecken, zu erhöhen und zu entwickeln – insbesondere bei Kindern und Jugendlichen? Sie können zu einem/einer Mentor*in werden und als »ältere Schwester« oder »älterer Bruder« Ihre Hilfe anbieten; oder Sie erinnern sich an jene, die in Ihrer eigenen Kindheit liebenswürdig zu Ihnen waren, und anschließend werden Sie für ein Kind in Ihrem Leben zu ebenjener Person.

26

Eine Eine-Welt-Sicht, um die Evolution des Bewusstseins zu leiten

von Jude Currivan

Die Heilung unserer Weltsicht

Eine Weltsicht ist eine Geisteshaltung, eine Reihe von Glaubensüberzeugungen und Werten; eine Perspektive auf Leben und Realität, die unsere Wahrnehmung, unser Denken, unsere Gefühle und unsere Taten begründet und beeinflusst – vor allem, wenn sie durch kulturelle, religiöse, soziale und empirische Faktoren geprägt ist. Sie bildet einen Rahmen für Erfahrungen, Entscheidungsfindungen und Verhalten in der Welt. Unser Verhalten wird letztlich durch unsere Weltsicht angetrieben; das, was wir über uns selbst, übereinander und die übrige Welt denken – ganz gleich, ob es stimmt oder nicht.

Unsere kollektive Weltsicht hat sich in jüngster Zeit zu sehr auf ein fragmentiertes, dualistisches und materielles Universum konzentriert, und Menschen reagieren auf Traumata mit einem auf Trennung basierenden Verhalten. Dies sind Symptome einer im Wesentlichen »kranken« Weltsicht – welche uns zu unserer aktuellen Heilungskrise, den existenziellen Bedrohungen für den Fortbestand unserer Spezies und einer katastrophalen Beschädigung unseres Heimatplaneten geführt hat. Doch wie jeder Arzt weiß: Der Versuch, die Symptome zu behandeln, ohne die Ursache der Krankheit in Angriff zu nehmen, wird und kann die Krankheit nicht heilen.

Was aber, wenn unsere Ansichten grundsätzlich falsch sind? Was, wenn wir uns die wahre und in ihrer Essenz einheitliche Natur der Realität »wieder in Erinnerung rufen« könnten? Und wenn das ginge, welche Bedeutung hätte es für uns und die Art, wie wir mit uns selbst, miteinander und mit unserem Planeten umgehen?

Das vereinigende Rahmenkonzept einer Eine-Welt-Sicht

Die Mainstream-Wissenschaft hat lange Zeit behauptet, dass das auf den ersten Blick von uns getrennt erscheinende und materielle Erscheinungsbild des Universums dessen wahre und einzige Realität sei. Gemäß einer solchen Auffassung entsteht Bewusstsein im Gehirn als zufälliges Ergebnis willkürlicher Ereignisse und Mutationen, welche die evolutionäre Entstehung des biologischen Lebens und das anschließende »Überleben des am besten Angepassten« ermöglichte.

Heute dagegen zeigt uns die führende Wissenschaft in allen Größenordnungen und Bereichen des Lebens und über viele Forschungsgebiete hinweg, dass unser Universum als eine einheitliche Entität existiert und sich als solche fortentwickelt. Das scheinbare Getrenntsein ist eine Illusion. Revolutionäre Experimente und Entdeckungen der aufkommenden postmaterialistischen Wissenschaft demonstrieren, dass Geist und Bewusstsein nicht etwas sind, das wir *haben,* sondern vielmehr – wie uns spirituelle Einsichten aller Zeitalter und Traditionen schon immer erklärt haben –, dass wir und die gesamte Welt Geist und Bewusstsein *sind.*[1]

Diese radikale Eine-Welt-Sicht (engl. *WholeWorld-View*) beschreibt ein grundsätzlich »in-*formiertes*« und sich holografisch manifestierendes Universum, das aus nicht physikalischen Bereichen der Ursächlichkeit entsteht – buchstäblich ein »kosmisches Hologramm« – und sich durch selbstähnliche und *bedeutungsvolle* »In-*formation*-s«-Muster, -Beziehungen und -Prozesse zu erkennen gibt.

Schlüsselexperimente, die die inhärente physikalische Natur von Information beweisen, und validierende theoretische Vorhersagen untermauern die Prämisse, dass Information das entstehende Energie-Materie- und Raum-Zeit-Erscheinungsbild der Realität wortwörtlich »informiert«.[2] Egal, ob in der Kosmologie, Physik, Chemie, Biologie oder anderen komplexen Systemen, diese Muster – die man als *Fraktale* bezeichnet – treten in höchst unterschiedlichen Größenordnungen von Existenz auf. Vom einzelnen Atom bis zu gewaltigen Galaxienhaufen durchdringen sie alles im gesamten informationellen Erscheinungsbild unseres Universums.

Die fraktale Signatur des »kosmischen Hologramms« wurde sogar Anfang des Jahres 2017 in der kosmischen Mikrowellenhintergrundstrahlung festgestellt: einer Strahlung im Mikrowellenbereich – Relikt aus der Frühzeit unseres Kosmos –, welche kurz nach dem Urknall entstand und das gesamte Universum erfüllt. Im Wesentlichen werden solche Beziehungen nicht nur in der »natürlichen« Welt aufgedeckt, sondern sie spiegeln sich auch in unserem kollektiven menschlichen Verhalten wider. Zum Beispiel das »in-*formative*« Zusammenspiel von Datenverkehr im Internet – verlinkten Webseiten und Datenwegen – all dies enthält dieselben fraktalen Muster – das Gleiche trifft auf biologische Ökosysteme zu.

Dieses aufkommende und ganzheitliche Modell basiert außerdem auf dem Rahmenkonzept und den vermehrten wissenschaftlichen Belegen für universelle Nichtlokalität. Innerhalb der Raum-Zeit kann sich kein Signal schneller als mit Lichtgeschwindigkeit bewegen; diese Prämisse enthält, dass das gesamte Universum eine nichtlokale einheitliche Entität ist. Ein Wissenschaftlerteam bestehend aus Forschern des *Massachusetts Institute of Technology* (MIT), der Universität Wien und anderen wies dies im Jahr 2018 auf kosmischer Skala nach, indem sie Photonenpaare in ihrem Labor nichtlokal miteinander verschränkten und mithilfe von 600 Lichtjahren entferntem Sternenlicht messen konnten; in einem zweiten Versuch (»Cosmic Bell Test«) wurde diese nichtlokale Teilchenverschränkung mittels uraltem Sternenlicht zweier unglaublich potenter und weit entfernter Quasare gemessen (wovon der eine 7,8 Milliarden Lichtjahre und der andere 12,2 Milliarden Lichtjahre von der Erde entfernt lag).

Diese Eine-Welt-Sicht bietet ein natürliches und inklusives Rahmenkonzept für die Validierung von Vorhaben für Experimente und außergewöhnliche Phänomene. Sie weist in Richtung unserer gemeinsamen Psyche, die auf zahlreichen Bewusstseinsebenen arbeitet, als jenen Ort, an dem sich die Realität unseres gemeinschaftlichen Verhaltens manifestiert. Sie offenbart auch, dass die Algorithmen, die wir als Gesetze der Physik bezeichnen, und die außerordentliche Feinjustierung unseres Universums einen inhärenten evolutionären Impuls von der Einfachheit hin zur Komplexität verkörpern. Indem wir uns an die Einheit der ganzen Welt erinnern – anstelle ihrer Illusion der Getrenntheit – und aufhören mit unserem auf Trennung basierenden Verhalten, können wir bewusst Gedankenmuster für eine auf Liebe basierende Anziehung mitgestalten – und dadurch den Fluss der bewussten Evolution unterstützen.

Die Eine-Welt-Sicht-Botschaft fördert Verständnis, Erfahrung und Verkörperung von Einheitsbewusstsein, indem es eine Spirale des Bewusstseins begünstigt, die unseren Fokus dynamisch zwischen der »Ich«-, »Wir«- und »Alle«-Ebene von Informationsaustausch und Engagement hin und her springen lässt – sie ist eine Einladung, kosmisch zu denken, global zu fühlen und lokal zu handeln.

Die »Neu-Erzählung« und Wiederherstellung unserer Weltsicht

Die nachfolgenden drei Abschnitte beschreiben die Schlüsselelemente, die es braucht, um anzufangen, unsere Weltsicht »neu zu erzählen«, was es bedeutet, ein Mensch zu sein, und wie es gelingt, unsere Beziehung zu uns selbst, zueinander, zu *Gaia* und allen ihren Kindern sowie dem gesamten Kosmos zu heilen und wiederherzustellen.

Denke kosmisch

Noch nie zuvor hatten wir so viele wissenschaftliche Belege dafür, dass wir in einem wechselseitig voneinander abhängigen und »informierten« Universum leben, das nicht nur als eine einheitliche Entität existiert und sich fortentwickelt – sondern das existiert, *um* sich zu entwickeln. Wir werden uns allmählich bewusst, dass Geist und Materie eins sind – und dass unser Universum eher so etwas ist wie ein »großer Gedanke« statt eine »große Sache«. Die führende Wissenschaft beginnt zu entdecken, dass die Trennung eine reine Illusion ist. Und dass Geist und Bewusstsein auf holografische Weise die gemeinsame Schöpfung unserer universellen Realität und Daseinszustände »informieren«. Jeder Mikroaspekt der Existenz enthält die Informationssignale des gesamten Makrokosmos.

Wir erleben einen entscheidenden evolutionären Moment: Nach 13,8 Milliarden Jahren der Evolution hat unser Universum eine Spezies hervorgebracht, die sich ihrer selbst bewusst ist. Indem wir uns gemeinsam an den multidimensionalen und einheitlichen Kosmos erinnern, sind wir auf dem Weg, zu einheitsbewussten Wesen und bewussten Mitschöpfer*innen unseres Universums – und dessen permanenten evolutionären Impuls – zu werden.

Fühle global

Wir alle sind Ureinwohner dieser Erde; jeder von uns ist ein Kind *Gaias.* Wie ein gesundes, widerstandsfähiges Ökosystem innerhalb der Vollkommenheit des Ganzen, manifestiert sich unsere globale Erfahrung durch die radikale Diversität des »Ich« und »Wir«. Doch die trügerische Geschichte des Getrenntseins bricht in sich zusammen. Entweder entwickeln wir uns jetzt gemeinsam bewusst global, oder unsere Spezies wird aller Wahrscheinlichkeit nach aussterben. In dieser ausschlaggebenden Zeit des Zusammenbruchs und des Durchbruchs können wir uns an unsere angeborene Beziehung zueinander und zu *Gaia* »erinnern« und »herantasten« und eine gedeihliche Zukunft für alle mitgestalten.

Handle lokal

Während der Prozess, die Einheit zu erinnern, für jeden von uns ein einzigartiger ist, befinden wir uns alle auf der gleichen Reise innerer wie äußerer Evolution. In den kommenden Jahren werden die Entscheidungen, die jeder Einzelne von uns trifft, das Schicksal unserer Spezies und möglicherweise allen Lebens auf der Erde mitbestimmen. Wir können uns dafür entscheiden, zu einheitsbewussten Wesen zu werden, die lokal handeln und global fühlen, die Ganzheit erfahren und verkörpern. Wir sitzen tatsächlich alle in einem Boot. Und das war nie anders.

»Change Agents« und Bewegungen »Co-Kreativer« konzipieren, entwickeln und manifestieren einen auf Einheit basierenden Informationsaustausch und Strukturen in unzähligen Bereichen – darunter Finanzen und Wirtschaft, Wissenschaft und Technologie, Bildung, ganzheitliche Wellness, Politik, Staatsführung, Justiz, Friedensarbeit, Medien, Kunst und Kultur, Architektur und soziales Unternehmertum.

Im lokalen Bereich machen sich Menschen und Gemeinschaften auf die Suche und leben Praktiken »heiliger Normalität« – sie verbinden sich erneut miteinander, mit *Gaia* und dem universellen Puls der Evolution, der uns alle durchströmt. Einige aktuelle Beispiele: umweltfreundliches Verhalten, die Einrichtung von Heilungskreisen, soziales Miteinander in Form von zahlreichen Handlungen der Güte, fokussierter Intentionen und sogar meditativer Betreuung während die COVID-19-Pandemie um die ganze Welt fegt.

Wir erinnern uns daran, was es heißt, das Leben voller Sinnhaftigkeit, Zielgerichtetheit und Verantwortung gemeinsam zu gestalten. Kommunen entdecken erneut ihre Fähigkeit, lokale Lösungen für globale Herausforderungen zu finden. Die Krise erzeugt Chancen und Innovation. Wir erwachen, werden »erwachsen«, räumen unser Leben auf und treten auf den Plan – Schritt für Schritt verbinden wir uns miteinander und erheben uns in Wellen aus co-kreativen Kooperationen und ermächtigten Synergien.

Das Eine-Welt-Sicht-Abenteuer

Die Eine-Welt-Sicht ist ein Balsam, mit dem wir unsere fragmentierte Wahrnehmung und kollektive Krankheit des Getrenntseins heilen können, während wir die Geschichte von der einheitlichen Realität neu erzählen und diese wiederherstellen. Diese einheitliche Weltsicht fließt mit der universellen Spiritualität und den Weisheitslehren indigener Völker zusammen, sie ist unser Begleiter bei der Wiederherstellung unserer Beziehungen zueinander, zu *Gaia* und zur ganzen Welt. Sie ermächtigt uns, den Weg der Hoffnung zu gehen und den evolutionären Impulsen zu folgen, die sich in diesen Zeiten der Transformation um uns herum entfalten. Sie ruft uns dazu auf, das Potenzial unserer individuellen und kollektiven bewussten Evolution zu manifestieren.

Unsere Eine-Welt-Sicht-Bewegung ist eine Einladung zu dem Abenteuer, von einem Verständnis dieses neuen Narrativs zur Selbsterfahrung desselben zu gelangen (besuchen Sie uns auf wholeworld-view.org). Wir sind alle eingeladen, zu unseren vielfältigen Entdeckungsreisen in die Welt aufzubrechen und mitzuhelfen, diese durch unsere individuellen und kollektiven Erfahrungen von Einheit in der Vielfalt zu transformieren.

Wir alle können unser Narrativ wählen und uns bewusst entscheiden, eine Geschichte zu leben, die auf einem Bewusstsein von Einheit gründet; wir können uns auf lokaler Ebene und weltweit mit »Change-Maker«-Gruppen verbinden – mit der positiven Intention, unsere eigene Vision und Bestimmung zu aktivieren und zu verkörpern. Wir können hervortreten, um mit anderen, *Gaia* und dem Universum »co-kreativ« zu wirken, unsere evolutionäre Bestimmung leben und teilen sowie unseren ganz persönlichen »co-kreativen« Werkzeugkasten entdecken, der jede/-n von uns dazu befähigt und ermächtigt, einen positiven Unterschied in dieser Welt zu machen.

AUF DEN PUNKT GEBRACHT

Wir können versuchen, die Ganzheit zu leben, welche uns vollständig umgibt, und gleichzeitig unserem Bewusstsein erlauben, dass es sich weiterentwickelt, indem wir die Kraft einer auf Spiritualität basierenden Wissenschaft einsetzen. Jude Currivan bietet uns einen Weg an, dies zu tun, mittels eines einheitlichen Rahmenkonzepts, das von der Eine-Welt-Sicht-Bewegung *(WholeWorld-View)* entwickelt wurde. Danach ist unser Universum ein holografisches, in dem selbstähnliche und bedeutungsvolle Informationsmuster und Beziehungen durchgehend auf allen Ebenen existieren. Dies erlaubt uns die Vorstellung, eine lebendige Ganzheit von Ökosystemen in einem einzigen inklusiven System zu vereinen; es verleiht uns die dringend notwendige Perspektive, uns an die Einheit des Ganzen zu erinnern, die Art, wie wir uns selbst sehen, wiederherzustellen und diese neue Erfahrung für uns in einer neuen Geschichte zu formulieren.

Aktiv werden: Das können Sie tun …

Wählen Sie eine Situation aus, die Sie nicht besonders mögen, und versuchen Sie diese – sozusagen mit frischem Blick – durch eine Eine-Welt-Sicht *(WholeWorld-View)* zu betrachten. Können Sie Ihre Perspektive ändern? Sehen Sie die Situation jetzt in einem neuen Licht?

27

Unsere Geschichte verändern heißt unsere Welt verändern

von Gregg Braden

Seit der Geburt der modernen Wissenschaft vor über 300 Jahren mit Isaac Newtons Formulierung der physikalischen Gesetze hat die Erzählung unseres Leben zu einer gefährlichen Denkart geführt – nämlich der, dass wir kaum mehr als Staubkörnchen im Universum und biologische Randerscheinungen im Masterplan des Lebens seien. Man hat uns glauben gemacht, wir seien von der Erde, voneinander – und wahrscheinlich am allerwichtigsten: von uns selbst – getrennt. Infolge unserer Überzeugung von unserer eigenen Bedeutungslosigkeit und Abgetrenntheit hatten wir das Gefühl, machtlos zu sein, sowohl in Bezug auf die Heilung unserer Körper als auch im Hinblick auf unsere Fähigkeit, Kooperation und Frieden in der Welt zu beeinflussen.

Unser Narrativ des Abgetrenntseins schließt auch Charles Darwins Überzeugung ein, dass das Leben ein Kampf sei und wir für die guten Dinge, die wir im Leben erreichen können, gegeneinander kämpfen müssten. Viele von uns wurden als Kinder durch das Mantra vom »Leben in der Ellbogengesellschaft« darauf konditioniert, so zu denken. Der Ausdruck verkörpert die Vorstellung, die Welt sei ein riesiger, wenn auch limitierter Kuchen, und deshalb müssten wir für unseren Anteil daran streiten und kämpfen oder uns für immer hinten anstellen. Dies ist die Grundlage für die beliebte Weltsicht des Mangels und der Knappheit und den brutalen Wettbewerb, der aus jener Wahrnehmung resultiert. Vielleicht ist es kein Zufall, dass, seit wir diese Ansicht vertreten, die Welt mit den schlimmsten Krisen von Krieg, Leid und Krankheit seit Beginn der Geschichtsschreibung konfrontiert war.

Die Entdeckungen

Neue Entdeckungen in den Bereichen der Biologie, Physik, Archäologie und Genetik enthüllen eine neue Geschichte des Menschen. Sie zwingen Wissenschaftler*innen dazu, ihr Denken zu verändern hinsichtlich dessen, wer wir sind und wie wir uns in die Welt einfügen. Im Bereich der Biologie beispielsweise hat die Publikation von über 400 Studien, die zeigen, dass die Natur eher auf einem Modell der Kooperation statt auf Darwins Vorstellungen vom Wettbewerb und dem »Überleben des am besten Angepassten« basiert, das Denken der Evolutionsforschung auf den Kopf gestellt. Angesichts solcher und anderer Entdeckungen können gewisse Grundannahmen der Vergangenheit – die inzwischen als wissenschaftlich falsch anerkannt sind – nicht länger als Fakten gelehrt werden. Dazu gehören unter anderem folgende Beispiele:

» **Falsche Annahme Nr. 1:** Die Natur basiert auf dem Überleben des Stärkeren.[1]
» **Fakt Nr. 1:** Die Natur setzt, was das Überleben betrifft, auf Kooperation und *nicht auf Wettbewerb.*[2]
» **Falsche Annahme Nr. 2:** Zufällige genetische Mutationen innerhalb eines bestimmten Zeitraums sind die Erklärung für Ursprung, Fähigkeiten und Komplexität des Menschen.[3]
» **Fakt Nr. 2:** Zeiteinteilung, Art und Resultate der genetischen Mutationen beim Menschen – z.B. das menschliche Chromosom 2 – übersteigen alles, was sich zufälligen Mutationen oder allein der Evolution zuschreiben ließe.[4]

» **Falsche Annahme Nr. 3:** Wir leben in einem Universum, in dem der Raum zwischen den Dingen und uns leer ist und wir voneinander getrennt sind.[5]
» **Fakt Nr. 3:** Das Universum, unsere Welt und unsere Körper entstehen aus einem gemeinsamen Energiefeld, das einen bislang unerkannten Grad an Verbindung und Einheit aufweist.[6]

Wenn wir über unseren Alltag nachdenken – die Art, wie wir für uns selbst und unsere Familien sorgen, wie wir unsere Probleme lösen und unsere Entscheidungen treffen –, dann wird recht schnell deutlich, dass vieles, was wir als Allgemeingut akzeptieren, auf falschen Annahmen basiert.

Statt der wissenschaftlichen Metaphorik zu folgen, die uns als unbedeutende Wesen darstellt, die aufgrund der wundersamen Abfolge einer glücklich verlaufenen Biologie entstanden sind und dann 5000 Jahre Zivilisation als machtlose Opfer – abgetrennt von der Welt, in der sie sich wiederfanden – überlebt haben, schlägt die neue Wissenschaft einen radikal anderen Ansatz vor. Sie zeigt, dass wir eben nicht von der Welt abgetrennt, sondern ein Bestandteil von ihr sind – und mit der Macht ausgestattet, die Qualität unseres Lebens und unserer Beziehungen in der Welt selbst zu wählen.

Die Wahrheit einer Lüge

Während für manche die Möglichkeiten, die in den neuen Entdeckungen stecken, eine willkommene und erfrischende Art sind, die Welt zu betrachten, erschüttern sie für andere das Fundament ihrer althergebrachten Traditionen. Manchmal ist es einfacher, uns auf der Grundlage falscher Annahmen einer längst überholten Wissenschaft gemütlich einzurichten, als Informationen zu akzeptieren, die alles, was wir bis dato für richtig hielten, über den Haufen werfen. Klammern wir uns jedoch an die falschen Annahmen, leben wir in der Illusion einer Lüge. Wir belügen uns selbst darüber, wer wir sind. Wir lügen in Bezug auf die Möglichkeiten, die wir potenziell haben; und wir belügen jene, die darauf vertrauen, dass wir ihnen die neuesten Wahrheiten über die Welt beibringen.

Der US-amerikanische Science-Fiction-Autor Tad Williams hat eine Art Augenöffner hinsichtlich der Kraft solcher Lügen formuliert: »Wir erzählen Lügen, wenn wir Angst haben … Angst davor, was wir nicht wissen, Angst davor, was andere denken werden, Angst davor, was andere über uns herausfinden könnten. Aber jedes Mal, wenn wir eine Lüge erzählen, wird die Sache, vor der wir uns fürchten, noch stärker.«[7] Die neuen Entdeckungen verraten uns, dass die Lehren aus der Vergangenheit nicht mehr den Tatsachen entsprechen. Jetzt müssen wir uns entscheiden. Vermitteln wir weiterhin die falschen Prinzipien – und nehmen die entsprechenden Konsequenzen in Kauf? Falls ja, müssen wir eine noch tiefer gehende Frage beantworten: *Wovor haben wir eigentlich Angst?* Was ist für uns und unsere Art zu leben eigentlich so bedrohlich daran, wenn wir die tiefsten Wahrheiten über uns selbst, unseren Ursprung und unsere Beziehung zueinander und zur Erde kennen?

Von der Angst zu den Fakten: Unser Moment der Entscheidung

Neuere Studien wie jene, die in der Sonderausgabe des *Scientific American* unter dem Titel »Crossroads for Planet Earth« erschienen sind, beschreiben es so: »Die nächsten 50 Jahre werden darüber entscheiden, ob die menschliche Rasse – die zurzeit in eine einzigartige Phase ihrer Geschichte eintritt – für sich selbst die bestmögliche Zukunft gewährleisten kann.«[8] Die gute Nachricht, bei der die Experten fast durchgängig übereinstimmen, lautet jedoch: »Falls die Entscheidungsträger den richtigen Rahmen setzen, wird die Zukunft der Menschheit durch Tausende alltäglicher Entscheidungen gesichert werden.«[9] Es sind die Kleinigkeiten unseres Alltags, wo wir »die tiefgreifendsten Fortschritte erreichen«.[10]

Das Wesentliche an dieser Aussage ist – *wir selbst sind die Entscheidungsträger.* Unser Moment der Entscheidung ist unsere

Chance, die Angst, welche zu dem Hass und dem Leiden der Vergangenheit geführt hat, durch die Entdeckungen zu ersetzen, die in den Entscheidungen unseres Alltags Kooperation und Heilung hervorbringen. Die Tatsache, dass es heutzutage noch immer Hass gibt und Hassverbrechen als Teil unseres Alltagslebens akzeptiert werden, zeigt uns, dass die Heilung einer Denkweise, die Hass ermöglicht, nach wie vor aussteht.

Egal, ob nach innen gerichtet – z.B. als der ansteckende Mangel an Hoffnung, den junge Menschen hinsichtlich ihrer Zukunft äußern und deren Bereitschaft zum Drogenkonsum, um sich von ihrem Gefühl der Hoffnungslosigkeit abzulenken – oder nach außen gerichtet – z.B. in Form eines auf Rassismus, Gender oder Religion basierenden Hasses, der die Schlagzeilen beherrscht –: Die Akzeptanz von Hass ist nur möglich, weil bestimmte Denkweisen existieren. Um die Angst auszulöschen, die zu Hass in unserem Leben führt, müssen wir uns mit der ihr zugrunde liegenden Überzeugung auseinandersetzen – der Denkweise, die uns glauben macht, wir lebten in einer Welt des Wettbewerbs und des Mangels, in der die Abwertung menschlichen Lebens als Preis für das Überleben gerechtfertigt erscheint. Alles andere hieße, lediglich ein Pflaster auf die Wunden der Verletzungen zu kleben, welche unsere Familien und Gesellschaften zerstören.

In der neuen Geschichte des Menschen und indem wir uns daran erinnern, die Besonderheit des Lebens und die Rolle der Kooperation in der Natur zu ehren, wird es keinen Sinn mehr ergeben, einander mit der gleichen Leichtigkeit und Häufigkeit zu kritisieren, zu verletzen und zu töten, wie wir dies heute erleben. Wenn wir die Erziehung unserer Kinder auf diesen spezifisch menschlichen Werten aufbauen, erzeugen wir den grundlegenden Wandel – den totalen Umbruch –, der zu unserer größten Bestimmung führt – unseres verwirklichten Potenzials als Spezies.

Verändern wir unsere Geschichte, verändern wir die Welt

Der amerikanische Politiker und ehemalige Außenminister der Vereinigten Staaten, William Jennings Bryan (1860–1925), bemerkte hierzu: »Das Schicksal liegt nicht in der Hand des Zufalls; es liegt in deiner Hand. Du sollst nicht darauf warten, du sollst es bezwingen.«[11] Ich finde, in Bryans Äußerung steckt eine Menge Wahrheit, vor allem was unser kollektives Schicksal angeht und jene Welt, die uns jenseits der angsterfüllten Denkweisen der Vergangenheit erwartet. Zum ersten Mal seit 300 Jahren ist das Potenzial für einen Wechsel von einer Welt des Wettbewerbs und Konflikts zu einer aus Kooperation und gerechter Verteilung zum Greifen nahe gerückt.

Um die Herausforderungen unserer Zeit zu erfüllen, müssen wir gewillt sein, anders zu denken – heute vielleicht mehr als jemals zuvor in der Vergangenheit. Wir müssen gewillt sein, unsere Geschichte zu verändern – von ohnmächtigen Opfern unserer Umstände hin zu verantwortungsbewussten Herrschern über unsere eigenen Erfahrungen. Und dies bedeutet auch, dass wir die traditionellen Grenzen überschreiten müssen, welche die Entdeckungen in einem Bereich der Wissenschaft vom anderen abtrennten. Wenn uns dies gelingt, geschieht etwas Wunderbares – wir entdecken eine geheimnisvolle Geschichte, die unser außergewöhnliches Potenzial offenbart.

Versteinerte DNA beweist uns, dass wir vor rund 200 000 Jahren mit dem gleichen Genom auf der Erde lebten – und dem gleichen außergewöhnlichen Vermögen an Intuition, Vorstellungskraft, Selbstregulation und Heilung, über die wir heute verfügen. Der neue Wissenschaftsbereich der Neurokardiologie deckt auf, dass wir seit der Zeit unserer Ursprünge eine nonverbale Sprache verkörpern, die in unseren Herzen beheimatet ist, uns miteinander verbindet und mit allen Dingen kommuniziert. Entdeckungen wie diese und andere offenbaren ein neue Geschichte des Menschen und neue Wahlmöglichkeiten für unsere Zukunft. Das Schöne an unserem *Moment of Choice* ist, dass wir eine Wahl *haben:* dass wir diejenigen sind, die die Entscheidung treffen können. Wir müssen uns entscheiden, entweder aus den Entdeckungen unserer Vergangenheit zu lernen und die Potenziale, die diese offenbaren, zu ergreifen – oder aber diese Wahrheiten abzulehnen und uns den Konsequenzen unseres Nichtwissens zu unterwerfen.

Ohne Zweifel wird jede/-r von uns aufgerufen sein, zahlreiche Entscheidungen zu treffen, was unsere Zukunft angeht. Und doch kann ich mich des Eindrucks nicht erwehren, dass die tiefgreifendste und möglicherweise einfachste Entscheidung darin besteht, das anzunehmen, was uns die Wissenschaft über uns selbst lehrt. Wenn wir die tiefen Wahrheiten über unsere Existenz akzeptieren können, statt sie abzulehnen, dann verändert sich alles. Und mit dieser Veränderung können wir einen Neubeginn starten.

AUF DEN PUNKT GEBRACHT

Die Kombination von Wissenschaft und Spiritualität führt zu einer Evolution des Bewusstseins, während die Fortschritte im Bereich des Wissens zunehmen und unser Verständnis von der Realität als einem Ganzen vertiefen. Unsere Überzeugungen verändern sich im Verlauf der Zeit, wie Gregg Braden uns hier deutlich aufzeigt. Alte Narrative werden als überholt, ja sogar als gefährlich angesehen, während neue Entdeckungen gemacht werden, sich langsam etablieren und die alten schließlich ablösen. Dieser Prozess der bewussten Evolution hat sich in unserer Geschichte mehrmals abgespielt. Heute bringen neue Entdeckungen neue Überzeugungen mit sich, durch die falsche Annahmen ersetzt werden. Ein neues Narrativ, das vom Einreißen alter Grenzen und einem Leben in Verbundenheit und Einheit handelt, verändert soeben unsere Welt.

Aktiv werden: Das können Sie tun …

Bremst Sie ein Teil Ihrer Geschichte aus? Experimentieren Sie einmal damit, eine Sache, die Sie von sich selbst glauben, oder die Art, wie Sie die Welt sehen, zu verändern. Schreiben Sie Ihre Geschichte neu und tun Sie dann etwas, das Ihr neues Ich widerspiegelt. Sind Sie jemand gewesen, der wenig Geld hatte – machen Sie ein großzügiges Geschenk; haben Sie sich nie geliebt gefühlt – tun Sie etwas Liebevolles. Sie verstehen, was ich meine!

SECHSTER KREIS

Neue Grenzen jenseits von Raum und Zeit

Vom Weltenraum zum inneren Raum – wir sehen den Kosmos als ein vollständig verbundenes Ganzes.

28
Unser menschliches Potenzial freisetzen

von Eben Alexander III und Karen Newell

In den vergangenen Jahrzehnten hat sich eine bedeutende wissenschaftliche Revolution in Bezug auf die Natur des Bewusstseins zusammengebraut. Die konventionelle wissenschaftliche Weltsicht des »Materialismus« oder »Physikalismus« ist ein Überbleibsel des Determinismus, der mit Isaac Newton – einem der berühmtesten wissenschaftlichen Denker aller Zeiten – seinen Ursprung nahm. Viele seiner modernen Vertreter*innen, welche die physikalische bzw. materielle Welt erforschen und Anspruch darauf erheben, im Namen der Wissenschaftsgemeinde zu sprechen, würden so weit gehen, zu behaupten, unser Bewusstsein – also unser Gefühl der Selbstwahrnehmung und des Seins – bestehe aus nichts weiter als chemischen Reaktionen und elektrischen Strömen in unserer Hirnsubstanz – woraus folgt, dass der freie Wille selbst eine reine Illusion ist.

Der berühmte Neurochirurg Wilder Penfield (1891–1976), der einen Großteil seines Berufslebens damit verbrachte, die Wirkungen elektrischer Stimulation am Gehirn von Epilepsie-Patienten zu untersuchen, die er bei vollem Bewusstsein operierte, verfasste 1975 das Werk *The Mystery of the Mind* (dt. »Das Geheimnis des Geistes. Eine kritische Untersuchung des Bewusstseins und des menschlichen Gehirns«), um die Möglichkeiten des Bewusstseins jenseits dessen zu thematisieren, was sich allein durch Gehirnmechanismen erklären lässt. Der australische Philosoph David Chalmers führte dies in seinem Buch aus dem Jahr 1996 *The Conscious Mind* noch weiter, in dem er das sogenannte *hard problem of consciousness* – also das »schwierige Problem des Bewusstseins« – als die Unmöglichkeit beschrieb, Bewusstsein allein aufgrund unserer Kenntnis physikalischer Prozesse, die im Gehirn ablaufen, zu erklären.

Die Annahme, es existiere lediglich die physikalische Welt, lockt uns in die Falle eines falschen Weltbildes. Erforschen wir die menschliche Erfahrung selbst – und dort vor allem die abnormen Fälle, von denen die Welt der Parapsychologie voll ist –, dann überwiegen die Beweise, dass der Physikalismus falsch ist, bei Weitem die Belege derer, die dies leugnen und zu widerlegen suchen, indem sie die gegen den Physikalismus sprechenden Daten ignorieren. Tatsächlich untermauern wissenschaftliche Nachweise die Realität von Phänomenen wie Gedankenübertragung (besonders bei Zwillingen, aber auch in anderen Situationen nachweisbar), Fernwahrnehmung, außerkörperlichen Erfahrungen, Psychokinese (physi(kali)sche Handlungen, die allein durch mentale Kraft erreicht werden) und Nahtoderfahrungen. Ebenso beachtenswert sind die eng damit verbundenen, aber komplexeren Fälle von empathischen Erlebnissen mit Sterbenden, in denen Personen, welche nicht »dem Tode nahe« sind, die Reise an der Seite einer scheidenden Seele unternehmen; sogar bis zu dem Punkt, dass sie der kompletten Lebensrückschau des geliebten Menschen beiwohnen, bevor sie wieder in diese Welt zurückkehren.

Auch wenn Nahtoderfahrungen allein die Frage, was nach unserem Tod mit uns geschieht, niemals vollständig beantworten können – die Tatsache, dass Menschen aus Nahtoderfahrungen zurückkehren, legt den wissenschaftlichen Schluss nahe, dass es einen geistigen bzw. nichtphysikalischen Bereich gibt, was durch Tausende von Berichten aus allen Kontinenten, Glaubenssystemen und Jahrtausenden gestützt wird.

Die Beantwortung der großen Fragen um ein Leben nach dem Tod

Die einzige Art, wie wir uns einen Reim auf die Frage bezüglich eines Lebens nach dem Tod machen können, besteht darin, sämtliches Wissen aus jedem relevanten Forschungsgebiet über die Beziehung zwischen Gehirn und Geist zusammenzutragen, welches die grundsätzliche Natur unserer bewussten Erfahrung selbst bildet. Eines der stärksten Beweisstücke, das eine wesentlich größere Vorstellung vom Bewusstsein in unserem Universum unterstützt, sind die Daten von über 2500 Fällen von Kindern, die sich an frühere Leben erinnerten – ein Hinweis auf Reinkarnation –, welche von den Psychiatern Ian Stevenson und Jim Tucker von der Universität Virginia in den vergangenen 60 Jahren erforscht wurden.

Konsilienz (auch »Einheit des Wissens«) ist die Vorstellung davon, dass wissenschaftliche Beweise aus ganz unterschiedlichen Forschungsgebieten eine theoretische Position bestärken können, wenn sie in einer ähnlichen Antwort zusammenlaufen. In der Wissenschaft vom Bewusstsein umfasst eine solche Konsilienz natürlich das *hard problem of consciousness,* wie es in der Neurowissenschaft des Bewusstseins und in der Philosophie des Geistes untersucht wird, sowie mehrere verblüffende wissenschaftliche Beweise hinsichtlich nichtlokalen Bewusstseins aus der Welt der Parapsychologie.

Außerdem schließt sie die ungemein faszinierenden experimentellen Ergebnisse ein, die sich im Bereich der Quantenphysik häufen – der erfolgreichsten Theorie in der Geschichte der wissenschaftlichen Revolution. Immer weiter verbesserte Experimente konnten in den vergangenen 50 Jahren auf höchst überzeugende Weise zeigen, dass die *Vorrangstellung des Bewusstseins* im Universum dem Verständnis des Wesens der Realität inhärent ist.

In unserem Buch *Living in a Mindful Universe* (dt. »Tore ins unendliche Bewusstsein: Die Grenzen der Realität überwinden und die wahre Natur des Lebens entdecken«) schlagen wir den »metaphysischen Idealismus« als ein neu entstehendes theoretisches

Modell vor, das eine vollständigere Erklärung anbietet. Die wichtigste Schlussfolgerung dieser Weltsicht ist, dass nichts in der Welt unabhängig von unserem beobachtenden Geist existiert. Es scheint so, als sei Bewusstsein eine wesentliche Eigenschaft des Universums und die physikalische Welt um uns herum lediglich eine Projektion des Bewusstseins selbst. Wenn wir diese Vorrangstellung des Bewusstseins vollends verstehen wollen, bedeutet dies aber auch, dass wir unser physisches Gehirn als einen Filter betrachten müssen, der nur gewisse Bewusstseinszustände zum Ausdruck bringt, während der Ursprung des Bewusstseins die Grundlage aller entstehenden Realität bildet.

Aus dieser Diskussion ergibt sich als wichtige Idee, dass wir alle *einen* Geist miteinander teilen; ein Konzept, das insbesondere von dem österreichischen Physiker Erwin Schrödinger auf brillante Weise erläutert wurde. Die »Überlappung« unseres geistigen Raumes, wie sie sich zeigt am Beispiel von empathischen Verbindungen, Gedankenübertragung, gemeinsamen Träumen und Intuitionen und der experimentellen Nutzung der *Ganzfeld-Technik* – wobei der Geist des Empfängers »geleert« wird, um die Signale (Gedanken) des Senders leichter zu empfangen –, all dies deutet auf eine solche Einheit hin. Und viele, die einmal eine Nahtoderfahrung gemacht haben, sind natürlich mit diesem Konzept äußerst vertraut, wenn sie von ihrer Lebensrückschau berichten: Denn während die Ereignisse ihres Lebens noch einmal an ihnen vorbeiziehen, ist es nicht so, dass sie sie noch einmal selbst durchleben, sondern sie werden vielmehr zu Zeugen der emotionalen Auswirkungen ihrer Taten und Gedanken auf ihr Umfeld – sie erleben sozusagen alles aus der Perspektive der »anderen«. Es scheint, als sei in Gestalt der Lebensrückschau die Goldene Regel – »*Was du nicht willst, dass man dir tu, das füg auch keinem andern zu*« – in die ureigenste Struktur des Universums eingeschrieben.

Unsere sogenannte Realität gegen die Perspektive vom einen Geist eintauschen

Indem immer mehr von uns zu dieser erfrischenden Weltsicht erwachen, können wir unsere sogenannte Realität eher als einen Traum des *einen* Geistes betrachten, wobei jede einzelne unserer individuellen Perspektiven einer Facette auf der Oberfläche des Edelsteins des *einen* Geistes gleicht. In dieser Seelen-Schule des Lebens scheinen wir alle, in jeder Altersstufe, eine gemeinschaftliche Reise des Lernens und des Lehrens miteinander zu teilen. Die kümmerlichen und rückständigen Sichtweisen von Getrenntsein und Konkurrenz, die der Physikalismus vertritt und die oftmals mit leidvollen und destruktiven Konflikten einhergehen, sind mit dieser aufkommenden Perspektive vom *einen* Geist nicht vereinbar.

In der Weltsicht des »metaphysischen Idealismus« ist die äußere Welt eine Spiegelung unserer inneren Welt – und die Wissenschaft bewegt sich mit immer rasanteren Schritten in Richtung einer Bestätigung jener Realität. Es ist sowohl unser Geburtstrecht als auch eine Notwendigkeit, dass jede/-r von uns etwas dafür tut, seine Innenwelt umfassender zu begreifen und mit dieser auf eine bewusstere Art umzugehen. Indem wir die Fähigkeit entwickeln, unseren Blick – durch Meditation, kontemplatives Gebet und andere Methoden – nach innen zu richten, lernen wir, uns mit unserem inneren Beobachter zu identifizieren – jenem Teil von uns, der mit dem ausgedehnteren *einen* Geist verbunden ist. Es ist entscheidend, dass wir begrenzende Glaubenssysteme einzuschätzen wissen, das Abschweifen unserer Gedanken unter Kontrolle bringen und unsere reaktiven Gefühle loslassen. Eine gemeinschaftliche Praxis kann uns hier Klarheit verschaffen und bietet eine Möglichkeit, uns an einen neutralen Zustand zu gewöhnen – unbelastet von Sorgen und Ängsten. Dies führt dazu, dass wir uns auf die höhere Essenz dessen, wer wir wirklich sind, ausrichten, anstatt uns nur mit den Rollen, die wir einnehmen, zu identifizieren.

Es scheint, dass wir alle durch die bindende Kraft der reinen, bedingungslosen Liebe miteinander verbunden sind; so berichten es uns Menschen, die spirituell transformierende Erlebnisse selbst erfahren haben. Diese gleiche bedingungslose Liebe – die so tröstend ist für jene, die sie erfahren – liefert uns den empirischen Beweis für das Wesen jenes ursprünglichen Bewusstseins: Es ist Liebe, die im Zentrum unserer Existenz steht. Dies ist die tief greifende Lektion, welche die Menschheit seit Tausenden von Jahren zu begreifen herausgefordert ist. Wenngleich die fundamentale Botschaft der Propheten in Bezug auf Liebe, Barmherzigkeit und Mitgefühl im Laufe der Jahrtausende durch sich widersprechende religiöse Dogmen auf Irrwege geraten ist, hat die aktuelle Botschaft der Neurowissenschaft des Bewusstseins hinsichtlich dieser außergewöhnlichen menschlichen Erfahrungen eine wesentlich bessere Chance, die Welt zum Besseren zu verändern. Religiöse Überzeugungen können erweitert werden durch wissenschaftlichen Konsens und eine säkulare Spiritualität, die uns allen gemeinsam ist. Indem wir die wissensbefördernde Kraft wissenschaftlich gestützter Modelle bezüglich der Natur der Realität einbringen und persönliche transzendentale Erfahrungen anerkennen, könnte es am Ende zu einem wahren Erwachen kommen.

Über fünf Jahrtausende haben Propheten und Mystiker in ihren Berichten ihre Erfahrungen mit uns geteilt und darum geworben, dass die Menschheit im Hinblick auf Bereiche jenseits der materialistischen Welt bewusster wird. Da die wissenschaftliche Forschung zunehmend die Vorrangstellung des Bewusstseins im Universum bekräftigt – angeführt durch die gewaltige Explosion an Nahtoderfahrungen innerhalb der letzten sechs Jahrzehnte (die mit der Möglichkeit von Ärzt*innen, seit Ende der 1960er-Jahre Herzstillstand-Patient*innen millionenfach zu reanimieren, ihren Anfang nahm) –, erwachen wir endlich zu einer tieferen Wahrheit wechselseitiger Bestimmung und Verbundenheit durch Liebe, Mitgefühl und Barmherzigkeit, welche letztlich eine harmonischere und friedvollere Welt ermöglichen wird.

Wenn wir aktiv Gefühle der Liebe und des Mitgefühls kultivieren, demonstrieren wir damit die ultimative Goldene Regel: dass die Erzeugung von Liebe von innen heraus dazu dient, anderen zu helfen, da das elektromagnetische Feld unseres Herzens diese Energie auf natürliche Weise in die Welt hinausstrahlt. Indem wir durch unsere innere Welt eine reichere Beziehung mit unserem ausgedehnteren Bewusstsein entwickeln, werden wir feststellen, dass alles gut ist – dass es sich tatsächlich um eine »Win-win-Situation« handelt, welche Liebe, Mitgefühl und Güte in unserem Umgang mit uns selbst und anderen würdigt. Dieser Reifungsprozess in unserem Verständnis wird dazu beitragen, einen Großteil der Polarisierung und der Konflikte in unserer gegenwärtigen Welt zu heilen.

AUF DEN PUNKT GEBRACHT

Wie uns Eben Alexander und Karen Newell erläutern, setzen – sowohl im Hinblick auf unser Universum als auch auf unser Innenleben – neue wissenschaftliche Erkenntnisse, die zeigen, dass unser Kosmos ein hoch vernetztes und vollständig miteinander verbundenes System ist, unser menschliches Potenzial frei.

Bewusstsein ist eine wesentliche Eigenschaft des Universums. Es gibt nur *einen* Geist, den wir alle miteinander teilen; er ist verbunden durch die Bindungskraft der reinen, bedingungslosen Liebe, die seine Entwicklung lenkt. Wir erwachen endlich zu einer tieferen Wahrheit wechselseitiger Bestimmung und Verbundenheit durch Liebe, Mitgefühl und Güte, die letztlich eine harmonischere und friedvollere Welt ermöglichen wird – indem die kooperative Energie der Goldenen Regel über die ganze Erde strahlt.

Aktiv werden: Das können Sie tun …

Experimentieren Sie mit der bedingungslosen Liebe! Lieben Sie, ohne etwas zu erwarten und mit voller Akzeptanz. Demonstrieren Sie Ihr Mitgefühl; schenken Sie freiwillig von Ihrer Zeit. Wie fühlen Sie sich dadurch?

29

Schwingungsintelligenz: Die Sprache des Universums erschließen

von Eve Konstantine

Die Systeme unseres Planeten – sowohl die vom Menschen geschaffenen als auch die natürlichen – brechen immer häufiger und mit immer größerer Intensität in sich zusammen. Aber der erwachte Geist versteht ebenso, dass wir am Abgrund zu einem riesigen Durchbruch stehen, wo wir innerhalb unseres gewaltigen Multiversums unbegrenzte Kraft, Intelligenz, Güte und Hilfe zu unserer Verfügung haben – sowohl sichtbarer als auch unsichtbarer Natur.

Laien, Wissenschaftler*innen, religiöse und säkulare Denker*innen begreifen in zunehmendem Maße, dass wir in einem intelligenten Universum leben und in Wirklichkeit ein untrennbarer Bestandteil desselben sind. Es ist unsere Aufgabe zu lernen, wie wir mit der unermesslichen Weite unserer großartigen Heimstatt am geschicktesten kommunizieren und interagieren. Um uns Dinge wie unendliches Wissen, Weisheit und Mitgefühl zu erschließen und zu maximieren, müssen wir zunächst erkennen, dass uns diese wirkmächtige Hilfe immer zur Verfügung steht. Wir können uns Zugang zu dieser Intelligenz verschaffen und folglich diese Welt in Leichtigkeit, Freude und Schönheit mitgestalten.

Dies ist wahrhaftig keine neue Idee. Lange vor der Zeit des antiken griechischen Philosophen und Mathematikers Pythagoras verstand man das Universum als durch einen unendlichen Fluss aus Schwingungen und Frequenzen vollständig verbundenes und unteilbares Ganzes.

Unsere Aufgabe ist es, zu lernen, in der Großartigkeit dessen zu leben, was wir sind. Und ernsthaft über die tief greifende Idee nachzudenken, dass wir in der Tat *eins* sind mit der Quelle, mit diesem Ehrfurcht gebietenden Universum, mit Allem-was-ist. Wie also wollen wir leben? Wie können wir dies verstehen? Und was wird von uns gefordert?

Formen von Intelligenz kultivieren

Es ist uns gelungen, zu verstehen und zu messen, was wir als unseren »IQ«, unseren Intelligenzquotienten, bezeichnen; und obwohl dessen Vermögen, unterschiedliche Formen von Genialität widerzuspiegeln, eher begrenzt ist, haben wir ihn – auf Gedeih und Verderb – dennoch als ein Barometer für die sogenannte Rohkapazität eines Menschen, etwas zu lernen, benutzt.

Als »Erfolg« mehr und mehr unter finanziellen Aspekten zu messen begonnen wurde, bemerkten die Forscher, dass hohe angeborene Intelligenz nicht notwendigerweise in einem direkten Zusammenhang mit materiellem Erfolg stehen muss. Sie entdeckten, dass die soziale Kompetenz einer Person oftmals eine bessere Vorhersage für deren beruflichen Aufstieg darstellte, und tauften diese Form der Intelligenz »emotionale Intelligenz« oder »EQ«. In den vergangenen 20 Jahren ist um den »EQ« herum eine regelrechte kleine Industrie entstanden – in Form von Publikationen, Lehrgängen und Workshops.

Ich bezeichne unsere nächste Stufe der Intelligenz als unsere »Schwingungsintelligenz« (engl. *vibrational intelligence*) – oder unseren »VQ©«. Unser »VQ©« entspricht der Sprache des Universums. Er ist der Schlüssel, mit dem wir unsere unbegrenzten co-kreativen Fähigkeiten freischalten können – wir benötigen ihn in diesem Moment mehr denn je.

Unsere aktuelle Herausforderung besteht darin, unsere Perspektive enorm auszuweiten und die Tatsache zu akzeptieren und vollständig zu verkörpern, dass wir *ein und dasselbe* sind *wie die kreative Wirkkraft, die dem gesamten Universum zugrunde liegt.* Bislang weit davon entfernt, leben wir momentan nur einen Bruchteil unserer Gesamtkapazität und begreifen das Wesentliche nicht: wer wir eigentlich sind und weshalb wir hier auf diese Erde kamen. Wir sind wie Meistermaler, die vor ihrer Staffelei stehen, aber keine Pinsel haben.

Könnte der unsterbliche Satz aus der Inschrift am Apollotempel von Delphi *»Erkenne dich selbst!«* etwas noch Tiefgründigeres meinen, als dass wir das innere Wesen unserer eigenen Psyche verstehen sollen? Könnte es sich um eine Anweisung handeln, endlich die Grenzenlosigkeit dessen zu begreifen, wer wir sind? Was, wenn – wie viele östliche und westliche Philosophien schon lange behaupten – wir viel mehr sind als nur unser Geist oder Körper? Was, wenn wir beginnen könnten, die Großartigkeit unserer wahrsten und höchsten Natur zu verstehen?

Das *Tat tvam asi* (»Du bist das«) ist eine der Großen Verkündigungen im Vedantischen Hinduismus – es wird in ähnlicher Weise auch in der Bibel erwähnt – und *Soham asmi* bedeutet »Ich bin das«. Im Islam heißt es: »Derjenige, der sein Selbst kennt, kennt seinen ›Herrn‹.« Der Sufi-Mystiker und Dichter Rumi bemerkte mit laserstrahlgleicher Präzision und eleganter Schlichtheit: »Du bist kein Tropfen im Ozean, du bist ein gesamter Ozean in einem Tropfen.«

Viele andere Religionen und Traditionen indigener Völker sprechen von diesem ausgedehnten Verständnis unserer essenziellen Natur. Lassen wir uns von der Ermahnung *»Erkenne dich selbst!«* leiten? Könnte sie uns dahin führen, dass wir uns endlich selbst als *eins* mit »Allem-was-ist«, sprich *eins* mit dem Göttlichen, sehen?

Das Nachdenken über eine solche Ehrfurcht gebietende Idee lässt uns demütig werden und führt uns in den Bereich des Mystischen – an einen Ort des vollkommenen Staunens über den

Kosmos. Die Quantenmechanik erklärt uns, dass alles eine Schwingung des Lichts ist, eine kontinuierliche Fluktuation zwischen Welle und Teilchen. Dieser ständige Fluss schafft ein Resonanzfeld, in dem ein Maß an Kohärenz zwischen zwei oder mehr Entitäten existieren kann oder auch nicht, das durch den bloßen Akt der Beobachtung beeinflusst wird.

Also müssen wir uns nun die Frage stellen: Welche Werkzeuge haben wir, um diese Dynamik zu erforschen, mit ihr zu spielen und sie zu beherrschen? Wie könnten wir das Kohärenzpotenzial kreieren und es ausdehnen, wenn dies im höchsten Interesse des Lebens und des Planeten ist? Hier kommt unsere – noch weitgehend unerforschte und ungenutzte – angeborene Schwingungsintelligenz ins Spiel. Unser »VQ©« bemisst unsere Effizienz, in das Feld reinen Potenzials, das Feld aller Möglichkeiten, hineinzugreifen und auf bewusste Weise mit diesem co-kreativ zu werden. Irgendwann, das prognostiziere ich, wird der »VQ©« genauso zu unserem Allgemeinverständnis gehören wie der »IQ«.

Unser Selbst neu erschaffen und eine neue Weltordnung entwerfen

Wir – und damit meine ich uns alle – sind in diesem Moment schlicht ungeübte Zauberinnen und Zauberer! Das Schöne daran, angesichts der Möglichkeit eines sechsten Massenaussterbens, ist: Sobald wir diese Wahrheit erkannt haben und in der Großartigkeit dessen leben, *wer wir sind,* werden sich die Möglichkeiten der menschlichen Rasse, kollektiv auf den Verlauf des Lebens auf diesem Planeten zu reagieren und darauf Einfluss zu nehmen, zu ungeahnten Höhen aufschwingen.

Mit unserem kollektiven Rücken zur kosmischen Wand stehend, sollten wir uns an das Zitat *»Das Universum ähnelt mehr einem großen Gedanken als einer großen Maschine«*[1] des Physikers, Astronomen und Mathematikers Sir James Jeans erinnern und die Entscheidung treffen, uns gemeinschaftlich ganz bewusst nicht nur aus dieser existenziellen Krise *heraus zu kreieren,* sondern in eine Welt *hinein zu kreieren,* wie sie sich in ihrer Schönheit, Liebe, Fairness und Gerechtigkeit – ja, ihrer Freude! – bislang noch niemand von uns vorstellen kann.

Ich habe die Vision von einer globalen Menschheit, die die unendliche Kraft und Großartigkeit versteht und, ohne zu zögern, akzeptiert, die uns gewährt wird, wenn wir die Wahrheit dessen, wer wir sind, begreifen. Ich sehe die ganze menschliche Rasse in Resonanz lebend mit den unbegrenzten gütigen und kreativen Kräften, die dieses gesamte Multiversum geschaffen haben. Aus dieser Perspektive können wir als Menschengeschlecht einschließlich der fühlenden Wesen aus allen Bereichen unsere zahlreichen Herausforderungen angehen und lösen. Dies zu schaffen ist vermutlich der einzige Grund, weshalb wir überhaupt auf die Erde gekommen sind.

Hier einige Möglichkeiten, wie wir auf die Verwirklichung dieses Potenzials hinarbeiten können:

» Erweitern Sie die Grenzen Ihrer Wahrnehmung und erwägen Sie die Möglichkeit, dass wir und die großen intelligenten Schwingungskräfte, die unser Universum hervorgebracht haben, ein und dasselbe sind.
» Passen Sie sich dem elementaren Schwingungsfeld an, in dem wir alle leben, und gehen Sie mit diesem in Resonanz.
» Entwickeln Sie eine tägliche Praxis, sich dieses Feld zu erschließen, und zwar auf die Art und Weise, die Ihre eigene Schwingung am effizientesten erhöht – z.B. mithilfe von Musik, Meditation, Spazierengehen in der Natur, Stricken, tiefe Konzentration, »Sich vollständig Versenken«, Joggen, Kochen, Malen, Tanzen … was immer Sie am meisten reizt!

Falls Ihnen all dies zu unerreichbar oder zu zauberhaft erscheint, schieben Sie wenigstens einmal vorübergehend die Mutlosigkeit oder den Zynismus beiseite, die Ihre Lernerfahrung blockieren könnten. Erlauben Sie sich selbst die Möglichkeit, die Unendlichkeit zu erleben und mit dieser in Schwingung zu treten. Legen Sie ein Versprechen ab, dieses Experiment für einen oder sogar zwei Monate täglich zu wiederholen. Überlassen Sie sich dem, was möglich sein wird.

Weltweit betrachtet haben wir wahrscheinlich längst einen positiven Kipp-Punkt in unserer gesellschaftlichen Evolution erreicht, wenn wir all die Menschen zusammennehmen, die sich bereits für die Themen interessieren, die in diesem Buch behandelt werden: Gesundheit, Umwelt, Tierschutz, bewusstes Unternehmertum, Medizin, Bildung und Erziehung, Politik, Führungsverhalten und erwachte Spiritualität. Werfen wir das Netz weit genug aus, haben wir möglicherweise längst den notwendigen, sehr niedrigen Durchschnittswert erreicht oder vielleicht schon übertroffen, der nötig ist, um das gesamte System umzukehren.

Ein solcher bedeutender Evolutionssprung ist eine Einladung – ja, geradezu eine Aufforderung – zu neuen Ebenen des Denkens, der Wahrnehmung und des Handelns. In der Tat *sind* wir Natur, und als Teil dieses wunderschönen, lebendigen und *wohlwollenden* Universums gibt es für uns hinsichtlich unserer noch nicht erschlossenen Potenziale viel zu entdecken.

Möchten Sie helfen, einen Beitrag zu leisten zur Gestaltung einer neuen Weltordnung des Friedens und Wohlstands für alle? Entwickeln Sie einfach Ihren »VQ©« und machen Sie mit! Es erfordert von uns lediglich, dass wir uns in spirituellem Mut üben und die Natur des Selbst eingehend erforschen. Wir müssen uns selbst auf tief greifende Art und Weise kennenlernen – weit mehr als die meisten von uns bislang zu glauben gewagt haben.

Stünden wir vor der Wahl, glaube ich, würden wir eher Güte und Liebe als Angst und Spaltung verbreiten. Ich bin überzeugt, wenn wir wirklich dazu bereit sind – und so viele sind es ja längst –, können wir alles erreichen!

Ich lade jede/-n von uns ein, sich selbst als den »gesamten Ozean in einem Tropfen« zu sehen. Lassen Sie jede Entscheidung zu einer bewussten Entscheidung werden. Und achten Sie dann mal auf die Wirkungen Ihrer bewussten Entscheidungsfindungen. Sie gestalten bereits jeden Moment Ihrer göttlichen Existenz aktiv mit. Tun Sie dies mit einem noch entschiedeneren Vorsatz und Wahrnehmungsvermögen. Atmen Sie die Großartigkeit dessen, *wer Sie sind,* tief ein und sehen Sie sich selbst als das wahrhaft prächtige Wesen, das Sie sind. »Du bist das!« Und vergessen Sie nicht: Wir sitzen alle im selben Boot.

AUF DEN PUNKT GEBRACHT

Wir können uns die einende Sprache des intelligenten, mitfühlenden Universums erschließen, so Eve Konstantine, indem wir mit der unermesslichen Weite unserer Heimstatt, dem Universum, kommunizieren und interagieren lernen, welche durch Schwingung und Frequenz verbunden ist und alles zu einem unteilbaren Ganzen macht. Wir können unsere unbegrenzten und angeborenen co-kreativen Fähigkeiten freischalten – und das tun wir, indem wir unsere Schwingungsintelligenz entwickeln. »VQ©« hilft uns dabei, in das Feld des reinen Potenzials hineinzugreifen und bewusst eine Welt mitzugestalten, in der wir in Übereinstimmung mit den wohlwollenden Kräften leben, die uns am Leben erhalten.

Aktiv werden: Das können Sie tun …

Gehen Sie einmal ganz bewusst in die Natur, verbinden Sie sich intensiv mit der unermesslichen Weite unserer Heimat Erde und lauschen Sie der Sprache des Universums. Spüren Sie die lebendige Erde unter Ihren Füßen. Betrachten Sie die Galaxien über Ihnen. Fühlen Sie sich selbst als der »gesamte Ozean in einem Tropfen«.

30

Der Anbruch des Neuen Tages

von Christian Sorensen

»Es läuft alles total falsch ... Ich sollte auf der anderen Seite des Ozeans zurück in der Schule sein. Jetzt kommt ihr zu uns, zur Jugend, um Hoffnung zu schöpfen. Wie könnt ihr euch nur erdreisten? Ihr habt mit euren leeren Worten meine Träume und meine Kindheit gestohlen. Und doch bin ich eine von den Glücklichen. Menschen leiden, Menschen sterben, und ganze Ökosysteme kollabieren. Wir stehen am Beginn eines Massenaussterbens. Ihr aber sprecht weiter nur über Geld und über das Märchen vom ewigen Wirtschaftswachstum. Wie könnt ihr euch nur erdreisten?

Seit über 30 Jahren sind die Ergebnisse der Wissenschaft kristallklar. Wie könnt ihr es wagen, weiterhin die Augen zu verschließen und hierherzukommen und zu sagen, ihr tätet genug, wo doch die notwendigen politischen Entscheidungen und die notwendigen Lösungen noch immer nirgendwo in Sicht sind.«

GRETA THUNBERG – (DAMALS 16 JAHRE)
WÄHREND DES UN-KLIMAGIPFELS 2019 IN NEW YORK

Wir spüren den Schmerz eines Planeten, der versucht, sich selbst von parasitärem Konsum zu befreien. Unser äußere Welt ruft um Hilfe – doch glücklicherweise ist die Entwicklung, die wir gerade erleben, nicht unsere einzige Möglichkeit, denn die Menschheit ist zu einem höheren Dasein aufgerufen.

Zeiten des Leids führen zur Entwicklung eines höheren Bewusstseins und – in letzter Konsequenz – zu Frieden. In dieser Ära aus Furcht und Angst üben wir uns, um bewusste Evolution zu kultivieren, darin, das größere Potenzial hinter den Dingen zu sehen, und streben nach einer unterstützenden Gemeinschaft. Und am allerwichtigsten: Wir setzen Vertrauen in die erhaltende Kraft des Lebens selbst, die dabei hilft, eine neue und positive Geschichte der Menschheit zu begründen.

Was in unserer äußeren Welt vor sich geht

Wir Menschen lieben unsere Geräte und technischen Spielereien über alles, ohne uns den Kopf darüber zu zerbrechen, was es braucht, damit wir diese nach Hause geliefert bekommen, sie ununterbrochen aktualisieren und am Ende wieder entsorgen können. Unser ständiger Appetit nach mehr hat uns zur zerstörerischsten Spezies in der Geschichte dieses Planeten werden lassen. Die Abfallprodukte unseres Konsumverhaltens zerstören unsere globalen Gemeingüter. Wir brandroden und holzen die amazonischen Regenwälder ab – die Lunge unseres Planeten. Die Gletscher des Himalaja, die die großen Flüsse und Ströme Asiens speisen, schmelzen in einem besorgniserregenden Ausmaß ab. Das Inlandeis der Antarktis löst sich auf. Und Afrikas Wüsten werden flächenmäßig immer größer.

All diese Dinge, die unsere Erde zurzeit zerstören, wirken sich auf unser Dasein aus. Die Zeiten, in denen wir leben, sind für uns nicht nur ein Aufruf, die Augen zu öffnen, sondern sie rühren an unseren Seelen, damit wir endlich handeln! Es ist an der Zeit, wieder rauszugehen und uns selbst daran zu erinnern, dass dieser Planet »Erde« ein lebendiger ist und wir *ihn* mit unseren Schwestern und Brüdern rund um den Globus teilen. Wir müssen ein Teil der Lösung sein, indem wir das Gleichgewicht zwischen CO_2-Emissionen und der Kapazität der Natur, Kohlenstoff zu binden, wiederherstellen.

Die westlichen Nationen waren viele Jahre außen vor, aber der Fokus verlagert sich zunehmend. Wird es erst einmal persönlich – ist es unser eigener Baum, der gefällt wird, unser eigenes Kind, das morgens zur Schule geht und sich nicht sicher sein kann, ob es wohlbehalten nach Hause zurückkehrt, oder unser eigener Körper, der durch Giftstoffe erkrankt –, dann fühlt sich alles ganz schnell sehr real an. Die Dinge spielen sich nicht länger in einem weit entfernten Land ab – die Pandemie der Angst hat ihr Lager sozusagen vor unserer eigenen Haustür aufgeschlagen.

Dies ist unser Moment der Entscheidung. Bleiben wir weiterhin auf dem aktuellen Pfad, der uns in die Auslöschung führt, oder gelingt es uns, an einer bewussten Evolution teilzuhaben und die notwendigen Schritte zu unternehmen, welche die Menschheit in Richtung einer vereinten Familie führen, die liebevoll ist und in harmonischer Beziehung mit Mutter Erde und all ihren Geschöpfen lebt?

Wir sind aufgerufen, die gesellschaftlichen Narrative aus der Sicht eines inneren höheren Beobachters neu zu bewerten, der sich dieses kostbaren Moments bewusst ist.

Erlauben Sie Ihrem inneren Raum, seine Vision eines *Neuen Tages* in Ihrer äußeren Welt widerzuspiegeln. Was können Sie tun, um sich aus den Zwängen der Furcht und der Angst zu befreien? Sie sind auf die Welt gekommen, um der Mensch zu sein, der Sie sind – und nicht die Figur, zu der die Gesellschaft Sie modellieren möchte. Wir haben keine Zeit mehr, darauf zu warten, dass uns jemand erlöst. Jede/-r Einzelne von uns muss auf diese innere Aufforderung reagieren. Die Hoffnung eines *Neuen Tages* liegt in uns selbst.

Der Aufruf unseres inneren höheren Bewusstseins

Was, wenn nicht alles so düster wäre, wie es klingt? Was, wenn das, was sich gerade eben ereignet, die Aufforderung zu einem höheren Bewusstsein wäre? Was, wenn ein neues evolutionäres Narrativ entstünde, das uns die Geburt einer neuen Welt ankündigt? Also – setzen wir engagiert unsere Herzen in Gang, um an der bewussten Evolution teilzuhaben, die sich soeben entfaltet.

Wie schon in früheren Zeiten, die zu einem Bewusstseinssprung aufgerufen haben, ist diesmal jede/-r von uns gefordert, zu einer höheren inneren Vision dessen zu erwachen, was möglich ist, und im Einklang mit dieser Erde und miteinander zu leben. Die neue globale Erzählung besteht aus einem kollektiven neuen Denken, das durch uns alle hervorgerufen wird und uns in gegenseitiger Unterstützung miteinander verbindet.

Das globale Herz und die globale Seele der Menschheit erwecken uns aus unserer Apathie und unserem Unwissen. Sie rufen uns zur Achtsamkeit auf, damit wir gegenüber allem, was wir sehen, denken und tun, achtsamer werden. Es ist an der Zeit, dass wir gemeinsam das Potenzial erkennen, das in diesem transformierenden Moment steckt. Es ist eine fruchtbare Zeit, und Achtsamkeit hilft uns dabei, uns mit der größeren Vision anzufreunden.

Wenn wir unsere Zeit mit achtsamen Praktiken der Meditation, der Kontemplation, der Stille, des Gebets oder eines Spaziergangs durch die Natur verbringen, ist es nur eine Frage der Zeit, bis unsere Wahrnehmung mit der höheren Frequenz in Resonanz geht. Wir sollten unbedingt Zeit in diesem Resonanzfeld verbringen, damit wir zu einem noch wirksameren Teil einer großen Mobilisierung werden, die in diesem Moment stattfindet. Heiliger Aktivismus, Leidenschaft in Aktion – sie sind in vollem Gange! Es ist die Energie einer Mutter, die ihr Kind verteidigt: eine proaktive und unaufhaltsame Geburt, die sich ereignet; die Einsicht, dass alle lebendigen Dinge miteinander verbunden sind.

Eine integrierte Ganzheit erreichen

Wie gelingt es uns, von hier aus zu einer Welt zu gelangen, die für jede/-n Einzelnen von uns funktioniert, bevor es zu spät ist? Die Rettung unseres Planeten ist kein Zuschauersport. Wir müssen seine Warnrufe ernst nehmen und schleunigst handeln – um den ökologischen Verfall der Erde umzukehren, Armut auszurotten und das Bevölkerungswachstum zu stabilisieren –, oder aber wir gelangen an jenen Kipp-Punkt, von dem aus es kein Zurück mehr geben wird. Mutter Natur verfügt über noch ganz andere – bislang noch nicht gesehene – Möglichkeiten, um das Gleichgewicht der Erde wiederherzustellen. Wir haben auf ihre vorherigen Rufe nicht reagiert, und wenn wir jetzt nicht die Initiative ergreifen, wird sie sich ihren Planeten zurückerobern: vielleicht mit einer weiteren Pandemie, durch ungewohnt brutale Wetterphänomene oder womöglich sogar einen Asteroideneinschlag. Was immer es auch sein mag, ein solches Ereignis wird die Menschheit dazu zwingen, unverzüglich zu handeln und im Einklang miteinander zu leben. Wir müssen etwas verändern:

» Eine Welt, die über eine Billion Dollar pro Jahr für militärische Zwecke ausgibt, während sie die wesentlichen Systeme, welche Menschen mit Nahrung, Wasser, Gesundheitsversorgung und Wohnraum versorgen, nicht schützt, ist möglicherweise aus den Angeln geraten, was die Priorität anlangt, im Einklang mit dem lebenserhaltenden System des Planeten zu leben. Wäre die Umverteilung nur eines Viertels dieser Ausgaben nicht eine angemessene Forderung, um die Menschheit vor der Selbstzerstörung zu retten?
» Treten Sie in Kontakt mit der Natur und begeben Sie sich auf eine Reise in Ihr Inneres – in jenen inneren Raum, wo Sie das erkennen können, was die Eulen jenseits dieser Welt wahrnehmen.[1] Lauschen Sie Ihrer Seele. Möglicherweise hören Sie, wie der Wind Ihren Namen ruft oder Ihnen auf die Schulter klopft.
» Wie ein Mystiker, der das Geheimnis der neuen Grenze jenseits von Zeit und Raum in jedem Moment erfahren kann, nehmen Sie Ihre eigene Achtsamkeitspraxis auf, sodass auch Sie bewusst Ihr Einssein mit allem Leben wahrnehmen können. Erlauben

Sie Ihrem Geist, sich mit den Adlern aufzuschwingen und sich damit über alle irdischen Mühen zu erheben und mühelos in die höhere Erzählung einzutauchen.

» Rufen Sie sich Ihren Platz in der größeren Geschichte des Lebens in Erinnerung. Nicht als Opfer, sondern als ein/-e Teilnehmer*in der Natur. Erspüren Sie Ihre innere Verbundenheit mit allem Leben, erinnern Sie sich an den Ihnen innewohnenden Rhythmus, kehren Sie an Ihren natürlichen Ort zurück.

» Legen Sie Ihren Fokus auf die Vision einer Chance statt des Untergangs, den alle fürchten. Wir befinden uns inmitten einer mystischen Renaissance. Unser Ausdruck von Innovation – eine einzigartige Eigenschaft des menschlichen Geistes – hat uns schon immer durch Zeiten der Krise gebracht.

Die Menschheit verbindet sich über jenes globale Herz, das Teilhard de Chardin als *Noosphäre* bezeichnete, indem sie sich in Richtung einer noch größeren Integration und Vereinigung entwickelt. Beim Sitzen in der Stille, durch achtsames Erkunden unserer inneren Grenzen, können wir die Regungen unserer Seele spüren. Wenn wir einer Sache dienen, die größer ist als wir selbst, wird es uns Freude bereiten, die Vision vom Potenzial einer größeren Möglichkeit zu teilen.

Ein *Neuer Tag* zieht herauf. Wir sind eingeladen, zu Taten zu inspirieren, die neue Vision zu manifestieren und das entstehende Narrativ zu teilen. Blicken wir über die äußeren Erscheinungsformen hinaus. Lasst uns die achtsamen Visionäre sein, die das Neue mit Leidenschaft und Überzeugung zum Leben erwecken. Wir sitzen alle im selben Boot – tragen wir dazu bei, dass dies zur neuen kollektiven Erzählung wird. Mehr Menschen, die mit einer gemeinsamen Stimme sprechen, erzeugen eine unaufhaltsame Flutwelle, welche die alte Geschichte durch eine neue ersetzt. Bewusste Evolution erfordert Teilnahme – und wir sind aufgerufen, uns jetzt einzubringen!

Die Verwirklichung des Himmels auf Erden

Jeder von uns spielt eine komplexe Rolle dabei, uns weg von der drohenden Katastrophe und hin zu einer Wiedererrichtung des Paradieses auf Erden zu bewegen. Wir tun dies, indem wir auf die Innenschau vertrauen, nicht auf äußere Formen. Um alte Verhaltensweisen zu verändern, müssen wir im Anbruch des *Neuen Tages* leben, uns darin bewegen und uns diesem mit unserem ganzen Sein verschreiben.

Dies bedeutet, dass wir Vertrauen haben in das Gute, das allen Menschen innewohnt, und unsere Stimme für unsere Kinder, Enkel und die nachfolgenden Generationen erheben und uns als neutrale Beobachter einer bewussten Evolution über die aktuellen Probleme unseres Planeten informieren. Dieser unerschrockene Weg, zu beobachten und in der Welt zu sein, heißt zu wissen, dass das, was gerade auf unserem Planeten geschieht, ein Alarmsignal ist, damit wir kollektiv aufstehen und etwas für dessen Wohlergehen tun.

Es ist unsere bewusste Entscheidung, ein Teil des entstehenden Impulses gesellschaftlichen Aufbegehrens zu sein. Erheben wir unsere Stimme: Lasst uns auf die Straße gehen und lauthals unsere Meinung kundtun, Briefe an unsere Abgeordneten schicken, Leserbriefe zu Zeitungsartikeln verfassen, unsere Meinung auf Social Media posten, nützliche Information mit unseren Freunden und Familien teilen. Werden wir zu Integratoren, Umsetzern und Anstiftern. Preisen wir die Revolution, die diesem Planeten gerade ihre Gunst erweist. In diesem Moment werden wir mehr als jemals zuvor in der Geschichte unseres Planeten gebraucht: als Menschen, die einen Unterschied machen und etwas verändern. Die Zeit ist gekommen, der Aufforderung zu folgen und mitzuhelfen, die Veränderung einzuleiten, die unsere natürlichen Ressourcen, unseren Planeten und die Menschheit retten wird!

AUF DEN PUNKT GEBRACHT

Mit dem Anbruch eines *Neuen Tages,* der uns auffordert, die vorherrschenden gesellschaftlichen Narrative aus Sicht eines inneren höheren Beobachters neu zu bewerten, stellt sich Christian Sorensen vor, dass wir alle an der bewussten Evolution der Menschheit teilhaben. Wir tun dies, indem wir Maßnahmen ergreifen, die uns alle in Richtung einer vereinten Menschheitsfamilie lenken, die in harmonischer Beziehung zu Mutter Erde und allen ihren Geschöpfen lebt.

Eine neue globale Geschichte zeichnet sich soeben ab, die uns für das Wohlergehen unseres Planeten handeln lässt: Ein kollektives neues Denken entsteht durch jede/-n Einzelne/-n von uns, verbindet uns in gegenseitiger Unterstützung und ruft uns alle zum Handeln auf, um einer Sache zu dienen, die größer ist als wir selbst.

Aktiv werden: Das können Sie tun ...

Helfen Sie mit, die neue Geschichte der Menschheit zu schreiben, indem Sie im Einklang mit dem Planeten Erde und der gesamten Menschheitsfamilie handeln. Machen Sie es sich zur Verpflichtung, Ihre Dankbarkeit für jeden einzelnen Tag zum Ausdruck zu bringen. Tun Sie heute einem anderen Menschen etwas Gutes.

31

Unsere roten Umhänge anlegen und unsere Superkräfte aktivieren

von Diane Marie Williams

Dies ist unser Moment, auf die nächste Stufe menschlicher Evolution hochzuschalten. Wir müssen auf der höchsten Ebene funktionieren, die uns Menschen zur Verfügung steht. Mit dem aktuellen Klimanotstand, der globalen Pandemie und einer weltweiten Krise menschlicher Identität steht sowohl unser ureigenes als auch das Überleben sämtlichen kostbaren Lebens auf unserem Planeten Erde auf dem Spiel. Unser Moment der Entscheidung ist in greifbare Nähe gerückt. Entscheiden wir uns für ein Massensterben und zerstören die planetare Ganzheit, die uns das Leben schenkt – oder für eine Massenevolution, mit der wir den größten kollektiven Bewusstseinswandel der Menschheit in unserer Geschichte einleiten? Jene, die sich für Letzteres entscheiden, wissen, dass etwas Größeres möglich ist.

Die Einleitung eines großen Bewusstseinssprungs

Was wird nötig sein, damit wir einen großen Bewusstseinssprung auf unserem Planeten in Richtung einer gemeinsam gestalteten Zukunft einleiten können, die so großartig sein wird, dass sie unser heutiges Vorstellungsvermögen übersteigt? Die Antwort lautet: Wir müssen unsere roten Umhänge anlegen und unsere »Superkräfte« aktivieren, genau wie unsere Lieblingssuperhelden es tun.

Diese scheinen doch immer genau zu wissen, wie sie ihre Kräfte einsetzen müssen, um die Welt zu retten. Wenn sie dazu in der Lage sind, warum dann nicht auch wir?

Superman (alias Clark Kent) kam ursprünglich vom Planeten Krypton. Als er ein kleiner Junge war und damit konfrontiert, dass sein Planet kurz vor der Zerstörung stand, setzten ihn seine Eltern in ein Raumschiff und schickten ihn zur Erde – einem Planeten, auf dem es sich besser leben ließ. Im Gegenzug erwies sich Superman seinem Adoptivplaneten gegenüber dankbar, indem er seine Kräfte für das Gute einsetzte.

Alle, die dieses Buch lesen, haben eine Menge mit Mister Kent gemeinsam! Unsere Superkräfte werden zwar nicht von Kryptonit, aber doch von einer höheren Energie *(source-energy)* gespeist, und wir sollten sie zum Einsatz bringen, um zu einer Kraft für alles Gute zu werden – einschließlich der Rettung unseres Planeten, bevor der, wie im Falle Kryptons, zu einem unbewohnbaren Ort wird. Superman hatte die Möglichkeit, auf unseren wunderschönen Planeten Erde überzusiedeln. Aber welchen Notfallplan haben wir?

Nun ja … aktuell verfügen wir über keinen praktikablen Plan B. Die Erde ist unser Zuhause, und soweit wir wissen, gibt es in diesem Moment keine menschliche Technologie, die uns alle auf sichere Weise und dauerhaft auf einen anderen bewohnbaren Planeten verfrachten könnte. Bis wir also unseren Plan B gefunden haben, oder von mitfühlenden interstellaren Superwesen gerettet werden, müssen wir uns wohl damit abfinden, dass wir selbst ins Handeln kommen müssen – und zwar hier und jetzt. Als Clark Kent seine dicke Brille abnahm und seinen Anzug und Umhang anlegte, um sich in Superman zu verwandeln, versetzte ihn dies in die Lage, seine eigene Wahrnehmung der Realität zu verändern und unbesiegbar zu werden. Auch wir müssen unsere Wahrnehmung bezüglich dessen, was wir erreichen können, verändern; denn um unseren aktuellen Kurs herumzureißen, müssen wir das uns innewohnende überwältigende Potenzial vollkommen anerkennen und aktivieren. Seit 1970 ist die Zahl der wild lebenden Tiere um mehr als 50 Prozent zurückgegangen, aufgrund der Zerstörung natürlichen Lebensraums, Jagd, Umweltverschmutzung, menschlicher Überbevölkerung, Überkonsum und Klimawandel. Forscher*innen prognostizieren, dass – falls wir nicht jetzt handeln – die Fische, die derzeit in unseren Ozeanen schwimmen, bis zum Jahr 2048 verschwunden sein werden.[1] Seit 1980 hat sich die Zahl der Orte auf unserem Planeten, an denen gefährliche oder extreme Hitze herrscht, um das Fünfzigfache erhöht. Eine menschliche Zelle beginnt bereits zwischen 41 und 45 Grad Celsius abzusterben. Im Zuge des Anstiegs der Temperaturen weltweit gelangen wir an die Grenzen menschlicher Überlebensfähigkeit, wie wir sie kennen.[2] Sofern wir hinsichtlich der Art, wie wir unsere Leben führen, keine grundsätzliche Kurskorrektur vornehmen, muss uns allen klar sein, wohin die Reise geht.

Wir sind wesentlich mehr, als wir zu sein glauben

Ähnlich wie Superman, der wusste, wann es an der Zeit war, seine Brille abzunehmen, um seine wahre Identität zu enthüllen, ist auch für uns der Zeitpunkt gekommen, uns ganz und gar als die Supermenschen zu erkennen, die wir sind – unsere roten Umhänge anzulegen, unsere Superkräfte zu aktivieren und durch die Dimensionen von Raum, Zeit und sämtlichen Begrenzungen aufzusteigen, um ins Quantenfeld zu gelangen, wo alles möglich ist.

Nichts anderes wird von uns gefordert. Die Tage, wo wir einfach nur Berge versetzten, sind vorbei. Wir müssen aktiv werden und einen Klimanotfall bewältigen, der so gewaltig ist, dass uns 11 000 Wissenschaftler*innen eine düstere Warnung gegeben haben: Wenn wir jetzt nicht handeln, ist unser Schicksal besiegelt.

Von dem Erfinder Nikola Tesla stammt folgendes Zitat: »Der Tag, an dem die Wissenschaft beginnt, nichtphysikalische Phänomene zu studieren, wird sie in einem Jahrzehnt mehr Fortschritte machen als in allen früheren Jahrhunderten.«[3]

Tesla und viele andere sind davon überzeugt, dass die Menschheit keinen Fortschritt in großem Maßstab machen wird, solange sie sich nicht wissenschaftlich mit nichtphysikalischen Phänomenen auseinandersetzt, die in Zusammenhang stehen mit der Herzkohärenz, der Kraft der Intention, nichtlokaler Quantenkommunikation, paranormalen Phänomenen, Gedankenübertragung, Hellsehen, Vorahnungen, außersinnlichen Wahrnehmungen (ASW), Psychokinese, Reinkarnation, Fernheilung und Fernwahrnehmung, Nahtod- und außerkörperlichen Erfahrungen (NTE/AKE)[4] sowie Kommunikation mit anderen Intelligenzen und auch mit dem lebendigen, intelligenten Feld, über das wir alle miteinander verbunden sind und mit dem wir ständig kommunizieren, kreieren und uns weiterentwickeln.

Es ist für uns unverzichtbar, diese Art von Phänomenen und Intelligenzen zu erforschen, zu nutzen und eine co-kreative Partnerschaft mit ihnen einzugehen: um die Natur der Realität zu verstehen und das Potenzial zu haben, auf unsere nächste Evolutionsstufe als Menschheit zu wechseln – und ehrlich gesagt auch, damit uns erspart bleibt, bald ein Raumschiff besteigen zu müssen – wie es Superman tat –, um auf einem bis dato noch nicht entdeckten Notfallplan-B-Planeten zu leben.

Indem wir uns verbinden und in eine tiefere Beziehung zu unseren nichtphysikalischen Mithelfer*innen treten, senden wir und empfangen diese über das Feld das klare Signal, dass wir zur Aktivierung bereit sind. Wenn wir zur Umarmung und Verkörperung der natürlichen Superkräfte des Kosmos sagen »Ja, ich bin dabei!« – und da wir ja ein integraler Bestandteil jenes Kosmos sind, umarmen wir damit im Wesentlichen unser ureigenes Selbst –, wird unser Leben nie wieder das sein, was es einmal gewesen ist.

Wir setzen unsere Kräfte ein, um zu heilen und Dinge in Einklang zu bringen

Es heißt, Jesus sei mittels Teleportation gereist, er habe in seinem Alltag Wunder vollbracht und sei in der Lage gewesen, die Elemente zu kontrollieren – einschließlich des Wassers. Er habe die Fähigkeit besessen, darauf zu laufen, Stürme zu besänftigen und es sogar in Wein zu verwandeln. Wenn so etwas möglich gewesen sein sollte, müssten wir Menschen des 21. Jahrhunderts doch allemal in der Lage sein, solche Kräfte zu nutzen, um die Klimakrise rückgängig zu machen? Wieso eigentlich nicht? Es ist an der Zeit, dass wir mit innerer Gewissheit an die größte Vision dessen glauben, was unser universelles Selbst und unsere geliebte Gemeinschaft sein könnten.

Mit dem gleichen Selbstvertrauen wie unsere Superheld*innen und Wundertäter*innen werden wir unsere metaphysischen Energien, Begabungen und Techniken nutzen, um unseren Kurs herumzureißen und den Kipp-Punkt zu unseren Gunsten zu kippen. Als Mitgestalter*innen einer neuen Welt ist alles in uns einprogrammiert: was ist, was war und was jemals sein wird. Wenn Superheld*innen und Wundertäter*innen es tun können – dann können wir es auch.

Also, fangen wir an, ein paar Wunder zu kreieren! Wie jede/-r Superheld*in im roten Umhang weiß, können wir durch viele Pforten zu höheren Bewusstseinszuständen gelangen, und höhere Schwingungsfrequenzen werden die uns angeborenen menschlichen Superfähigkeiten in Bewegung setzen – doch lasst uns mit dem Herzen beginnen. Unsere Herzen sind die Pforten, die unsere Schwingungen, göttlichen Energien, Qualitäten und Fähigkeiten erhöhen. Durch Techniken der Herzkohärenz, wie unsere Freund*innen vom *HeartMath*-Institut[5] sie vertreten, sind wir in der Lage, unsere Herzintelligenz zu erschließen und eine direkte Verbindung zueinander herzustellen, über das Feld, durch das wir alle miteinander verbunden sind. Unsere wunderschönen Herzen werden andere anziehen, die die gleiche Mission mit uns teilen, und gemeinsam werden wir unseren aktuellen globalen Krisen mit der größten Kraft begegnen, die es überhaupt gibt: der *Liebe,* dem Nährboden aller Schöpfung.

Stille, Meditation, Aufenthalte in der Natur, ein erweitertes synergetisches Engagement und herzbasierte bewusste Intentionen eröffnen uns Pforten zu nichtlokalen Welten und schenken uns Einblicke ins Bewusstsein außerhalb des physikalischen Spektrums und in wesentlich ausgedehntere Zustände der Realität. Sobald wir an die nichtlokale Welt angeschlossen sind, sind wir mit höherdimensionalen Realitäten und allen möglichen Ebenen von Intelligenz verbunden. Hier können wir – ähnlich, wie wir es bei Spontanheilungen von Menschen beobachten – auch eine spontane Heilung unseres kostbaren Planeten Erde erleben.

Erfahrungen von tiefer Verbundenheit und Synergie mit gleichgesinnten Freund*innen oder Kolleg*innen erlauben uns, etwas zu erkennen und zu fühlen, was wir normalerweise in unserem Alltag so nicht erfahren. Vor ein paar Jahren führte die *Source of Synergy Foundation* eine Veranstaltung an der Universität von Kalifornien in Los Angeles durch, unter dem Titel *A Call to Conscious Evolution: Our Moment of Choice* (»Ein Aufruf zu bewusster Evolution: Unser Moment der Entscheidung«). Im Laufe der Veranstaltung sang die bekannte Singer-Songwriterin Siedah Garrett ihren Song »Man in the Mirror« und alle Mitglieder des *Evolutionary Leaders Circle,* die Teil des Programms waren, kamen auf die Bühne, um mit ihr, der Band und dem Publikum in den Song einzustimmen. Das Gefühl von Einheit im Saal, und wie wir alle gemeinsam die Zeile *»(I'm) gonna make that change!«* (»Ich werde diese Veränderung bewirken!«) sangen, war etwas Außergewöhnliches,[6] und ich sah jede/-n Einzelne/-n von uns und jedes Ding im gesamten Zuschauerraum als Moleküle aus Licht. Die harmonische Schwingung unserer kollektiven Intention, Veränderung zu bewirken, setzte die Materie in Bewegung und schuf ein morphisches Feld, in dem aus Form Licht wurde. Welch ein Quantenmoment! Die Einheit, die wir verkörperten, muss dem ähnlich gewesen sein, was Superman erlebte, als er in die Stratosphäre abhob und eine erhöhte Frequenz erreichte, die über Raum, Zeit und Materie hinausging – und er diese Schwingung in ein vollständig bewusstes Universum ausstrahlte, fest entschlossen, in vielen Bereichen der Existenz mitzuspielen.

Mithilfe des Internets, das uns eine weltweite Community eröffnet, und Initiativen wie *The Global Coherence Initiative,* den *Power of Eight*-Intentionengruppen, *Earth Day, Global Oneness Day, Unity Earth,* dem *UN-Weltfriedenstag, Yoga for Happiness* und vielen anderen haben wir das Glück, uns auf eine tiefgreifendere Art miteinander und mit der nichtlokalen Welt zu verbinden und zu vereinen. Diese kollektiven Erfahrungen des Einsseins sind Pforten zur Unendlichkeit, die die Wahrheit unseres Seins enthüllen. Wir tragen die Superkräfte des Kosmos in uns. Um sie zu aktivieren, müssen wir weder Superman noch Superwoman, Engel oder Yogis sein. Seien wir einfach die fantastischen und unbesiegbaren Super-Ichs, die wir längst sind. Also dann – nehmen wir unsere Clark-Kent-Brillen ab, legen wir unsere roten Umhänge an und bewirken jene Veränderung!

AUF DEN PUNKT GEBRACHT

Diane Marie Williams zeigt, wie wir bei unserer Aufgabe, dringende globale Herausforderungen wie den aktuellen Klimanotstand, Pandemien und eine weltweite menschliche Identitätskrise anzugehen, einen Beitrag leisten können: indem wir aus den uns angeborenen Superkräften schöpfen und auf die nächste Stufe menschlicher Evolution hochschalten. Dadurch dass wir unsere Wahrnehmung dessen verändern, wer wir sind und was wir erreichen können, werden wir erkennen, dass wir wesentlich mehr sind als das, was wir zu sein glauben. Sobald wir uns als weltweite Community auf kollektive Weise engagieren und auf der höchsten Ebene funktionieren, die uns Menschen zur Verfügung steht, werden wir gemeinsam eine Zukunft gestalten, die so großartig sein wird, dass sie unser heutiges Vorstellungsvermögen bei Weitem übersteigt.

Aktiv werden: Das können Sie tun ...

Haben Sie jemals die Erfahrung gemacht, über Superkräfte zu verfügen und in einer Sache mehr zu bewirken, als Sie zuvor für möglich gehalten hätten? Nehmen Sie sich einen Moment Zeit, um über eine Ihrer diesbezüglichen Erfahrungen zu meditieren. Was ermöglichte Ihnen, diese Erfahrung zu machen? War es eine Glaubensüberzeugung, eine Veränderung in Ihrer Wahrnehmung, ein Aufenthalt in der Natur, Stille, Mitgefühl, der Wunsch nach stärkerer Verbundenheit, ein offenes Herz, Ihre Absicht, Heilung für jemand anders oder die Welt zu bewirken ...? Bringen Sie dieser Erfahrung Dankbarkeit entgegen. Beenden Sie Ihre Meditation, indem Sie ein klares Signal ins Feld schicken, dass Sie bereit sind, Ihre Superkräfte in noch stärkerem Maß im Dienste des Allgemeinwohls einzusetzen. Und dann beobachten Sie einfach, wie sich die Magie entfaltet.

32

Ein Wandel im Herzen der Menschheit

von Claudia Welss

Als Edgar Mitchell, Astronaut der Apollo 14 und sechster Mensch auf dem Mond, die Erde vom Weltraum aus sah, hatte er ein Erweckungserlebnis, bei dem er das Universum als ein intelligentes, liebendes und kohärentes Ganzes erlebte. Seine unmittelbare Einheitserfahrung schloss alles Leben ein, und damit einher ging eine erweiterte Wahrnehmung seiner selbst, der Menschheit und des Potenzials der Menschen, über ihre Zukunft zu entscheiden. Er wusste, dass es für unser kollektives Überleben ausschlaggebend ist, unsere Überzeugungen im Hinblick auf die Grenzen unserer Fähigkeiten als Menschen zu verändern. Dies ist heute genauso wahr wie eh und je.

In der Debatte um ein neues geologisches Zeitalter, das sogenannte *Anthropozän,* wird das Verhalten des Menschen mit einer Naturkraft verglichen, die starke negative Auswirkungen auf das natürliche Funktionieren der Erde hat. Eine traditionelle Weltsicht, die auf mechanistischer Trennung basiert, legt uns nahe, dass unsere Möglichkeiten, die Dinge umzukehren, eher begrenzt sind. Doch die Weltsicht eines untereinander verbundenen Universums, das holografisch und *holonisch* (abgeleitet von *Holon,* »Ganzes/Teil«) ist – wo das Ganze sich in jedem Teil spiegelt und wo jedes Ganze Teil eines anderen Ganzen ist –, ermächtigt uns, uns selbst nicht nur als von den Systemen der Erde abhängig zu betrachten, sondern als bewussten Teil der Organisationsprinzipien der Natur. Und dies kommt gerade rechtzeitig. In der Evolutionsbiologie besteht die Rolle der Krise darin, dem Organismus zu signalisieren, dass schrittweise Veränderung nicht mehr genügt, um Begrenzungen zu überwinden. Die Menschheit wird momentan mit solchen Signalen regelrecht überschwemmt. Wie werden wir uns entscheiden, darauf zu reagieren?

In seiner DVD *The Powers of the Universe* ermahnt uns der Kosmologe Brian Swimme, dass das Leben eine neue Forderung an uns stellt – die der Synergie durch bewusste Selbsterkenntnis.[1] Der Biologe und Systemtheoretiker Peter Corning bezeichnet Synergie als die »Zauberkunst der Natur«, weil sie für die Entstehung nicht schrittweiser, radikaler Evolutionssprünge sorgt, indem sie neue ganzheitliche Systeme schafft, die größer sind als die Summe ihrer Teile.[2] In einem Paradigma der Vernetzung müsste es für die Menschheit möglich sein, auf bewusste Weise an der Erschaffung von Synergie teilzuhaben. Meine größte persönliche Entdeckung war der wissenschaftliche Nachweis, der nahelegt, dass meine eigene Herzkohärenz ganz wesentlich für diese neue Forderung des Lebens ist. Jede/-r von uns verfügt über diese kreative Handlungsmacht.

Ein synergetischer Wandel des Herzens

Die Qualität eines verbundenen, harmonischen Ganzen wird als *Kohärenz* bezeichnet. Sie tritt überall, auf jeder Skala, in Erscheinung – einschließlich der Atome in unserem Körper und der Sterne am Himmel. In biologischen Systemen versteht man unter Kohärenz, dass die Regulation lebendiger Prozesse effizient ist und optimal verläuft. Das *HeartMath*-Institut *(HMI)* verwendet den Begriff *Herzkohärenz,* um zu beschreiben, dass eine solche optimale Funktionsweise und ein solches Wohlbefinden durch das Herz gesteuert wird.[3] In diesem Zustand werden die Wechselwirkungen von Herz und Gehirn begünstigt, die Aktivität der Gehirnhälften ist ausgewogener, und die schwingenden Intelligenzen des Körpers (etwa Herz-Kreislauf-, Hormon-, Atmungs- und vegetatives Nervensystem) kommen miteinander in Einklang. Dies geschieht, weil das Herz der wichtigste Rhythmuserzeuger unseres Körpers ist. Wenn die Herzrhythmen ein gleichmäßiges Wellenmuster erzeugen (zu erkennen in den Biofeedback-Messungen zur Herzfrequenz-Variabilität/HRV), senden sie ein Signal, welches im Körper größere Kohärenz herbeiführt. Das *HeartMath*-Institut bezeichnet dieses Wellenmuster auch als »physiologische Signatur der Liebe« im Kern des menschlichen Systems, da es auf natürliche Weise entsteht, wenn wir Gefühle von Liebe, Dankbarkeit, Mitgefühl und andere regenerierende Emotionen empfinden, die dazu beitragen, dass wir uns wohlfühlen. Diese psychophysiologische bzw. Geist-Körper-*Kohärenz* ist unser Geburtstrecht – doch müssen wir aufgrund des alltäglichen Stresses in unserem Leben eine bewusste Entscheidung treffen, um es zurückzufordern.

Der Entwicklungsbiologe und Stammzellenforscher Bruce Lipton (vgl. Kapitel 20) hat einmal gesagt, Intelligenz entstehe, wenn ein System sich mit sich selbst verbinde. Das Ganze wird größer als die Summe seiner Teile – die exakte Definition von Synergie. In ähnlicher Weise erlaubt Herzkohärenz einen größeren Informationsfluss innerhalb unseres Körpers und befördert dadurch *innere Synergie,* welche die Entstehung eines komplexeren Funktionierens ermöglicht – wie etwa erhöhte Erkenntnis und Kreativität, erweiterte Wahrnehmung und Intuition und psychophysiologische Resilienz gegenüber Stressoren. Im Gegenatz dazu führen Stresszustände wie Angst, Furcht und andere Emotionen, die sich – wenn sie chronischer Natur sind – degenerativ auswirken, dazu, dass der Herzrhythmus ein unregelmäßiges Wellenmuster erzeugt, was wiederum zu einer Abnahme von Kohärenz und Harmonie innerhalb des menschlichen Systems führt.

Da das *HeartMath*-Institut wissenschaftlich nachgewiesen hat, dass wir *mittels Intention* die Kohärenz unserer Herzsignale steigern können, etwa durch herzzentrierte Atmung und indem wir wahrhaft regenerierende Emotionen willkommen heißen (die Befunde waren derart signifikant, dass sie in der Fachzeitschrift *American Journal of Cardiology* veröffentlicht wurden), wissen wir heute, dass das Erleben größerer persönlicher Kohärenz eine bewusste Entscheidung ist – die, wie sich gezeigt hat, weit über unsere eigene Biologie hinaus von Nutzen sein kann. Sind wir in unserem Inneren kohärenter, wird es für uns auch leichter, mit anderen und mit der Welt in Kohärenz zu sein. Während wir dank unserer belebteren Verbindung mit einem größeren Ganzen neue Informationen aufnehmen, dehnt sich unsere Wahrnehmung aus.

Wir alle haben schon einmal Grade an Freiheit (so gering diese auch gewesen sein mögen) erlebt in der Art, wie wir uns dafür entschieden haben, die Welt wahrzunehmen und auf diese zu reagieren – man bezeichnet diese häufig auch als »Wandlungen des Herzens«. *Kohärenz* erhöht diese Freiheit. Seine Heiligkeit, der Dalai-Lama, empfiehlt uns: »Wenn die Welt sich nicht gut ausnimmt, sieh dir einfach eine Blume an – in ihr lebt eine andere Wahrheit!«[4] Selbst wenn wir keine physische Blume zur Verfügung haben, kann uns unser Herz mit dieser gleichzeitigen Wahrheit verbinden – und jene erweiterte Wahrnehmung verändert unsere Biologie und unser Realitätsempfinden. Unsere Ökosysteme des »ich selbst, andere und die Welt« werden dann zu dem, was ich als »Evosysteme« *(evosystems)* bezeichne – Ökosysteme, die »evolvieren«, sprich sich entwickeln, indem sie – durch bewusstes Selbstgewahrsein unserer eigenen Kohärenz – die neue Forderung des Lebens nach Synergie erfüllen.

Dadurch dass wir die uns innewohnende Kohärenz zurückgewinnen, beginnen wir zu sehen, was wir zuvor nicht gesehen haben, und erkennen, was wir vormals nicht erkannten. Genauso wie unsere Herzen eine größere innere Kohärenz bewirken, hilft unsere eigene Kohärenz, jene in der äußeren Welt zu organisieren, was nichts anderes heißt als: Ein kollektiver »Wandel des Herzens« kann die Welt verändern.

Innere Synergie erzeugt systemische Synergie

Über die Formung unserer Wahrnehmung (und mithin unserer Einstellungen und Verhaltensweisen) hinaus gestaltet *Kohärenz* ganz wesentlich unsere »Schwingungen«. Als elektromagnetische Wesen, die sich in einem globalen elektromagnetischen Umfeld bewegen, strahlen wir energetische Schwingungen aus. Dabei ist das Magnetfeld des Herzens das größte unseres Körpers; es trägt die Signale unseres Herzens hinaus in unsere Umgebung, in einem Radius von 360 Grad, 24 Stunden lang, sieben Tage die Woche – ähnlich einem Handy, das permanent eingeschaltet ist und auch keinen Flugzeugmodus hat. Welche Signale auch immer unser Herz erzeugt – wir senden sie aus!

Forschungen am *HeartMath*-Institut haben bestätigt, dass sich die Kohärenzsignale eines Menschen im vegetativen Nervensystem anderer Menschen und in dem von Tieren nachweisen lassen. Nachweisbar mit empfindlichen Magnetfeldmessgeräten, deuten diese unsichtbaren, allgegenwärtigen Felder darauf hin, dass eine Art, wie die gerichtete Herzenergie über die personale Ebene hinausgeht und die gesellschaftliche, möglicherweise sogar die planetarische Ebene beeinflusst, durch Resonanz zustande kommt. Dies ist eine wissenschaftliche Hypothese der »Globalen Kohärenz-Initiative« *(Global Coherence Initiative)* des *HeartMath*-Instituts – und als ich von dieser Möglichkeit erfuhr, war es für mich so, als könnte ich mit einem Mal nicht nur die Sterne am Himmel sehen, sondern auch das, was sie zusammenhält.

Es ist gut möglich, dass wir durch unsere eigene innere Synergie entscheiden können, dabei zu helfen, die neue Forderung des Lebens zu erfüllen – ganz gleich, was wir sonst physisch in der Welt tun. Diese Entscheidung wird noch wichtiger, wenn wir bedenken, dass – nachdem das uns umgebende Magnetfeld der Erde tief greifende Auswirkungen auf die Psychophysiologie des Menschen hat (mit dem Herzen als dem am stärksten beeinflussten Teil unseres Körpers) – eine kollektive »Schwingung« der Menschheit sich gleichermaßen auf die Erde auswirken könnte. Selbst ohne unser physisches Zutun könnte allein die Qualität unseres Seins schon ein entscheidender Faktor für die Gesundheit der Erde sein.

Weitere Eigenschaften von Kohärenz, die mir relevant erscheinen im Hinblick auf die Forderung unseres Lebens nach Synergie:

- » Kohärente Energie ist kraftvoll und von hoher Intensität; sie ist gebündelt und beständig. Überlegen Sie sich einmal den Unterschied zwischen Laserlicht (das räumlich gesehen kohärent ist und die Fähigkeit besitzt, ein Loch durch Stahl zu brennen, und exakt genug, um in der Mikrochirurgie angewendet zu werden) und weiß glühendem (normalem) Licht (das räumlich gesehen inkohärent ist).
- » Kohärente Energie bewahrt Information; sie bewegt sich mit minimaler Dissipation (»Zerstreuung«), d.h., sie erzeugt minimale *Entropie* (Entropie bedeutet Verlust an Information bzw. Ordnung innerhalb eines Systems). Aufgrund von *Synergie* kann Kohärenz sogar den Zugewinn von neuer Information innerhalb eines Systems begünstigen und dadurch eine komplexere Ordnung und positivere Evolution befördern.
- » Da kohärente Systeme zusammenhängend sind, haben die einzelnen Teile Zugang zur Intelligenz des Ganzen und erfahren dabei gleichzeitig *maximale Freiheit.*[5] *Kohärenz* schafft Bedingungen, die eine Maximierung des Guten des einzelnen Teiles innerhalb dessen, was fürs Ganze gut ist, ermöglicht. Sie verleiht dem ihr innewohnenden Potenzial Ausdruck, indem sie die Natur zu Sprüngen aufgrund größerer Synergie befähigt.

Eine kohärentere menschliche Natur

Ich bin der Überzeugung, die Menschheit ist eine Naturkraft, deren ureigenster Aufbau sich gerade – aufgrund eines »Wandels der Herzen« – verändert. Da sich *Kohärenz* durch bewusste Entscheidung von einem gelegentlichen menschlichen Zustand hin zu einem dauerhaften menschlichen Wesenszug entwickelt, könnte die Menschheit von ihrer Existenz als Naturkraft zur Verkörperung einer natürlichen Kraft »evolvieren«, die Ganzheit wiederherstellt.

Wir können uns dafür entscheiden, den evolutionären Signalen der Krise mit den kohärenten Signalen des menschlichen Herzens zu begegnen. Der Philosoph Ken Wilber erklärte, er glaube, bestimmte Muster von unsichtbarer Form würden die Entstehung des *Homo universalis* (»universeller Mensch«) begleiten, und die Art, wie die Menschheit merken würde, dass sie den Wandel durchläuft, wäre durch »eine spürbare Verstärkung des Gefühls der Liebe«.[6] Die kohärente Wellenform des Herzens ist eine Reaktion auf Gefühle der Liebe und ein solches Muster von unsichtbarer Form – eines, das wir laut Forschungen des *HeartMath*-Instituts durch Intention kultivieren können.

Verschiedene Evolutionstheorien (wie die James Mark Baldwins und Jean-Baptiste Lamarcks) gehen davon aus, dass nachhaltige Veränderungen im Verhalten die Evolution einer Spezies prägen können.[7] Mit anderen Worten: *Wir können uns als Menschheit dafür entscheiden, unsere eigene Evolution zu bestimmen.* Physiker wie der Nobelpreisträger Ilya Prigogine konnten zeigen: Wenn ein komplexes System fern von seinem (thermodynamischen) Gleichgewicht ist – so wie wir Menschen in diesem Augenblick –, können kleine Inseln der Kohärenz das gesamte System hin zu einer höheren Ordnung verändern. *Wir können uns entscheiden, diese Inseln zu sein.* Moderne Mystiker wie Thomas Hübl erklären uns, dass *Kohärenz* die Kraft besitzt, als Teil des Selbstheilungsmechanismus des Lebens, Fragmentierung in jedem System zu integrieren.[8] *Wir können uns entscheiden, Teil des Selbstheilungsmechanismus des Lebens zu sein.*

Jene Erfahrung von Einheitsbewusstsein, das von Liebe durchdrungen ist, die der Astronaut Edgar Mitchell machte, wurde durch seinen Blick auf die Erde vom Weltraum aus inspiriert. Zieht man in Erwägung, dass die *Upanishaden,* die heiligen Schriften des Hinduismus und Bestandteil des Veda, das Herz als Dreh- und Angelpunkt des gesamten Kosmos betrachtet haben sollen, könnten die Vorteile der Herzkohärenz weit über unseren Planeten Erde hinausgehen und ein wahrhaft größeres Ganzes kreieren.

AUF DEN PUNKT GEBRACHT

Wie sich unser innerer Raum – durch die verborgene Fähigkeit des menschlichen Herzens, die Forderungen unserer Zeit zu erfüllen – mit dem Weltall verbindet, erklärt uns Claudia Welss vom *Institute of Noetic Sciences* (Institut für Noetische Wissenschaften/IONS) auf bravouröse Art. Sie erläutert, dass wir, wenn menschliches Verhalten als eine Naturkraft wirkt und die Funktion der Systeme der Erde beeinflusst, uns selbst nicht nur als abhängig von den Organisationsprinzipien der Natur sehen können, sondern auch als einen bewussten Teil derselben. Dies stellt eine neue Forderung an uns alle – die der Synergie aufgrund von bewusstem Selbstgewahrsein –, wobei die Kohärenz unserer eigenen Herzen darüber entscheidet, ob wir die Forderung erfüllen. Diesbezüglich hat jede/-r von uns die volle Handlungsmacht in diesem unserem Moment der Entscheidung.

Aktiv werden: Das können Sie tun ...

Kümmern Sie sich um die Schwingungen Ihres Herzens. Experimentieren Sie mit der Kultivierung einer größeren Herzkohärenz und achten Sie auf den Unterschied, den dies in Ihrem Leben macht. Schließen Sie sich anderen Menschen an, um geballte Kohärenz-Energie auf unserem Planeten zum Wohle allen Lebens zu kreieren.

SIEBTER KREIS

Das große Ganze

Wir entwickeln eine Vision des Ganzen zur Förderung von Nachhaltigkeit, Wohlstand und globaler Transformation.

33

Unsere Kultur weiterentwickeln: Vom Zusammenbruch zum Durchbruch

von Justin Faerman

Obwohl unsere weltweiten Lebensstandards sich auf dem höchsten Niveau seit Anbeginn der Geschichtsschreibung befinden, verzeichnen wir gleichzeitig Rekorde hinsichtlich der Zerstörung unserer Umwelt, im Bereich mentaler Erkrankungen, chronischer Leiden und beim Wohlstandsgefälle – sie drohen alles, was wir uns bisher aufgebaut haben, zu destabilisieren.

Wir machen zwar definitiv Fortschritte in Richtung einer gesellschaftlichen Evolution – Zeichen einer entstehenden neuen Phase unserer Zivilisation können wir überall um uns herum sehen –, und doch ist es größtenteils kein ganzheitlicher, kein erleuchteter Fortschritt. Oder anders formuliert: Es ist kein Fortschritt, der alle Lebensformen begünstigt – Pflanzen, Tiere, Menschen und darüber hinaus – und wahrhaft imstande wäre, globalen Wohlstand, Frieden und langfristige Nachhaltigkeit auf allen Ebenen zu fördern.

Ironischerweise liegen die Lösungen für die evolutionären Herausforderungen, denen wir uns gegenübersehen, in der natürlichen Umwelt verborgen, die wir auf so hemmungslose Weise zerstören. Die Grundprinzipien, die die eleganten, sich selbst organisierenden Ökosysteme unseres Planeten und – im weiteren Sinne – des ganzen Universums lenken, ließen sich im großen Maßstab auf unsere Gesellschaften anwenden, um die gleiche Art von symbiotischer, höchst widerstandsfähiger, unendlich reicher, gesundheits- und lebensbejahender Vernetzung zu erzeugen, wie wir sie in der unberührten Wildnis finden.

Die Herausforderung im Hinblick auf unser aktuelles Dilemma als Spezies besteht darin, dass unsere Situation inzwischen viel zu komplex geworden ist, als dass man ihr mit den traditionellen Methoden hierarchisch von oben nach unten organisierter, zentral kontrollierter und nationalstaatlich ausgerichteter Gesetzgebungen beikommen könnte. Der Grund dafür ist, dass alle wirtschaftlichen, sozialen und ökologischen Systeme unseres Planeten infolge der ungezügelten Globalisiserung während des vergangenen Jahrhunderts aufs Engste miteinander verwoben sind. Dieses zunehmend komplexe Netz wird durch den Aufschwung sich exponentiell weiterentwickelnder Technologien nur noch verkompliziert, die eine »Büchse der Pandora« aus ungeahnten ökosozialen externen Auswirkungen entfesseln. Diese Wirkungen sind mit unserem derzeitigen Verständnis davon, wie all die vorgenannten Kräfte zusammenspielen und sich mit der Zeit entfalten, im Voraus nur sehr schwer zu kalkulieren.

Dies hat eine Situation geschaffen, in der wir nun vor der evolutionären Notwendigkeit stehen, die nächste Runde von Gesellschafts-, Wirtschafts- und Regierungssystemen einzuläuten, damit diese präventiv auf die unvorhersehbaren Probleme der Zukunft reagieren können, und zwar durch angewandte Prinzipien, die auf eine organische Art das größtmögliche Wohlergehen suchen – kollektiv, individuell und in Bezug auf die »Gemeingüter« (d.h. allen Lebens in allen Formen). Nach 26 Jahren intensiver Recherche, Forschung und Studium bin ich fest davon überzeugt, dass der beste Weg, dies zu erreichen, darin besteht, dass wir individuell, kulturell und als Kollektiv die Muster dezentralisierter, sich selbst organisierender Systeme zu spiegeln versuchen, die den Kern dessen bilden, wie die Natur funktioniert – und wie sie sich über Milliarden von Jahren fortentwickelt und darin bewährt hat, lebensbejahende Resultate auf planetarem Maßstab hervorzubringen.

Auf einem menschlichen Maßstab können wir dies erreichen, indem wir eine Herangehensweise wählen, bei der wir uns bei Entscheidungsfindung durch bestimmte Grundprinzipien leiten lassen – und zwar individuell in unserem Alltag; in kultureller Hinsicht in Bezug auf die Werte, die wir vertreten; und in kollektiver Hinsicht dadurch, welche Anreize wir in unsere Gesetzgebung einfließen lassen und in jegliches neue System einbauen, das wir von jetzt an schaffen werden.

Ich glaube, die folgenden drei Grundprinzipien – sofern sie übernommen und im großen Stil angewandt werden – beinhalten die Schlüssel, um uns nicht nur vor uns selbst zu retten, sondern auch eine wahrhaft erleuchtete Zivilisation aus der Taufe zu heben, die jeden Aspekt unseres Lebens zum Guten verändern wird – von Staats- und Unternehmensführung über Wissenschaft, Technologie und Industrie bis hin zur gesellschaftlichen Ebene, zu Bildung, Gesundheitswesen, zwischenmenschlichen Beziehungen und weit darüber hinaus.

1. Suchen Sie nach tiefer Selbstheilung und Symbiose auf allen Ebenen

Das menschliche Verhalten folgt unmissverständlich seinen Glaubensgrundsätzen – sei es bewusst oder unbewusst. Deshalb ist die derzeitige Zwickmühle, in der wir als Spezies stecken, eine Folge der vorherrschenden Überzeugungsstrukturen, auf deren Grundlage wir – sowohl individuell als auch kollektiv – handeln und die größtenteils durch die Vorstellung befeuert wurden, dass wir voneinander, von anderen lebendigen Dingen und – womöglich am allerwichtigsten – von unserer Umwelt abgetrennt sind. Wie bereits andere angemerkt haben, wurden diese falschen Glaubensgrundsätze noch zusätzlich von der konventionellen darwinschen Maxime des »am besten Angepassten« verstärkt, was (insbesondere in den westlichen Kulturen) eine Neigung zu Konflikten und Konkurrenzverhalten im großen Maßstab gesät hat, als wir versuchten, die als begrenzt wahrgenommenen Ressourcen zu beherrschen und uns gegen äußere Bedrohungen zu wehren. Praktisch alle existenziellen Bedrohungen, mit denen wir konfrontiert sind – von der Klimakatastrophe bis zur Zunahme chronischer Krankheiten, bewaffneten Auseinandersetzungen, zügelloser Umweltverschmutzung, Pandemien und allem, was es dazwischen noch gibt –, lassen sich auf diese grundsätzlichen Fehlinterpretationen, die in die Architektur unserer heutigen wirtschaftlichen und gesellschaftlichen Systeme eingebettet sind, zurückführen. Dies treibt uns noch weiter fort von einer ganzheitlichen Symbiose und lässt uns in psychologischen Vorstellungen verharren, die Konflikte, Mangeldenken und destruktive Verhaltensweisen gegenüber anderen, uns selbst und der Umwelt aufrechterhalten.

Somit ist eine tief greifende Heilung unserer überkommenen darwinschen Neurosen und eine damit einhergehende Wahrnehmungsveränderung hin zu einer symbiotischen Sichtweise im Hinblick darauf, wie wir uns selbst, einander und unseren Platz im großen Plan der Dinge wahrnehmen, unbedingt notwendig, wenn wir von unserer derzeitigen zerstörerischen Zeitschiene noch rechtzeitig abkommen wollen. Unsere aktuellen Überzeugungen, Verhaltensweisen und Gesetze daran zu messen, wie gut sie eine umfassende Symbiose mit allem Leben und der Umwelt herbeiführen, ist ein wirkmächtiges Bewertungsschema für unsere Entscheidung, was geheilt werden müsste, wie wir agieren, für welche Ideen wir uns einsetzen, welche Technologien wir wertschätzen – und schlussendlich – welche Anreize in unsere Gesetzgebung einfließen und in unsere Systeme eingebaut werden sollten. Jede einzelne Entscheidung, die wir fällen, hat gewaltige Auswirkungen, wenn sie im Laufe der Zeit durch die Kreisläufe von Ursache und Wirkung verstärkt wird. Wenn wir uns dafür entscheiden, in unserem täglichen Leben mit bestimmten Prinzipien im Einklang zu stehen, können wir innerhalb relativ kurzer Zeit immense Grade positiver Veränderung bewirken.

2. Wechseln Sie vom logischen zu einem von der Intuition angetriebenen Denken und Handeln

Logisches Denken ist großartig, wenn es um linearen Fortschritt geht. Aber wir leben inzwischen in einer sich exponentiell entwickelnden Welt, die unendlich komplexer ist und ihre Größenordnungen schneller verändert, als dass unser rationaler, logischer Verstand damit noch Schritt halten könnte. Damit unser Bewusstsein hinsichtlich der technologischen und gesellschaftlichen Entwicklungen nicht den Anschluss verliert, muss es zu einer Art *Superbewusstsein* evolvieren, was ein Hochschalten auf die Intuition als unser primäres Betriebssystem bedeutet.

Wegweisende Forschung zeigt uns eindeutig, dass Intuition nicht bloß unbewusstes Verarbeiten ist, wie wir bislang angenommen haben.[1] Es ist die Verflechtung des Bewussten mit dem Unbewussten, des Herzens mit dem Verstand, unserer gefühlten Wahrnehmung mit unserem Denken zu einer exponentiell erweiterten Fähigkeit, die das Selbst transzendierende Quantenaspekte unserer Physiologie mit einbezieht.

Die Natur besitzt eindeutig eine starke Tendenz zum Gleichgewicht und zur Symbiose. Das drückt sich von Haus aus in allen Pflanzen- und Tierarten aus, im komplexen Miteinander eines Ökosystems, das ein einheitliches, wechselseitig voneinander abhängiges, unendlich üppiges Ganzes hervorbringt. Ohne dass ausdrückliche Gesetze oder formelles Lernen dafür notwendig wären, spielt jede Spezies eine wichtige Rolle bei der Aufrechterhaltung des Ganzen durch eine zutiefst intuitive Orientierung im Hinblick auf die Realität selbst.

Lange bevor die Menschen auf der Bildfläche erschienen, trieb eine klare »implizite« Ordnung jenseits der Rationalisierungen des logischen Verstandes die Harmonie in kosmologischem Maßstab voran. Sie drückt sich durch uns und alle Organismen über die Fähigkeit unserer intuitiven, gefühlten Wahrnehmung aus. Intuition ist das biologisch integrierte Quanten-Betriebssystem der Natur selbst, das seine grundsätzliche Tendenz zum Gleichgewicht und zur Symbiose durch komplexe zelluläre Lebensformen zum Ausdruck bringt.

Handeln wir also entsprechend unserer Intuition, tun wir auf natürliche Weise, was im höchsten Nutzen aller liegt; und wir tun dies auf einer Ebene systemischer Raffinesse, welche die Fähigkeit des rationalen Verstandes, dies vollkommen zu verstehen, übersteigt. Von der Intuition gelenktes Denken und Handeln sind von Natur aus auf Wohlstand, Harmonie und Fließen auf allen Ebenen programmiert – von der indivduellen bis zur kollektiven. Dies macht sie zu idealen Entscheidungswerkzeugen, um in der hochkomplexen Realität, in der wir leben, zu navigieren, und im weiteren Sinne, um die hochkomplexen Herausforderungen, mit denen wir es zu tun haben, auf eine elegante Art und Weise zu lösen – was für unser Überleben und Gedeihen in den kommenden Jahrzehnten auf diesem Planeten unverzichtbar ist.

Im Laufe der Zeit im großen Maßstab angewandt, wird eine auf Intuition basierende Entscheidungsfindung unwillkürlich zu einer organischen Neuorientierung der Gesellschaft, unserer Regierungen, der Wirtschaft und letztendlich unserer Technologien führen – hin zu einer optimaleren Konstellation für ganzheitliche Symbiose, welche auf natürliche Art die höchsten Resultate für alle Lebensformen anstrebt.

3. Fördern Sie Entwicklung und Ausdrucksformen Ihrer Bestimmung im großen Stil

Leben wir von unserer Intuition her, führt uns dies unwillkürlich zum Verständnis und zur Verwirklichung unserer Bestimmung – da Bestimmung von Natur aus allen Dingen innewohnt. Eine jüngste Metaanalyse[2] zu über 50 Jahren Forschung zum Thema »Meine Bestimmung im Leben« hat gezeigt: Wenn Menschen ihre Bestimmung finden, verbessert sich eine Vielzahl der Messgrößen hinsichtlich sozialer Auswirkungen in bedeutender Weise – von besserer Gesundheit, höherer Lebenserwartung, Glück und Lebenszufriedenheit bis hin zu harmonischeren Beziehungen, verstärktem sozialem Zusammenhalt, verbesserter Arbeitsleistung und vielem mehr.[3]

Mit anderen Worten: Da es ihnen nicht gelingt, für die Entfaltung unserer Bestimmung auf ganz elementarer Ebene ausreichend Anreize zu schaffen und diese zu fördern, sind unsere aktuellen wirtschaftlichen und gesellschaftlichen Systeme außergewöhnlich ineffizient und mit negativen sozialen Auswirkungen belastet, die mit fehlender Bestimmung und Sinn im Leben zusammenhängen.

Studien zeigen, dass nur eine/-r von fünf Highschool-Schüler*innen und eine/-r von drei College-Student*innen berichten, eine klare Bestimmung im Leben zu haben – und die Zahl sinkt, je mehr sie sich dem Erwachsenenalter nähern. Rechnet man dies auf einen globalen Maßstab um, haben vermutlich rund 75 Prozent aller Menschen in der Welt (oder mehr) keine Bestimmung in ihrem Leben.[4] In einer solchen Größenordnung wächst sich dies zu einer außerordentlich destabilisierenden Kraft innerhalb des menschlichen Kollektivs aus, da der Mangel an Zielorientierung und Sinnhaftigkeit im Leben zu Depression und anderen Herausforderungen für die psychische Gesundheit führen können, einschließlich Drogenmissbrauchs und Perspektivlosigkeit. Diese Belastungen der Gesellschaft bedeuten verlorenes soziales Kapital und eine erheblich reduzierte Lebensqualität.

In der Natur haben alle Dinge eine spezielle und komplexe Bestimmung, die für das Ganze lebensnotwendig und auf ausgeklügelte Weise mit diesem verwoben ist. Wir Menschen bilden als Erweiterung der Natur hier keine Ausnahme. Jede/-r Einzelne von uns ist ein wichtiger Bestandteil des planetarischen Ökosystems, das sowohl in der Evolution unserer Spezies als auch allen Lebens eine bedeutungsvolle Rolle einnimmt. Am ausgeprägtesten kommt dies in unserer starken Zielorientiertheit zum Ausdruck. Deshalb hat es noch einen zusätzlichen Nutzen, wenn Sie Ihre Bestimmung ausleben: Sie tragen damit zur Entstehung eines einzigartigen Typus des persönlichen Genies bei, der als Teil des Ganzen dazu dient, eine evolvierte Kultur – auf lokaler wie globaler Ebene – zu unterstützen; außerdem steuert er – auf direkte oder indirekte Weise – die notwendigen Lösungen bei, um die großen evolutionären Herausforderungen, mit denen wir dieser Tage konfrontiert sind, in Angriff zu nehmen und zu bewältigen.

AUF DEN PUNKT GEBRACHT

Um unsere globale Kultur bei ihrer Evolution vom »Zusammenbruch« zum »Durchbruch« zu unterstützen, wählt Justin Faerman eine höchst pragmatische Herangehensweise, indem er uns drei Grundprinzipien anbietet, die sich sowohl individuell als auch kollektiv anwenden lassen. Damit helfen wir, die Geburt einer erleuchteten Zivilisation zu beschleunigen, die alle Formen des Lebens begünstigt und zu globalem Wohlstand, Frieden und Nachhaltigkeit auf jeder Ebene beiträgt.

Aktiv werden: Das können Sie tun ...

Haben Sie ein Gespür für Ihre eigene individuelle Bestimmung? Was ist Ihr ganz spezifischer Einfluss auf Ihre Familie? Auf Ihre Freunde? Auf Ihre Gemeinschaft? Auf Ihre Welt? Wie können Sie jeden Tag von dieser Bestimmung her leben? Wie oft folgen Sie in Ihrem Alltag Ihrer Intuition?

34

Der Weg der Sozialkünstler*innen

von Jean Houston

Auf der ganzen Welt rufen Gesellschaften um Hilfe bei der notwendigen Transformation ihrer Bürger*innen, Organisationen und Institutionen. Wir brauchen neue Möglichkeiten, um Führungsverhalten in den Blick zu nehmen, und neue Methoden, mit denen wir Menschen unterstützen, damit diese der Menschheit dienen können. Doch inmitten der Turbulenzen allzu rascher Veränderungen strahlt ein außergewöhnliches Licht auf.

Einzigartige Umstände in der Geschichte der Menschheit eröffnen uns die Chance, zu etwas Größerem zu werden, als wir jemals zu werden geglaubt haben. Wir beginnen gerade die Möglichkeit einer planetaren Gesellschaft zu begreifen, die das Ende uralter Feindschaften und die Geburt neuer Wege einläutet, wie wir unser gemeinsames Menschsein und dessen verschiedene Kulturen nutzen können. Tatsächlich müssen wir das Potenzial der gesamten menschlichen Rasse und die besondere Genialität jeder einzelnen Kultur zusammenbringen, wenn wir unsere Zeit überleben wollen. Ich habe fast 60 Jahre darauf verwendet, die Natur des menschlichen Potenzials zu erforschen, und etwa 50 Jahre mit Studien zu unseren kulturellen Potenzialen verbracht. Und ich habe die Früchte geerntet, um diese in Bereichen wie Bildung und Erziehung, Gesundheitswesen, Sozialarbeit, persönliches Wachstum, Beruf, Kunst und

Kreativität nutzbar zu machen. Dabei habe ich entdeckt, dass Herausforderungen, die in einer Kultur entstehen, sich häufig dadurch bewältigen lassen, dass man Strategien anwendet, die in einer anderen Kultur entwickelt wurden.

Dies ist eine gewaltige Veränderung – doch hat sie sich erst einmal voll entfaltet, wird unsere Welt noch einmal die Kurve gekriegt haben. In der neuen Welt, die direkt vor uns liegt, werden wir sämtliche individuellen Fähigkeiten und frische Lösungsansätze benötigen, um den Gefahren einer durch Technologie und Medien gesteuerten Welt zu begegnen und ihre Verheißungen zu ernten. Menschen und Ideen werden gerade rapide vernetzt, und zwar in einer Weise, die eine neue Umwelt erschafft – man könnte quasi von einem neuen Weltgeist sprechen. Zum ersten Mal in der Menschheitsgeschichte werden wir die Genialität der menschlichen Rasse als Ernte einfahren.

Und was das menschliche Potenzial anlangt – nun, wir sind mit Potenzialen programmiert, von denen wir nur wenige jemals einzusetzen lernen. In dieser Epoche eines ganzheitlichen Wandels können wir es uns nicht länger leisten, als nur halb funktionierende Versionen unserer Selbst durchs Leben zu laufen. Die Komplexität unserer Zeit verlangt nach größerer und weiserer Nutzung unserer individuellen Kapazitäten – wir müssen das Instrument, das wir geschenkt bekommen haben, in seinem ganzen Umfang bespielen. Die Welt kann nur gedeihen, wenn wir imstande sind zu wachsen. Wir können diese mögliche neue Gesellschaft nur kreieren, wenn wir lernen, die Menschen zu sein, als die wir potenziell vorgesehen sind.

Wir leben in einer Zeit, in welcher der Weltgeist einen Spaziergang mit sich selbst unternimmt. Die entstehende Ökologie unseres Geistes und unserer Seelen – unser Vermögen, die Träume der anderen zu träumen und die Biografien der anderen zu erfahren – ist ein Teil der Welle gegenseitiger Durchdringung unserer aktuellen Zeit, Psyche und Erinnerung. Unser aller Maßstab wird auf planetarische Verhältnisse umgestellt, während wir mit unserer eigenen Tiefe in Resonanz gehen und uns mit dieser vertraut machen. Es ist eine Welt, in der dicht gewobene Kommunikationsnetzwerke von Menschen, die ihre Gemeinschaften wertschätzen und denen das Leben auf diesem Planeten sehr am Herzen liegt, etwas erschaffen, was wir bislang noch nicht erlebt haben: eine höhere Stufe von Führung. Die Erde selbst entwickelt sich zu einer riesigen Community aus Lehrenden und Lernenden, zu einer neuen Ordnung demokratischer Biologie, indem Einzelpersonen und Gruppen gemeinsam lernen und einen neuen Schauplatz für soziale Evolution kreieren.

Der Bedarf an Sozialkünstler*innen

Wir müssen damit anfangen, Menschen, Bürger*innen und Führungskräfte gleichermaßen darin zu unterstützen, einen neuen Geist hervorzubringen, der im Zusammenhang mit persönlicher und gesellschaftlicher Veränderung steht. Auf diese Weise besteht die Hoffnung, dass wir uns der Herausforderung unserer Zeit stellen können und uns selbst über den unbekannten Abgrund hinüberhelfen, der eine absterbende Epoche von einer im Entstehen begriffenen trennt.

Sozialkünstler*innen sind Menschen, die den Fokus, die Perspektive, die trainierten Fähigkeiten, das unermüdliche Engagement und die frische Sicht von Künstlern in den sozialen Bereich einbringen. Deshalb ist das Medium von Sozialkünstler*innen die menschliche Gemeinschaft. Sie suchen nach innovativen Lösungen für schwierige Bedingungen – als lebenslang Lernende sind sie stets hungrig nach Erkenntnis, Fertigkeiten, erfinderischen Ideen und einem tiefer gehenden Verständnis der aktuellen Probleme. Vor allen Dingen erweitern Sozialkünstler*innen ständig ihre Fähigkeiten und helfen gleichzeitig anderen, angesichts der gesellschaftlichen Komplexität ihre eigenen menschlichen Kapazitäten zu vergrößern.

Dies schließt ein, dass sie Kulturen und Organisationen dabei unterstützen, sich von der Vorherrschaft einer bestimmten wirtschaftlichen Kultur oder Gruppe hinzubewegen zu Systemen der zirkulären Investitionen, Beteiligungen und Partnerschaften. Es schließt ein, die Wirtschaft wieder auf ihren Platz eines von der Seele der Kultur abhängigen Trabanten zu verweisen, anstatt die Seele der Kultur als Trabanten der Wirtschaft zu betrachten. Es schließt tiefes Zuhören und kooperatives Handeln ein, um die Wunden gebrochener und erniedrigter Menschen zu heilen – jene, die auf der Skala wirtschaftlicher Ungleichheit lange am falschen Ende gestanden haben – und unser volles menschliches Potenzial zu entfalten. Es schließt einen Fortschritt der Seele ein, der die ureigensten Prinzipien unseres Menschseins herausfordern wird. Es bedeutet, dass wir alle zu evolutionären Partnern werden müssen.

Sozialkünstler*innen als kontemplative Schöpfer*innen

Sozialkünstler*innen sind an der Kunst neuer Schöpfungen beteiligt. Wir sind aufgerufen, das Geheimnis der Schnittstelle zwischen unserer Verpflichtung gegenüber der äußeren Realität und unserer Umarmung der inneren Reise zu erkunden. Kreative Sozialkunst ist kontemplativ – mit einer unverzichtbaren Synergie zwischen innerer und äußerer Realität, die es braucht, um Organisationen, Institutionen und potenzielle Möglichkeiten zu transformieren. Sie unterstützt ebenso visionäre Bestrebungen, und indem sie dies tut, entfesselt sie den menschlichen Geist sowohl derer, die Teil der Bestrebungen sind, als auch jener, die davon profitieren. Es ist eine Unternehmung von außerordentlicher Balance – eine Anspannung in der Ruhe! Es ist ein Raum der exquisiten Stille und des außergewöhnlichen Einsatzes. In einem solchen Zustand erschließen sich uns erstaunlich kreative Ideen, welterschaffende Modelle. Unter der Oberflächenkruste unseres Bewusstseins sind kreative Ideen und Lösungen immer vorhanden – bereit, in unserem Bewusstsein aufzublühen.

Sozialkünstler*innen sind eine neue Art von Heiler*innen

Heilung schließt das Geheimnis von Wandel, Transformation und der erstaunlich veränderlichen Natur unserer Körper, unseres Geistes und unserer Seelen ein – und im weiteren Sinne auch unserer Gesellschaften und Kulturen. Wir leben in einer Welt, die reif ist, geheilt zu werden; und dies ist es, was Sozialkünstler*innen letztlich motiviert, die Initiative zu ergreifen. Sie sind sich bewusst, dass wir für die Heilung geschaffen sind. Die Natur und der Prozess der Heilung, die vielfältigen Formen für Menschen und Gesellschaften, Heilung zu erfahren, scheinen der ureigenste Zustand unseres Menschseins zu sein – das Übungsgelände für unsere gesellschaftliche Entfaltung.

Die zentrale Frage ist hier – und das unterscheidet die großen und inspirierten Sozialkünstler*innen von den durchschnittlichen –, ob sie Heilung als etwas betrachten, das uns errettet, oder als etwas, das uns kreativ macht; als etwas, das uns erlöst, oder etwas, das uns zur Evolution veranlasst. In unseren traditionellen medizinischen Methoden und unserer Heilungspraxis liegt der Schwerpunkt fast ausschließlich auf dem Aspekt der Errettung. Alle fundamentalistischen Haltungen sind in ihren Philosophien und Liturgien für gewöhnlich auf Errettung oder Erlösung ausgerichtet. Sie zielen eher darauf ab, den alten Adam zu »reparieren«, als den ganzen Adam zu »kapieren«. Oder, falls ihnen dies nicht gelingt, versichern sie ihren Anhänger*innen, dass sie sie nach dem Tode auf einer anderen Ebene wieder »in Ordnung bringen«. Dieser Erlösungsgedanke wird auf den »Heiligen Krieg« *Dschihad,* die nationale Verteidigung oder auch sogenannte Präventivschläge übertragen. Man zieht sämtliche Register extremer Maßnahmen, um den Zustand des »Gefallenseins« wieder zu reparieren.

Der evolutionäre Zustand arbeitet dagegen auf einer komplett anderen Grundlage hinsichtlich des Lebens und der Heilung: Es gibt einen Ort, zu dem wir gehen können; es gibt einen Zustand, den wir erreichen können. Selbst Krankheit schließt in sich die Vorstellung einer Auflösung ein, die zu einem Umbau auf einer höherer Ebene führt – Chaos, das zum Kosmos führt. Heilung macht uns ganz – es ist die Bewegung aus einem begrenzten Zustand, welcher auf äußerst schmerzhafte Weise empfunden wird, durch einen Prozess hindurch, an dessen Ende die Schöpfung auf der neuen Ebene eines höheren Zustandes unseres Geistes, unserer Emotionen und unseres physischen Wesens steht. Etwas verändert sich; die Wunden in unserem Körper oder unserer Gesellschaft werden als Portale zu einem höheren Bewusstsein und höher entwickelten Lebensformen wahrgenommen.

Sozialkünstler*innen respektieren die Einzigartigkeit jeder Person, mit der sie arbeiten. Als Heiler*innen unterstützen sie Menschen dabei, ihr Potenzial zu entfalten – und rechnen sich dies anschließend nicht als ihr Verdienst an, um die Fortschreibung alter Abhängigkeitsmodelle zu vermeiden. Gute Sozialkünstler*innen-Heiler*innen sind wie Beschwörer*innen, die den Menschen aufzeigen, wie diese sich ihre innere Weisheit und ihr inneres Wissen erschließen können, anstatt sie wie unwissende Schafe zu behandeln. Diese Art der Heilung hebt uns über die Polaritäten von »links vs. rechts« oder »wir gegen sie« hinweg und befördert Kooperation, Verständnis und Netzwerke gegenseitiger Hilfe. Vor allen Dingen geht es um »mitfühlendes Zuhören« – eine der wesentlichen Fertigkeiten der Sozialkünstler*innen.

In unserer intrakulturellen und Bildungsarbeit versuchen wir die wichtigsten Geschichten, Mythen, Legenden und lehrreichen Fabeln einzubinden, die dem Geist der Kultur zugrunde liegen, in der wir gerade arbeiten. Sie bilden den Hintergrund, vor dem wir unser Werk der menschlichen Entwicklung weben. Wir finden, dass Menschen sowohl weiter als auch schneller und tiefer gehen, wenn ihr Lernen an eine Geschichte anknüpft, und ganz besonders, wenn diese Geschichte einen Schlüsselmythos ihrer eigenen Kultur darstellt. Deshalb haben wir in Indien mit dem *Ramayana* (dem auf

Sanskrit geschriebenen Nationalepos des alten Indien) und dem Leben Mahatma Gandhis gearbeitet; in Australien mit bestimmten Schöpfungsmythen der Aborigines; in England mit den Legenden Parzivals, Gawains und den anderen Rittern der Tafelrunde auf ihrer Suche nach dem Heiligen Gral; in Bangladesch mit den Dichtungen des Nobelpreisträgers Rabindranath Tagore und anderen bengalischen Poeten.

Wir spüren instinktiv, wann wir neue Geschichten brauchen – wann die alten Geschichten nicht mehr unserer aktuellen Realität entsprechen. Und doch scheinen sich die alten Geschichten immer und immer wieder in Gestalt fraktaler Wellen aufzubäumen, um der Kultur Kraft zu verleihen und mit Vorzeichen zu versehen. Was wir also brauchen, ist eine Remythisierung und ein neuerliches Weben der Geschichten im Lichte unserer heutigen Bedürfnisse. Es ist immer schon Aufgabe der Kultur gewesen, die Bedeutung und die Relevanz einstiger und künftiger Geschichten neu und auf einer tieferen Ebene zu entdecken – denn ohne Geschichten denaturieren unsere Kulturen und werden demoralisiert.

Wir befinden uns genau in der Phase, wo die wirkliche Arbeit der Menschheit beginnt. Dies ist der Zeitpunkt und Ort, an dem wir uns mit der Schöpfung verbünden müssen für die Neuerschaffung unserer selbst, für die Wiederherstellung der Biosphäre und die Übernahme einer neuen Art von Kultur. Diese könnten wir als Kultur der Güte bezeichnen, in der wir unser Alltagsleben so gestalten, dass wir durch die Quelle unserer Realität wieder verbunden, aufgeladen und bewusst gemacht werden, bis die uns angeborene Kreativität freigesetzt wird und wir vollständig in unsere Welt und unser Werk eingebunden sind.

AUF DEN PUNKT GEBRACHT

Sich eine planetare Gesellschaft vorstellend, die die Geburt neuer Möglichkeiten zur Nutzung unseres gemeinsamen Menschseins einläutet, erklärt uns Jean Houston, wie diese mögliche Gesellschaft nur dann eine Realität werden kann, wenn wir lernen, die Menschen zu sein, als die wir potenziell vorgesehen sind. Das heißt, wir müssen verstehen, dass soziale Evolution mehr Sozialkünstler*innen benötigt – Menschen, die eine frische Sicht in den sozialen Bereich bringen, die danach streben, alle Ebenen der Gesellschaft zu transformieren, die kontemplative Schöpfer*innen sind, die sowohl in der Stille als auch durch aktiven Einsatz handeln und die Heiler*innen sind, welche Menschen dabei helfen, ihr Potenzial zu entfalten. Wir befinden uns genau jetzt in der Phase, wo diese wirkliche Arbeit der Menschheit ihren Anfang nimmt.

Aktiv werden: Dies können Sie tun …

Sie sind bereits der *Mensch, als der Sie potenziell angelegt wurden!* Experimentieren Sie diese Woche einmal damit, sich selbst als Sozialkünstler*in neu zu erfinden – und in jeder entstehenden Situation zu einer kreativen Kraft für das Gute zu werden.

35

Eine ganzheitliche Vorstellung von Evolution und Bewusstsein

von Robert Atkinson

Während manche Menschen mit dem Bewusstsein leben, dass nur bestimmte Dinge sich weiterentwickeln, sehen andere dagegen alle Dinge in Evolution begriffen. Dieser Unterschied unseres Verständnisses von Evolution wirft ein Schlaglicht auf die größte Chance, die die Menschheit heute hat – nämlich das vorherrschende, nicht nachhaltige Bewusstsein der Dualität zu transzendieren, das uns voneinander abtrennt, Hierarchien schafft und das Überleben unserer Spezies gefährdet. Diese Bewusstseinskrise verzerrt die Art, wie wir zueinander und zur natürlichen Umwelt, von der wir umgeben sind, in Beziehung treten.

Vor Charles Darwin betrachtete man Evolution gemeinhin als etwas Willkürliches und Zufälliges, das von Trennung geprägt war. Im Jahr 1859 brachte Darwins Werk *On the Origin of Species by Means of Natural Selection* (dt. »Der Ursprung der Arten«) die biologische Evolution in die öffentliche Diskussion ein. Seine Theorie von der Evolution, welche die Idee einschloss, alles Leben stamme von der gleichen Quelle als Teil eines großen Lebensstammbaums ab, öffnete die Tür zum Verständnis aller anderen Formen von Evolution – insbesondere der sozialen und der kulturellen Evolution.[1]

Ein Teil von Darwins Evolutionstheorie wurde vom sogenannten Sozialdarwinismus gekapert, der die dualistische Weltsicht noch verschärfte, die Illusion von der Trennung weiter fortschrieb, die Dominanz des Wettbewerbs begünstigte und sogar Rassismus und Kriege rechtfertigte. Wenn wir stattdessen Evolution als einen sich nach und nach entfaltenden Entwicklungsverlauf in Richtung eines angeborenen Potenzials begreifen, erkennen wir, dass die Sozialdarwinisten nur einen begrenzten Aspekt unserer Natur beschreiben, der hinter dem zurückbleibt, was uns als Menschen möglich ist.

Die Beschaffenheit der Evolution

In einer ganzheitlichen Sichtweise der Evolution sind alle Bedrohungen unseres kollektiven Wohlergehens miteinander verknüpft – ebenso wie alle Lösungen zu unseren Problemen. Buddha soll vor langer Zeit gesagt haben: »Alle Dinge stammen von einem Wesen ab, entwickeln sich entsprechend einem Gesetz und sind auf ein Ziel ausgerichtet.«[2] Diese Weltsicht erlaubt einen zielgerichteten evolutionären Entwicklungsverlauf im Hinblick auf alle Dinge, sie betrachtet die Realität als ein Ganzes und Harmonie als beständiges Prinzip.

Dieser Betrachtungsweise zufolge durchlaufen außerdem alle Dinge Zyklen aus Geburt, Wachstum, Reife, Niedergang und Erneuerung. Gängige Beispiele dafür sind der Kreislauf der Jahreszeiten und der Aufstieg und Niedergang von Zivilisationen; zusätzlich könnte man hier auch noch den Zyklus spiritueller Zeitalter anfügen.

Spirituelle Zeitalter haben die bewusste Evolution der Menschheit markiert, wobei jeder neue Zyklus einen Sprung des menschlichen Bewusstseins mit sich brachte. Eine ganzheitliche Sichtweise von Evolution verlangt von uns auch, dass wir uns die Frage stellen: Wenn sich alle Dinge gemäß einem einzigen Gesetz entwickeln – warum sollte dies dann nicht auch für die Evolution der Religion zutreffen?

Die Begründer der großen Weltreligionen – Abraham, Krishna, Moses, Zoroaster, Buddha, Jesus Christus, Mohammed und in unserer Epoche Bahá'u'lláh – haben alle auf ihre eigene Art das spirituelle Leben der Völker der Welt transformiert und sogar den Verlauf des menschlichen Lebens in den vergangenen 4000 Jahren gelenkt. Der damit einhergehende Einfluss auf die Gesellschaft hat dazu beigetragen, den Schwerpunkt von einer gesellschaftlichen Entwicklungsstufe zur nächsten zu verschieben – von der familiären Einheit zur Stammesgruppe, und von dort zum Stadtstaat, zur Nation und schlussendlich dahin, wo wir heute sind: unserem gemeinsamen Gestalten von Einheit im globalen Maßstab.

Das Aufkommen dieser letzten Verschiebung können wir Mitte des 18. Jahrhunderts verorten, als Entzweiung und Intoleranz an einem Kipp-Punkt angelangt waren. Religionswissenschaftler richteten ihren Blick auf das Heilige Land und Persien als die Orte, wo die prophetischen Schriften sich womöglich erfüllten. Wie alle Propheten vor ihm offenbarte Bahá'u'lláh zum damaligen Zeitpunkt spirituelle Lehren, die auf das Bedürfnis seiner Epoche ausgerichtet waren (»Die Erde ist nur ein Land, und alle Menschen sind seine Bürger«)[3], was zur Entstehung der Bahá'í-Religion mit seiner Bahai-Gemeinde im damaligen Persien führte, die auf dem Prinzip vom Einssein der Menschheit gründet.

Seit nunmehr 175 Jahren in diesem spirituellen Zeitalter – das noch immer in seinem Frühling ist – scheint ein gradueller, wenngleich weitverbreiteter Anstieg globalen Bewusstseins unleugbar und die letztliche Einheit der menschlichen Rasse unabwendbar. Die Evolution ist in allen Bereichen zielgerichtet und fortschreitend, und sie führt immer zu dem ihr innenwohnenden Potenzial.

Die Beschaffenheit des Bewusstseins

Etwas Größeres scheint in der Evolution des Bewusstseins im Spiel gewesen zu sein, als Darwin seine Hypothese der Evolutionstheorie aufstellte. Vor seiner berühmten und für ihn lebensverändernden Reise auf der *HMS Beagle* hatte Darwin in Cambridge Theologie studiert und sich vor allem mit der Naturtheologie auseinandergesetzt und mit der Vorstellung, dass sich die Existenz Gottes aus den

Wundern seiner Schöpfung – sprich der Natur – ableiten ließe. Er hätte ebenso gut durch das gleiche Phänomen inspiriert sein können, das Carl Gustav Jung rund 50 Jahre später erkannte, nämlich dass »wir uns an der Schwelle einer neuen geistigen Epoche befinden«.[4]

Um Darwin neu zu interpretieren und seine bahnbrechende Evolutionstheorie im Zusammenhang mit der Evolution des Bewusstseins zu verstehen, muss man sie in Beziehung zum spirituellen Zeitalter setzen, das zu seinen Lebzeiten gerade im Entstehen begriffen war, und zugleich als einen Beleg dafür nehmen, wie die Kraft dieser zyklischen Freisetzung spiritueller Energie die ganze Menschheit neu beleben kann.

Dies macht jedoch nur Sinn, wenn wir die andere Seite Darwins begreifen – jene Seite, die man als *sakralen Darwinismus* bezeichnen könnte, die nicht nur die Auffassung vertritt, dass alles Leben ein Teil des gleichen Lebensbaumes ist, sondern auch, dass Evolution zielgerichtet verläuft und zu immer höheren Ebenen von Harmonie führt, wie er es selbst 1871 in seinem Werk *The Descent of Man* (dt. »Die Abstammung des Menschen«) beschrieben hat:

»Wenn der Mensch in der Kultur fortschreitet und kleinere Stämme zu größeren Gemeinschaften vereinigt werden, so wird das einfachste Nachdenken jedem Individuum sagen, dass es seine sozialen Instinkte und Sympathien auf alle Glieder der Nation auszudehnen hat, selbst wenn sie ihm persönlich unbekannt sind. Ist dieser Punkt einmal erreicht, so besteht dann nur noch eine künstliche Grenze, welche ihn abhält, seine Sympathie auf alle Menschen aller Nationen und Rassen auszudehnen.«[5]

Diese Seite Darwins steht in Übereinstimmung mit dem Bewusstseinswandel, der sich aktuell vollzieht. Seine Theorie der sozialen Evolution selbst kann als Teil des evolutionären Impulses verstanden werden, der in seiner eigenen Epoche gerade Fahrt aufzunehmen begann. Einen Entwicklungsweg der sozialen Evolution entwerfend, folgt er indigenen Weisheiten, der *Philosophia perennis* (die ganzheitliche Sichtweise, dass es in allen religiösen Traditionen der Welt einen Kern gemeinsamer Weisheit gibt) und der jüngsten göttlichen Offenbarung – indem er das natürliche Gesetz der Kooperation mit der Goldenen Regel in Reinformat in eine Linie bringt. In Darwins einer Kernaussage überholt die Kooperation den Konkurrenzkampf und erweist sich als etwas Fortschreitendes: von der Ebene des Individuums zur globalen Ebene – und kollektiver Altruismus wird als etwas stetig Wachsendes verstanden.

Das Naturgesetz der Kooperation ermöglicht eine erfolgreiche Transzendenz vom individuellen zum kollektiven Wohl. Wenn wir diese natürliche Entwicklung noch einen Schritt weiterführen, wird ein solcher evolutionärer Verlauf – trotz gelegentlicher Schwankungen – letztlich zu einem neuen universellen spirituellen Prinzip führen: einer Zukunft, in der gegenseitiges Verständnis und Mitgefühl zu Frieden auf Erden führen.

Durch die Anwendung des Gesetzes der Kooperation auf menschliche Gemeinschaften, wie Darwin dies beabsichtigte, werden unsere individuellen Instinkte und unser Wohlwollen sich auf immer größere Gemeinschaften ausdehnen, bis wir die gesamte globale Gemeinschaft als eine einzige sehen. Wir können Darwins Theorie der sozialen Evolution sogar als einen Beitrag zu unserem eigenen kollektiven Überleben uminterpretieren.

Der aktuelle Sprung im menschlichen Bewusstsein, von dem sich Darwin vorstellte, dass er einschloss, unsere »Sympathie auf … alle Nationen und Rassen auszudehnen«, erhebt das Prinzip der Goldenen Regel zu einer globalen Größenordnung. Als führende Vertreter der Spiritualität und der Wissenschaft ihrer Epoche, als Zeitgenossen und letztlich von der gleichen Quelle inspiriert, stehen Bahá'u'lláh und Darwin nicht nur im Einklang miteinander, sondern ihre Visionen führen auch zum selben Resultat: Bewusstsein ist ein Potenzial, das sich in Richtung Ganzheit und Einheit entwickelt.

Vereinende Prinzipien, nach denen wir leben können

Jede spirituelle Epoche hat ihre eigenen zehn Gebote oder Seligpreisungen, die den Kern spiritueller Wahrheiten ihrer Zeit – oder den Geist ihrer Zeit – charakterisieren. Wie bereits angemerkt, besteht das charakteristische Prinzip, das zentrale Thema, die unwiderrufliche Wahrheit unserer Zeit darin, dass die Menschheit *eins* ist.

Alle religiösen und spirituellen Traditionen der Welt teilen die Vision vom Frieden auf Erden. Und Prinzipien, die ein universelles Bestreben in Richtung dieser Vision lenken können, rücken immer klarer ins Blickfeld. Nach vielen Jahrhunderten der Evolution des Bewusstseins verstehen wir heute besser, dass Einheit, Ganzheit und wechselseitige Abhängigkeit die Grundlage bilden, auf der diese Vision aufbauen muss. Was wir darüber hinaus hierfür brauchen, ist ein Gerüst, das aus folgenden Grundprinzipien bestehen könnte:

- Gleichheit zwischen Frauen und Männern;
- Balance von Wohlstand und Armut;
- Einklang von Wissenschaft und Spiritualität;
- Freiheit von jeglicher Art von Vorurteilen;
- eine versöhnende statt bestrafende Justiz;
- Wahrheit, die sich auf unabhängige Weise erfahren lässt;
- universelle Bildung und
- den Schutz der Natur als »Treuhandschaft Gottes«.

Diese vereinenden Prinzipien sind auf solch wechselseitig voneinander abhängige Weise verbunden, dass die Umsetzung des einen von der Umsetzung aller übrigen abhängt. Jedes einzelne Prinzip ist außerdem eine Grundvoraussetzung für die Menschheit, um als *eine* Familie zu leben. Wenn wir diese Prinzipien in unserem Leben verwirklichen, wenn wir alle Dinge mit den Augen des Einsseins betrachten, werden wir die uralte Vision vom Frieden auf Erden erfüllen.[6]

Wir können diese Vision umsetzen, den bereits angelaufenen Prozess der globalen Transformation vollenden und die herausforderndsten Probleme unserer Zeit lösen – ja, all dies können wir tun, indem wir genau das spirituelle Prinzip zur Anwendung bringen, das sich am engsten mit einer bestimmten sozialen Notwendigkeit deckt.

Die Vereinigung unserer Zielsetzungen ist für den evolutionären Impuls entscheidend; ihre Erfüllung hängt davon ab, was sich in unserem Geist abspielt. Oder wie uns Pierre Teilhard de Chardin ermahnte: »Diese Vereinigung jedoch ... steigert sich nur, wenn wachsendes Bewusstsein sie trägt.«[7] Unser Ziel ist die Einheit in der Vielfalt, die immer und überall existiert. Die Evolution des menschlichen Bewusstseins wird dann ihre vollste Ausdehnung erfahren, wenn wir als Menschheit die perfekte Einheit, Ganzheit und Harmonie widerspiegeln, die in der ganzen Vielfalt der Schöpfung längst vorhanden ist.

AUF DEN PUNKT GEBRACHT

Mit einer ganzheitlichen Vision von Evolution und Bewusstsein legt uns Robert Atkinson nahe, dass der evolutionäre Impuls einem zielgerichteten Entwicklungsverlauf folgt – hin zu einem angeborenen Potenzial. Dies trifft ebenso auf den Bereich der Spiritualität zu, wo periodisch stattfindende Epochensprünge die Menschheit zu ihrer kollektiven Erfüllung führen. Indem wir uns unserem Zeitalter der kollektiven Reife nähern und um das Versprechen vom Frieden auf Erden herbeizuführen, braucht es für diese unsere Zeit relevante Prinzipien: die Erkenntnis vom Einssein des Menschen, Gleichheit zwischen Frauen und Männern, Balance von Wohlstand und Armut, Einklang von Ratio und Glaube, eine versöhnende Justiz, Wertschätzung aller Gruppen innerhalb des Ganzen, die Auffassung der Natur als Verkörperung des Heiligen und das eigenständige Erfahren von Wahrheit.

Aktiv werden: Das können Sie tun …

Praktizieren Sie jeden Tag die Erkenntnis von der Verbundenheit aller Dinge; achten Sie darauf, alle Dinge zuerst mit dem Blick der Einheit zu betrachten. Atmen Sie tief hinein in die perfekte Harmonie, von der Sie überall umgeben sind. Wie fühlt es sich an, diese Ganzheit widerzuspiegeln?

36

Unseren Weg zum Einssein erkennen und erleben

von Ervin Laszlo

Die Zeit ist reif, dass wir unseren Weg zum Einssein erkennen *und* erleben – denn beide Dinge ergänzen einander und verstärken sich gegenseitig. *Einssein* bedeutet, dass wir uns unserer Verbundenheit mit dem gesamten Gewebe des Lebens bewusst sind. Eine solche Transformation des Bewusstseins muss universell sein und aus dem Innern kommen. Es muss ein Wandel sein, der zu einer *»Rückwendung«* zu jenen Einsichten und Ahnungen führt, die das Überleben der Menschheit an kritischen Punkten stets gelenkt haben.

Das steigende Interesse an Heilung und Spiritualität kündet vom Aufkommen einer solchen »Rückwendung«, die ganz maßgeblich von der Evolution unseres Bewusstseins abhängt. Aufgrund dieser Entwicklungen haben wir in wesentlichen Entscheidungsprozessen in den Bereichen der Gesellschaft, des Unternehmertums, der Bildung, des Gesundheitswesens und der Politik bereits ein höher evolviertes Bewusstsein eingebracht, welches einen positiven, wenngleich nicht breitflächig anerkannten Entwicklungsprozess in Bezug auf unsere gemeinsame Zukunft erkennen lässt. Da wir uns einem kritischen Kipp-Punkt der menschlichen Existenz auf diesem Planeten nähern, kann die Art, wie wir die Welt erfahren und wie wir uns selbst *in* der Welt erfahren, nicht nur unsere Spezies, sondern das gesamte Gewebe des Lebens an sich erneuern oder gefährden.

Unsere Fehlwahrnehmung des Getrenntseins

Eine bewusste Spezies kann dem Irrtum anheimfallen, sich selbst als von der Welt getrennt wahrzunehmen – eine Fehleinschätzung, die wir gemeinhin als »Dualität« bezeichnen. Die Menschheit ist sozusagen von ihrer instinktiven, intuitiven Einheit abgewichen, in die andere Spezies eingebettet sind. Aber sie ist ebenso in der Lage, diesen Fehler geradezurücken und ihr grundsätzliches Einssein wiederzuerlangen.

Falls wir als Menschheit jedoch den evolutionären Entwicklungsverlauf der Dualität weitergehen – mit seiner Orientierung auf Angst, Intoleranz und Frustration –, werden die internationalen Systeme weiterhin unter der Kontrolle etablierter herrschender Interessen verbleiben; Politik wird auch künftig den Interessen derjenigen Gruppe entsprechen, die im Besitz der Macht ist, ohne Rücksicht auf andere. Dadurch wird eine wachsende Kluft zwischen Reichen und Armen, Machthabenden und an den Rand gedrängten Bevölkerungsschichten geschaffen; Unternehmensinteressen werden weiterhin das Geschäftsleben lenken und Profitmaximierung auf Kosten »austauschbarer« Arbeitnehmer*innen und nachhaltiger Entwicklung zu ihrer Zweckbestimmung erklären; Rückkopplungen aus dem weiteren Ökosystem werden als Störungen betrachtet, die es zu ignorieren gilt – während man darauf hofft, Kollisionen und Konflikte dadurch zu überwinden, dass man die Kontrollmechanismen erhöht und die Befolgung von Konzernrichtlinien erzwingt. Dieser Weg kann uns im Ergebnis nur in lokale Krisen führen, die globale Krisen nach sich ziehen werden, was im totalen Zusammenbruch enden wird.

Das moderne Bewusstsein stellt die Gültigkeit von Instinkt und Intuition infrage; es vertraut ausschließlich der Beobachtung und dem gesunden Menschenverstand. Unser Weg nach vorn ist keine Rückkehr zu dem vorherigen, intuitiven Zustand des Einsseins, sondern eine »bewusste Wiederherstellung« dieses Einsseins. Eine solche Wiederherstellung kann sich der Beobachtung und des logischen Denkens bedienen, selbst wenn relevantes logisches Denken unseren gemeinhin akzeptierten, gesunden Menschenverstand übersteigt. Mit diesem Weg folgen wir der Methode der Wissenschaft.

Der Einsatz von Wissenschaft, um Trennung zu überwinden

Betrachten wir die Stellung der Menschheit innerhalb der Biosphäre mit den Augen der Wissenschaft, dann wird das Gewebe des Lebens als ein gewaltiges, auf natürliche Weise miteinander verbundenes und kohärentes System erkennbar. Bei genauerem Hinsehen erkennen wir, dass dieses System nun teilweise inkohärent geworden ist, da es ein Element beherbergt, das die ihm innewohnende Kohärenz durcheinanderwirbelt und beschädigt: die Spezies Mensch – welche vor ungefähr 50 000 Jahren eine höhere Art des Bewusstseins entwickelte.

Unsere Spezies selbst – der *Homo sapiens* – ist natürlich noch viel älter, ihre Ursprünge reichen fünf Millionen Jahre oder sogar noch weiter zurück. Doch die Art von Bewusstsein, die den Fehler des Getrenntseins machen konnte, entstand erst mit dem *Homo sapiens sapiens,* der die Fähigkeit besaß, zwischen der erfahrenden Person und dem, was erfahren wird, zu unterscheiden – wodurch er eine radikale Trennung zwischen beiden schuf.

Die moderne Welt unterstreicht diese fehlerhafte Auffassung durch die weitere irrige Annahme, dass nur Menschen wahrhaft bewusste Wesen sein können. Häufig wird die Meinung vertreten, andere Spezies verfügten entweder über ein wesentlich geringeres oder gar kein Bewusstsein. Handlungen, die auf einer solchen Auffassung basieren, beschädigen die Intaktheit des Lebensgewebes, indem sie dieses natürliche, fein ausbalancierte und zutiefst untereinander verbundene System »suboptimieren« – durch Bevorzugung eines ihrer Elemente, *des Menschen,* auf Kosten der anderen. (Und innerhalb dieser Logik auch noch durch Bevorzugung bestimmter Menschen auf Kosten anderer Menschen.)

Die Wissenschaft erklärt uns, dass ein gesunder Organismus ein zusammenhängendes System ist – und alle seine Teile bei der Aufgabe zusammenarbeiten, diesen in seinem dynamischen, aus physikalischer Sicht unvorstellbaren lebendigen Zustand zu erhalten. Der gesunde Organismus ist nicht nur in sich selbst geschlossen, sondern gleichzeitig auf kohärente Weise mit der Natur verbunden. Dies bildet ein allumfassendes Lebenssystem auf unserem Planeten, das sich durch wahre »Superkohärenz« bzw. eine Kohärenz in sich selbst kohärenter Systeme auszeichnet.

Unser superkohärentes System wurde allerdings durch einen Faktor der Inkohärenz beschädigt: die irrtümliche Auffassung von der Dualität. Eine solche Inkohärenz ist wie ein Krebsgeschwür im Gewebe des Lebens: Sie ist eine Bedrohung für das Lebenssystem und damit auch für sich selbst.

Mit Lebenserfahrung die Trennung überwinden

Ein Weg, um unser Einssein wiederherzustellen, ist die Erkenntnis, dass es dringend erforderlich ist, wieder zur ungestörten Kohärenz mit allem Leben auf dem Planeten zu kommen. Ein anderer Weg wäre durch spontane, gelebte Erfahrung, die für den erfahrenden Menschen ebendiese Realität verifiziert.

Der *Sapiens sapiens* hat seine Fähigkeit, Kohärenz mit dem Lebenssystem auf dem Planeten und dem Einssein mit der Welt zu erfahren, nicht verloren. Immer mehr Menschen entwickeln eine Sensibilität, die sie in die Lage versetzt, dieses Einssein zu erleben. Sie spüren, dass sie Teil eines größeren Ganzen sind: dass sie der Natur als eines ihrer wesentlichen Elemente angehören und dass Natur ihrerseits ein wesentliches Element der größten Realität ist, die wir Kosmos nennen. Dieses Gefühl ist das Kennzeichen spiritueller und religiöser Erfahrung – und es ist eine reale Erfahrung, unabhängig davon, welche Religion oder spirituelle Tradition sie zum Ausdruck bringt.

Die wissenschaftliche Methode und die spirituelle Erfahrung können beide zum gleichen Ergebnis führen. Die spirituelle

Erfahrung eines Gefühls von Einssein mit anderen kann zu den gleichen Einsichten führen wie logisches Nachdenken oder wissenschaftliches Experimentieren. Obwohl sie mit unterschiedlichen Methoden arbeiten, stimmen beide Ansätze darin überein, dass wir grundsätzlich mit anderen Menschen, Lebensformen, der Biosphäre und letztlich auch dem Universum verbunden sind.

Wissenschaft und Spiritualität sind keineswegs widerstreitende, sich gegenseitig ausschließende Elemente, sondern – im Gegenteil – einander ergänzende Partner auf der Suche nach dem Weg, der es der Menschheit ermöglichen wird, ihr Einssein mit der Welt wiederzuerlangen. Während die Wissenschaft die dringende und objektive Notwendigkeit dieses Einsseins demonstriert, bezeugt die Spiritualität den ihm innewohnenden Wert und höchste Erwünschtheit.

Wir können *über* unser Einssein in der Welt *nachdenken,* und wir können unser Einssein *mit* der Welt *erfahren.* Wenn wir sowohl dem Weg der Ratio als auch dem unserer Erfahrung folgen, führt uns dies auf den evolutionären Pfad, der auf Gefühl, Heilung und Bewusstsein hin ausgerichtet ist. Zahlreiche Tendenzen in allen Bereichen unserer Gesellschaft weltweit führen uns genau in diese Richtung:

» Soziale Gemeinschaften und neue Medienplattformen verändern soziale Strukturen und Organisationen weg von hierarchisch strukturierten *top-down*-Modellen hin zu dezentralisierten Netzwerken und Beziehungen, welche die Menschen verbinden und starken Einfluss auf diese haben, indem sich immer mehr Leute für kooperative und empathische Führungspersönlichkeiten und Vorbilder entscheiden.
» Die Technologie schafft neue Möglichkeiten für einen offenen Zugang, Forschung und Entwicklung auf vormals wenig erkundeten Gebieten wie der Erweiterung von Bewusstsein, der Fortentwicklung von künstlicher Intelligenz (KI) und Robotik, dem Biotech-Bereich, der Quantencomputer-Entwicklung und den intelligenten Maschinen, die gerade zu

einem integralen Bestandteil der Bildungs-, Gesundheits- und Sicherheitssysteme werden.

» Zwischenmenschlicher Kontakt und Kommunikation durch die aufkommende »Medien-Ökologie« erlaubt es jungen Menschen, Empathie auf lokaler wie globaler Ebene zu erfahren, indem sie ihre Gefühle, Hoffnungen und Ziele kommunizieren.
» Trends in Gesundheit und Medizin bewegen sich in Richtung alternativer, natürlicher Heilverfahren, indem Menschen sich darum bemühen, im Einklang mit den Rhythmen der Natur zu leben.
» Aus ökologischer Sicht ist anerkannt, dass das Wohlergehen der Menschen sehr eng an das Zusammenleben mit anderen Spezies geknüpft ist.
» Im Bereich der Bildung bieten neue Lernumgebungen Lernenden Zugang zu Kolleg*innen und Lehrer*innen auf der ganzen Welt und erlauben ihnen gleichzeitig, ihre Lehrpläne selbst mitzugestalten, was zu mehr Sinnhaftigkeit und Zufriedenheit führt.
» Wirtschaftssysteme werden zu Gemeinschaftsunternehmungen – ihr Wirtschaftswachstum ist darauf angelegt, von optimalem Nutzen für ganze Gemeinschaften zu sein.

Diese und viele andere ähnliche Tendenzen bringen uns auf dem Pfad höherer evolutionärer Entwicklung voran, der auf Verständnis, Empathie und Kooperation aufbaut. Seine Auswirkungen in lokalen, nationalen und globalen Vereinbarungen wird alternative soziale und ökologische Strukturen schaffen, die eine prosperierende Welt nach sich ziehen.

Die Herausforderung, der sich die Menschheit momentan gegenübersieht, besteht darin, dass sie ihre Bestimmung als bewusste Spezies erreicht. Noch kann der *Homo sapiens* eine gedeihliche Welt kreieren, die seinem Namen alle Ehre macht. Wir können noch immer das intellektuelle, moralische und emotionale Potenzial erkennen, das dem Herzen und dem Geist jedes einzelnen Menschen innewohnt, mit dem wir uns diesen Planeten teilen.

AUF DEN PUNKT GEBRACHT

Ervin Laszlo sieht den Schlüssel für eine globale Transformation – die im Ergebnis zu Nachhaltigkeit und Prosperität führt – in einer Vision von der Ganzheit bzw. einer Wiederherstellung unseres Einsseins mit allem. Für ihn führen zwei Pfade dorthin: Entweder wir gelangen mithilfe unserer Ratio über den Fehler des Getrenntseins hinaus, indem wir das Gewebe des Lebens als ein riesiges, auf natürliche Weise verbundenes und kohärentes System erkennen. Oder wir gehen den Weg über unsere gelebte Erfahrung, die uns unsere grundsätzliche Verbundenheit untereinander, mit anderen Menschen, anderen Lebensformen, der Biosphäre und dem Universum in Erinnerung ruft. Beide Wege unterstützen die Evolution unseres Bewusstseins und ermöglichen es uns, höher »evolvierte« Entscheidungen zu treffen, indem wir unser Einssein zurückgewinnen.

Aktiv werden: Das können Sie tun ...

Steigen Sie heute mal aus Ihrer Komfortzone aus: Sprechen Sie einen fremden Menschen an. Laufen Sie barfuß im Gras. Erfahren Sie Ihre Verbundenheit mit dem gesamten Gewebe des Lebens.

37
Ein synergetischer Zusammenschluss des Ganzen

von Barbara Marx Hubbard

Wir befinden uns im Epizentrum – in der »Geburtskrise« – einer neuen Menschheit. Entweder wird die planetare Evolution rasch den Bach runtergehen, oder sie wird den Sprung auf die nächste Stufe der menschlichen Evolution hinbekommen. Wir können diesen natürlichen Geburtsprozess in uns selbst aktivieren, indem wir alle gemeinsam unsere Fähigkeiten als evolutionäre Führungspersönlichkeiten einsetzen – in der gleichen Weise wie der Evolutionsprozess in der Vergangenheit funktioniert hat, um uns in genau diesem Moment unserer kollektiven Entwicklung an diesen Punkt zu bringen.

Wir können diese nächste Stufe unserer bewussten Evolution mittels einer Synthese des Ganzen erreichen, indem wir Menschen auf eine Weise vereinen, die uns von getrennten Wesen zu einem einzigen System evolvieren lässt, das größer ist als die Summe seiner Teile. Einen synergetischen Prozess, der unsere Visionen, Träume und tiefsten Sehnsüchte in ein neues System einbindet, gibt es bereits, und er wurde auch schon in einer Vielzahl von Szenarien eingesetzt, welche die »Gewinner-Verlierer«-Modelle transzendieren und uns in Richtung einer synergetischeren und ganzheitlicheren Kultur führen.

Auf unsere naturgegebenen Rhythmen der Konvergenz zugreifen

Die Natur hat sich von einzelnen Zellen zu komplexen menschlichen Wesen entwickelt. Es zeigt sich, dass die Art, wie die Natur Sprünge zu höheren Ordnungen vollführt, wenigstens teilweise durch die Kraft der Anziehung vonstattengeht. Wenn Systeme komplexer werden, nimmt ihr Grad an Unordnung häufig zu. Und wenn die größeren Systeme im Niedergang begriffen sind, kommt es zu Innovationen in allen Bereichen. In unserer menschlichen Kultur können wir gerade mitverfolgen, wie dies überall um uns herum und durch uns geschieht – in Form von Durchbrüchen und Innovationen im Gesundheitswesen, in der Bildung, in der Rechtsprechung und in unseren persönlichen Beziehungen. An einem bestimmten Punkt innerhalb des Prozesses erzeugt das *selbstorganisierende System* – eine Art Sammelbegriff, der vor Kurzem entwickelt wurde und für Gott, Geist, Bewusstsein, Quelle *(source),* das Göttliche, Alles-was-ist und so fort steht – eine unsichtbare innere Struktur bzw. einen Prozess der *Konvergenz,* in welchem die unabhängig voneinander entstandenen Neuerungen sich gegenseitig anziehen, um in einem komplexeren ganzen System zusammenzulaufen, welches wesentlich größer und verschieden ist von der Summe seiner Teile.

Dieser Zusammenschluss *(Konvergenz)* ist mehr als Addition oder gar Kooperation: Er ist *synergetisch.* Er kreiert aus der ganzheitlichen Integration der getrennten Teile etwas Neues. Wir als Menschheit stehen an der Schwelle eines beschleunigten Zusammenbruchs, der zu Chaos und Krisen führt, während gleichzeitig in jedem Bereich Innovationen entstehen und in einem neuen Ganzen zusammenfließen, das heilend, vereinend und bei Weitem effektiver ist als die bloße Addition sämtlicher neuer Teile.

Wie also können wir die ureigene natürliche Kraft dieses Prozesses am besten nutzbar machen und zwischen uns und unseren unmittelbaren Freunden und Bekannten, aber auch weiter entfernten Gruppen und Gemeinschaften einen solchen synergetischen Zusammenschluss kultivieren, um am Ende die gesamte Welt mit Synergie zu erfüllen?

Ein Format entwickeln, um Konvergenz zu unterstützen

John J. Whiteside und ich dachten uns die Konferenzen für synergetische Zusammenschlüsse nach der ersten Mondlandung aus, weil wir sehen wollten, inwiefern dieser außergewöhnliche technologische, gesellschaftliche und psychologische Prozess als kreative Antwort für wichtige Probleme unserer Zivilgesellschaft herhalten könnte. Eines Tages beim Mittagessen, nachdem John und ich unsere Idee unter anderen den Chefs der Luft- und Raumfahrtindustrie vorgeschlagen hatten, von denen wir jedoch abgewiesen worden waren, meinte er zu mir: »Lass uns doch ein Rad basteln und alle möglichen Bereiche darin integrieren!« Also schnappten wir uns eine Papierserviette, und John malte darauf zum ersten Mal das *Wheel of Co-creation* (»Rad der Co-Kreation«) mit seinen zwölf gesellschaftlichen Sektoren:

- Gesundheit und Wohlbefinden
- Bildung und Erziehung
- Soziale Gerechtigkeit und Sicherheit
- Spiritualität und Religion
- Umwelt und Infrastruktur
- Kommunikation und Medien
- Regierung und Gesetzgebung
- Wissenschaft und Technologie
- Wirtschaft und Unternehmertum
- Energie, Nahrung, Wasser
- Kunst und Kultur
- Beziehungen und Ermächtigung

Im Jahr 1970 beschlossen John und ich, unser erstes »Rad der Co-Kreation« an der *Southern Illinois University (SIU)* Wirklichkeit werden zu lassen. Wir nannten es SYNCON, abgeleitet von dem englischen Begriff *synergistic convergence* (auf Deutsch etwa »synergetischer Zusammenschluss« oder »synergetische Konvergenz«). Zu dieser Zeit hatte der visionäre Erfinder Buckminster Fuller, mit dem ich ebenfalls zusammengearbeitet habe, ein Scholar-in-Residence-Stipendium an der *SIU* inne.

Die Studenten steckten in der Sporthalle ein großes kreisförmiges Areal ab, mit Abtrennungen zwischen den einzelnen Sektoren. Als wir die Trennwände zwischen diesen Sektoren niederrissen, verharrten wir alle einen Moment lang voller Ehrfurcht. Was das Ganze zu einem riesigen Erfolg machte, war die Tatsache, dass sich zwischen uns etwas Neues entwickelt hatte. Es war die Erfahrung des neuen gesellschaftlichen Ganzen, das in unserer Mitte entstand und das verschieden von und größer als die Summe seiner Teile war.

Am Ende der Veranstaltung ließ mich »Bucky« (Fuller) zu sich rufen. Er sagte: »Barbara, dies sollte unbedingt von Frauen in die Politik gebracht werden. Ich entwickle einen operativen Plan für dich.« Anschließend schrieb Bucky eine Gebrauchsanweisung, »wie die Welt für uns alle funktionieren könnte, ohne dass wir sie irgendwem wegnehmen« (durch Synergieeffekte). Wir wurden 1984 zu Partnern, als ich beschloss, diese Idee mit meiner Kandidatur als Vizepräsidentin für die demokratische Partei in die politische Arena einzubringen. Natürlich erwartete ich nicht, dass man mich zur Vizepräsidentin wählen würde, ich wollte den Vorschlag einfach nur vom höchstmöglichen Podium in der politischen Welt verkünden.

In der heutigen Zeit müssen wir die Anwendung und den Einflussbereich dieses natürlichen Prozesses so weit ausdehnen, wie wir nur können. Der grundlegende SYNCON-Prozess besteht darin, dass man in kleinen Gruppen zusammenkommt und sich folgende einfache Fragen stellt, um gemeinsame Ziele zu ermitteln:

» Was möchten wir am allerliebsten kreieren?
» Was benötigen wir am dringendsten, um das zu kreieren, was wir uns wünschen?
» Was möchten wir an die anderen freiwillig abgeben?

Dies kann in einer oder gleichzeitig in vielen Gruppen getan werden. Je mehr Gruppen in einem solchen SYNCON-Prozess sind, desto besser – denn jede kann sich mit ihren Antworten auf die drei Fragen dem Ganzen gegenüber äußern. Danach kann eine kontrollierte Vermischung der Gruppen oder ein Ergebnisaustausch stattfinden, in welchem die Gruppen gegenüber dem Ganzen von ihren Zielen, Bedürfnissen und Ressourcen berichten. Was während eines solchen Prozesses stattfindet, ist selbst für die erfahrensten Profis unter uns absolut aufregend; wir alle verspüren einen Enthusiasmus, der im wahrsten Sinne des Wortes von Gott oder Geist erfüllt ist.

Auf diese Art kultivieren wir soziale Synergie in unserem Leben und in unserer Arbeit. Es kann ein ganz eigener Weg sein, die spezifischen Bedürfnisse und Ressourcen verschiedener Gruppenmitglieder zu entdecken. Diese Gruppengespräche können auch gefilmt werden, um sie anschließend im Internet zu teilen.

Im Anschluss kommen alle Gruppen als sogenannte Versammlung des Ganzen zusammen, in der die Trennwände zwischen dem jeweiligen Fokus der einzelnen Gruppen symbolisch abgebaut werden. In dieser »Versammlung« formuliert jede Gruppe oder jede/-r Teilnehmer*in seine/ihre Bedürfnisse und Ressourcen noch einmal, und alle Beteiligten interagieren gemeinsam, um ihre Bedürfnisse und Ressourcen untereinander abzustimmen.

In dieser synergetischen Sozial-Konvergenz arbeiten wir mittels Anziehung in Richtung der Kooperation, die unsere einzigartigen Potenziale erfüllt. Die Natur zieht uns an, mehr zu kreieren, als wir möglicherweise allein zu tun imstande wären – in Richtung

Co-Kreation und Selbstevolution. Dies ist, was unsere tiefsten Herzenssehnsüchte erweckt – wenn wir unsere Bestimmung im Leben auf eine solche Art zum Ausdruck bringen, dass sich uns andere anschließen, um ihre eigene Bestimmung zu finden.

Unsere angeborene Sehnsucht, uns selbst auszudrücken, die in unsere Herzen einprogrammiert ist, wird umfassender aktiviert. Wir finden uns dabei wieder, wie wir die Sehnsüchte unserer Herzen gemeinsam erfüllen – wie unsere eigenen Bestimmungen durch natürliche Anziehung synergetisch wirken. Genau wie die Natur verschmelzen wir unsere Energien, um ein neues synergetisches Ganzes zu »co-kreieren«, verbinden das, was funktioniert, und säen die Samen für neue ganze Systeme.

Synergetische Konvergenz auf allen Ebenen befördern

Solch ein informeller synergetischer Prozess kann zur Grundlage für einen gesellschaftlichen Prozess werden, der sich lokal, national und letzlich global zu einem synergetischeren Ganzen entwickelt. Und das ist nicht nur eine hübsche Idee: Es ist eine Notwendigkeit für unser soziales Überleben.

Hier ist meine Vision für die »Co-Kreation« einer neuen Erde: Kleine SYNCON-Gruppen aus verschiedenen Kulturen und Hintergründen bilden sich weltweit, um ihre Ziele, Bedürfnisse und die Geschenke, die sie anderen geben wollen, zu formulieren. Diese lokalen Gruppen greifen dabei auf Ressourcen der *Evolutionary Leaders* (und anderer Lehrer*innen und Philosoph*innen) zurück, die diesen Prozess via Internet oder durch öffentliche Vorträge betreuen, während die Gruppen ihre Beratungen durchführen. Während sich dieser soziale synergetische Prozess in Gruppen entfaltet, kommt es zu verblüffenden Synthesen, Synchronizitäten, Durchbrüchen und Offenbarungen. Dies führt schlussendlich und in letzter Konsequenz zu einer großen globalen synergetischen Konvergenz, welche die Vereinigung unserer getrennten Teile zu einem größeren Ganzen befördert.

Gelänge uns dies innerhalb der nächsten fünf Jahre, könnte das zu einem wesentlichen Bestandteil des nächsten Schrittes der Menschheit auf ihrem Weg zum höchsten Punkt ihrer eigenen bewussten Evolution werden. Wir müssen gezielt und bewusst »Co-Kreation« untereinander kultivieren, indem wir auf der persönlichen wie auf der kollektiven Ebene unsere Bedürfnisse und Ressourcen abstimmen, während wir in lokalen SYNCON-Gruppen zusammenkommen, die sich immer mehr ausbreiten und in ihrer Reichweite und Inklusivität wachsen.

AUF DEN PUNKT GEBRACHT

In ihrem provokativen und herausfordernden Abschlusstext verknüpft Barbara Marx Hubbard alle Fäden miteinander und bietet uns eine inklusive Vision an, die zu einer *synergetischen Konvergenz* des Ganzen führt. Aus unserer Existenz als getrennte Wesen können wir Menschen durch die Kraft der Anziehung zusammengeführt werden, um ein in sich geschlossenes System zu bilden, das größer ist als die Summe seiner getrennten Teile; dieses transzendiert unsere »Gewinner-Verlierer«-Systeme und führt uns in Richtung einer ganzheitlicheren Kultur. Die Nutzbarmachung der diesem natürlichen Prozess innewohnenden Kraft – der sich auf lokaler, nationaler und schlussendlich globaler Ebene ausbreitet und entwickelt, bis die Trennwände zwischen allen Gruppen aufgehoben werden und Kooperation unser aller Potenzial erfüllt – ist ein Mittel, um ein neues synergetisches Ganzes zu »co-kreieren« und die Weiterentwicklung des evolutionären Impulses zu gewährleisten.

Aktiv werden: Das können Sie tun …

Was möchten Sie am allerliebsten kreieren? Was benötigen Sie am dringendsten, um es zu kreieren? Was würden Sie an die anderen freiwillig abgeben? Engagieren Sie sich mit anderen in diesem wirkmächtigen Prozess für die »Co-Kreation«.

NACHWORT

Brief an die Zukunft

von Elisabet Sahtouris

Liebste Isa,

ich schreibe dir, meinem jüngsten und fünften Urenkelkind, diesen Brief, da ein neues Jahrzehnt eingeläutet wird und du – noch etwas unsicher auf deinen Beinen – dem Leben mit offenen Armen und strahlenden, mit Freude erfüllten, erwartungsvoll neugierigen Augen entgegeneilst. Du erinnerst mich daran, wie deine Oma, mein eigenes kleines Mädchen, mir einst mit der gleichen Begeisterung in die offenen Arme rannte. Manchmal mache ich auch einen Sprung nach vorn in der Zeit – und stelle mir dich vor, wenn du so alt sein wirst, wie ich es jetzt bin, und schon wieder ein neues Jahrhundert begonnen haben wird! Ich kann nur mutmaßen, wie es für dich sein wird, wenn du auf dein eigenes Leben zurückblickst, und doch bin ich mir ziemlich sicher, dass du die größte Transformation in der gesamten Geschichte der Menschheit durchlebt haben wirst.

Ich sehe dich diesen Brief mit 16 Jahren lesen, ich selbst wäre dann bereits 100 und dieses Jahrzehnt der 2020er-Jahre wäre vorüber und ich längst nicht mehr hier. Du trägst multikulturelle Gene in dir – asiatische, afrikanische und europäische – und wirst dein Leben auf ganz natürliche Weise frei von Vorurteilen leben, da du auf einer Erde groß wirst, die sich von derjenigen, in der ich aufwuchs, ganz grundlegend unterscheidet. Ich hoffe, dass, indem ich, bevor ich die Welt verlasse, einige von meinen eigenen Erfahrungen und den Lektionen, die ich gelernt habe, mit dir teile, dich irgendetwas daran neugierig machen und deine eigenen Träume nähren wird. Ich sehe mich selbst als einen deiner Schutzengel, der die Entfaltung deines Lebens mit liebendem Stolz, Schutz und Ermutigung begleitet.

Mein Vertrauen in dich ist eingebettet in die Überzeugung, dass Reinkarnation wirklich existiert – dass wir allesamt Geister oder Seelen sind, die gerade eine menschliche Erfahrung machen, und dass wir als Seelen alle über den freien Willen verfügen, wann und wo wir inkarnieren möchten. Deshalb bin ich überzeugt, dass du dich entschieden hast, hierherzukommen und der aktuellen Situation sowohl mit Gleichmut als auch mit Begeisterung zu begegnen, um eine bessere Welt zu schaffen – was auch immer es dir abverlangen wird.

Mein wahrlich großes Glück als Kind bestand in der unglaublichen Freiheit und Freude, nach Lust und Laune durch Felder und Wälder streifen, einen herrlichen Fluss mit Wasserfall und die Ufer des Hudson-River mit zwei fast gleichaltrigen Brüdern endlos erkunden zu können. Unser Essen war regional und stammte aus biologischem Anbau, Pestizide oder Konservierungsmittel waren noch nicht erfunden.

Als meine eigenen Kinder erwachsen waren, schrieb ich für eine *Earth-Day*-Veranstaltung für Kinder ein Gedicht mit dem Titel »Die Erwachsenen passen nicht auf uns auf«. Es handelt von den wertvollen Lektionen, die ich lernte, wenn ich auf Bäume hinaufkletterte, um so weit wie möglich sehen zu können, wenn ich über Zäune stieg, an denen »Betreten verboten!« stand, und über die dünne Eisschicht des Flusses lief – es war meine Art, darauf hinzuweisen, wie bitter nötig es sei, weit über die Welt hinaus in unsere Zukunft zu blicken und Regeln zu brechen, da wir alle zurzeit »auf dünnem Eis« wandeln – ja, das Eis tatsächlich zum Schmelzen bringen und das rissig gewordene Ökosystem, das uns am Leben erhält, destabilisieren.

Aus meinen Forschungen zu Jahrmilliarden der Erdgeschichte erkannte ich, dass Arten in ihrer biologischen Evolution eine jugendliche Phase der Aneignung und Ausdehnung in Form eines munteren Wettbewerbs durchlaufen. Wird dies zu energieaufwendig, reifen sie zu Kooperation heran, da sich dies als effizienter und nachhaltiger erweist. Die menschlichen Jäger und Sammler machten eine relativ unkomplizierte Kindheitsphase durch. Anschließend reiften manche von ihnen zu kooperativen indigenen Gesellschaften heran, während andere einfach in der Jugendphase verharrten, indem sie Imperien und kapitalistische Wachstumswirtschaften schufen. In den Letztgenannten wurden wir hochmütig und trennten uns von unserer Mutter Erde ab, beuteten sie aus und verschmutzten sie, als gäbe es nichts Wichtigeres als unseren hochgradig erfinderischen Hightech-Lebensstil. Wir betrachteten uns als der Natur haushoch überlegen und waren blind gegenüber den Folgen, die sich aus unserem Heranwachsen zur beherrschenden Spezies ergaben.

Die Geschichte hat uns gezeigt, dass Imperien nicht nur aufgrund dramatischer Klimaveränderungen in sich zusammenstürzen können, sondern auch wenn mächtige Eliten riesige Klüfte zwischen Reich und Arm schaffen und dann allzu rigide sich selbst schützen, wenn Veränderung gefordert ist. Anders als Bäume, die Tausende von Jahren überleben, weil sie flexibel sind und sich in alle Richtungen krümmen und biegen, je nachdem, woher und wie stark der Wind gerade weht, sind sämtliche menschliche Zivilisationen unter solchen Belastungen zerbrochen. Unsere Zivilisation scheitert wie gesagt zurzeit also in dreierlei Hinsicht. Meine Bemühungen, die Aufmerksamkeit der Menschen dafür zu gewinnen – gemeinsam mit vielen anderen, die die Wahrscheinlichkeit der Klimakatastrophe und das Scheitern unserer ungerechten Ökonomie seit rund einem halben Jahrhundert verstanden haben –, wurden bis heute, wo es bereits sehr spät ist, ignoriert oder als abwegig herabgewürdigt. Vielleicht brauchen wir die momentane Katastrophe, um aufzuwachen und den Weg frei zu machen für einen Umbau unseres Lebens.

Ich vermute, dass deine Generation eine heftige und berechtigte Wut gegenüber dem außerordentlich zerstörerischen Verhalten jener empfinden wird, die vor euch kamen.

In den wütendsten Zeiten meines eigenen Lebens, als mein Land einen furchtbaren und ungerechten Krieg in Vietnam führte – den ersten Krieg, der für alle sichtbar im Fernsehen übertragen wurde –, schlug ich vor lauter Entrüstung und Schmerz über die von Napalm verbrannten Kinder und andere unsägliche Gräueltaten meinen Kopf gegen die Wand. Damals schrieb ein bengalischer Dichter für mich ein Gedicht mit dem Vers: *»Die Tränen und Todesqualen sind irgendwo in der Brust des Donners gespeichert.«*

Ich verstand sofort, was er mir damit sagen wollte: Energie sei Energie, und dass ich meine Wut in nützliche positive Taten verwandeln konnte. Jener eine Vers hat mir seither in meinem Leben sehr geholfen, da ich lernte, jeden Ansturm von Wut als Inspiration zu nutzen für eine friedliche Aktion, welche die Dinge zum Besseren wendet.

Aus meiner Perspektive als Evolutionsbiologin und Futuristin ist diese energetische Verwandlung von Wut und Hass in Liebe, von Krieg in Frieden, von erbittertem Wettbewerb zu fürsorglicher Zusammenarbeit eine Sache der Reifung, die ich weiter oben beschrieben habe – unseres Heranwachsens als Spezies Mensch. Von meiner Jugendzeit zu deiner – also innerhalb einer einzelnen Lebensspanne – haben wir rasend schnelle Veränderungen durchlaufen: von der Verdreifachung unserer Weltbevölkerung dazu, die Bremsen hinsichtlich unseres unverantwortlichen Wachstums zu ziehen; vom Erreichen höchsten wettbewerbsorientierten Wahnsinns einer pubertierenden Spezies zu der Erkenntnis, dass wir rasch zu kooperativer Reife überwechseln können und müssen.

Während ich verfolge, wie das Eis an unseren Polkappen mit haarsträubend zunehmender Geschwindigkeit abschmilzt, von den heftigen Bränden und Stürmen weltweit ganz zu schweigen, bist du noch ein Baby und völlig zu Recht in den Armen deiner Familie vor Katastrophen geschützt. Doch wenn du 16 Jahre alt bist, wird man nichts mehr vor dir verbergen können. Dann wirst du sehen, wie Ozeane riesige Küstenstädte verschlucken und Massen verzweifelter Menschen auf der Flucht sind, wie Kriege ums Wasser geführt werden, Hungersnöte und Krankheiten sich ausbreiten.

Und doch ist die Erde noch immer ein wunderschöner, intelligenter und lebendiger Planet. Obwohl sie um ihr eigenes Überleben kämpft, ist sie immer noch besser für das menschliche Leben geeignet als jeder andere Planet in unserem Sonnensystem – selbst wenn wir uns an ihr insgesamt heißeres Klima anpassen müssen. Die Katastrophen, die wir über uns selbst gebracht haben, lehren uns, dass Liebe und Respekt für die Erde, die Wiederherstellung ihres sauberen Wassers, ihrer mineralreichen Böden und reinen Luft sowie der Schutz ihrer verbliebenen Urwälder, Prärien und lebendigen Geschöpfe – ebenso wie die Liebe und Fürsorge füreinander – unser einzig möglicher Weg nach vorn ist. Das *Global Ecovillage Network (GEN),* die *Business Alliance for Local Living Economies (BALLE),* die *Millenniums-Entwicklungsziele der Vereinten Nationen,* große Musik- und Kunst-Festivals wie das *Boom-Festival* in Portugal, der Anbau ökologisch erzeugter Lebensmittel, Müll-Recycling-Systeme sowie zahlreiche andere in diese Richtung gehende Initiativen blühten bereits auf, bevor du zur Welt kamst – als Zeugnis unseres Willens und unserer kreativen Fähigkeiten, ein harmonischeres Leben zu führen.

Ich bin gespannt, was deine Generation auf solchen grundlegenden Bemühungen aufbauen wird. Ihr habt die Kraft, Überlebende durch diesen großen Sturm ins Licht hinüberzubefördern. Ich sehe, wie ihr eure Kinder in sichere Gefilde bringt, wo ihr die abgerissenen Lebensfäden wieder zusammenflechten werdet, um das zu erschaffen, was sich meine Generation lediglich ausmalen konnte.

Ich sehe das Universum nicht als eine abwärtsgerichtete energetische Talfahrt vom Urknall bis zum Nichts-mehr, noch sehe ich das Leben auf Erden zu endlosem Konkurrenzkampf in Mangel verurteilt. Beides sind lediglich Geschichten, die uns die Wissenschaft eingeredet hat, während wir versuchten, die Welt unter einem rein materialistischen Standpunkt zu begreifen. Doch wir sind keine Körper mit einem Verstand und einem Geist, die irgendwie aus uns herausfließen; wir sind vielmehr alles gleichzeitig: *Körper-Verstand-Geist.*

Die alten Taoisten wussten dies ganz offensichtlich, genau wie die alten vedischen Weisheiten, die das kosmische Bewusstsein als *Alles-was-ist* verstanden, das in sich selbst Materie ausbildet, indem es die hohen Schwingungen der Seele und des Geistes auf die langsamsten Schwingungen der Materie hinunterbremst. Entdecke diese alten Weisheitslehren für dich selbst, Isa, mein Schatz, und sei dir bewusst, dass du und wir alle zur reinsten liebevollen Güte Zugang erhalten können, wenn wir unser Inneres erkunden und unsere äußeren Sinne loslassen, bis unsere inneren Sinne das Ruder übernehmen können und uns zu allem Zugang verschaffen, was wir als Orientierungshilfe für unser Leben benötigen oder wünschen.

Die alten Griechen nannten Naturwissenschaft *philos-sophia,* was so viel bedeutet wie »Liebende der Weisheit« oder »Die von der Natur lernen«. Alle Urvölker beherzigten das auf natürliche Art und Weise, und manche von ihnen haben überlebt. Als ich dies erkannte und mich an meine Kindheit in der intakten Natur erinnerte, hatte ich das Bedürfnis, genauso viel vom Wissen der indigenen Völker zu lernen wie von den Naturwissenschaften an der Uni.

Das wahrscheinlich Wichtigste, was ich von ihnen lernte, stammte von einem gut aussehenden Indianer aus dem Amazonasgebiet, den ich bat, mir beizubringen, wie man mit den Pflanzen und Tieren im Regenwald spricht. »Ach, Elisabet«, meinte er, »sie führen ihre Gespräche schon so lange, wie es diesen Wald gibt. Deine Aufgabe ist es nicht, mit ihnen zu sprechen – du sollst ihnen lauschen … ihnen zuhören.«

Dies ließ mich den Unterschied zwischen jenen Sprachen erkennen, mit denen wir durch Geschichtenerzählen miteinander kommunizieren, und der Verleugnung unserer Fähigkeit, auf irgendeine andere Weise zu kommunizieren. Ich gelangte zu dem tiefen Verständnis, dass alle Wesen der Natur – von Pflanzen und Tieren bis zu den Körperzellen, aus denen wir gemacht sind, einschließlich unserer Darmbakterien und der lebendigen Moleküle und Atome in unseren Zellen – ihren Platz kennen, und zwar durch direkte Übertragung von Information, die ich als *Kommunion* (im Sinne von Verbundenheit) im Gegensatz zu *Kommunikation* (durch Sprache) bezeichne. Das Erstaunliche an *Kommunion* ist, dass sie keinerlei Übersetzung bedarf, da das gleiche System für alle gilt. *Nichts in der Natur außer uns Menschen hat jemals versucht, ohne sie auszukommen!*

Das ist der Grund, weshalb wir uns so weit verrannt haben. Jene, die in *Kommunion* verbunden sind, brauchen keine Handys oder GPS-Geräte; ihnen steht unendliche Hilfe für die Lösung von Problemen zur Verfügung; sie arbeiten miteinander und der Natur auf kooperative Weise zusammen. Kinder tun dies auf völlig natürliche Art – bis man ihnen sagt, das ginge nicht. John Allen Boones wundervolles Buch *Die große Gemeinschaft der Schöpfung – Gespräche zwischen Mensch und Tier* zeigt unsere angeborene Fähigkeit, miteinander und mit allen Lebensformen in Kommunion zu sein; als ich es selbst einmal ausprobierte, habe ich zahlreiche verblüffende Erfahrungen mit anderen Spezies erlebt – insbesondere mit Bäumen.

Möglicherweise sind die Bäume die wahren Stammesältesten unserer Erde. Glaubt man dem Buch *Die Intelligenz der Pflanzen* des italienischen Biologen Stefano Mancuso, dann besitzen Bäume nicht nur die auch uns vertrauten fünf Sinne Sehen, Riechen, Hören, Tasten und Schmecken, sondern *ergänzend* dazu noch mindestens ein Dutzend weitere. Ich hoffe, eines Tages wirst du die Bäume genauso lieben und ehren und zu deren Freundin werden, wie ich dies tue.

Genug jetzt, meine süße Schwesterseele Isabel! Einige der anderen Autor*innen dieses Buches und ich gehören dem sogenannten

Silver-Clan an. Wir nennen uns zu Ehren des Mondes *Loominaries* und prägten den Begriff des *Spinnergizing* (zu Deutsch etwa »synergetisches Verspinnen«). Der Ausdruck steht für das Spinnen der Fäden, die wir benötigen, um das beschädigte Gewebe der Systeme unserer Erde neu zu weben. Ich halte deine Hand in Liebe und Licht fest, während du und die Deinen *Spinnergizing* betreiben und weiter daran arbeiten, durch Krisen zu navigieren, um fürsorgliche Gemeinschaften für alles Leben zu errichten.

EPILOG

Die Fäden des Rufs nach kollektivem Handeln verbinden

von Robert Atkinson und Kurt Johnson

Wir sehen große Hoffnung am Horizont aufziehen. Unser Aufruf zu einer bewussten Evolution ist darauf ausgelegt, uns alle dabei zu unterstützen, die Zukunft mitzugestalten, die wir uns vorstellen. Die Natur bewusster Evolution selbst verleiht uns dauerhafte Hoffnung für die Zukunft.

Wir verfügen über alles, was wir brauchen, um die persönlichen Visionen, die in diesem Buch geteilt werden, zu verwirklichen, alle wesentlichen Bausteine – Prinzipien, Werte, Werkzeuge, Lösungen und Handlungsschritte –, um den evolutionären Impuls weiter zu befördern. Diese werden uns dabei helfen, uns durch den kollektiven Bewusstseinssprung zu geleiten, der uns von der Vorstellung, wir lebten in zahlreichen geteilten, ungleichen und getrennten Gemeinschaften und Gesellschaften, verändern wird – hin zu dem Wissen, dass wir in einer vereinten, gerechten und ganzheitlichen globalen Gemeinschaft leben, in der alle ihre unterschiedlichen Einzelteile als notwendige Beiträge zum Funktionieren und Wohlergehen des Ganzen verstanden werden. Wir befinden uns in diesem Moment bereits inmitten dieses großen Wandels, und das Licht dieser Vision führt uns durch diesen schicksalsschweren Übergangsmoment zu seiner Vollendung.

Der Lohn dafür, dass wir in einer bahnbrechenden Zeit der Transformation leben, besteht in einer Freisetzung an spirituellen und synergetischen Energien, welche die/den Einzelne/-n mit allen verbindet. Wenn wir dieses planetare Bewusstsein erreichen, wird das vorrangige Prinzip ein gemeinsames Gefühl der Verantwortung für das Allgemeinwohl sein – eine Anerkennung der uns innewohnenden Einheit als eine Menschheitsfamilie.

Niemals vorher haben wir einen solchen Grad an Innovation, Synergie und Zusammenschluss in Richtung Verbundenheit und Ganzheit beobachtet, wie wir dies gerade eben erleben. Und wir haben die teif greifende Chance, zu Teilnehmern an diesem entscheidenden Prozess zu werden.

Die sieben Themenkreise, auf denen dieses Buch aufbaut, mögen voneinander getrennt erscheinen. Aber das ist höchstens oberflächlich gesehen der Fall. Blicken wir tiefer, sozusagen durch eine ganzheitliche Brille, stehen die Themen, Fragen und Anliegen, die hier so eloquent und prägnant erkundet werden, alle in Verbindung miteinander. Tatsächlich kann man sie überhaupt nicht voneinander trennen; sie sind vollständig miteinander verflochten.

Der Folkmusiker und Aktivist Pete Seeger formulierte es im Jahr 1969 bei seiner Rede zur Jungfernfahrt des Segelschiffs der Umweltorganisation *Clearwater* am South-Street-Seaport wie folgt:

»... wir werden es nicht schaffen, solange wir nicht zueinander sprechen können und uns darauf einigen, was zu tun ist. Und damit meine ich uns alle. Junge und Alte, Schwarze und Weiße, Reiche und Arme, die Langhaarigen und die mit Bürstenschnitt. Wir hoffen, dass die Menschen sagen werden: ›Ach, du liebe Güte! Dieser Fluss [der Hudson] ist eine Sauerei. Wir sollten diesbezüglich etwas unternehmen!‹ Sie müssen verstehen, alles in der Welt hängt miteinander zusammen. Sie säubern einen Fluss, und schon bald müssen sie sich mit der Reinigung der Gesellschaft beschäftigen. Lasst uns alle zusammenkommen und dafür sorgen, dass die Sache funktioniert. Wir schaffen das! Lassen Sie sich von niemandem erzählen, dass wir das nicht hinkriegen.«[1]

Die 43 *Evolutionary Leaders,* die wir in diesem Buch unsere Visionen teilen – allesamt Fäden einer einzigen fließenden Erzählung –, verstehen dies nur allzu gut. Es bedarf mehr als einer Handvoll engagierter Führungspersönlichkeiten, damit diese Visionen Wirklichkeit werden. Es braucht außerdem mehr als die bereits existierende evolutionäre Community, um entsprechend diesen Visionen zu handeln und das Feld der Liebe und Heilung auszudehnen. Um die herzzentrierte Zukunft – verankert in Fürsorge, Respekt, Mitgefühl und Kooperation –, die wir anstreben, zu entwickeln, muss die gesamte Menschheitsfamilie alle ihre unzähligen Begabungen beisteuern und in einer Weise handeln, die diese Visionen Realität werden lässt.

Das Allerwichtigste hierbei ist die Geschichte, die wir uns über uns selbst erzählen, und jene, die wir leben, wie Gregg Braden in seinem Einleitungskapitel so vorzüglich gezeigt hat – denn das, was wir in Bezug auf unsere Herkunft, unsere Vergangenheit und unser Schicksal glauben, bestimmt die Art und Weise, wie wir uns selbst und andere sehen. Ohne eine Geschichte sind wir jeglichen Sinns beraubt. In diesem verheißungsvollen Moment besteht unsere Wahl entweder darin, eine Geschichte zu erzählen und zu leben, die das Resultat hervorbringt, das wir uns vorstellen – eines von Ganzheit, Harmonie und Frieden, wie es von allen heiligen Traditionen der Welt vorhergesagt wird –, oder wir erzählen eine Geschichte, in der wir uns abquälen und die kein gutes Ende nimmt. Und möglicherweise haben wir überhaupt keine Wahl, wie Deepak Chopra™ in seinem Kapitel im vierten Themenkreis anmerkt.

Nehmen wir die Perspektive der Zukunft ein, bekommt dies alles noch schärfere Konturen, wie Elisabet Sahtouris in ihrem Brief an ihre Urenkelin veranschaulicht, die zu dem Zeitpunkt, wenn sie den Brief lesen wird, vermutlich die größte Transformation in der

Menschheitsgeschichte durchlebt haben wird. Sahtouris' Vision beinhaltet, dass sie die Generation ihrer Urenkelin auf den grundlegenden Anstrengungen derer aufbauen sieht, die vor ihnen kamen – während die Menschheit das Erwachsenenalter erreicht, ihre pubertierenden Verhaltensweisen hinter sich lässt und in ihre eigene Kraft kommt. Sie sieht eine Zeit, wenn wir in sicheren Gefilden angelangt sein werden – durch die Erschaffung einer besseren Welt, die sich aus kooperativen Gemeinschaften zusammensetzt, die für alles Leben sorgen.

Dies ist unsere Vision und ebenso unser Aufruf zum Handeln. Die Fäden, die sich durch die sieben Kreise dieses Buches ziehen – auch wenn jeder für sich genommen unverzichtbar ist –, bestehen doch alle aus demselben Stoff und verfolgen das Ziel, uns zu einem Verständnis unserer Einheit und unserer angeborenen Ganzheit zu führen – nicht nur als Spezies, sondern auch als Teil der Schöpfung. Es sind die roten Fäden zu unserem kollektiven Wohlergehen. Nun liegt es an jedem von uns, seinen eigenen, individuellen Aufruf zum Handeln zu realisieren, was uns alle zu einem Teil des notwendigen kollektiven Handelns werden lässt. Wir alle sind die Weber*innen eines einzigen Teppichs.

Als *Evolutionary Leaders* stellen wir unsere Lösungen und Ressourcen allen zur Verfügung, um diesen Prozess eines großen, globalen, synergetischen Zusammenschlusses begleiten zu helfen, der unsere einzelnen Teile zu einem größeren Ganzen verbindet. Wir sind hier zur Beförderung einer vereinten Welt, indem wir die bewusste Evolution des Ganzen unterstützen, die uns bei unserem nächsten Schritt auf dem Weg zum höchsten Punkt der kollektiven menschlichen Evolution helfen wird.

Die Zeit ist nun für die ganze Menschheit gekommen, dass wir in einer Aufgabe vereint sind. Wir verkünden das Volljährigwerden der Menschheit; wir nähern uns unserem kollektiven Erwachsensein, wo jedes einzelne Mitglied der Menschheitsfamilie jetzt hier ist, um bei der Einführung und Mitgestaltung einer gerechten, florierenden und friedvollen Welt mitzuhelfen. Dies ist das Ziel, auf das all unsere Vorfahren in den vergangenen Epochen hingelebt haben; und wir sind diejenigen, die es jetzt zur Entfaltung bringen.

Vor Kurzem haben wir die Erfahrung gemacht, dass wir kollektiv von einer Pandemie verschluckt wurden – hinein in noch völlig unbekanntes Terrain. Dies hat uns die einzigartige Chance geboten, sogar noch intensiver darüber nachzudenken, was wir uns für unsere gemeinsame Zukunft wünschen.

Als *eine* Menschheitsfamilie erlebten wir gleichzeitig den universellen Archetyp, das Gewohnte hinter uns zu lassen – uns zurückzuziehen und alles, was wir zu wissen glaubten, zu hinterfragen. Dies ist der Weg des Universums, durch den der Evolution innewohnenden Prozess der Adaptation sicherzustellen, dass die längst im Gange befindliche kollektive Transformation erfolgreich verlaufen wird und der evolutionäre Impuls sich auf bewusste Weise verwirklicht.

Die kollektive Verlangsamung unseres Lebens und unsere Wendung nach innen hat uns mehr denn je vor Augen geführt, dass

» wir mehr Empathie und Mitgefühl gegenüber anderen empfinden können;
» wir die Dinge, die wir besitzen, höher wertschätzen und freizügiger hergeben können;
» wir nicht nur in einem viel höheren Maße als gedacht miteinander verbunden, sondern untrennbar sind;
» unsere kollektive Stärke von unserem vereinten Handeln abhängt;
» wir unserer kollektiven Weisheit vertrauen und diese noch stärker leben können;
» wir einen Geist gemeinschaftlicher Anstrengung nähren können;
» wir die Heiligkeit des Lebens über alles andere stellen können; und

» wir ein spirituelles Bewusstsein pflegen können, welches die gesamte Menschheit umfasst.

Diese gemeinsame Erfahrung kann uns der neuen Welt, die wir uns vorstellen, einen Schritt näher bringen. Sie hat uns eine größere Einsicht in die uns innewohnende, wechselseitige Abhängigkeit beschert. Sie hat uns sogar gezeigt, wie alle sieben Themenkreise, die in diesem Buch angesprochen werden, zu einem größeren Ganzen zusammenwachsen, zu einer sich ständig entwickelnden, aber einheitlichen Art des Erkennens der Natur der Realität – und des Lebens im Einklang mit ihr. Wir haben neue Hinweise darauf erhalten, dass – ob wir es als schicksalhaft sehen oder als natürlichen Prozess – in dieser Zeit zusammenfließende aufsteigende wie absteigende Energien auf höchster kosmischer Ebene im Spiel sind. Wir sind alle gefordert, dieses Wissen in Handeln umzuwandeln und im Bewusstsein zu leben, dass alle Dinge tatsächlich auf eine höchst ausgeklügelte Art und Weise miteinander verknüpft sind.

Indem wir die Ganzheit in jeder Hinsicht in jedem Augenblick unseres Lebens verwirklichen, werden wir in die Geschichte unserer kollektiven Erfüllung hineinwachsen. Als *Evolutionary Leaders* sehen wir es als unsere Verpflichtung, die Evolution des Bewusstseins zu fördern. Wir appellieren an Sie, uns als Mitgestalter in diesem so tief greifenden Bestreben zu unterstützen. Realisieren wir gemeinsam diese neue Welt der Kooperation, Freundschaft und tiefen Beziehungen. Schließen Sie sich unserem Aufruf zum kollektiven Handeln an!

Danksagungen

Our Moment of Choice – Visionen und Hoffnung für die Zukunft konnte nur durch die Unterstützung zahlreicher talentierter und visionärer Menschen verwirklicht werden.

An erster Stelle wollen wir unseren Dank gegenüber der *Source of Synergy Foundation* bekunden, der Heimat der *Evolutionary Leaders,* ganz besonders ihrer Gründerin und Vorsitzenden, Diane Marie Williams. Im Jahr 2006 teilte sie gemeinsam mit Deepak Chopra™ die Vision, Führer*innen und Organisationen zusammenzubringen, um eine stärkere Vernetzung zwischen jenen zu erreichen, die die Evolution voranführen. Deepaks Reaktion war: »Super! Lasst es uns gemeinsam tun und unser erstes Treffen in meinem Büro in New York abhalten« – es war der Beginn der Reise des *Evolutionary Leaders Circle.*

Die *Source of Synergy Foundation* ist ihm ewig dankbar für seinen steten Glauben an die Visionen der *Evolutionary Leaders* und dafür, dass er seit 14 Jahren eine geschätzte Quelle der Ermutigung für uns ist. Außerdem möchten wir der großartigen Carolyn Rangel, Vorsitzende der Deepak Chopra™ LLC, für ihre fantastische Unterstützung vom ersten Tag an unseren Dank aussprechen; ferner der *Chopra Foundation* für deren Partnerschaft bei der Geburt des *Evolutionary Leaders Circle* mit seiner *Source of Synergy Foundation;* der *New York*

Coalition for One Voice für deren Begeisterung, sich mit uns zu vernetzen; und Barbara Fields und der *Association for Global New Thought* dafür, dass sie uns als brillante Partner bei mehreren Zusammenkünften an der Westküste begleitet haben.

Auch hätte dieses Buch ohne Robert Atkinsons Vision niemals das Licht der Welt erblickt, der mit seinem großem Können und Einsatz dem Herausgeber-Team voranstand. Wir danken ihm für sein außerordentliches Engagement für dieses Projekt – vom ersten Plan bis zur Publikation. Wie er bei all den Herausforderungen stets so ruhig bleiben konnte, erfüllt uns mit Bewunderung.

Außerdem bedanken wir uns bei Kurt Johnson und Deborah Moldow für ihre Leuchtkraft und Weisheit während des gesamten Entstehungsprozesses. Sie erfüllten ihre unverzichtbare Rolle bei Textredaktion und Formatierung der Gesamtstruktur des Buches auf makellose Art und Weise. Die gemeinsame Teamarbeit von Bob, Kurt und Deborah war herausragend.

Deborahs Talente glänzten nicht nur, während sie an der Entwicklung dieses Buches arbeitete, sie stellte auch ihre Fähigkeiten als geschätztes Vorstandsmitglied der *Source of Synergy Foundation* seit der Stiftungsgründung und als Direktorin des *Evolutionary Leader*-Projekts zur Verfügung. Wir sind ihr so dankbar, dass sie diese wertvolle Community mit solcher Anmut, Weisheit, Hingabe und Fürsorge aufrechterhält und leitet.

Kurt, ein Meister in der Erzeugung von Synergien, bringt seine brillanten Einsichten und seine Hingabe, sich zu vernetzen, stets bei allem ein, was er tut. Wir wollen ihn dafür würdigen, dass er diesem Buch seine Zeit und Kreativität gewidmet hat, und für all die Wege, auf denen er unsere *Evolutionary Leaders*-Community durch seine unendliche Fähigkeit, Menschen, Projekte und Medien zusammenzubringen, stärkt.

Unser ganz besonderer Dank gilt Gregg Braden, der das Buchprojekt vom allerersten Moment an mit seiner Weisheit, Erfahrung und unerschütterlichen Unterstützung betreut hat. Gregg hat den

Evolutionary Leaders Circle stets ermuntert, als Kollektiv in Erscheinung zu treten, denn es sei ja in der Tat *unser* Moment der Entscheidung! Wir sind ihm zu ungeheurem Dank und Wertschätzung verpflichtet dafür, dass er uns stets inspiriert, uns den Titel des Buches geschenkt hat – und für sein hervorragendes Einleitungskapitel zu diesem Band.

Wir sind Claudia Welss, der Vorsitzenden des *Institute of Noetic Sciences (IONS),* dankbar, dass sie dieses Buchprojekt Richard Cohn, dem Präsidenten und Verleger von *Beyond Words,* vorgestellt hat. Wir möchten Richard gegenüber unsere tiefste Dankbarkeit zum Ausdruck bringen hinsichtlich seiner Unterstützung und seines Engagement vom ersten Moment an; und natürlich auch gegenüber dem visionären Verlagsteam von *Beyond Words* – einschließlich Michele Ashtiani Cohn, der kreativen Leiterin, und Chelsey Lobey, der Assistentin des Verlegers, sowie deren Partnern im Verlagshaus Simon & Schuster/Atria Books.

Wir sind ganz besonders Lindsay Easterbrooks-Brown zu Dank verpflichtet, Chefredakteurin bei *Beyond Words,* für ihre engagierte und gewissenhafte Arbeit, die zu einer Beschleunigung der Publikation in schwierigen Zeiten beigetragen hat. Ebenso möchten wir uns bei der Redakteurin Jenefer Angell für ihre umsichtige Textredaktion bedanken. Und wir sind unserem Agenten Bill Gladstone von Waterside Productions Inc. dankbar für seinen Glauben an unsere Anthologie und dass er sie bis zum Ende mitunterstützt hat.

Wir danken Sara Blum für ihr ins Auge springendes Buchcover-Design und Corrine Kalasky und Brennah Hale für all ihr Wissen und ihre Mühen in Sachen Marketing und Werbung.

Außerdem geht unser Dank an alle, die sich die Zeit genommen haben, um eine Buchempfehlung zu schreiben und dieses kollektive Unterfangen zu unterstützen.

Wir bedanken uns bei allen unseren 43 glänzenden Autoren für die Einsichten und Inspiration, die sie in ihren Kapiteln geliefert haben, ebenso wie bei anderen, die uns auf dem Weg eine Hilfe waren – darunter Personal, Sachbearbeiter*innen, Berater*innen, Spender*innen und Vorstandsmitglieder der *Source of Synergy Foundation,* ganz besonders bei unserem ehemaligen Vorstandsvorsitzenden, Jeff Vander Clute, und unserer derzeitigen Vorsitzenden, Barbara Layton – und natürlich bei allen Mitgliedern des *Evolutionary Leaders Circle,* die uns jeden Tag Auftrieb geben und uns inspirieren, um der Evolution des Bewusstseins zu dienen.

Zu guter Letzt möchten wir uns bei allen unseren Leserinnen und Lesern dafür bedanken, dass sie sich uns auf dieser Reise anschließen – und natürlich für alles, was sie tun, um zu einer Beschleunigung dieses Bewusstseinswandels beizutragen!

Die *Evolutionary Leaders* (»evolutionären Führer*innen«)

Dieses Buch ist das Gemeinschaftswerk von 43 Mitgliedern des *Evolutionary Leaders Circle,* eines Projekts der *Source of Synergy Foundation,* der sich derzeit aus 186 visionären Autor*innen, Wissenschaftler*innen, Lehrer*innen und gesellschaftlichen Innovator*innen zusammensetzt. Sie finden deren Biografien unter evolutionaryleaders.net/evolutionary-leaders oder surfen Sie einfach durch deren persönliche Internetseiten, die im Folgenden aufgelistet sind. Sie werden auf eine wahre Fundgrube an Informationen, Inspiration, Programmen und Projekten stoßen, von denen wir hoffen, dass sie all jenen Möglichkeiten für synergetisches Engagement anbieten, die sich der Evolution des Bewusstseins verschrieben haben.
ourmomentofchoice.com

Die *Evolutionary Leaders* im Einzelnen

Patricia Albere evolutionarycollective.com
Eben Alexander ebenalexander.com
Panos Anastasakis linkmedia.org
Robert Atkinson robertatkinson.net
Ciro Gabriel Avruj gabrielavruj.com.ar
Cherine Badawi thrivetrainings.com
Pato Banton patobanton.com
Darius M. Barazandeh youwealthrevolution.com
Mindahi Bastida Muñoz centerforearthethics.org
Don Edward Beck spiraldynamics.com
Michael Bernard Beckwith agapelive.com
Diane Berke 1spirit.org
Lawrence Bloom lawrencebloom.com
Leslie Booker lesliebooker.com
Joan Borysenko joanborysenko.com
Ben Bowler unity.earth
Gregg Braden greggbraden.com
Rinaldo Brutoco worldbusiness.org
Connie Buffalo evolutionaryleaders.net
Sandra de Castro Buffington sandradecastrobuffington.com
Jack Canfield jackcanfield.com
Scott Carlin kdpifm.org/scottcarlin
Jeff Carreira jeffcarreira.com
Deepak Chopra™ deepakchopra.com
John Clausen hyfo.org
Miranda Clendening unify.org
Andrew Cohen andrewcohen.com
Oren Cohen yehudacohen.medium.com
Roger Collis lorian.org
Theresa Corazon socialightconference.com
Bruce Cryer brucecryer.com
Jude Currivan judecurrivan.com
Téana Davis sixpetalsretreats.com
Panache Desai panachedesai.com
Stephen Dinan theshiftnetwork.com
Dustin DiPerna dustindiperna.com
Barbara Dossey dosseydossey.com
Larry Dossey larrydosseymd.com
Mark Dubois friendsoftheriver.org
Gordon Dveirin claritasinstitute.com
Duane Elgin duaneelgin.com
Ashley Ellis thebreathecollective.org
Kristin Engvig winconference.net
Justin Faerman justinfaerman.com
Steve Farrell humanitysteam.org
Barbara Fields agnt.org
Linda Francis seatofthesoul.com
Hugo Francone netspirit.com
Ashok Gangadean awakeningmind.org

Marcel Gasser akasha.space
Alan Gegenschatz agegenschatz.com
David Gershon empowermentinstitute.net
Mark Gerzon mediatorsfoundation.org
Charles Gibbs revcharlesgibbs.net
Joshua Gorman joshuagorman.com
Alex Grey cosm.org
Allyson Grey cosm.org
Stanislav Grof stanislavgrof.com
Chris Grosso theindiespiritualist.com
Kazu Haga eastpointpeace.org
Mussie Hailu uri.org
Adam C. Hall adamhall.solutions
Antoinette »Rootsdawtah« Hall patobanton.com/ministry
Craig Hamilton integralenlightenment.com
Olivia Hansen spirituallifetvchannel.com
Philip Hellmich theshiftnetwork.com
Jarrad Hewett jarradhewett.com
Kristin Hoffmann kristinhoffmann.com
David Hofstatter evolutionaryleaders.net
Jean Houston jeanhouston.com
Jean-Louis Huard peopletogether.com
Thomas Hübl thomashuebl.com
Desiree Hurtak futurescience.org
J.J. Hurtak futurescience.org
Shamini Jain shaminijain.com
Shilpa Jain yesworld.org
Sister Jenna americameditating.org
Heather Johnson whidbeyinstitute.org
Kurt Johnson lightonlight.us
Anodea Judith anodeajudith.com
Juan Carlos Kaiten iwg.life
David Karchere davidkarchere.com
Bernardo Kastrup bernardokastrup.com
Tim Kelley truepurposeinstitute.com
Loch Kelly lochkelly.org
Margo King mediatorsfoundation.org
Audrey E. Kitagawa parliamentofreligions.org
Ken Kitatani i-ceed.org
Jackie Knechtel flowconsciousnessinstitute.com
Domen Kocevar onehumanity.institute
Kanu Kogod leadershipalchemy.com
Eve Konstantine evekonstantine.com
Emanuel Kuntzelman emanuelkuntzelman.com
Phil Lane, jr. fwii.net
Ervin Laszlo clubofbudapest.org
Sage Lavine sagelavine.com
Erik Lawyer onebecoming.one
George H. Lewis georgehlewis.com
Lori Leyden createglobalhealing.org
Christopher Life onenation.party
Bruce H. Lipton brucelipton.com
Lorena Llobenes foromindfulness.com
Kahontakwas Diane Longboat soulofthemother.org

Jewel Love
championsmentalhealth.com
Carolyn Lukensmeyer
nicd.arizona.edu
Lynnaea Lumbard newstories.org
Elza S. Maalouf
humanemergencemiddleeast.org
Howard Martin heartmath.com
Xiuhtezcatl Martinez
earthguardians.org
Joe Martino
collective-evolution.com
Fred Matser fredfoundation.org
Peter Matthies
consciousbusinessinstitute.com
Sarah McCrum
sarahmccrum.com
Rod McGrew operationhope.org
Jennifer McLean
healingwiththemasters.com
Lynne McTaggart
lynnemctaggart.com
Oscar Medina mbaproject.org
Nipun Mehta servicespace.org
Nina Meyerhof
onehumanity.institute
Oscar Miro-Quesada
heartofthehealer.org
Devaa Haley Mitchell devaa.com
Sheri Mitchell
sacredinstructions.life
Deborah Moldow
gardenoflight.org
Anita Moorjani
anitamoorjani.com
Karen Newell sacredacoustics.com
David Nicol gaiafield.net
Karen Noé karennoe.com
James O'Dea jamesodea.com
Rick Paine newstories.org
Carl Palmer
legacyworksgroup.com
Ersin Pamuksüzer
ersinpamuksuzer.com
Gino Pastori-Ng youthimpacthub.
unitedrootsoakland.org
Terry Patten terrypatten.com
Jeanne White Eagle Pehrson inter-
stellarcommunityfoundation.org
John Pehrson
mysticalnumerologyonline.com
John Perkins johnperkins.org
Carter Phipps carterphipps.com
Anna-Mari Pieterse
school.ubuntucivicsacademy.com
Paulette Pipe
touchingthestillness.org
Mitchell J. Rabin
mitchellrabin.com
Jon Ramer sine.network
Sommer Joy Ramer
compassiongames.org
Carolyn Rangel
deepakchopra.com
Ocean Robbins
foodrevolution.org
Llyn Roberts llynroberts.com
Gayle S. Rose evscorporation.com/
CEO-gayle-rose.html
Peter Russell peterrussell.com
Derek Rydall derekrydall.com
Elisabet Sahtouris sahtouris.com
Yuka Saionji goipeace.or.jp/en/
Deborah Sandella
riminstitute.com
Denise Scotto
un.org/en/observances/yoga-day
Gerard Senehi
openfutureinstitute.org
Heather Shea unitedpalace.org

Vandana Shiva navdanya.org
Pedram Shojai well.org
Robert Smith icvgroup.org
Anneloes Smitsman earthwisecentre.org
Sergey Solonin qiwi.com
Christian Sorensen christiansorenseninspires.com
John Steiner bridgealliance.us
Alan Steinfeld newrealities.com
Daniel Stone danielstone.com
Sara Avant Stover thewayofthehappywoman.com
Sylvia Sumter unityofwashingtondc.org
Katherine Woodward Thomas katherinewoodwardthomas.com
Kit Thomas circleofwisdom.org
Lynne Twist soulofmoney.org
Katia Txi t.me/katiatxilive
Rick Ulfik wetheworld.org
Jeff Vander Clute jeffvanderclute.com
Cassandra Vieten cassandravieten.com
Alberto Villoldo albertovilloldophd.com
Anne-Marie Voorhoeve thehaguecenter.org
Daniel Christian Wahl danielchristianwahl.com
Neale Donald Walsch nealedonaldwalsch.com
Michael Wayne drmichaelwayne.com
Claudia Welss noetic.org
Diane Marie Williams sourceofsynergyfoundation.org
Mikki Willis elevate.us
David Sloan Wilson evolution-institute.org
Trina Wyatt consciousgood.com
Carlen Young reinventing.earth
Elizabeth Ashley Young somedayfire.com
Claire Zammit femininepower.com
Gary Zukav seatofthesoul.com

Anmerkungen

Kapitel 1: Die große Karte des Friedens

1 James O'Dea, *Cultivating Peace: Becoming a 21st Century Peace Ambassador* (San Rafael, CA: Shift Books, 2012), 44–60.

Kapitel 3: Eine evolutionäre Vision von der Zukunft mit »harter« Wissenschaft in Einklang bringen

1 Sheila Kinkade, »Toward a Whole World Ethic: The Role of Conscious Evolution«, *Mind and Life Institute Blog,* December 9, 2019, https://www.mindandlife.org/toward-a-whole-world-ethic-the-role-of-conscious-evolution.

2 David Sloan Wilson, *Does Altruism Exist? Culture, Genes, and the Welfare of Others* (New Haven: Yale University Press, 2015).

3 David Sloan Wilson, *This View of Life: Completing the Darwinian Revolution* (New York: Pantheon/Random House, 2019); Kurt Johnson, David Ord, *The Coming Interspiritual Age* (Vancouver: Namaste, 2013).

4 Pierre Teilhard de Chardin, *The Phenomenon of Man* (New York: Harper, 1959).

5 Eva Jablonka, Marion Lamb, *Evolution in Four Dimensions: Genetic, Epigenetic, Behavioral, and Symbolic Variation in the History of Life* (Cambridge, MA: MIT Press, 2006).

6 Keven Laland, Tobias Uller, Marcus Feldman, Kim Sterelny, Gerd Müller, Armin Moczek, Eva Jablonka, John Odling-Smee, »Proceedings B: The Extended Evolutionary Synthesis: Its Structure, Assumptions, and Predictions«, *The Royal Society Publishing* (2015): 282, https://doi.org/http://dx.doi.org/10.1098/rspb.2015.1019.

7 Ronald Giphart, Mark van Vugt, *Mismatch: How Our Stone Age Brain Deceives Us Every Day and What We Can Do about It* (London: Robinson Page, 2018).

8 Blair Witherington, »The Problem of Photo Pollution for Sea Turtles and Other Nocturnal Animals«, in: *Behavioral Approaches to Conservation in the Wild,* ed. by Janine Clemmons and Richard Buchholz (Cambridge, UK: Cambridge University Press, 1997), 303–328.

9 Richard Wrangham, *The Goodness Paradox: The Strange Relationship Between Virtue and Violence in Human Evolution* (New York: Pantheon, 2019).
10 James Mark Baldwin, *Development and Evolution* (Sydney, Australia: Wentworth Press, 2019).

Kapitel 5: Ist der Weltfrieden möglich?

1 M. Beckwiths Zitat bezieht sich auf das leicht abgewandelte Zitat Victor Hugos: »Man kann der Invasion einer Armee widerstehen, doch nicht einer Idee, deren Zeit gekommen ist.« Ursprünglich: »*On résiste à l'invasion des armées; on ne résiste pas à l'invasion des idées.*« – dt.: »*Man kann der Invasion von Armeen Widerstand leisten, aber keiner Invasion von Ideen.*« (Anm. d. Ü.)
2 Jill Jackson, Sy Miller, »Let There Be Peace on Earth«, No. 431, *The Um Hymnal* (New York: Jan-Lee Music, 1955).

Kapitel 6: Evolutionäre Weisheiten für eine Welt in großer Veränderung

1 bearbeitet nach ins Deutsche übersetzten Versionen aus dem *www.*
2 Malcolm Margolin, *The Ohlone Way: Indian Life in the San Francisco-Monterey Bay Area* (Berkeley: Heyday Books, 1978).
3 ebd.
4 bearbeitet nach ins Deutsche übersetzten Versionen aus dem *www.*
5 bearbeitet nach ins Deutsche übersetzten Versionen aus dem *www.*
6 bearbeitet nach ins Deutsche übersetzten Versionen aus dem *www.*
7 bearbeitet nach ins Deutsche übersetzten Versionen aus dem *www.*
8 übersetzt nach dem englischen Originalzitat des Autors *Duane Elgin;* der Autor bezieht sich zwar, zitiert aber nicht exakt aus der englischen Version von Laotses *Tao-Te-King* nach Gia-fu Feng und Jane English, 1972. (Anm. d. Ü.)
9 Clara Moskowitz, »What's 96 Percent of the Universe Made Of? Astronomers Don't Know«, *Space.com,* May 12, 2011, https://www.space.com/11642-dark-matter-dark-energy-4-percent-universe-panek.html.
10 Eugene Roehlkepartain, Peter Benson, Peter Scales, Lisa Kimball, Pamela, »With Their Own Voices: A Global Exploration of How Today's Young People Experience and Think about Spiritual Development«, Search Institute, 2008, https://www.search-

institute.org/wp-content /uploads/2018/02/with_their_own_voices_report.pdf.

11 Andrew Greeley, *Ecstasy as a Way of Knowing* (Englewood Cliffs, NJ: Prentice Hall, 1974), 57; Luis Lugo, director, Pew Forum on Religion and Public Life, »Many Americans Mix Multiple Faiths«, Pew Research Center, December 9, 2009, https://www.pewforum.org/2009/12/09 /many-americans-mix-multiple-faiths/.

12 Pew Research Center, »US Public Becoming Less Religious«, November 3, 2015, http://www.pewforum.org/2015/11/03/u-s-public -becoming-less-religious.

Kapitel 7: Die Erneuerung der Erde und ihrer Bewohner

1 Definition: Wiederherstellung und Erneuerung einer gesunden Erde durch Stärkung ihrer natürlichen biogeochemischen und physiologischen Kreisläufe. (Anm. d. Ü.)

2 Definition: Eingriffe in geochemische oder biogeochemische Kreisläufe der Erde mit technischen Mitteln. (Anm. d. Ü.)

3 Michael Williams, *Deforesting the Earth: From Prehistory to Global Crisis* (Chicago: University of Chicago Press, 2002), https://rainforests .mongabay.com/general_tables.htm; World Wildlife Fund, »The Living Planet Report«, October 30, 2018, https://www.wwf.org.uk/updates /living planet-report-2018.

4 International Panel on Climate Change, »Special Report: Global Warming of 1.50C«, 2018, https://www.ipcc.ch/sr15/.

5 Mary Oliver, »Wild Geese«, University of New Mexico, accessed May 12, 2020, http://www.phys.unm.edu/~tw/fas/yits/archive/oliver _wildgeese.html.

6 Joanna Macy im Gespräch mit dem Autor, März 2003, während des »The Work that Reconnects«-Trainings in Madrid, Spanien.

Kapitel 8: »Ein guter Mensch …«

1 Dee Brown, »War Comes to the Cheyennes«, in: *Bury My Heart at Wounded Knee: An Indian History of the American West* (New York: Henry Holt, 2001), 86–90.

2 übersetzt nach dem englischen Original der Autorin.

3 Colorado State Archives, »John Evans«, 2019, accessed March 1, 2020, https://colorado.gov/pacific/archives/john-evans.

4 bearbeitet nach ins Deutsche übersetzten Versionen aus dem *www.*

Kapitel 9: Prophezeiungen, dynamische Veränderungen und eine neue globale Zivilisation

1 White Buffalo Calf Woman, »Lakota Instructions for Living«, Xavier University Jesuit Resources, accessed May 19, 2020, https://www.xavier.edu/jesuitresource/online-resources/quote-archive1/native -american1.

Kapitel 11: Der Beginn einer bewussten Unternehmensbewegung

1 Steve Farrell, »The Dawn of a Conscious Movement«, *Kosmos,* Fall/ Winter 2017, https://www.kosmosjournal.org/contributor/steve-farrell.

2 Ken Wilber, *A Brief History of Everything* (Boston: Shambhala, 2007), 499.

Kapitel 12: Von jungen Menschen geführte soziale Unternehmensprojekte

1 Darryl Fears, »One million species face extinction, U.N. report says. And humans will suffer as a result«, *The Washington Post,* May 6, 2019 https://www.washingtonpost.com/climate-environment/2019/05/06 /one-million-species-face-extinction-un-panel-says-humans-will-suffer -result/.

Kapitel 14: Die Grundprinzipien eines »Business-Mönchskriegers«

1 bearbeitet nach ins Deutsche übersetzten Versionen aus dem *www.*

2 nach Originalzitat aus dem *www.*

3 übersetzt nach dem englischen Original.

Kapitel 15: Die Neuerfindung unseres Planeten: Eine »Bottom-up«-Gesamtstrategie

1 Apple, »Think Different Marketing Campaign«, The Crazy Ones, the website dedicated to Apple's ad campaign, 1997, accessed May 5, 2020, http://www.thecrazyones.it/spot-en.html.

2 John Gardner, »On Potential«, PBS, 1965 speech, accessed May 7, 2020, https://www.pbs.org/johngardner/sections/writings.html.

Kapitel 16: Überleben, Bewusstsein und der Eine Geist

1 zitiert nach Larry Dossey, *One Mind. Alles ist mit allem verbunden.* Aus dem Amerikanischen von Astrid Ogbeiwi (Amerang 2014), S. 21.
2 zitiert nach Larry Dossey, *Heilungsfelder: Wenn die Seele den Körper heilt.* Aus dem Amerikanischen von Karl Friedrich Hörner (Amerang 2012).
3 zitiert nach Larry Dossey, *One Mind. Alles ist mit allem verbunden,* S. 30.
4 Walt Whitman, *Grashalme/Durchfahrt nach Indien.* Übersetzt von Hans Reiniger (Zürich 1985), S. 361.
5 Ralph Waldo Emerson, Alfred Ferguson, eds., *The Essays of Ralph Waldo Emerson* (Cambridge, MA: Harvard University Press, 1987), 160.
6 Erwin Schrödinger, »Was ist Leben? Die lebende Zelle mit den Augen des Physikers betrachtet«, in: *Geist und Materie* (Zürich 1989), S. 79.
7 zitiert nach Larry Dossey, *One Mind. Alles ist mit allem verbunden,* S. 18.
8 C.G. Jung, *Erinnerungen, Träume, Gedanken* (Düsseldorf/Zürich 2005), S. 327 ff.
9 C.G. Jung zitiert nach Larry Dossey, *One Mind. Alles ist mit allem verbunden,* S. 129.
10 Erwin Schrödinger, *Was ist Leben?,* S. 90 f.
11 Michael Grosso, *The Final Choice: Death or Transcendence?* (Hove, UK: White Crow Books, 2017), chap. 8.
12 Michael Grosso, »The Archetype of Death and Enlightenment«, in: *The Near-Death Experience: A Reader,* eds. Lee Bailey, Jenny Yates (New York: Routledge, 1996), 127–44.
13 Sam Parnia, quoted in Mindy Weisberger, »Are ›Flatliners‹ Really Conscious after Death?«, *Live Science,* October 4, 2017, https://www.livescience.com/60593-flatliners-movie-death-resuscitation.html.

Kapitel 17: Uns selbst, unsere Kinder und unseren Planeten heilen

1 Kathleen K. S. Hui, Jing Liu, Ovidiu Marina, Vitaly Napadow, Christian Haselgrove, Kenneth K. Kwong, David N. Kennedy, Nikos Makris, »The Integrated Response of the Human Cerebro-Cerebellar and Limbic Systems to Acupuncture Stimulation at ST 36 as Evidenced by fMRI«, *NeuroImage* 27, No. 3 (2005): 479–96; Michael G. H. Coles, Emanuel Donchin, Stephen W. Porges, *Psychophysiology: Systems, Processes and Applications* (New York: Guilford Press, 1986).

2 Margorie. E. Maharaj, »Differential Gene Expression after Emotional Freedom Techniques (EFT) Treatment: A Novel Pilot Protocol for Salivary mRNA Assessment«, *Energy Psychology Journal* 8, No. 1 (2016): 17–32.

Kapitel 18: Die erhabene Zukunft: Unsere vollständige Menschwerdung

1 Marshall McLuhan, aus Notizen des Autors, Gordon Dveirin, in Marshall McLuhans Graduiertenseminar, University of Toronto, 1972; siehe auch Marshall McLuhan, *The Global Village: Transformations in World Life and Media in the 21st Century* (New York: Oxford University Press, 1989), 99–100.
2 Thomas Berry, *The Dream of the Earth* (Berkeley: University of California Press, 2006), 17.
3 Loren Eisley, *The Man Who Saw Through Time,* revised and enlarged edition of *Francis Bacon and the Modern Dilemma* (New York: Scribners, 1973), 39.
4 Kai Bird, Martin Sherwin, *American Prometheus: The Triumph and Tragedy of J. Robert Oppenheimer* (New York: Vintage Books, 2006).
5 Jamie Metzl, *Der designte Mensch. Wie die Gentechnik Darwin überlistet.* Übersetzt v. Gabriele Gockel, Sonja Schuhmacher und Claus Varrelmann (Hamburg 2020), S. 12 u. S. 16.
6 übersetzt nach Original.
7 Willis Harman, »The New Copernican Revolution«, *Stanford Today,* Winter 1969, 6–10.
8 The Aspen Institute: National Commission on Social, Emotional, and Academic Development, »From a Nation at Risk to a Nation at Hope«, 2019, http://nationathope.org/report-from-the-nation/.
9 Jane Ellen Stevens, »Nearly 35 Million US Children Have Experienced One or More Types of Childhood Trauma«, *Aces too High News,* May 13, 2013, https://acestoohigh.com/2013/05/13/nearly-35-million-u-s -children-have-experienced-one-or-moretypes-of-childhood-trauma.

Kapitel 19: Unsere spirituelle Natur leben: Der Weg zur Heilung der Menschheit

1 nach Originalzitat aus dem *www.*
2 zitiert nach www.pinterest.ch.

Kapitel 20: Bewusste Evolution: Eine Theorie, mit der wir aufblühen können

1 Kerry Grens, »Earth Experiencing Sixth Mass Extinction: Study«, *The Scientist,* July 11, 2017, http://www.the-scientist.com/?articles.view /articleNo/49841/title/E.

2 Bruce Lipton, *The Biology of Belief, Tenth Anniversary Edition: Unleashing the Power of Consciousness, Matter, and Miracles* (Carlsbad, CA: Hay House, 2016), 57–81.

3 Lynn Margulis zitiert nach einem Artikel der *Süddeutschen Zeitung* vom 17.08. 2020: »Ausstellungen zur Zerstörung der Umwelt: Bereit zur Buße« von Till Briegleb.

4 Jean-Baptiste Lamarck, *Zoological Philosophy: An Exposition with Regard to the Natural History of Animals,* trans. by Hugh Elliot (Chicago: University of Chicago Press, 1914).

5 Bruce Lipton, »An Introduction to Conscious Evolution: A Theory We Can Thrive With«, *Spanda* VII, No. 1 (2017): 183–92.

6 Lipton, *The Biology of Belief,* 57–81.

Kapitel 22: Die Kraft der Acht

1 David R. Hamilton, PhD, *Why Kindness Is Good for You* (London: Hay House UK, 2010), 108.

2 Übernommen aus Lynne McTaggart, *Die Kraft der Acht: Wie die Intention einer kleinen Gruppe unser Leben heilen und die Welt verändern kann* (Scorpio Verlag, München: 2018); darin wird ausführlicher erläutert, wie sich Gruppenintentionen durchführen lassen und wie man seine eigene »Kraft der Acht«-Gruppe bilden kann.

Kapitel 23: Die gegenwärtige Wissenschaft des Erwachens

1 Zoran Josipovic, Ilan Dinstein, Jochen Weber, David Heeger, »Influence of Meditation on Anti-correlated Networks in the Brain«, *Frontiers in Human Neuroscience* (January 2012), https://www.frontiersin.org/articles/10.3389/fnhum.2011.00183.

Kapitel 24: Zum grenzenlosen Geist erwachen

1 Lynne McTaggart, *The Field: The Quest for the Secret Force of the Universe* (London: HarperCollins Publishers, 2001).

2 Elizabeth Rauscher, J. J. Hurtak, Desiree Hurtak, *Mind Dynamics in Space and Time* (Los Gatos, CA: Academy for Future Science, 2016).

3 Zvi Ram, Chae-Young Kim, Garth A. Nicholas, Steven Toms, »ACTR-27. Compliance and Treatment Duration Predict Survival in a Phase 3 EF-14 Trial of Tumor Treating Fields with Temozolomide in Patients with Newly Diagnosed Glioblastoma«, *Neuro-Oncology* 19, suppl. 6 (2017): vi6–vi7: https://academic.oup.com/neuro-oncology /article/19/suppl_6/vi6/4590316.
4 Pierre Teilhard de Chardin, *The Phenomenon of Man* (New York: Harper, 1959).
5 dt. Originalzitat, J.J. Hurtak, *Das Buch des Wissens: Die Schlüssel des Enoch. Eine Lehre auf Sieben Ebenen* (Akademie für die Wissenschaft der Zukunft in Europa 2001).

Kapitel 26: Eine Eine-Welt-Sicht, um die Evolution des Bewusstseins zu leiten

1 Jude Currivan, *Das Kosmische Hologramm. Wie holografische Informationsstrukturen unsere Realität formen* (München 2020).
2 ebd.

Kapitel 27: Unsere Geschichte verändern heißt unsere Welt verändern

1 Gregg Braden, *Deep Truth: Igniting the Memory of Our Origin, History, Destiny and Fate* (Carlsbad, CA: Hay House, 2011), 219–22.
2 ebd., 219–22.
3 ebd., 139–83.
4 ebd., 139–83.
5 Gregg Braden, *The Divine Matrix: Bridging Time, Space, Miracles, and Belief* (Carlsbad, CA: Hay House, 2007), 101–22.
6 ebd., 101–22.
7 zitiert nach deutscher Übersetzung unter https://www.amazon.de/-/en/dp/B06Y15KNQL.
8 George Musser, »The Climax of Humanity«, *Scientific American*, special edition »Crossroads for Planet Earth« (September 2005): 44–47.
9 ebd., 47.
10 ebd., 47.
11 zitiert nach www.pinterest.de.

Kapitel 29: Schwingungsintelligenz: Die Sprache des Universums erschließen

1 zitiert nach www.pinterest.de

Kapitel 30: Der Anbruch des Neuen Tages

1 In den mythologischen Erzählungen fast aller Kulturen steht die Eule für Weisheit und gilt als sprititueller Führer ins Jenseits oder in die Geisterwelt. (Anm. d. Ü.)

Kapitel 31: Unsere roten Umhänge anlegen und unsere Superkräfte aktivieren

1 Daniel DeNoon, »Salt-Water Fish Extinction Seen by 2048«, CBS News, November 2, 2006, https://www.cbsnews.com/news/salt-water-fish -extinction-seen-by-2048/.

2 David Wallace-Wells, »The Uninhabitable Earth«, *New York Magazine,* July 10, 2017, http://nymag.com/intelligencer/2017/07/climate-change-earth-too-hot-for-humans.html.

3 zitiert nach www.spruchsammlung.com.

4 Cosmic Scientist, »This Is Exactly Why Nikola Tesla Told Us to Study the ›Nonphysical‹«, April 27, 2016, https://cosmicscientist.com/this-is-exactly-why-nikola-tesla-told-us-to-study-the-non-physical/.

5 Das HeartMath Institute (HMI) erforscht die Herz-Gehirn-Kommunikation und wie sie genutzt werden kann, um mit Stress besser umzugehen, die Kohärenz zu erhöhen und unsere Verbindung mit uns selbst und den anderen zu stärken. Die HMI-Forscher untersuchen auch die Elektrophysiologie der Intuition und wie alle Dinge miteinander verbunden sind. heartmath.com.

6 Live gesungen von Siedah Garrett, Songtext von Glenn Ballard und Siedah Garrett, aufgenommen von Michael Jackson, »Man in the Mirror«, Mai 1987, Track 4 auf *Bad,* Epic.

Kapitel 32: Ein Wandel im Herzen der Menschheit

1 Brian Swimme, *The Powers of the Universe,* Regie von Dan Anderson (San Francisco: Center for the Story of the Universe, 2004), DVD.

2 Peter Corning, *Nature's Magic: Synergy in Evolution and the Fate of Humankind* (Cambridge, UK: Cambridge University Press, 2003).

3 Rollin McCraty, Maria A. Zayas, »Cardiac Coherence, Self- Regulation, Autonomic Stability, and Psychosocial Well-Being«, *Frontiers in Psychology Journal* 29, September (2014), https://www.frontiersin.org/articles/10.3389/fpsyg.2014.01090/full.

4 The Science of Mindfulness & Compassion, private Unterhaltung des Autors in New Delhi, veranstaltet von der Templeton Foundation, organisiert vom Fetzer Institute in Zusammenarbeit mit dem

Center for Contemplative Science and Compassion Based Ethics an der Emory University, April 2019.

5 Mae-Wan Ho, *The Rainbow and the Worm: The Physics of Organisms* (London: World Scientific Publishing, 2008).

6 Ken Wilber, im Gespräch mit Barbara Marx Hubbard, Foundation for Conscious Evolution's Agents of Conscious Evolution Online-kurs, 2011.

7 Jean Baptiste Lamarck, *Zoological Philosophy: An Exposition with Regard to the Natural History of Animals* (London: Macmillan, 1914).

8 Julie Jordan Avritt, Thomas Hübl, »Thomas Hübl's The Pocket Project Facilitating the Integration of Collective Trauma«, *Kosmos Journal* (Spring–Summer 2017), https://www.kosmosjournal.org/article /thomas-hubls-the-pocket-project-facilitating-the-integration-of-collective-trauma/.

Kapitel 33: Unsere Kultur weiterentwickeln: Vom Zusammenbruch zum Durchbruch

1 Marta Sinclair, ed., *Handbook of Intuition Research* (Cheltenham, UK: Edward Elgar Publisher, 2013); Raymond Bradley, »The Psychophysiology of Intuition: A Quantum-Holographic Theory of Nonlocal Communication«, *World Futures* 63, No. 2 (2007): 61–97; Raymond Bradley, Murray Gillin, Rollin McCraty, Mike Atkinson, »Nonlocal Intuition in Entrepreneurs and Non-entrepreneurs: Results of Two Experiments Using Electrophysiological Measures«, *International Journal of Entrepreneurship and Small Business* 12, No. 3 (2011): 343–72; Rollin McCraty, Mike Atkinson, Raymond Bradley, »Electrophysiological Evidence of Intuition: Part 2. A System-wide Process?«, *Journal of Alternative Complementary Medicine* 10, No. 2 (2004): 325–36.

2 Adolescent Moral Development Lab, »The Psychology of Purpose«, John Templeton Foundation: Claremont Graduate University, Fe-bruary 2018, https://www.templeton.org/wp-content/uploads/2020/02 /Psychology-of-Purpose.pdf.

3 Randy Cohen, Chirag Bavishi, Alan Rozanski, »Purpose in Life and Its Relationship to All-Cause Mortality and Cardiovascular Events: A Meta-Analysis«, *Psychosomatic Medicine* 78, No. 2 (2015); Patrick Hill, Nicholas Turiano, »Purpose in Life as a Predictor of Mortality Across Adulthood«, *Psychological Science* 25 (2014); Toshimasa Sone, Naoki Nakaya, Kaori Ohmori, Taichi Shimazu, Mizuka Higashiguchi, Masako Kakizaki, Nobutaka Kikuchi, Shinichi Kuriyama, Ichiro

Tsuji, »Sense of Life Worth Living (Ikigai) and Mortality in Japan: Ohsaki Study«, *Psychosomatic Medicine* 70 (2008): 709–15.

4 Adolescent Moral Development Lab, »The Psychology of Purpose«, 13.

Kapitel 35: Eine ganzheitliche Vorstellung von Evolution und Bewusstsein

1 Robert Atkinson, *The Story of Our Time: From Duality to Interconnectedness to Oneness* (Fort Lauderdale, FL: Sacred Stories Publishing, 2017), 116–23.

2 hier sinngemäß übersetzt (dt. Originalübersetzung v. Paul Carus, *Das Evangelium Buddhas*).

3 zitiert nach der Website der deutschen Bahai-Gemeinde, www. bahai.de.

4 zitiert nach *C.G. Jung im Gespräch: Interviews, Reden, Begegnungen* (Zürich 1986), S. 19.

5 zitiert nach Charles Darwin, *Die Abstammung des Menschen und die geschlechtliche Zuchtwahl* (Stuttgart 1871), S. 86.

6 Atkinson, *The Story of Our Time,* 103–8.

7 Pierre Teilhard de Chardin, Der Mensch im Kosmos. Aus dem Französischen von Othon Marbach (München 2005), S. 17.

Epilog: Die Fäden des Rufs nach kollektivem Handeln verbinden

1 Robert Atkinson, *Year of Living Deeply: A Memoir of 1969* (Wilmette, IL: One Voice Press, 2019), 16–17.

Über die Autoren

EBEN ALEXANDER war über 25 Jahre als Neurochirurg tätig, davon 15 Jahre am *Brigham and Women's Hospital* und am Kinderkrankenhaus sowie der medizinischen Fakultät der Harvard Universität in Boston/Massachusetts. Darüber hinaus gilt sein leidenschaftliches Interesse der Physik und Kosmologie. Er ist Autor der *New York Times*-Bestseller *Blick in die Ewigkeit. Die faszinierende Nahtoderfahrung eines Neurochirurgen* und *Vermessung der Ewigkeit. 7 fundamentale Erkenntnisse über das Leben nach dem Tod,* und schrieb gemeinsam mit Karen Newell das Buch *Tore ins unendliche Bewusstsein: Die Grenzen der Realität überwinden und die wahre Natur des Lebens entdecken.*
ebenalexander.com

MICHAEL BERNARD BECKWITH ist Gründer und geistiger Direktor des *Agape International Spiritual Center* in Los Angeles und Mitbegründer der *Association for Global New Thought.* Er ist heißbegehrter Vortragsredner und außerdem Buchautor. Für drei seiner jüngsten Werke – *Life Visioning, Spiritual Liberation,* und *TranscenDance Expanded* – wurde er mit dem renommierten *Nautilus Award* ausgezeichnet. Er wird als Vorbote für die Suche der Welt nach Frieden gefeiert.
agapelive.com

JOAN BORYSENKO ist eine weltweit anerkannte Expertin auf dem Feld der Körper-Geist-Medizin. Als studierte Psychologin und promovierte Zellbiologin der medizinischen Fakultät der Universität Harvard verbindet sie führende Wissenschaft mit tiefer Menschlichkeit. Sie ist *New York Times*-Bestsellerautorin von 17 Büchern, und ihre Arbeiten erscheinen ebenso in der *Washington Post,* im *Wall Street Journal,* im Fernsehen und auf zahlreichen Internetseiten. Sie ist die Vorsitzende der *Mind-Body Health Sciences LLC* in Santa Fe/New Mexico.
joanborysenko.com

GREGG BRADEN ist auf der ganzen Welt bekannt für seine Pioniertätigkeit, Wissenschaft und Spiritualität zu verbinden. Er ist fünffacher *New York Times*-Bestsellerautor mit Büchern wie *The God Code: Das Geheimnis in unseren Zellen, Im Einklang mit der göttlichen Matrix: Wie wir mit Allem verbunden sind* und *Tiefe Wahrheiten – Ursprung, Geschichte und Schicksal der Menschheit.*

Seine wissenschaftliche Fachkenntnis ermöglichte es ihm nicht nur, als erfolgreicher Problemlöser im Bereich der computergestützten Geologie während der Energiekrise in den 1970er-Jahren zu arbeiten, sondern eröffnete ihm auch eine Zusammenarbeit mit dem *US Air Force Space Command* während des Kalten Krieges in den 1980er-Jahren. Außerdem war er während des ersten Golfkrieges als technischer Betriebsleiter für *Cisco Systems* tätig.
greggbraden.com

RINALDO S. BRUTOCO ist Gründungsvorsitzender und Geschäftsführer der *World Business Academy* mit Sitz in Santa Barbara/Kalifornien und Mitbegründer von *JUST Capital*, eines der führenden US-Unternehmen im Bereich eines gerechten Business. Er ist Serien-Unternehmer, Vorstand, Autor, Radiomoderator und Zukunftsforscher; seit über 35 Jahren äußert er sich zu Fragen der Geschäftswelt im Zusammenhang mit drängenden moralischen, ökologischen und gesellschaftlichen Anliegen. Zudem ist er Vorstandsmitglied des *Omega Point Institute*, von *JUST Capital* und zahlreicher anderer gewinnorientierter und gemeinnütziger Unternehmen.
worldbusiness.org

CONSTANCE BUFFALO ist Stammesangehörige der *Red Cliff Band of Lake Superior Chippewa – Native Americans in Wisconsin* – und sammelte als Vorsitzende und Geschäftsführerin beim Unternehmen *Intelagard* wertvolle Erfahrungen in der Industrie chemischer Entgiftungstechnologien; außerdem arbeitete sie als Vorsitzende für PR und Werbung bei dem TV-Sender *CBS*. Ihr Chippewa-Erbe bietet ihr eine Projektionsfläche dafür, alles Leben nahtlos in heilige Muster gewebt zu verstehen, und motiviert sie zu ihrer Verpflichtung, eine tiefe Beziehung mit allem Leben einzugehen.
evolutionaryleaders.net

DEEPAK CHOPRA™ ist Gründer der *Chopra Foundation,* einer gemeinnützigen Organisation zur Erforschung physischen Wohlbefindens, sowie von *Chopra Global,* einem modernen Gesundheitsunternehmen an der Schnittstelle zwischen Wissenschaft und Spiritualität; er gilt als weltbekannter Pionier ganzheitlicher Medizin und persönlicher Transformation. Er hat eine Professur für Allgemeinmedizin und öffentliches Gesundheitswesen an der *University of California/San Diego* inne und ist Autor von über 90 Büchern – die in mehr als 43 Sprachen übersetzt wurden – einschließlich seines Werks *Metahuman – das Erwachen eines neuen Bewusstseins* und zahlreicher *New York Times*-Bestseller. Das *Time*-Magazin zählt Dr. Chopra zu den 100 herausragendsten Köpfen des 20. Jahrhunderts.

deepakchopra.com

JUDE CURRIVAN ist Kosmologin, Heilerin, Zukunftsforscherin und Autorin des Buches *Das kosmische Hologramm;* sie ist Preisträgerin des *Nautilus Silver Award* und war in ihrem früheren Leben in der Unternehmenswelt tätig. Sie verbindet führende wissenschaftliche Erkenntnisse, Erforschung von Bewusstsein und universelles spirituelles Wissen zu einem Paradigma der einheitlichen Realität; sie ist Mitbegründerin von *WholeWorld-View.org,* promovierte Archäologin und hat einen Master-Abschluss in Physik der Universität Oxford/UK mit Spezialisierung in den Bereichen Kosmologie und Quantenphysik.

judecurrivan.com

BARBARA DOSSEY ist eine international anerkannte Pionierin und Wissenschaftlerin im Bereich ganzheitlicher und integrativer Krankenpflege. Sie ist Vorsitzende der Vereinigung *International Nurse Coach Association* (INCA), stellvertretende internationale Vorsitzende der *Nightingale Initiative for Global Health* und zentrales Mitglied des Programms *Integrative Nurse Coach Certificate Program* (INCCP) in Miami/Florida; überdies ist sie Autorin und Mitautorin von 25 Büchern, darunter *Holistic Nursing* und *Nurse Coaching.*

dosseydossey.com

LARRY DOSSEY ist Arzt im Bereich der inneren Medizin und Mitbegründer der *Dallas Diagnostic Association.* In den Jahren 1968 und 1969 diente er als Bataillons-Chirurg im Vietnamkrieg, wo er für seinen Einsatz ausgezeichnet wurde. Er ist Autor von 13 Büchern, darunter *Die Medizin von Raum und Zeit: Ein Gesundheitsmodell, Heilende Worte: Die Kraft der Gebete als Schlüssel zur Heilung, Reinventing Medicine, Ich habe es geahnt! – Wie Vorahnungen sich bestätigen und unser Leben bestimmen* und *One Mind – Alles ist mit allem verbunden.*

larrydosseymd.com

GORDON DVEIRIN nähert sich den Veränderungen auf organisatorischer, gesellschaftlicher und kultureller Ebene unter dem Motto eines gemeinsamen »Lernens, wie wir unseren Weg in die Zukunft finden«; dies beschrieb er in seiner Doktorarbeit *From Manpower to Mindfulness: The High-Tech culture of Emergence and Its Implications for Education.* Er unterstützte Rachael Kessler bei der Gründung des *PassageWorks Institute,* einem der führenden Impulsgeber im Bereich der Humanisierung von Bildung und Erziehung. Gemeinsam mit seiner Frau Joan Borysenko entwickelte er das *Claritas Institute for Interspiritual Inquiry* und ist Mitautor ihres Buches *Your Soul's Compass.*
claritasinstitute.com

DUANE ELGIN ist ein international bekannter Autor, Vortragsredner, Pädagoge und Aktivist, der sich für die Ermächtigung von Bürger*innen mittels Nutzung öffentlicher Medien einsetzt. Seine Bücher sind u.a. *Das Lebende Universum: Woher wir kommen. Wohin wir gehen, Ein Versprechen für die Zukunft, Voluntary Simplicity* und *Awakening Earth.* Er ist Preisträger des japanischen *Goi Peace Award,* der ihm 2006 in Tokio überreicht wurde zur Würdigung seines Beitrags zu weltweiter »Vision, Bewusstsein und Lebensstil«, welche eine »nachhaltigere und spirituellere Kultur« befördern.
duaneelgin.com

JUSTIN FAERMAN ist visionärer Change-Agent, internationaler Vortragsredner, Serien-Unternehmer und Bewusstseinsforscher, der sich der Entwicklung des globalen Bewusstseins, der Verbindung zwischen Wissenschaft und Spiritualität und der Verbreitung erhellender Vorstellungen sowohl auf der persönlichen als auch gesellschaftlichen Ebene widmet. Er ist Mitbegründer der Zeitschrift *Conscious Lifestyle Magazine* und des *Flow Consciousness Institute.* Er ist ein vielgefragter Lehrer, bekannt für seine Pioniertätigkeit im Bereich der Flow-Forschung und der Funktionsweisen des Bewusstseins.
justinfaerman.com

STEVE FARRELL ist Vorsitzender und leitender Geschäftsführer des *Humanity's Team,* einer weltweiten spirituellen Grassroot-Bewegung mit über 650 000 Anhänger*innen in über 150 Ländern. Der Schwerpunkt des *Humanity's Team* liegt auf Erwachen und Verkörperung von Einssein, damit die Menschheit in den Genuss einer nachhaltigen Welt des Friedens, der Harmonie und Freude kommen kann. Projekte des *Humanity's Team* sind u.a. der *Global Oneness Day* (der als Reaktion auf einen Besuch bei den Vereinten Nationen 2011 ins Leben gerufen wurde), die *Oneness Declaration* und der alljährlicher *Living-in-Oneness-Summit.*
humanitysteam.org

DAVID GERSHON, Mitbegründer und Geschäftsführer des *Empowerment Institute,* setzt seine Visionäre-Führungskräfte- und Social-Change-Erfahrung ein, um *second-order-change*-Lösungen für Städte und Nationen zu entwerfen, die es ermöglichen, das scheinbar Unmögliche möglich zu machen. Als Autor von 12 Büchern, einschließlich des preisgekrönten Werks *Social Change 2.0: A Blueprint for Reinventing Our World* und dem Bestseller *Empowerment,* sieht er es als seine Lebensaufgabe, die Menschheit zum Glauben zu ermächtigen, dass wir die Welt unserer Träume erschaffen können; er entwickelte Strategien und Werkzeuge, die uns helfen, dies Realität werden zu lassen.
empowermentinstitute.net

JEAN HOUSTON ist Wissenschaftlerin und Forscherin im Bereich des menschlichen Potenzials. In den vergangenen 40 Jahren war sie (zusammen mit ihren Mann Robert Masters bis zu dessen Tod) stellvertretende Direktorin der Stiftung *Foundation for Mind Research* in New York City und Ashland/Oregon, die auf das Verständnis verborgener menschlicher Fähigkeiten spezialisiert ist. Autorin von über 26 Büchern, ist sie außerdem leitende Beraterin im Bereich der menschlichen Entwicklung der Vereinten Nationen und Gründerin eines Programms interkultureller mythischer und spiritueller Forschungen, die sich der Ermächtigung von Change-Agents widmen.
jeanhouston.com

BARBARA MARX HUBBARD war Zukunftsforscherin und Lehrerin, Autorin sowie öffentliche Vortragsrednerin auf dem Gebiet der menschlichen Evolution. Darüber hinaus war sie Mitbegründerin und Vorsitzende der Stiftung *Foundation for Conscious Evolution* und Autorin von sieben Büchern zur gesellschaftlichen und planetarischen Evolution, einschließlich ihres Werks *Conscious Evolution: Awakening the Power of our Social Potential.* Ihre Person ist Thema des Dokumentarfilms *American Visionary.* Sie war bekannt für ihre Konzepte »Synergy Engine«, »SYNCON (Synergetischer Zusammenschluss/synergetische Konvergenz)«, »The Peace Room«, »The Wheel of Co-Creation« und »*Birthing* of Humanity«.

Das in diesem Buch enthaltene Kapitel von Barbara Marx Hubbard ist eine ihrer letzten schriftlichen Äußerungen vor ihrem Tod am 10. April 2019.

DESIREE HURTAK ist Sozialwissenschaftlerin, Zukunftsforscherin und Umweltschützerin. Sie ist Vorsitzende der Stiftung *Foundation for Future Science,* die Kommunen und Menschen in vielen Entwicklungsländern unterstützt. Außerdem ist sie stellvertretende Vorsitzende und Mitbegründerin der *Academy for Future Science* sowie Autorin mehrerer Bücher, darunter *Überselbst Erweckung: Ein Wegweiser durch die Schule der Seele,* das sie gemeinsam mit ihrem Mann J.J. Hurtak verfasste und das einen Beitrag leisten will, Einsichten und Erkenntnisse unseres wahren Potenzials im Leben zu befördern.
futurescience.org

J.J. HURTAK, Sozialwissenschaftler und Zukunftsforscher, ist der Mitbegründer der *Academy for Future Science* (AFFS), einer internationalen nichtstaatlichen Organisation, welche durch soziale Projekte und Dialog eine Kooperation zwischen Wissenschaft und Bewusstsein fördern möchte. Er ist Autor zahlreicher Bücher, die aufzeigen, dass sich Wissenschaft und Religion nicht gegenseitig ausschließen müssen, sowie des Werks *Das Buch des Wissens: Die Schlüssel des Enoch: Eine Lehre auf Sieben Ebenen.* Er besitzt zwei verschiedene Doktortitel, einen der Universität von Kalifornien und einen zweiten der Universität Minnesota.
futurescience.org

SHILPA JAIN ist geschäftsführende Vorsitzende der Organisation *YES!,* in der sie mit Change-Makern aus der Gesellschaft daran arbeitet, eine florierende, gerechte und gleichgewichtige Welt für alle zu cokreieren. Sie hat unzählige Artikel und Bücher verfasst und Workshops veranstaltet zu Themen wie Globalisierung, kreativer Ausdruck, Ökologie, demokratisches Leben sowie innovatives Lernen und Verlernen. Sie ermöglichte transformierende Treffen mit Hunderten von Führungskräften aus über 50 Ländern.
yesworld.org

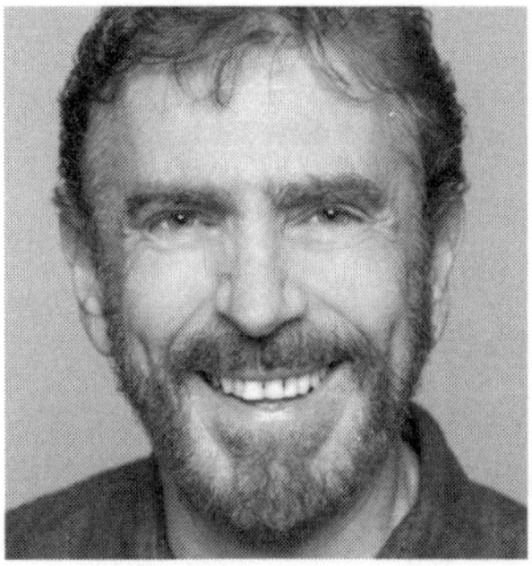

LOCH KELLY ist Pädagoge, Autor, Meditationslehrer, Psychotherapeut und eine anerkannte Führungspersönlichkeit auf dem Gebiet des Bewusstseins und des Erwachens sowie Gründer des gemeinnützigen *Open-Hearted Awareness Institute.* Seine Arbeit besteht darin, Menschen zu helfen, Zugang zu ihrem eigenen Erwachen zu bekommen, als nächstem natürlichen Schritt innerhalb unserer Entwicklung als Menschen. Er ist Autor der preisgekrönten Bücher *Reise ins Erwachen: Die Wissenschaft und Praxis des Gewahrseins mit offenem Herzen* und *Mühelose Achtsamkeit: Der revolutionäre Weg zu einem erwachten Leben.*
lochkelly.org

EVE KONSTANTINE ist eine führende Denkerin mit dem Talent, den Bogen evolutionärer Muster zu erkennen und eine Perspektive hinsichtlich deren Auswirkungen aufzuzeigen; sie hat ihr gesamtes Leben der Erhöhung von Bewusstsein verschrieben. Als internationale Referentin und Autorin für Zeitschriften und Bücher hat sie während ihrer zwei Jahrzehnte in Washington, DC, Führungskräfte internationaler Organisationen und Mitarbeiter in führenden Positionen an der Wall Street gecoacht; sie war leitende Vorsitzende der *Family Association* des *Internationalen Währungsfonds* und ehrenamtliche Mitarbeiterin im Weißen Haus unter der Regierung von Bill Clinton.
evekonstantine.com

PHIL LANE JR. ist eingetragenes Mitglied der nordamerikanischen indigenen Stämme *Ihanktonwan Dakota* und *Chickasaw* sowie eine international bekannte Führungspersönlichkeit auf dem Feld menschlicher, gemeinschaftlicher und wirtschaftlicher Entwicklung. Seit 50 Jahren arbeitet er mit indigenen Völkern des amerikanischen Kontinents, der Föderierten Staaten von Mikronesien, Südostasiens, Chinas, Indiens, Hawaiis und Afrikas. Er war außerordentlicher Professor der Pädagogik an der staatlichen Universität Lethbrigde in Alberta/Kanada. Im Jahr 1982 gründete er das *Four Worlds International Institute,* das sich der Zusammenführung der Menschheitsfamilie durch den sogenannten Vierten Weg (Fourth Way) widmet.
FWII.net

ERVIN LÁSZLÓ ist Autor und Herausgeber von über 70 Büchern und verfügt über ein enormes Œuvre an 400 Artikeln und wissenschaftlichen Veröffentlichungen. Daneben hat er sechs Sammlungen von Klaviervertonungen herausgegeben. Er gilt als einer der wichtigsten Vertreter der Systemtheorie und der Allgemeinen Evolutionstheorie und war zweimal für den Friedensnobelpreis nominiert. Er ist Gründer und Präsident des *Club of Budapest* und ehemaliger Vorsitzender der *Internationalen Gesellschaft für Systemwissenschaften.*
clubofbudapest.org

LORI LEYDEN ist eine international bekannte Trauma-Heilerin, Führungspersönlichkeit innerhalb der Transformationsbewegung und spirituelle Lehrmeisterin. Sie hat den sogenannten Grace-Process entwickelt, ist Gründerin der gemeinnützigen Organisationen *Create Global Healing* und *Project LIGHT* sowie Produzentin des preisgekrönten Dokumentarstreifens *When I Was Young I Said I Would Be Happy,* der die Transformation Überlebender des Völkermords in Ruanda beschreibt und wie diese ihrerseits Heilung für Hunderte von Menschen von Ruanda bis Newtown/Connecticut stifteten.
createglobalhealing.org

BRUCE LIPTON, Wissenschaftler und Dozent, ist eine weltweit anerkannte Führungspersönlichkeit auf dem Gebiet der Verbindung von Wissenschaft und Geist. Er ist Bestsellerautor von Büchern wie *Intelligente Zellen – wie Erfahrungen unsere Gene steuern, Spontane Evolution: unsere positive Zukunft und wie wir sie erreichen* und *Der Honeymoon-Effekt: Liebe geht durch die Zellen* und Preisträger des japanischen *Goi Peace Award 2009.* Zuvor Professor für Anatomie an der Universität Wisconsin, unterrichtete er innerhalb des Lehrplans der medizinischen Fakultät als Dozent in den Bereichen Zellbiologie, Histologie und Embryologie.
brucelipton.com

SARAH MCCRUM ist Autorin und Lehrerin. Sie erkundet in ihrer Arbeit, wie Menschen ihre Beziehung zum Geld verändern können, um Fülle, Erfüllung und ein von Großzügigkeit geprägtes Leben zu erfahren. Sie war 22 Jahre lang Schülerin spiritueller chinesischer Meister und lernte traditionelle wie moderne Lehren zur Energie, die sich auf alle Lebensbereiche anwenden lassen – darunter Heilung, persönliche Beziehungen und die Geschäftswelt. Nachdem sie einer Reihe von Botschaften von der Energie des Geldes erhielt, schrieb sie das Buch *Love Money, Money Loves You.*
sarahmccrum.com

LYNNE MCTAGGART ist eine der herausragenden Wortführerinnen in Sachen Bewusstsein, moderne Physik und der Wissenschaft der Spiritualität. Sie ist eine vielfach ausgezeichnete Journalistin und Autorin von sieben Büchern, darunter den Welt-Bestsellern *Das Nullpunkt-Feld: Auf der Suche nach der kosmischen Ur-Energie, Intention: Mit Gedankenkraft die Welt verändern – Globale Experimente mit fokussierter Energie* und *Die Kraft der Acht: Wie die Intention einer kleinen Gruppe unser Leben heilen und die Welt verändern kann.* Sie ist Mitgründerin des internationalen Magazins *What Doctors Don't Tell You* (wddty.com) und der Gesundheitsausstellungen und -shows *Get Well* (getwell.solutions). Außerdem ist sie Architektin des Intentionen-Experiments, eines internetbasierten weltweiten Versuchslabors zur Bestätigung der Kraft von Intentionen für die Heilung der Welt.
lynnemctaggart.com

NINA MEYERHOF ist die Mitbegründerin des *One Humanity Institute,* einer sogenannten City of Hope (Stadt der Hoffnung) angrenzend an das Auschwitz-Museum. Sie ist außerdem Vorsitzende und Gründerin von *Children of the Earth,* einer bekannten weltweiten Organisation für junge Menschen, in der diese ihre Potenziale als Führungskräfte erkunden können, sowie Mitautorin des Buches *Conscious Education.* Ihre Arbeit konzentriert sich auf Frieden durch Erkennen unserer miteinander verflochtenen Einheit und plädiert dafür, dass alle Menschen über ihre Unterschiede hinausgehen und sich um eine altruistische Ethik bemühen.

coeworld.org

KAREN NEWELL hat sich ein Leben lang um Weisheit bemüht – mithilfe esoterischer Lehren und eigener Erfahrungen in der Erkundung von Bewusstseinsbereichen. Sie ermächtigt andere Menschen, indem sie ihnen zeigt, wie man sich mit seiner inneren Führung verbinden kann, Inspiration erlangt, das eigene Wohlbefinden verbessert und Intuition entwickelt. Sie ist die Mitbegründerin von *Sacred Acoustics,* wo sie sogenannte Brainwave entrainment-Audiodateien anbietet, die dafür gemacht sind, Ängste zu mindern und Kreativität zu befördern. Gemeinsam mit Dr. Eben Alexander schrieb sie das Buch *Tore ins unendliche Bewusstsein: Die Grenzen der Realität überwinden und die wahre Natur des Lebens entdecken.*

sacredacoustics.com

JAMES O'DEA ist Autor der Bücher *The Conscious Activist, Cultivating Peace, Soul Awakening Practice* und weiterer renommierter Publikationen. Er ist einer der ehemaligen Vorsitzenden des *Institute of Noetic Sciences,* Direktor des Washingtoner Büros von *Amnesty International* und Geschäftsführer der Stiftung *Seva Foundation.* Er hat Techniken des Friedenschaffens an über tausend Schüler*innen in 30 Nationen weitergegeben. Außerdem hat er an vorderster Front Dialoge zur gesellschaftlichen Heilung auf der ganzen Welt geführt.
jamesodea.com

GINO PASTORI-NG ist ein »Bäume umarmender Hip-Hop-Künstler«, der in Oakland/Kalifornien das Licht der Welt erblickte und dort auch aufgewachsen ist. Seine Ausbildung erhielt er an der Universität Kalifornien/Santa Cruz, wo Wanderungen durch die Wälder seine Leidenschaft als Sachwalter der Umwelt ausgeprägt haben. Nach Reisen durch Europa, Südamerika und Asien wurde er Mitbegründer des *Youth SEED* (Youth Social Entrepreneurship for Equitable Development) und später des *Youth Impact Hub* in Oakland, wo Jugendliche aus einkommensschwachen Kommunen dabei unterstützt werden, ihre eigenen sozialunternehmerischen Projekte zu starten.
Youthimpacthub.unitedrootsoakland.org

JOHN PERKINS ist Autor und Aktivist. Seine Bücher wie *Bekenntnisse eines Economic Hit Man: Unterwegs im Dienst der Wirtschaftsmafia* und *Touching the Jaguar* verkaufen sich millionenfach und sind in über 35 Sprachen übersetzt. Als führender Experte auf dem Gebiet des Schamanismus ist er Gründer der *Pachamama Alliance* und von *Dream Change,* zwei gemeinnützigen Organisationen, die mit indigenen Bevölkerungsgruppen zusammenarbeiten, um die Umwelt zu schützen und nachhaltige Ökonomien zu schaffen. Außerdem ist er als Berater für die Weltbank, die Vereinten Nationen, den Internationalen Währungsfonds und Fortune Global 500-Unternehmen tätig.
johnperkins.org

ELISABET SAHTOURIS ist eine international bekannte Evolutionsbiologin und Zukunftsforscherin. Sie hat am *Massachusetts Institute of Technology* (MIT) und der Universität von Massachusetts/Amherst gelehrt und ist derzeit Professorin für Business an der *Chaminade University* in Honolulu/Hawaii. Zu ihren Büchern zählen *Earth Dance, A Walk through time* und *Gaia's Dance.* Sie hat einen Ehrenvorsitz an der *World Business Academy* und ist die Mitbegründerin des *Worldwide Indigenous Science Network.*
sahtouris.com

CHRISTIAN SORENSEN, bekannter zeitgenössischer Anführer der Neugeist-Bewegung, ist das spirituelle Oberhaupt des *Seaside Center for Spiritual Living* in Encinitas/Kalifornien. Mit 22 Jahren wurde er zum jüngsten Geistlichen der Neugeist-Bewegung in deren 150-jähriger Geschichte ordiniert. Er war Mitglied des Führungsgremiums der *Association for Global New Thought* (AGNT) und ist Autor von zehn Büchern, darunter *Living from the Mountaintop* und *Be the Mystic You Were Born to Be,* sowie Mitautor des *Joyous Abundance Journal.* Seinen sonntäglichen Livestream können Sie auf seasidecenter.org sehen.
christiansorenseninspires.com

SYLVIA SUMTER ist seit 1991 leitende Geistliche der *Unity of Washington DC*-Kirche in Washington, DC. Vorher war sie Vorsitzende des Fachbereichs »Communications Studies and Skills« der *Unity School of Religious Studies* in Unity Village/Missouri. Als Absolventin der *Unity School of Christianity* wurde sie 1987 zur *Unity*-Geistlichen ordiniert, daneben hat sie einen Master of Education (M.Ed.) sowie einen Bachelor-Abschluss in Psychologie. Ihre Berufung ist es, Menschen zu einer Veränderung ihres Lebens zu inspirieren, indem sie sich ihres göttlichen Potenzials bewusst werden. Weitere Informationen zur Initiative *Stand Up For Humanity* finden Sie auf **unityofwashingtondc.org**

DANIEL CHRISTIAN WAHL arbeitet weltweit an der schöpferischen Schnittstelle zwischen Bildungswesen, transformierender Innovation, zukunftsfähigen Praktiken, Aktivismus und einer Veränderung der Kultur. Er bringt einen wissenschaftlichen Hintergrund in den Fächern Biologie, Zoologie und Holistic Science mit und promovierte an der Universität Dundee/Schottland im Bereich *Design for Sustainability* (Ökodesign). Er ist Mitglied des *International Futures Forum*, Stipendiat der *Findhorn Foundation* und der *Royal Society of the Arts* und sitzt im Beirat der *Ojai Foundation*. Er ist Autor des Buches *Designing Regenerative Cultures*.
danielchristianwahl.com

CLAUDIA WELSS ist Vorsitzende des *Institute of Noetic Sciences* (IONS) und Vorstandsmitglied der *Global Coherence Initiative* des *HeartMath*-Instituts. Während ihrer Zeit als Direktorin für Programme für Unternehmensleitung der *Haas School of Business* an der Universität Kalifornien/Berkeley lud sie das *HeartMath*-Institut ein, Unternehmensführer*innen zu coachen und sich an der *Digital Earth/Digital Mind*-Initiative des Internationalen Symposiums *Digital Earth* zu beteiligen. Sie ist außerdem im Vorstand von *Space for Humanity* und Vorsitzende der *Invest In Yourself Working Group* des *NEXUS Global Network*.
noetic.org

DIANE MARIE WILLIAMS ist Gründerin und Präsidentin der Stiftung *Source of Synergy Foundation*. Zusammen mit Deepak Chopra™ war sie Mitinitiatorin eines der wichtigsten Projekte dieser Stiftung – dem *Evolutionary Leaders Circle*. Sie war Gründungsvorsitzende der Nichtregierungsorganisation *Committee on Spirituality, Values and Global Concerns* bei den Vereinten Nationen in New York und ist Preisträgerin des *Spirit of the United Nations Award*, des *Golden Rule Award* und des *PEMAC Peace Award*.
sourceofsynergyfoundation.org

DAVID SLOAN WILSON ist ein SUNY-Distinguished-Professor der staatlichen Universität Binghamton/New York und Präsident des *Evolution Institute*. Als Wissenschaftler hat er ganz wesentliche Beiträge zur Evolutionstheorie geleistet, darin eingeschlossen seine Bücher *This View of Life, Does Altruism Exist, Evolution for Everyone* und *Darwin's Cathedral*.
evolution-institute.org

Über die Herausgeber

ROBERT ATKINSON, Autor, Lehrer und Entwicklungspsychologe, ist Preisträger des *Nautilus Book Award 2017* für sein Buch *The Story of Our Time*. Er ist zudem Autor acht weiterer Bücher, darunter *Year of Living Deeply: A Memoir of 1969*, *Mystic Journey* und *The Gift of Stories*. Er promovierte über interkulturelle Menschheitsentwicklung an der Universität Pennsylvania und hatte ein Postdoc-Stipendium an der Universität Chicago inne; er ist emeritierter Professor an der Universität Southern Maine, Direktor von *Story Commons* und Gründer des Friedensforums von Piscataqua; darüber hinaus ist er eine weltweit anerkannte Autorität im Bereich der Interviewtechniken für Lebensgeschichten/ Biografien, ein Pionier der Techniken persönlicher Mythen- und Seelenerschaffung und fühlt sich zutiefst verpflichtet, den evolutionären Impuls in Richtung Ganzheit und Einheit zu unterstützen.
robertatkinson.net

KURT JOHNSON arbeitete über 40 Jahre in der Welt der Wissenschaft und im Fachbereich vergleichende Religionswissenschaft. Er ist prominenter Teilnehmer internationaler Ausschüsse, insbesondere bei den Vereinten Nationen. dazu Mitautor des richtungsweisenden Buches *The Coming Interspiritual Age* und der beiden preisgekrönten wissenschaftlichen Bücher *Nabokov's Blues* und *Fine Lines.* Seit vielen Jahren ist er mit dem *New York City's Interfaith Seminary* und dem *American Museum of Natural History* verbunden und stellvertretender Leiter des Radioprogramms *The Convergence* auf dem Stream »VoiceAmerica« und der E-Magazine *Convergence, Light on Light* und *Conscious Business.* Er promovierte im Bereich Evolutionsbiologie und Ökologie und publizierte mehr als 200 technisch-wissenschaftliche Veröffentlichungen. Neben seiner Eigenschaft als Mitbegründer des interspirituellen Dialogs zusammen mit dem Pionier der »Interspiritualität«, dem katholischen Mönch Wayne Teasdale, ist Kurt Johnson Mitglied der *Evolutionary Leaders,* des *UNITY EARTH*-Netzwerks und zahlreicher anderer Organisationen.
lightonlight.us

DEBORAH MOLDOW ist eine ordinierte interreligiöse Pastorin, die sich durch ihre Tätigkeit als Geistliche, ihre internationale Friedensarbeit, ihre Bemühungen um einen Dialog zwischen den Religionen, Vorträge und Artikel der Unterstützung der Transformation menschlichen Bewusstseins hin zu einer Kultur des Friedens verschrieben hat. Sie ist die Gründerin von *Garden of Light,* einer Plattform für die entstehende globale Spiritualität. Sie ist Direktorin der *Evolutionary Leaders,* eines Projekts der *Source of Synergy Foundation,* die Visionäre zusammenbringt, die sich in dieser entscheidenden Zeit für eine Beschleunigung der bewussten Evolution der Menschheit einsetzen. Über 20 Jahre war sie die Beauftragte von *May Peace Prevail on Earth International* bei den Vereinten Nationen und hat im Auftrag des Friedens die ganze Welt bereist. In ihrem Zuhause in San Miguel de Allende/Mexiko leitet sie einen geistlichen Salon.

gardenoflight.org